資料集

昭和期の都市労働者 2

大阪：釜ヶ崎・日雇

《図書資料編》

［2］昭和２年・３年・４年・５年①

近現代資料刊行会

凡例

一、本資料集は、一九二六（昭和元）年〜一九八九（昭和六四）年に亘る昭和期を中心にして、主要都市で働く労働者と労働を取り巻く様々な社会問題に関係する資料を集成、復刻するシリーズ『資料集　昭和期の都市労働者』の第二集である。第二集では都市「大阪」の「日雇労働者」、特に寄せ場「釜ヶ崎」とそこに住まう「日雇労働者」に関する種々の資料を中心に選定・収録する。

二、図書資料編にあたる本資料集では、主に調査、概況の報告などの書籍、一部雑誌記事などを収録する。

三、第一回配本（第一〜八巻）には、大正時代末および一九二七（昭和二）年〜一九四四（昭和一九）年に刊行された資料を発行年月日順に収録したが、編集上やむを得ず配列が前後するものがある。

四、原則的に各資料の表紙から奥付まですべてを原寸大で収録したが、編集上縮小また一部抜粋して収録した資料もある。

五、目次・見出しの表記は、題名については表紙の表題を新字体に統一して掲載する。また、発行所・発行日は原則として奥付表記を採用したが、奥付表記のない場合などは表紙、はしがきなどの記述を採用した。なお資料本文中のあきらかな誤植でも資料性重視の立場から修正せずにそのまま掲載する。

六、本シリーズの刊行趣旨は、都市労働者と労働にまつわる様々な社会問題解決の確定に実証的歴史研究を通して寄与することである。こうした刊行趣旨から原資料中にみられる差別的語句、表現・論と思われるものについても資料表記のまま収録する。

七、最終配本に解説と収録資料一覧を収録した別冊を付す。

資料集　昭和期の都市労働者2

大阪　釜ケ崎・日雇《図書資料編》2〔昭和2年・3年・4年・5年①〕

目次

◇財団法人大阪職業紹介所報告書（自明治四十五年至昭和二年）

（財団法人　大阪職業紹介所・昭和三（一九二八）年八月二十五日）

掲載資料の原本として大阪府立中央図書館所蔵資料を使用

財團法人大阪職業紹介所報告書

（自明治四十五年
至昭和二年）

創業時代ノ大阪職業紹介所

現在ノ大阪職業紹介所

理事

金澤利助

森平兵衛

上念政七

青木庄蔵

筒井民次郎

加藤徳次郎

八濱徳三郎

求人求職就職歩合

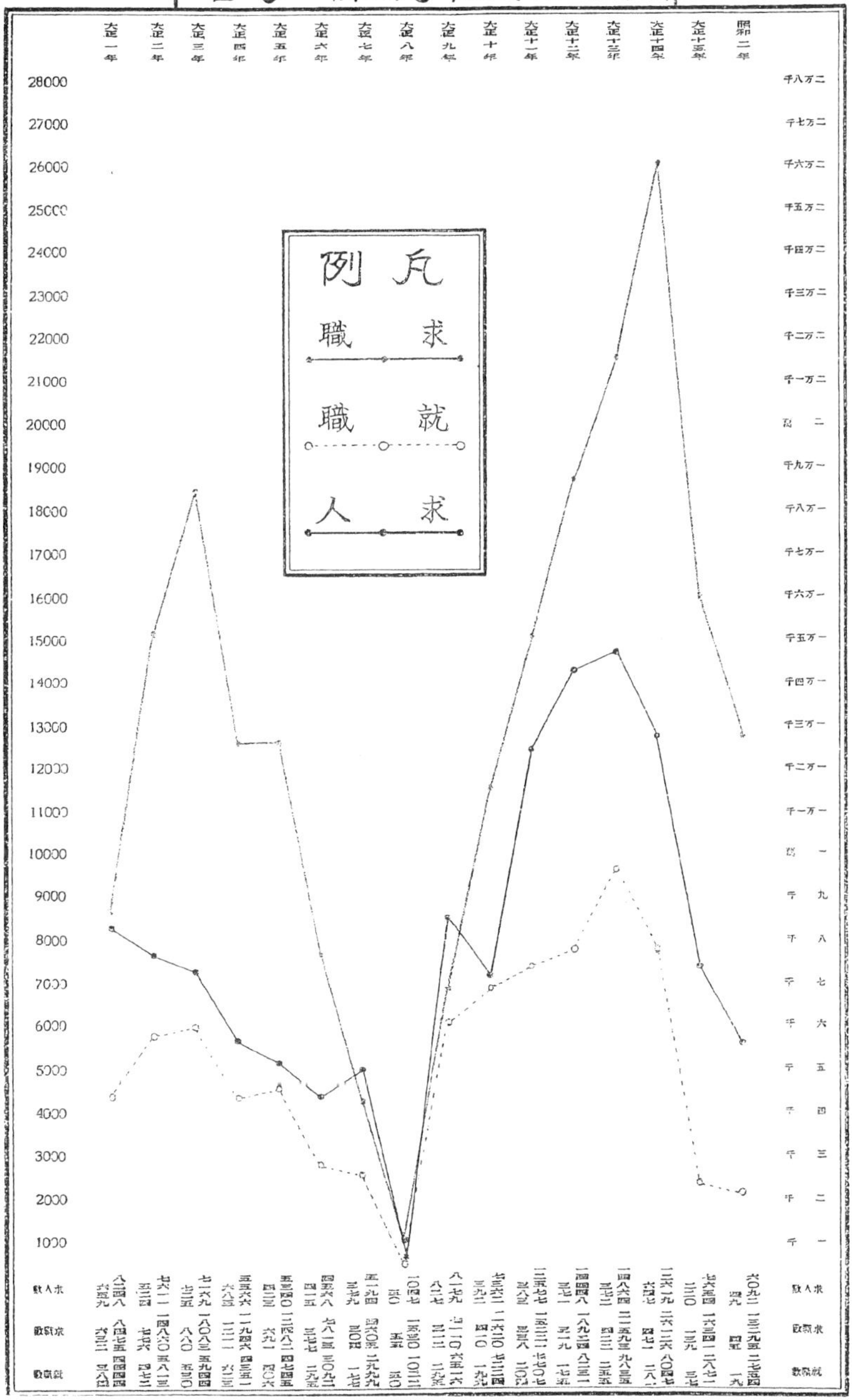
凡例
求職
就職
求人
大正一年
大正二年
大正三年
大正四年
大正五年
大正六年
大正七年
大正八年
大正九年
大正十年
大正十一年
大正十二年
大正十三年
大正十四年
大正十五年
昭和二年
28000
27000
26000
25000
24000
23000
22000
21000
20000
19000
18000
17000
16000
15000
14000
13000
12000
11000
10000
9000
8000
7000
6000
5000
4000
3000
2000
1000
求人数
求職数
就職数

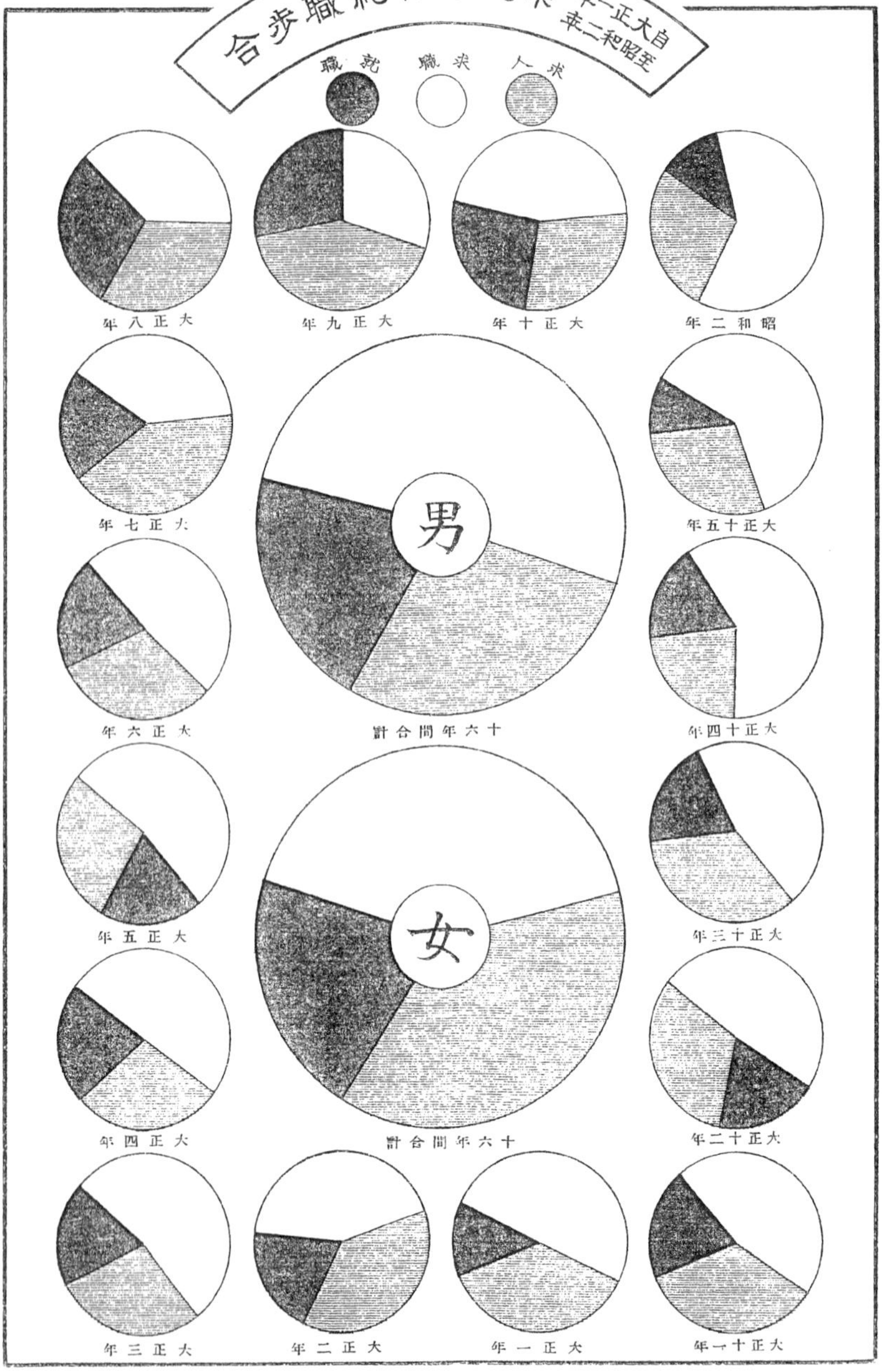
自大正一年至昭和二年
求人求職就職歩合
就職
求職
求人
大正八年
大正九年
大正十年
昭和二年
大正七年
男
大正十五年
大正六年
十六年間合計
大正十四年
大正五年
女
大正十三年
大正四年
十六年間合計
大正十二年
大正三年
大正二年
大正一年
大正十一年

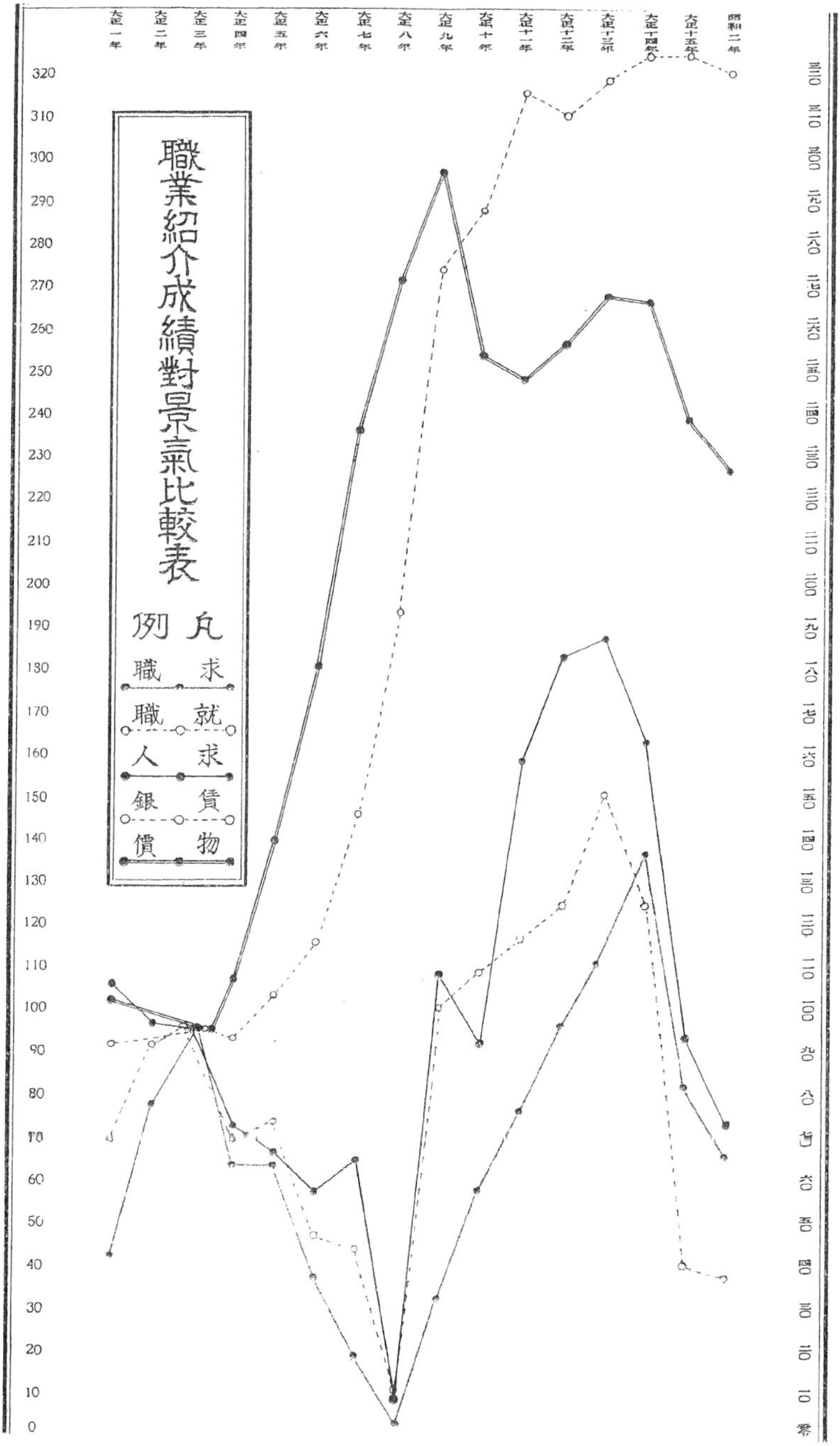

職業紹介成績對景氣比較表
凡例
求職
就職
求人
賃銀
物價
大正一年
大正二年
大正三年
大正四年
大正五年
大正六年
大正七年
大正八年
大正九年
大正十年
大正十一年
大正十二年
大正十三年
大正十四年
大正十五年
昭和二年

目次

附錄

圖表

統計表

大阪職業紹介所

今般其事業御奨勵ノ思召ヲ以テ金一封下賜候事

昭和三年二月十一日

宮内省 印

大阪職業紹介所

社會事業ニ關シ從來盡力スル所尠カラス今後尚一層淬勵シ其ノ効果ヲ收メムコトヲ望ム仍テ茲ニ奨勵金ヲ下付ス

昭和三年二月十一日

内務大臣正三位勲一等 鈴木喜三郎

宮内省下賜金ハ大正十年ヨリ、内務省下附金ハ大正三年ヨリ、大阪府補助金ハ大正二年ヨリ孰レモ毎年引續キ拜受シ其ノ金額壹萬壹千餘圓ニ達セリ、尚本法人ノ事業ヲ『基礎强固ニシテ事業遂行ノ見込確實ナルモノ』ト認メラレ大阪市役所ヨリ左記ノ通リ通牒アリタリ。

庶甲第五一八號

大正十年二月二十二日

大阪市役所 印

大阪職業紹介所御中

褒章條例ニ關スル件

貴所ヲ褒章條例ニ關スル内規第二條ニ該當ノ公益團体トシテ今回賞勲局ノ承認ヲ得タルニ付將來貴所ニ對シ金品(百圓以上ノ金品)ヲ寄附シタルモノニ對シテハ褒章條例ニ依リ行賞可相成旨通牒有之候條爲念及御通知候也

第一　沿革

明治四十二年時の內務省床次地方局長は東京大阪の二大都市に公設職業紹介所の必要を感じ兩市當局に對し其の設置を奬勵せるも大阪市に於ては容易に之が設立を觀るの運びに至らざりしかば時の市會議員青木庄藏は大に之を遺憾なりとし之が設立の急務を岡島千代造外數名の同志に諮り折しも八濱德三郎が先年神戸に於て布教の傍ら職業紹介所を經營し其後東京に移りて之が研究に從事せる由を聞き同人を招きて之が經營の任を託する事となりたれば明治四十四年十二月その設立趣意書を發表し大阪職業紹介所の名の下に全市に數箇所の職業紹介所を創立せんことを計畫し先づ南區惠美須町憲兵屯所跡に地をトし之が開始に着手するや偶々同所は舊今宮村共有の寶庫(御綸旨を奉安せる)に隣せしかば這般の地域に勞働者を出入せしむるは皇室に對して不敬なりとの附近一帶の住民の反對運動に加ふるに斯業の如き益々勃興するに於ては營業上の一大脅威なりとの口入業者、木賃宿業者等の反對運動も頗る猛烈なりしを以て關係官公署に於ては此等反對運動の調停は愚か斯業の許可さへも逡巡し一時は實現の程も危まれたれども遂に萬難を排し翌四十五年二月財團法人の許可を受け現所在地たる舊憲兵屯所跡を大阪市より借入れ同所の建物に大修繕を加へ別に宿泊所を增築し同年六月一日より職業紹介並に宿泊救護事業を開始し超へて大正八年五月更に事務所及び宿泊所を建築し今日に及べり而して大正三年十二月北區高垣町舊憲兵屯所跡に姉妹事業として北野職業紹介所を創立し當所と同一の事業を經營せしも現今は北區野崎町に移轉し天滿職業紹介所と改稱せり是れ當所の由來にして左の設立始末其他は設立當初の參考資料として採錄せるもの也。

一　大阪職業紹介所設立始末

人は自然に社會的性情を備へ居るが故に、寂寞なる農村の生活を厭ひ、繁華なる都會の生活を好む、殊に農産の進歩が人口の增加に伴はざるに當りては農民は其の土地を失ひ生計に困難を感ずるが故に、賃銀勞働者と變じて都會に集中するに至るべし、最近の調査に依れば獨逸にては全國民の五割七分、英國にては七割九分が一小區域の都市に集中すと云ふ、是れ文明社會の趨勢にして人力の左右することと能はざる所なり、我邦に於ても此種の趨勢の著しきことは今改めて述ぶるの要なからん、都市の膨脹は諸種の社會問題を誘起せしむ、若し一朝商工業の不振に依りて、勞働の需要と供給との平均を失はんか、忽ち世を擧げて飢餓の慘境に陷らしむ、假令ひ平時と雖も需要と供給と相調和せざる爲め窮境に陷る者亦決して鮮少ならざる也、斯る狀態を其儘に放任するに於ては、彼等は自暴の極に馳せ浮浪無賴の徒と化して社會に危害を加ふるに至らん、然らば之が救濟の方法果して如何、予が謂ゆる職業紹介事業の必要茲に有り。

二

我國の職業紹介所卽ち通稱雇人口入屋の數は頗る多く、我大阪市のみにても昨年末に於て其數三百五十戶內百六十三戶は藝娼妓酌婦の仲介、百七十戶は下女下男及び勞働者の紹介、十七戶は身元保證業者の多きに亘ると雖も、彼等は單に目前の營利を主眼として、雇主被傭人の利害をば何等眼中に置かざるが故に、幾多の弊害の隨伴せるものある也、卽ち或は過分の紹介手數料を徵收し、或は手數料を利するの目的を以て被傭人に對して頻繁に紹介を爲し、或は職業紹介の外に金貸業宿泊業飲食店等を密に兼營し、若くは此等の營業者と共謀して被雇人の膏血を絞るの行動を爲し、將た或は契約の背叛を勸誘する等其他幾多の之に類する弊害は此の雇人口入業者に於て從來既に明に認められたる事實なり、之を海外の事例に徵するに各國何れも國家若くは慈善團体の經營に係る職業紹介所の設けなきは無く、此等諸邦の中にても最も盛大なるは獨逸にして、苟くも商工業地として認めらるゝ都市には、此種の事業の設立せられざるはなく其數凡そ二百を算すと云ふ、獨逸に亞きて最も隆盛なるは英國にして二百五十の紹介所を有し、一ヶ年約二百萬圓の經費を支出し四十餘萬人の失業者に職を授けつゝある也、佛國、丁抹其他の諸邦に於ても職業紹介所の設けられざる所は無く、生産事業の發達に連れて愈々その必要を認めらるゝに至る、我大阪市は巴里、伯林、東京に亞ぎ倫敦紐育、維納よりも人口稠密せる、世界中第四位の大都會なるに、一の公益的職業紹介所の設けなきを慨し、市會議員青木庄藏は之を岡島千代造、岡島伊八、中村伊三郎、金澤利助、森平兵衛等に諮りて其の賛同を得しかば、明治四十五年一月遂に左の設立趣意書を發表し、現在の南區惠美須町二丁目七十一ノ一及び七十二ノ一の市有地一百六十餘坪の無償借用の許可を得、其の建物八十坪の拂下を受け之に大修繕を加へ更に三十坪の寄宿舍を建築し、明治四十五年八月一日を以て業務を開始し、維持會員及び賛助員諸氏の援助は勿論廣く有志諸彥の賛助の下に一年間の歳月を經過して、茲に第一期の報告書を出版せるに至れるは實に吾等の感謝に堪へざる所也（大正二年五月）

二　大阪職業紹介所設立趣意書

當今經濟狀態の變革は動もすれば中產階級の民をして其產を傾かしめ、細民をして其業を失はしむ、刻下大阪市內に流浪せる失業者浮浪人の數は無慮數千人を下らざるべし、彼等の多くは身体に疾病的故障ありて普通の勞働を取ること能はざるが爲め、自然に生存競爭場裡の落伍者たらざるを得ざる也、彼等は窮乏の餘に窃盗罪を犯すか、乞丐の群に身を墮すか、或は自から死を招くか、此三者中の一を擇ばざるべからざるの悲境に陷れるなり、浮浪人の多くは飢餓凍餒の爲めに自暴自棄して犯罪の危險性を有するに至る、是れ實に國家の患の存する處なれば社會政策上特に注意を要する所也。曩に畏くも仁愛に富ませ給ふ　聖上陛下は彼等の窮狀に深く御軫念あらせられ、內帑の金壹百五拾萬圓を御下賜あり、無告の窮民をして其賴る所あらしめ

三

よと宣ひき、苟も臣民たる我等は特に聖旨に畏みて窮民の救恤に盡瘁し、今後聖慮を煩し奉るの機會を絶滅せんことを期せざるべからず。

然れども窮民に金錢又は物品を施與するは彼等をしていよ〳〵乞丐根性を増長せしめ、獨立心と德義心とを滅殺せしむる虞あるが故に、理想的の救民救助法としては輓近泰西諸國に行はるゝ職業紹介事業に如くはなし、即ち職業紹介事業は失業者に金錢を施す代りに職業を與へ、彼等をして自ら助けしむる一種の慈善事業たるなり、職業紹介業は英語にて『エンプロイメント、エキスチエンジ』と云ひ、之を邦語に俗譯すれば桂庵即ち雇人口入業なり、我國の桂庵は營利を主眼として個人の營む所の事業なれども泰西の職業紹介所は營利を度外に置き經濟界の利益を主眼として失業者に職業を紹介すると共に、企業家のために所要の使用人を供給せんと努むる公益事業にして、多くは市町村の直接經營に係れるものなり、西暦一千八百八十七年の慈善大會に於ける研究に依れば、二萬七千九百六十一人の窮民中殆ど其半ばは救助よりも職業を與ふる必要あるものなりと云ふ。

救助よりも勞働を與ふる必要あるもの　四〇・四%

四

連續救助の必要あるもの　一〇・三%
一時救助の必要あるもの　二六・六%
救助すべからざるもの　二三・七%

然るに從來の慈善事業にては斯る區別を誤り、濫りに金錢若くは物品の施與に重きを置きしが故に徒らに惰民を養成し反て彼等に不道德を敎ふるに異らざる結果を生ぜし也、諺に云ふ『窮民を絶滅せんと欲せば先づ彼等をして勤勞せしめよ』と實に勤勞以外に彼等を救濟するの途あらざる也、既に獨逸、佛蘭西、英吉利丁抹、北米合衆國等に於ては各都市到る處に公設職業紹介所を設け驚くべき効果を擧げつゝあるなり、我政府も茲に觀る所ありて大に該事業の設立を奬勵せられために東京市に於ては市内に公立私立の職業紹介所十個以上を見るに至れり、我等も同志と共に先づ大阪市内に二箇所の模範職業紹介所を創立し、無料を以て諸般の職業及勞働を紹介し特に一百名を容るゝに足る寄宿舍を設けて勞働者を宿泊せしめ、之を慰撫監督し以て幸福なる生涯を送らしめん事を期す、其主任者として多年細民の研究に從事し、失業者に對して熱き同情を懷ける八濱德三郎氏を迎ふる事となりたれば、茲に我儕の企圖する所を世に公にし、廣く有志諸彦の賛助を仰がんと欲す、冀くは上は　陛下の聖旨を畏み下は同胞の窮乏を憐み、以て臣民としての本分を盡されん事を。

明治四十四年十二月

發起人

岡島千代造

青木庄藏

岡島伊八

金澤利助

中村伊三郎

森平兵衛

三　附屬勞働寄宿舍

木賃宿の弊害はナカ〳〵激しい、二十歳以下の犯罪者の十中八九は木賃宿で惡化された者である、貧民の過半は木賃宿の生活を送つた者である、監獄が惡事修練の場所であると同樣に、木賃宿は惡事を見聞するに屈竟の場所である、故に當所附屬の勞働下宿は此等の青年を收容して、大に道德的感化を與へて見たい仕組である。次に機械工業の發達に連れて作業上の危險が殖へ、勞働者の負傷疾病の場合も大に增して來た其の上に、雇主と被傭人の間に主從的溫情が破壞され、往時のやうに雇主が被傭人を保護するの義務が無いと云ふ工合になつて來たから、當所は青年以外の勞働者をも收容して彼等の保護を以て任ずる決心である。當所には法話とか講話とか云ふやうな事は一回も催した事は無い、當所の精神敎育の方針は『淸潔』の二字である、泰西の諺にも『淸潔は神聖に近い』とあるやうに淸潔は衞生上有益であると共に道德上にも有益である『耳から』でなく『眼から』である、故に一日一回の入浴は規則として守らせて居る、便所と浴室と夜具の三つを以つて彼等を敎育して居る考である。

宿泊料は一泊五錢で、食事は一切外で喰べる仕組である、晝間は何等の理由があつても在宿を許さない、朝は五時の振鈴と共に一同床を離れ、五時半には一人も殘らず仕事に出掛ける、晩の五時にならねば泊めない、全く軍隊的である、故に怠惰なものは迚も宿泊す

六

る事が出來ない、今まで不規律な生活に慣れた者に規律ある生活の習慣を付けるのが當所唯一の目的である昨年八月一日開業の日から本年四月三十日までの收容延人員は一萬三千三百七十人で目下の收容人員は一晩七十人である、當所は宿泊希望者頗る多く毎晩八時には滿員であるから地方出の堅氣な勞働者に限り宿泊を許可して居る（大正二年五月）

四　大阪職業紹介所參觀記

今宮は新世界前惠美須停留所で電車を降りて西へ二丁、又二丁ほど紀州街道を往けば、東側屋上に『男女職業無料紹介所』の屋根看板が高く揭げられ其の軒下には『勞働下宿』の大看板が掛けてある、表面の揭示板には『人夫入用』『職工入用』などの廣告が何十枚となく貼出されてある、男女の入口は左右に別れ『男紹介部』『女紹介部』の暖簾が掛けてある、店の間も衝立を中に男女を隔て、控室も應接室も男女席を異にしてある、店の正面の帳場には番頭然と事務員が控へ、其兩脇に長さ一間程の受付臺を列べ、數人の求職者が求職申込用紙に姓名、原籍、年齡、保證人の住所、姓名職業及び希望の職業、給料などを記入して居る、既に男の控室には老若十數人の求職者が待合せ、新聞を讀むもの、莨を喫すもの、談話に耽るもの、ナカ〳〵騷々しい、女の控室にも束髮、島田、銀杏返しの影が看へて居る、中央の一室が應接室で求職者を順々に呼入れ、主事が求職申込用紙に照して綿密に質問を試みる其の過半は保證人の確實でないために謝絶される、職工日雇は保證人を要しないけれども、其の他は市內に一戶を構へた確實な保證人を要する規定である、主事が確實と認めた者は、求職申込用紙と雇入申込用紙とを照合せ、或は奬勵を與へ、或は戒飭を加へ、懇ろに彼等の決心を促してゐる、幸に求職者の資格が雇主の雇入條件に合格すれば、之に紹介狀を與へて雇主の許に赴かせる、電話のある所へは一應電話で交涉を遂げ然る後に紹介狀を與へてゐる、雇主の方から雇入の通知が來れば直に人を派して保證人の身元を取調べ、確實と認むれば保證書を差入れ、引續き本人の身元を取調べるため原籍へ照會するさうである、電話で雇入申込をするものが多いと見へ電話はチリンチリンと掛り通しである、室内には大阪市内諸工場の場所、勞銀、勞働時間、下宿料の一覧表を掲げ勞働者の參考に備へて居る、執務時間は午前九時から午後五時まで日曜日の他は何日でも執務してゐる、附屬の勞働下宿は二階建一棟と平家建一棟とで約一百名を泊めることが出來る寄宿舍の二階からは天王寺公園や新世界が手に取るやうに見へる晩などは通天閣のイルミネーションで晝のやうに明るい、蒲團は極上等で紺の香が高い、浴室は十人位は一度に浴ることが出來る、便所はペンキ塗で清潔である、何處も彼處も掃除が行屆いて塵一本も目に付かない、彼れ是れする中に勞働者は三々五々疲れた足を曳いて歸つて來る、來るは、來るは法被股引の人夫も來る、洋服の職工も來る、縞の羽織の店員も來る、皆表の受付で一泊五錢の料金を拂ひ、先を爭ふて湯に飛び込む、此の室も彼の室も見る／＼滿員になつて仕舞ふ、後から來たものは皆謝絶されて居る、寄宿舍の方では新聞を讀むもの、將棋盤に向ふもの、歌を謡ふもの、隨分陽氣である、折々はドツと高笑の聲も擧がる、午後九時が門限で十時が就眠時間後は一切談話を許さぬさうである、表の受付では棟梁風の男が來て翌日の人夫雇入の談判をしてゐる。此處では一日二日の臨時人夫の雇入申込にも應ずるさうである、やがて門口を出づれば『御宿一泊五錢』「酒を飲まぬ堅氣なお方は誰でもお泊め申します』と書いた大提灯が暗の往來を照して居る(明治四十五年七月參觀者誌)

七

第二 事業成績

一 職業紹介

世間の景氣如何は直ちに職業紹介所の成績に影響すべき筈なれども事實然らざるは現在の職業紹介機關が勞働市場としての機能を未だ充分に發揮するに至らざるに因るは勿論、好景氣の場合には諸方面に於て人を求むるがため求職者は緣故又は廣告に依りて直接就職し職業紹介所を利用するの必要少なく之に反して不景氣の場合には職業紹介所の求人拂底のため紹介所を利用するもの亦た多からざるに依る卽ち別表『紹介成績對景氣比較表』の示すが如く戰前には紹介成績對物價及賃銀は稍や一致せしも大正三年開戰以後は物價及賃銀は年を逐ふて漸次騰貴するも紹介成績は之と反對に低落し戰後に於ても好景氣を持續せる間は紹介成績は依然として不振の狀態を繼續せる所以に徵して之を識るべし。大正八年の成績激減は改築のため事業を一時休止せるがためにして大正九年以後に於て求人求職とも其の取扱數を漸次增加せるは同年春頃より勃發せる恐慌に依りて年々多數の失業者を續出せしめたるため當所に於ても求職者數增加し新築竣成に伴ふ事業の擴張に依りて求人數も亦た增加し更に大正十二年關東地方の大震火災の避難者と該災害に依る商工業の一時的繁昌とは求人求職の取扱數を增加せしめたるも大正十五年以後は數年打ち續ける不景氣のため求人口は最早や涸渇し求人の拂底は求職者數の枯稿を來し茲に謂ゆる職業紹介機關の行詰りを釀さんとするに至りしは蓋し刻下の現狀なりと謂はざるべからざる也。

一 男女別

過去十六年間に取扱へる求人、求職並に就職の男女の割合を見るに求人數に於ては男十二萬八千五百三十八人女七千一百二十一人にして其の割合は男九四・七五%女五・二五%に當り求職者數に於ては男二十一萬二十六人、女七千三百八十二人にして其の割合は男九六•六一％女三•三九％に當り就職者數に於ては男八萬五千五百九十五人、女四千三百六十六人にして其の割合は男九五•一五％女四•八五％に當り求人求職ともに女の割合は甚だ低く且つ女の割合は年々減少せるを以て昭和二年に至りては試に一時その取扱を中止し男の紹介のみに全力を投ずる事とせり、而して求人百に對する求職率は男一六三•四、女一〇三•六、同じく就職率は男六六•五、女六一•三、にして更に求職百に對する就職率は男四〇•七、女五九•二の割合なり。

二　年　齡　別

大正元年より同九年までは就職者に依り大正十年より昭和二年までは、求職者に由りて其の年齡別を調査せる所に據れば二十歲以上二十五歲未滿最も多く三七•一％を占め二十五歲以上三十歲未滿二七•〇％十五歲以上二十歲未滿一五•一％三十歲以上四十歲未滿一三•七％の順位を占む、之を男女別にせば男は上記合計の順位と同じく二十歲以上二十五歲未滿三六•二％にして第一位を占め二十五歲以上三十歲未滿二六•六％にして之に亞ぎ女は十五歲以上二十歲未滿一•一％にして第一位を占め二十歲以上二十五歲未滿一•〇％にして之に次ぐ則ち男女の職業年齡に約五箇年間の差異ある事を知るべし。

三　職　業　別

男女就職者總數八萬九千九百六十一人の職業別を大分類に依り區分集計せば工業礦業に從事せるもの四萬六千七百九十四人にして其の割合は五二•〇三％土木建築に從事せるもの三千七百五十一人にして其の割合は四•一四％商業に從事せるもの一萬五千一百九十八人にして其の割合は一六•八九％農林業に從事せるもの二百二十二人にして其の割合は〇•二五％通信運輸に從事せるもの六千二百六十七人にして其の合割は六•九七％戶內使用人（僕婢其他）七千二百三十九人にして其の割合は八•〇五％雜業（俸給生活者其他）に從事せるもの一萬四百九十人にして其

の割合は一一・六七%の比例なり、而して工業礦業にては工場の雜役に從事せる不熟練勞働者、土木建築にては日雇人夫、商業にては店員丁稚又は飲食店雇人、通信運輸にては仲仕、戸內使用人にては女中、雜業にては事務員又は配達人等多數を占む。

四　教育程度

求職者の敎育程度の調査に關しては大正十年以前は其の資料不備なるを以て遺憾ながら大正十年より昭和二年までの調査に據れば高等小學卒業者最も多く三七・七〇%尋常小學卒業者之に次ぎ三一・九〇%此等兩者を合算すれば實に六九・六〇%の多數を占む次に著しきは中途退學者の多き事にして尋常小學中途退學者一一・三二%高等小學中途退學者五・〇五%中學校中途退學者四・八〇%中等程度學校中途退學者二・〇九%等にして此等を綜合すれば二三・二六%の多きに達す殊に多少文字を解するもの一・〇一%文字を解せざるもの〇・九一%なるが如きは求職者の智能の程度を判別するの好資料として最も留意すべし、尙ほ敎育程度に關する男女の割合を觀るに男に在りては最高は高等小學卒業者三八・〇〇%にして尋常小學卒業者之に次ぎ三一・〇二%なるに女に在りては最高は尋常小學卒業者三四・六五%にして高等小學卒業者之に亞ぎ二一・九七%を示し更に專門學校以上の敎育を受けし女は絕無なれども中等程度に於ては女は男よりも比較的多きは近時職業婦人の需給著しく增加せる結果なるべく之に反し多少文字を解する者又は全く文字を解せざる者等謂ゆる無敎育者の群に女の特に多きは下婢又は雇女の多數が細民の子女なるが故なるべし。

五　本籍別

大正一年より同十年までは就職者に依り大正十年より昭和二年までは求職者に因りて其の本籍別を調査せる所に據れば大阪の二七・一八%その首位を占め兵庫七・九一%奈良六・八七%和歌山五・一六%京都四・五七%の順位

を以て之に亞ぐ此等大阪を中樞とせる隣接府縣の出身者多きは當然の事と謂ふべし次に地方にては岡山三・〇四％三重三・〇四％廣島二・九四％徳島二・八六％鹿兒島二・五八％滋賀二・五六％香川二・五三％福井二・二九％愛媛二・二五％等多く東京は震災以往は毎年二三百名以下なりしも震災以後數年間は五百名乃至九百名を下らざりしは避難者中職を求むる者多かりしが爲めなり、次に女のみに就て見れば大阪は同じく第一にして兵庫、和歌山等之に亞ぎ奈良、京都、岡山、徳島、廣島、三重、滋賀等の順位なり要するに求職者の多少は其の府縣の人口の多少並に交通の關係等に據りて影響せらるゝこと多く今卒に斷じ難きも大阪に於ける府縣別求職者の種類を擧ぐれば滋賀、徳島、鹿兒島等は丁稚、和歌山、兵庫、京都等は女中、福井、石川、富山、兵庫等は農閑期の出稼人の供給地として特に著名なり。

二　宿　泊

創業當時は寢室の設備狹隘にして宿泊定員僅に七十餘名なりしも漸次擴張し大正六年には一百十五名、同九年には一百六十名、同十三年には二百十五名と次第に增加し宿泊料金も最初は一泊五錢なりしも七錢、十錢、十二錢と逐次値上げを爲し現在にては十五錢を徵收せり而して宿泊者は男のみなれば敎化の方法としては宗敎禁酒等に關する講演を開催し貯金を奬勵し無償にて在宿者の洗濯裁縫又は代筆代書並に身上相談等を爲せり。

一　年齡對職業別

宿泊者總數三萬六千十八人の年齡別を見るに二十歲以上三十歲未滿の者五六・三八％にして第一位を占め三十歲以上四十歲未滿二二・九五％四十歲以上五十歲未滿九・五五％十五歲以上二十歲未滿八・〇三％五十歲以上六十歲未滿二・七五％六十歲以上〇・三一％の順位を以て相亞ぐ而して宿泊者は求職の目的を以て當所に在宿せしもの多

きがため職業別に於ては無職者八二・一〇%の多數を占め職工四・三四%雜業三・三六%手傳二・三二%土方二・三二%料理人一・九七%農業一・三四%仲仕一・一三%商業〇・九三%勸誘員〇・一九%の順位なり尙ほ年齡と職業の關係を見るに孰れの年齡に於ても無職者の多數を占むるは論なけれども無職以外に於ては十五歲以上四十歲未滿には職工多く雜業、土方、料理人、手傳等の順位を以て之に次ぎ四十歲以上五十歲未滿には手傳又は雜業多く土方、職工、料理人等之に亞ぐ。

二　本籍對年齡別

宿泊者の本籍別は大阪一九・三八%にして其の首位を占め兵庫一〇・九六%京都六・五六%奈良五・四〇%東京四・一六%和歌山四・一二%三重三・四九%滋賀三・三八%廣島三・三一%岡山三・一三%等之に從ふ次に年齡と本籍地の關係を尋ぬるに各年齡に於ても大阪が多數を占むるは別として大阪以外に於ては二十歲未滿は兵庫最も多く奈良、京都、和歌山、廣島、東京等之に次ぎ三十歲未滿も兵庫最も多く京都、奈良、東京、和歌山、三重、廣島、滋賀、香川、德島、岡山等之に亞ぎ四十歲未滿も兵庫最も多く京都、奈良、東京、和歌山、岡山、三重、滋賀、廣島等之に次ぎ五十歲未滿も兵庫最も多く京都、東京、奈良、和歌山、滋賀、三重等之に亞ぎ六十歲未滿も兵庫最も多く京都、奈良、和歌山、東京、岡山、滋賀、廣島、愛媛、三重等之に次ぐ之を要するに大阪を中心とせる近畿及び四國地方の求職者又は出稼者多きは交通の關係上敢て論なきも各年齡を通じて東京府下の出身者少からざるは是れ大正十二年震災以後の現象にして此等の避難者が今尙ほ勞苦の中に浮沈せる窮狀を察すべきなり。

本邦職業紹介事業の回顧及希望

八濱徳三郎

一　回顧

明治三十九年救世軍は東京市神田區三崎町に於て無料宿泊及び職業紹介を開始し同市本所區若宮町無料宿泊所も同年より無宿者の職業紹介を開始せるが是本邦職業紹介事業の濫觴にして翌四十年五月基督教婦人矯風會大阪支部は倫落の危機に瀕せる婦女を保護救濟せんがため營利紹介業の許可を得て女子專門の職業紹介を開設し同四十二年五月岡山孤兒院々長石井十次は大阪市南區日本橋筋五丁目に友愛社を起し刑餘者その他世人の彈指する所の人々の身許引請又は就職斡旋に從事し當事予は神戸に在りて基督教布教の傍ら人事相談所、職業通信社及び十字屋商店等を經營し職業紹介と共に求職者の生計扶助に努めたりき同四十二年大阪北區大火の際神戸在住の一外國人は大阪商業會議所に依囑して罹災者を救恤せるが尚多額の剩餘金あるを見之を擧げて大阪基督教青年會に寄附せしかば同會は寄附者の意志を酌み之を基本金として罹災者中の失業者に對して職業紹介の事業を行ふ事を決し同四十三年四月附帶事業として職業紹介部を設置せり蓋し此等の職業紹介施設は全く宗教的慈善的の動機に依りて開始せられ隨て之が經營者も殆ど宗教家なりき。

按ずるに社會事業としての職業紹介の發達は明治四十四年以後の事に屬す即ち時の內務省地方局長床次竹次郎が歐米視察より歸りて職業紹介事業の必要を熱心に唱導し特に大都市に補助金を交付して之が設置を奬勵せしに依り東京市は明治四十四年十一月淺草、芝の兩區に職業紹介所を開設せり是れ我邦に於ける公設職業紹介所の嚆矢なり當時予は內務省細民調査囑託として東京市內の質商、口入業等の實地調査に從事せしを以て餘暇屢ば歩を曲げて工事中の兩紹介所を視察せり大阪市に於ては内務省の奬勵ありしも種々の事情に依り荏苒决せざりしかば時の市會議員青木庄藏は大に之を遺憾とし有志を勸說して大阪職業紹介所の設立を計畫し予を招きて之が經營に當らしめたるは實に明治四十四年十二月にして之に先ち既に二三の私設事業ありしも此等は殆ど附帶事業にして其の規模亦た大ならざりしが故に吾が大阪職業紹介所を以て我邦私設職業紹介所の嚆矢なりとするも敢て異論なかるべし。

當時官民ともに職業紹介事業に對する理會乏しく現に大阪婦人ホームの如きも社會事業として認められざるを以て止むなく口入業組合に加入し營利口入業として漸く開業せし程なれば當時に於ける紹介所の經營上實務上の苦心は得て名狀すべからず予の關係せる大阪職業紹介所の如きも組織上の商業化，實務上の商人化を以て指針と爲し店頭には暖簾を吊し帳場には結界を置き當事者は前垂を掛け求人者、求職者に對する言語動作に於ても恰も商人の華客に對するが如く叮嚀慇懃を極めたれば世間の賞讃を博し爲めに市内の口入業者も競ふて之に倣ひ後に設けられたる神戶生田川口入所大阪市設職業紹介所等に於ても一時之を摸せられたるが如し。

爾來本事業は民間篤志家の手に依りて東京、大阪、神戶、岡山、京都、松山等に設立せられたれども其數僅に指を屈するに足らず斯業が劃期的の發達を爲せるは米騷動以後の事に屬す卽ち大正七年八月富山縣滑川町に其の端を發したる米騷動は忽ち全國に蔓延し掠奪燒打等の暴動到る所に橫行し物情騷然たるに加へ同年十一月には歐州大戰後休戰條約成立せしため大正三年時局以來俄に膨脹せる我國經濟界は漸次收縮の傾向を帶ぶるに至り這般の收縮に伴ふて當然來るべき失業問題は既に頻發せる勞働爭議と共に重要なる社會問題として朝野議論の中心を爲すに至れり。

大正八年三月三日救濟事業調査會は內務大臣の諮問に對する失業對策の答申中に『都會に於ては公共團体又は公益團体の經營に係る職業紹介所の設置並に擴張を奬勵し紹介所相互の聯絡を保つに努めしむる事』との一項を加へ職業紹介所の設置擴張並に聯絡の必要なる所以を主張せり尙外に在りては第一回國際勞働會議は無料職業紹介制度の採擇及び營利職業紹介所の設立禁止を決議し更に內に在りては大正九年四月我國經濟界未曾有の恐慌に際會し會社工場の縮少又は休止に伴

ひ失業者續出せんとするに至りたれば政府に於ても鋭意之が對策に腐心し其の一方策として職業紹介事業の普及發達を計ると共に中央聯絡機關の設置特に職業紹介法提案の準備に餘念なかりき。

即ち大正九年一月九日東京、大阪、京都、神奈川、兵庫、愛知、三重、岡山等の職業紹介事業關係者を招き內務省主催第一回職業紹介事業協議會を開催し專ら紹介事業の聯絡統一に關する事項を協議し同年五月四日東京、大阪、京都、神奈川、兵庫、愛知の六府縣の主任者並に六大都市の主務課長を內務省に召集し第二回職業紹介事業協議會を開催し紹介事業の聯絡並に各種報告樣式の統一等に關する事項を協議し茲に漸く職業紹介事業に關する施設の計畫確立するに至りたれば同年六月一日財團法人協調會を指定して職業紹介事業の聯絡統一に關する事務を掌らしめ其の聯絡方法としては各職業紹介所は旬報(毎旬間の事業報告)を以て勞務需給の情報を協調會に報告し協調會は之が需給調節の任に當る事となりたれば同年七月十二日六大都市の職業紹介所主任者を協調會に召集し職業紹介事業の聯絡統一に關し求人求職票及び統計報告の樣式、職業分類求人求職申込の有効期間等に就て協議し從來個々獨立の經營狀態に置かれたる本事業も漸く茲に組織的聯絡の緒につくに至れり。

斯の如く內外相應じて職業紹介所の改善普及に努めたる結果、大正七年末までは其數僅に三十二箇所に過ぎざりしも同八年には二十五箇所、同九年には一百十四箇所、同十年には八十九箇所と云ふが如く續々相亞ひで增加し大正十年五月十八日現在を以てせば合計二百六十箇所の多きに達せり然ど其の過半は宿泊又は人事相談等を主とし職業紹介を從とせるものなれば聯絡の便宜上此等を除き眞に全國的聯絡に參加せる紹介所は大正九年六月聯絡開始當初は僅に四十四箇所に過ぎざりき試に之が經營主体を分類せば市町村二五、法人五、其他一四更に之を地方別にせば大阪一六、東京六、兵庫四、京都三、愛知三、三重三、神奈川二、北海道二、鹿兒島一、橫須賀一、和歌山一、滋賀一、長野一等にして大阪が其の首位を占め紹介所の組織、實務、聯絡方法等に就ては全國に其の範を示し取扱數、紹介成績等に於ても全國中亦その右に出るものなかりき。

政府に於ては職業紹介事業を國家事務とし市町村をして直接その經營の任に當らしむる方針の下に職業紹介法を立案し大正十年三月八日第四十四議會に之を提

出せしが三月十日衆議院を同月二十三日貴族院を原案の儘各通過し同年四月八日法律第五十五號を以て公布せり本法は我國職業紹介制度の基礎たるべきものにして同年六月二十八日勅令第二百九十二號を以て公布せる職業紹介施行令と共に職業紹介事業の沿革上特筆すべき重要事項なりとす。

協調會中央職業紹介所は職業紹介法施行準備のため大正十年四月十八日六大都市の職業紹介所主任者を召集して協議會を開催せしが其決議の大部分は施行令其他に採用せらるゝ所となれり當時の內務當局は大臣（床次）地方局長（添田）社會課長（田子）共に社會事業に理會と同情とを有する人々にして這般法規の立案制定に際しては常に實務家の意見を尊重し予輩の如きも之に參與せしこと尠らざりき內務省に於ては職業紹介法附屬法令の成案を得たるを以て遂に六月二十八日職業紹介法施行令を公布し同二十九日職業紹介施行規則を公布し這般法令の運用に就ては或は各地方長官に指示し或は各府縣主務課長を召集して協議する等その盡力する所尠からざりき職業紹介法は愈々大正十年七月一日より施行せられ同施行規則の規定に依り協調會中央職業紹介所は中央職業紹介局と改稱し本事業の中央機關として活動する事となれり。

以上は主として我國職業紹介事業の創業時代の顚末を略叙せるものなるが大正十二年三月職業紹介事務局官制が公布せられ同四月中央、東京、大阪の三事務局を開設し以て國家機關に依る職業紹介事業の聯絡統制を計らんとし同十三年二月職業紹介委員會官制が公布せられ職業紹介事業の經營に關し關係官廳の諮問機關として中央、東京、大阪に中央又は地方職業紹介委員會を設置し本事業に一時期を劃するに至りし事等は讀者の記憶に尙新なる所なれば之を省略せん。

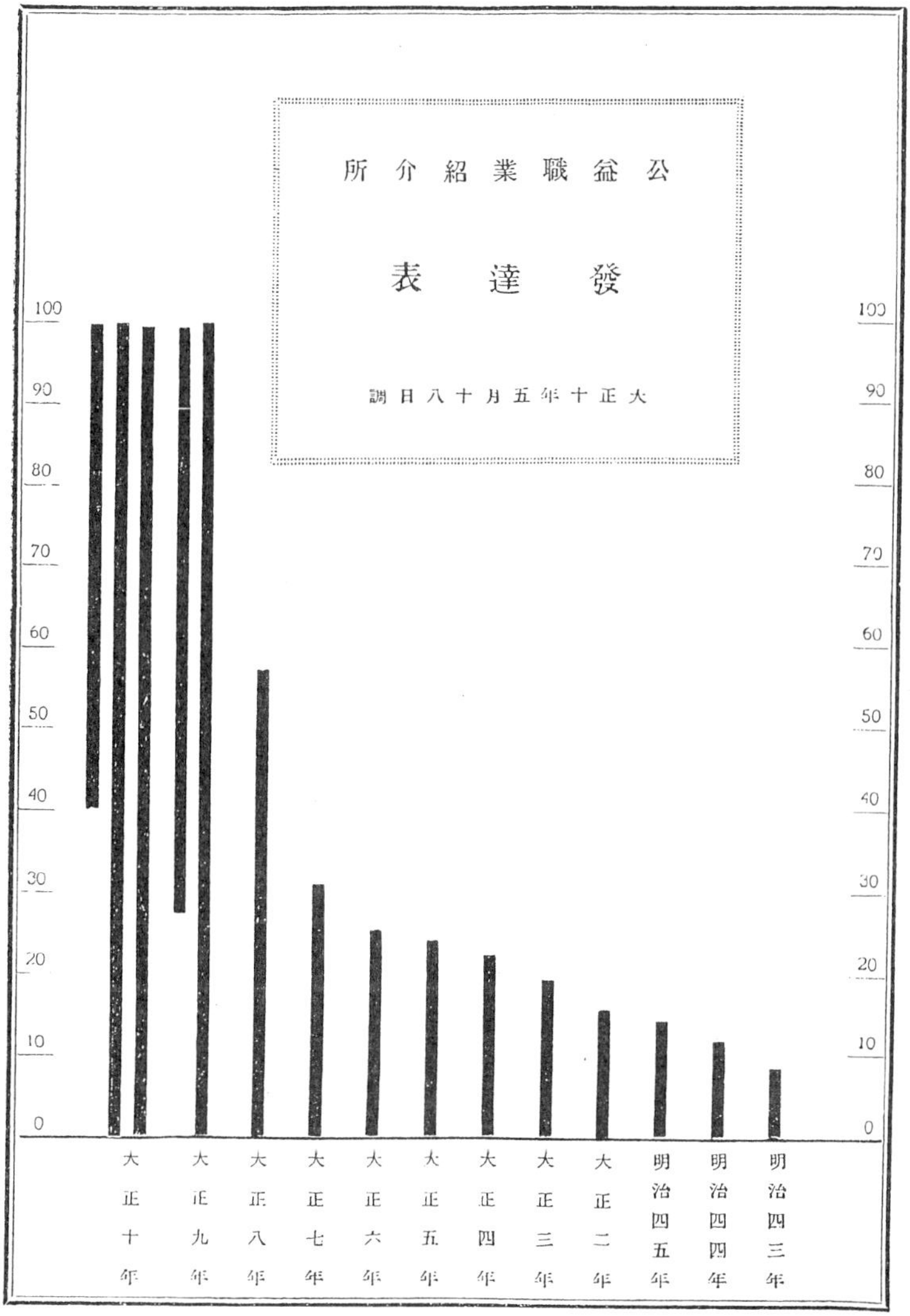
公益職業紹介所
發達表
大正十年五月十八日調
100
90
80
70
60
50
40
30
20
10
0
大正十年
大正九年
大正八年
大正七年
大正六年
大正五年
大正四年
大正三年
大正二年
明治四五年
明治四四年
明治四三年

二　希望

我國に於ける職業紹介事業の發達は全く輓近の事に屬し內にありては日尚淺く諸般の設備必ずしも完きと云ふべからず外にありては在來の口入業者その他の紹介行爲盛に行はれ斯業に對する世人の利用未だ普からざる現狀に鑑み今後愈々その設備上並に實務上の改善を計り以て職業紹介事業の機能を充分に發揮せざるべからず。

試に昭和二年十一月發表の大阪市に於ける就職者勤續狀況調査に據れば就職者總數七千三百八十一人中勤續三月未滿二二・八四%、三月以上六月未滿一四・四%、六月以上一年未滿二〇・五%にして就職者の半數以上は勤續僅に一年を出ざるの狀況なり而して昭和二年度の統計を見るに求職者百に對する就職者數は一五・七三%紹介件數百に對する就職者數は四七・九九%なれば前記七千三百八十一人の就職者を得んと欲せば實に無慮四萬六千九百餘人の求職者を受付け一萬五千三百餘件の紹介を爲さざるべからず斯の如く名狀すべからざる混雜と費用と手數とを盡したる結果焉んぞ知らん一月以內五・九四%、一月以上一六・九%、三月以上一四・四%、六月以上一二・六%、九月以上七・九%の轉職者を見るに至らんとは、斯の如きは啻に職業紹介の機能を阻害するのみならず商工業に與ふる損失亦た少からざるなり則ち轉職の社會的損失を擧ぐれば採用の手數、新參者の訓練、未熟練期に於ける生產額の減少、器械原料の濫用、粗製品の濫造、事故に依る損害、協同作業の減損等枚擧に遑あらず殊に轉職者は到底一業に熟達するの暇なく終生失業の渦中に浮沈するの他なし。

而して此等轉職の原因那邊にありやと謂ふに大正十四年二月發表の東京市に於ける求職事情に關する調査及び昭和二年五月京都市失業原因調査等に據れば個人的失業原因は東京市四四・三%、京都市五一・九%にて孰れも失業原因中の第一位を占め社會的失業原因は東京市一五・四%、京都市三四・四%にて之に從ふ(因に東京市は自然的原因として震火災に由る失業三四・五%を擧ぐ)爰に失業原因に關する兩市の統計を示す讀者之を一目に瞭するを得ん。

失業原因		同上原因内譯	東京	京都
個人的	自發的	業務不適當、仕事ニ見込ナシ、他地方移動、家事の都合、勞働時間過長、賃銀低廉、勞働過激、其他	三一・三%	三三・五%
	他動的	疾病、虚弱又ハ負傷、雇主失業死亡、兵役、不品行、性癖、其他	一三・〇%	一九・四%
社會的	一般的	季節事業、解散、業務縮少、業務閑散、其他	一三・二%	三〇・二%
	特殊的	小作爭議、行政整理、用濟解雇、戰爭、其他	二・二%	四・二%
自然的		天變地異火災	三四・五%	—
其他		原因不明、原因ナシ	五・八%	一三・七%
合計			100・0%	100・0%

之を要するに社會的原因は社會上經濟上の缺陷に基因するものにして之が改善は政治的經濟的の施設に俟つべきものなれども他の個人的原因中には職業紹介機關の活動に依りて之が匡濟を講ずべきもの敢て少からず蓋し現今の職業紹介事業は社會政策的立場よりして失業者に糊口の途を與ふるを以て焦眉の急とし亦た求就者も唯だ一時の飢餓を凌ぐために職を求むるもの多く紹介所營事者は求人申込の内容を詳に調査し又は求職者の素質を細に審査し以て適材を適所に紹介するの遑なく單に求人求職の交換を以て能事終れりとせる結果紹介件數は如何に多數に上るも就職者少く假令若干の就職者ありとするも其の勤續日數短く爲めに個人的並に社會的損失を招くこと多し殊に近年財界の不況打續き求人口の拂底に加ふるに更に失業者續出し這般の弊害を一層大ならしむるに至れり。則ち此等の弊害を除去し眞に職業紹介事業の機能を發揮せんと欲せば須らく職業紹介の指導化に努めざるべからず因に予輩の謂ゆる職業紹介の指導化とは(一)職業指導(二)性格指導を云ふ其の内容に就ては請ふ茲に之を略叙せん。

職業指導とは人間個々の差異を職業の差異に適合せしむる事にして其の指導を受くべきものは職業的經驗なく順應性に富める青少年を以て最適當とするも既に多少の職業的經驗を有し順應性も幾分減退せる中年者と雖も之が指導を施すこと亦頗る肝要なり而して指導の方法は性能檢査と職業分拆の二者にして職業紹介所に性能檢査の設備を整へ檢査係を置き現在の紹介順番の待合時間中に之を施すに於ては求職者にも左程の迷惑を掛けず經費も亦た多くを要せざるべし職業分拆に於ても現に求人票記載事項として職業の種類、執務時間、賃銀、從業者の資格等に關し多少の調査を行へるが故に之を一層完全ならしむるが爲めに其の調査に加へて作業狀態殊に作業に必要なる性能、體部、器具、設備並に不適性能等を詳にするは適材適所の紹介を爲さんとするに於て缺くべからざるの要件なりとす但し求職者の激増する場合には求人口は激減し特殊職業以外は就職困難なるを常とするが故に適職のみを選んで就職せしむる事の困難なるは論なきも性能檢査に依りて個人の性能的缺陷を發見し此等の缺陷ありては到底營み難き職業方向を指摘して之を避けしめ或は產業能率の增進を計るために此等の不適者を陶汰するも亦た必要事なりと謂はざる可らず。

之を要するに現在の紹介制度は單に紹介本位にして求人票記載事項の如きも雇傭條件以外に於ける指導上必要なる事項は殆ど之を省略し紹介方法の如きも求職者の身分前歷等を糺すのみにして其の身体上性能上に付ては全く之を不問に附し單に雇傭兩者の希望條件の略々一致するに於ては之に對して紹介狀を交附し之を以て紹介事務の完了と認むるが故に求職者の十中の八九は雇入を拒絶せられ假令稀に就職するものあるも不適當の理由を以て直ちに解雇せられ若くは其の職業を厭ふて自ら退職するもの實に尠からず斯の如く徒らに紹介件數の增大のみを計り適材配置を顧みざる現在の紹介方法は啻に紹介事業の効果を擧ぐること能はざるのみならず求職者の不幸を招き雇傭主の損害を釀すこと亦た尠からざるなり。

性格は人々が先天的乃至後天的に獲得せる本性にして智情意の三要素を含み境遇又は教育に依りて多少變化し敎化し得らるゝものなり而して社會的落伍者の間には其の智能又は情意に缺陷を有する者尠からず米國オハイオ州コロンバス及びデートン兩職業紹介所に於て求職者の智能を檢査せる結果左表の如し。

紹介所名	受驗人員	白痴（精神年齡八・九歲）	痴愚（同上九・十歲）	遲鈍（同上十一・十二歲）	普通（同上十三—六歲）	優秀（同上十六歲以上）
デートン	四〇	七・五%	二五・〇%	三二・五%	二〇・〇%	一五・〇%
コロンバス	九四	二八・七%	二九・八%	二八・七%	八・五%	四・三%

此の表に據れば求職者中に於ける性格異常者の數甚だ多く此等低格者は智能的缺陷の特徵として生活條件に順應して生存競爭に堪ゆるの能力乏しきため一定の職業に對する勤續性並に確實性を缺ぎ氣質的缺陷の特徵として飽き易く忍耐心乏しく此等二重の缺陷のため生活上就職上一層不利の結果を招くのみならず遺般の智能的氣質的缺陷に加ふるに更に身体的缺陷を有し且つ智能的缺陷の間接の結果として自己の健康に留意す

るの念乏しく疾病又は負傷に罹り易く爲めに轉職、失業、職業上の無能、浮浪等のほか動もすれば犯罪、發狂、自殺等の結果を生ずるに至る而して我國に於ては未だ這般の研究調査を試みしこと無きを以て卒に之を斷ずること能はざれども求職者の敎育程度に依れば國民一般のそれに比し無敎育者又は義務敎育未了者の數比較的多く紹介狀況に因れば就職者又は勤續者の數極めて少く職業關係に據れば不熟練勞働者、不定勞働者日傭勞働者、職業的無能者の數頗る多く此等の狀態に從へば我國の求職者と米國のそれとの性格異常の差異は蓋し大差なかるべし果して然らば性格異常者の少からざる我國の求職者に對して現在の如き紹介方法を採る事は果して適當なりや否や大に考慮せざるべからず

　是予輩が職業紹介に於ける指導化の第二として茲に性格指導の必要を主張する所以なり性格指導若くは敎化の方法は智育、体育、德育の三種に屬しその手段も亦た頗る多岐に涉るも失業者並に求職者の敎化方針としては情意の練磨を主とせざるべからず其の謂ゆる情意練磨の實際方法として淸潔、勤勉、貯金、禁酒、宗敎等あれども予輩は比較的重要にして且つ效果著しき禁酒及び宗敎に就て請ふ茲に略述せん。

酒精作用が極めて微弱に働く場合にても腦細胞機能を澁滯し精神作用中の自制力を抑壓し本能的衝動に自由の機會を與ふること少からざるが故に其の一般的徵候を擧ぐれば（一）自己滿足、（二）言行不謹愼、（三）慣例蔑視（四）時間經過無關心、（五）多辯（六）爭論等是れなり假令その酒精作用が謂ゆる微醉の程度に止り心身共に殆ど常態と異ならざる際に於ても（一）正確を期する事、（二）事故を未然に防ぐ事、（三）同僚又は部下に對する態度、（四）規律に從ふ事、（五）時間を守る事、（六）事件を秘密に附する事等に對して自制力を抑壓せらるゝこと稀ならざるなり況や酩酊狀態に於てをや彼の蜜蜂に酒精を加へたる蜜を與ふれば忽ち不忠實なる本能を昂進し昆蟲に酒を與ふる時には恰も人間に於けるが如く勞働を厭ひ蟻の如きはクロロフオルの中毒に類似の症狀を呈して身体痲痺し唯だ頭のみを動かし近づく者に嚙みつく動作をなすと云ふ斯の如き酒精の生理的並に心理的作用は當然の結果として反社會的行爲即ち犯罪心理を構成するに至るべし。

　試に最近の調査に據れば飮酒に原因せる犯罪は獨逸四〇•〇%、英國四八•〇%、佛國六六•〇%、和蘭七八•〇%、諾威五一•〇%、露西亞四二•〇%、米

國四七・〇%、而して我國の狀態如何と謂ふに司法省の行刑統計は僅に受刑者の飲酒嗜好別を表はすのみにて諸外國の如く飲酒を原因とせる犯罪比例を知ること能はざれども大正八年乃至同十二年の受刑者中酒を好むもの六〇・四%、酒を好まざるもの三九・八%その好酒者の主なる犯罪別は詐僞恐喝七〇・三%、傷害八五・七%、殺人六八・〇%等にして若し是等犯罪の原因を仔細に調査せば直接又は間接に酒精に起因せる事を知るべし、其他飲酒に原因せる貧乏、失業、自殺、發狂、負傷、疾病等の關係を硏究せば酒害の如何に恐るべきかを知るに蓋し餘師あらん。

按ずるに求職者中の飲酒嗜好者の比例は硏究の資料乏しきがため之を詳にすること能はざれども其の多くは二十歳乃至三十歳の獨身男子にして精神年齡は比較的低く且つ定職なく常に浮浪的生活を營めるものなれば飲酒の嗜好者多く反社會性を帶ぶるもの少からざるも敢て怪むに足らざるなり眞に彼等をして其の浮浪性を矯め一定の職業に勤勉ならしめんと欲せば須らく奮然志を興して諸惡の原因たる飲酒の習慣を絕たしめざるべからず若し禁酒を斷行することを得たらんには生活上の餘裕を得るは勿論その他諸種の惡癖を矯正すること難らざるべし而して禁酒其他の德性を淘冶せんと欲せば先づ宗敎上の信仰に依りて性格の根本的改造を計らざるべからず。

凡そ人として宗敎心を有せざるものなく其の信仰の內容は遺傳と敎育と境遇とに依りて之を異にするもそは人々の生涯を支配するの力最も强し若し信仰の對象が倫理上の觀念、科學上の智識並に人間の正當なる願望と相容れざる時は其の信仰は迷信に屬し此等の迷信は到底社會に順應すること能はざるを以て社會的淘汰に依りて善良なる人間の水準以下に排斥せられ遂に貧民、失業者、犯罪者等の渦中に墮落するの他なきなり更に之を心理學的に說明すれば人間を支配するものは習慣にして此の習慣は身体內に於ける一種の『カーレント』が特定の部分に對して其の流通を容易ならしめたる結果の作用なり例へば過失、背德、犯罪等の如きは生理的に或る溝渠を作り之を反覆するに連れて其の溝渠を愈々深からしめ遂に習慣性たらしむるが如し之を要するに屋漏に愧ぢざる精神を以て善良なる行爲を繼續するに於ては腦、脊髓、神經、血管、其他大小筋肉等に或種の生理的變化を生じ之がため善行を容易ならしめ以て其の性格を愈々向上せしむ殊に靑年時代は活氣に富み常に之を動かさんとするの欲求强ければ之を道德的又は智識的の熱情に導かざるに於ては忽ち爆發して酒色に流れ爲めに墮落の深淵に陷ること多きは青年が宗教に改宗すること最も多き時期は則ち監獄に入る割合の最も多き時期なる事に徵して知るべし苟も彼等の指導者たらんものは宜しく其の下劣なる傾向を抑制し眞善美に對する思慕の情に轉化せしむるを要す是れ予輩が性格指導の究極の手段として宗敎的信仰の必要を主張する所以なり。

蓋し職業紹介所は單に勞務の賣買を目的とする一市場にして求職者の指導若くは保護の如きは其の本來の使命にあらず且つ現在の制度並に施設にては假令その指導保護を實施せんとするも到底その方法なきを奈何せんとの理由を以て予輩の所見を斥くるもの少からざるべし然りと雖も勞務賣買の對象は物品にあらずして人間なる事、其の職業の適否如何は個人並に社會に對して重要なる意義を有する事等は既に文明諸國に於ては雇傭事務を營利の目的とする事を禁止し國際勞働協約に於ては勞働を商品と同一視して營利の手段に供し若くは市場の自由競爭に放任するの不合理なる所以を宣言し獨露兩共和國に於ては勞務を以て貧富の別なく一般國民の責務なりと認め之が斡旋を國家統制の下に置ける事等に徵して知るべし若し夫れ我國現在の職業紹介所の如く單に職業の紹介のみを本旨として職業の內容並に性能の適否を考慮せず紹介所當事者は徒らに紹介件數の增大のみを競ふて紹介後の成績如何を關知せざるが如きは從來の肝煎、女衒、桂庵、口入等に比較して其の差異果して幾許ぞ若し職業紹介所の現狀にて予輩の謂ふが如き指導保護を行ふこと能はざるに於ては其の附帶事業として之が施設を講ずるも可なり現に一昨年來朝せる米國ボストン市のエドガー・ジエー・ヘルムズ博士の如きは同國の四十都市に於て『グードウイル・インダスツリー』と稱する授産機關を設けて無職者、不具者、刑餘者等謂ゆる人間の廢物に對し職業の紹介並に輔導を行ふと共に其の附帶事業として『チヤーチ・オフ・オール・ネーション』と呼ぶ所の寺院を設けて此等の勞働者に宗敎的倫理的訓練を施し一箇年約二萬五千人の人々を救護し以て人間の廢物に對する利用厚生の實を擧げつゝありと云ふ彼の救世軍のブース大將が『汝等先づ人を作れ然らば彼等は其の職業を見出すべし』と謂へるは眞に職業紹介の秘訣を道破せるの言銘肝して忘るゝ勿れ。

財團法人 大阪職業紹介所寄附行爲

第一章　目的

第一條　本法人は失業者を保護救濟するため諸般の職業及び勞働を紹介し且つ寄宿舍を設けて失業者及び勞働者を宿泊せしめ之を慰撫監督するを以て目的とす

第二條　前條に掲げたる目的を遂行する方法は理事會の決議を以て別に之を定む

第二章　名稱

第三條　本法人は大阪職業紹介所と稱す

第三章　事務所

第四條　本法人の事務所は大阪府大阪市浪速區惠美須町二丁目百十六番地に置く

第四章　資産及出資の方法

第五條　本法人は別紙目錄の資産全部を以て基本財産とす

寄附者に於て基本財産となすべき旨を指定したる寄附金品は基本財産に繰入るゝものとす

基本財産より生ずる收入は本法人の經費に充つるものとす

基本財産及其他の資産は理事會の決議したる管理方法に依り理事長之を管理す

第六條　本法人の經費は左に掲ぐるものを以て之を支辨す

一、本法人の目的を翼賛するものより受入たる寄附金

一、基本財産より生ずる收入

一、資産及資産より生ずる收入

一、事業より生ずる收入

一、其他の收入

第七條　本法人の會計年度は毎年一月一日に始り十二月三十一日に終るものとす

第五章　役員

第八條　本法人に左の役員を置く

一　理事　七名

右理事中より理事長一名及常務理事一名を互選す

第九條　理事の任期は十年とす滿期再選を妨げず

第十條　理事長又は常務理事に缺員を生じたる場合は理事の互選に依り又理事に缺員を生じたる場合は理事會過半數の決議に依り之を補充し各前任者の殘任期間在任するものとす但し理事の任期滿了の場合は評議員之を選擧す

評議員の數は十名とし本法人の目的を贊助せる篤志者中より理事會の決議に依り理事長之を囑託し其の任期は十年とす再任を妨げず

第十一條　理事會は毎年一回理事長之を召集し左の事項を決議するものとす

但し必要ある場合には理事長は臨時之を召集することを得

一、本法人の目的を遂行する改良方法

一、歳入出豫算の議決及決算報告の認定

一、基本財産管理方法並に處分其他本法人の目的遂行上本寄附行爲に規定なき重要事項

第十二條　理事長は理事會の決議を執行し及本寄附行爲に規定せる諸般の事務を總理す

常務理事は理事長を補佐し理事長事故あるときは其職務を代理す

理事長及常務理事共に事故に依り一時事務を執ること能はざるときは理事會に於て臨時其代理を互選す

第六章　寄附行爲の變更

第十三條　本寄附行爲は理事三分の二以上の決議に依り主務官廳の認可を得て之を變更することを得

大阪職業紹介所規則

第一條　本所ハ財團法人大阪職業紹介所ノ經營ニ係リ職業ノ紹介ヲ爲スヲ以テ目的トス

第二條　本所ハ大阪職業紹介所ト稱シ大阪市浪速區惠美須町二丁目百十六番地ニ置ク

二五

第三條　本所ニ左ノ職員ヲ置ク
所　長　一　名
主　事　若干名
事務員　若干名
雇　員　若干名
第四條　所長ハ財團法人大阪職業紹介所理事會ノ委任ニ依リ所務ヲ綜理シ本所ヲ代表ス
所長事故アルトキハ主事ソノ事務ヲ代理ス
第五條　本所ニ左ノ係ヲ置ク
紹介係
調査係
統計係
第六條　本所ニ評議員若干名ヲ置クコトヲ得
評議員會ノ組織其他ノ事項ハ別ニ之ヲ定ム
第七條　本規則ノ施行ニ關シ必要ナル細則ハ所長之ヲ定メ財團法人大阪職業紹介所理事會ノ承認ヲ受クヘシ

大阪職業紹介所紹介規程

第一條　本所ハ職業紹介法令並ニ本規程ニ依リ職業ノ紹介ヲ爲ス

第二條　本所ノ執務時間ハ毎日午前七時ヨリ午後九時迄トス
第三條　求人者ハ本所ニ出頭シ又ハ書面、電話、其他便宜ノ方法ニ依リ求人ノ申込ヲ爲サルヘジ
第四條　求職者ハ本所ニ出頭シ求職ノ申込ヲ爲サルヘシ
第五條　求人者ニ對シ求職者ヲ紹介スルトキハ紹介狀其他必要ナル書類ヲ携帶セシム
第六條　求人者、求職者ヲ採用シ又ハ雇傭不調トナリタルトキハ紹介狀ニ其旨ヲ附記シ直ニ之ヲ本所ニ返付セラルヘシ但シ便宜ノ方法ニ依リ通報スルヲ妨ケス
第七條　求人者ハ申込後三十日ヲ經過スルモ紹介ヲ受ケサルトキハ更ニ申込ノ手續ヲ爲サルヘシ
第八條　求職者ハ申込後三十日ヲ經過スルモ就職シ能ハサルトキハ更ニ申込ノ手續ヲ爲サルヘシ
第九條　雇傭ノ條件ハ雇傭兩者ノ協定ニ委セ本所ハ其責ニ任セス
第十條　本所ハ求職者ノ身元ニ付キ保證ノ責ニ任セス

役員

東京府北豊島郡西巣鴨町新田七百七拾七番地
理事長　青木庄藏（明治四十五年二月就任）

大阪市南區阪町貳拾九番地
理事　金澤利助（明治四十五年二月就任）

大阪市南區順慶町參丁目參拾番地
理事　森平兵衞（明治四十五年二月就任）

大阪市浪速區惠美須町貳丁目百拾六番地
常務理事　八濱德三郎（大正八年三月就任）

大阪市港區南安治川通貳丁目貳番地
理事　上念政七（大正十年九月就任）

大阪市港區九條北通參丁目五百四拾九番地
理事　筒井民次郎（大正十一年四月就任）

大阪市北區天神橋筋壹丁目九番地
理事　加藤德次郎（大正十四年六月就任）

大阪市北區中ノ島四丁目拾四番地
前理事長　岡島千代造（明治四十五年二月就任 大正十年十一月死亡）

大阪市港區南安治川通壹丁目四番邸
前理事　岡島伊八（明治四十五年二月就任 大正十一年四月辭任）

大阪市西區靱南通壹丁目四番地
前理事　中村伊三郎（明治四十五年二月就任 大正十年九月死亡）

維持會員

藤本清兵衞　金澤利助　渡邊朝吉
西田正俊　二川茂助　今西林三郎
酒井猪太郎　森平兵衞　柳球藏
小林林之助　上田忠三郎　植村治郎兵衞
緒方正清　泉岡宗助　新田長次郎
肥田直次郎　笹清次郎　中野嘉七
長尾善兵衞　杉山小兵衞　杉村正太郎
柳廣藏　谷新助　筒井民次郎
津田勝五郎　中島政二郎　佐々木信玄
中村伊三郎　武野庄三郎　山本權右衞門
大井德治郎　岡島九郎　岡島伊八
青木庄藏　岡島千代造　上念政七

VIII 歳入歳出（自明治四拾五年至昭和貳年 經常費臨時費）

年別	歳入					歳出					
	事業收入	補助金	寄附金	雜收入	計	給料	雜給	需要費	營繕費	其他	計
昭和二年	12,514.45	800.00	10.00	50.36	13,374.81	4,696.85	2,027.75	2,345.64	561.77	—	9,632.01
大正十五年	12,531.04	800.00	275.00	24.16	13,630.20	4,006.16	1,875.90	2,582.72	516.51	97.30	9,078.59
大正十四年	10,736.16	800.00	5.00	124.53	11,665.69	3,531.80	1,661.72	4,357.91	718.19	728.44	10,998.06
大正十三年	8,813.57	1,100.00	281.00	51.54	10,246.11	3,672.60	1,782.35	1,825.09	1,096.42	263.04	8,639.50
大正十二年	8,200.01	1,200.00	374.00	549.20	10,323.21	3,689.44	2,106.00	2,531.34	16,565.21	—	24,891.99
大正十一年	7,819.68	1,200.00	853.52	534.61	10,407.81	3,239.03	2,016.65	2,523.58	1,522.43	—	9,301.69
大正十年	7,021.26	520.00	4,053.18	253.26	11,847.70	4,191.83	—	1,812.69	80.69	681.80	6,767.01
大正九年	6,735.68	500.00	728.26	115.53	8,079.47	3,748.61	—	1,881.76	137.86	—	5,768.23
大正八年	678.45	—	13,803.86	1,233.75	15,716.06	900.03	210.00	702.59	19,033.64	279.30	21,125.56
大正七年	1,996.51	520.00	864.25	982.20	4,362.96	1,750.00	247.00	567.19	121.47	131.90	2,817.56
大正六年	2,333.19	550.00	390.59	856.28	4,130.06	1,688.47	—	805.46	—	—	2,493.93
大正五年	2,165.29	550.00	318.75	864.40	3,898.44	1,448.54	—	1,738.50	168.09	—	3,355.13
大正四年	2,018.52	750.00	276.85	149.39	3,194.76	1,405.67	—	593.20	702.38	—	2,701.25
大正三年	1,953.77	850.00	838.00	313.27	3,955.04	1,246.52	93.00	560.67	348.27	500.00	2,748.46
大正二年	1,601.29	900.00	2,506.07	343.49	5,350.85	1,276.43	142.20	667.84	339.74	1,723.23	4,149.44
大正元年	1,111.27	65.00	5,342.34	6.93	6,525.54	1,253.51	56.00	1,004.75	4,683.64	313.46	7,311.36
計	88,230.14	11,105.00	30,920.67	6,452.90	136,708.71	41,745.49	12,218.57	26,500.93	46,596.31	4,718.47	131,779.77

大正十二年營繕費中現在敷地一百五十六坪購入費一萬五千九百九十圓ヲ含ム、大正八年營繕費中家屋建築費一萬七千二百餘圓、修繕費七百九圓、寢具費六百九十圓、設備費四百餘圓等ヲ含ム、寄附金中本事業後援會補助金ヲ含ム
大正元年寄附金中理事出資金ヲ含ム

VII 宿泊者年齢對本籍調

本籍別	十五歳以上	二十歳以上	三十歳以上	四十歳以上	五十歳以上	六十歳以上	合計	比例
大阪	532	3,600	1,729	819	276	25	6,981	19.38
京都	140	1,310	584	244	79	7	2,364	6.56
兵庫	330	2,177	930	395	105	12	3,949	10.96
奈良	182	1,085	428	190	55	6	1,946	5.40
滋賀	96	670	290	122	35	3	1,216	3.38
鳥取	45	203	60	35	12	3	358	0.99
島根	48	232	63	31	6	2	383	1.06
岡山	94	576	316	96	40	5	1,127	3.13
廣島	113	703	255	80	35	7	1,193	3.31
山口	48	341	112	50	9	—	560	1.55
和歌山	136	788	343	165	49	3	1,484	4.12
德島	81	582	185	72	22	2	944	2.62
香川	87	607	192	87	35	3	1,011	2.81
愛媛	92	460	193	62	20	3	830	2.30
高知	69	394	115	45	9	2	634	1.76
福岡	61	490	155	28	11	—	745	2.07
長崎	35	195	68	30	2	—	330	0.92
大分	30	204	70	29	2	1	336	0.93
佐賀	9	101	24	12	3	—	149	0.41
熊本	10	165	57	21	2	1	256	0.72
宮崎	9	120	35	7	2	—	173	0.48
鹿兒島	40	347	81	29	3	1	501	1.39
沖繩	4	4	—	—	—	—	8	0.02
愛知	45	423	170	52	14	—	704	1.95
靜岡	13	155	43	23	1	1	236	0.66
三重	99	722	293	107	30	8	1,259	3.49
岐阜	32	257	97	25	7	1	419	1.16
福井	65	486	172	79	19	1	822	2.28
石川	55	420	152	58	22	—	707	1.96
富山	61	281	123	55	5	2	527	1.46
東京	101	792	358	193	48	6	1,498	4.16
神奈川	14	170	85	35	5	1	310	0.86
埼玉	15	59	23	18	—	—	115	0.32
群馬	10	66	25	6	3	—	110	0.31
千葉	9	78	39	12	2	—	140	0.39
茨城	3	55	25	11	2	1	97	0.39
栃木	4	57	21	4	3	—	89	0.25
山梨	8	41	28	7	—	—	84	0.23
長野	3	135	48	17	9	—	212	0.59
新潟	6	153	78	35	4	2	278	0.77
宮城	2	49	36	3	2	—	92	0.26
福島	2	72	31	8	1	—	114	0.32
岩手	1	17	9	7	5	—	39	0.11
靑森	2	29	9	8	—	—	48	0.13
山形	1	36	19	9	—	—	65	0.18
秋田	5	35	7	4	3	—	54	0.15
北海道	6	79	34	13	5	1	138	0.38
朝鮮	35	282	55	3	1	1	377	1.05
臺灣	3	3	—	—	—	—	6	0.02
合計	2,891	20,306	8,265	3,441	1,003	111	36,017	—
比例	8.03	56.38	22.95	9.55	2.78	0.31	—	100.00

V　宿　泊　成　績

年別	宿泊人員	同延人員	年別	宿泊人員	同延人員
昭和二年	1,984	79,086	大正七年	1,543	35,798
大正十五年	2,291	78,090	大正六年	2,141	40,631
大正十四年	2,650	74,479	大正五年	2,983	37,565
大正十三年	2,268	64,347	大正四年	3,178	34,675
大正十二年	2,057	60,904	大正三年	2,737	32.850
大正十一年	1,771	58,137	大正二年	2,823	26,732
大正十年	1,765	58,030	大正元年	2,365	13,634
大正九年	2,848	57,325			
大正八年	609	7,454	合計	36,018	759,737

備考　大正八年度宿泊者數少キハ同年五月ヨリ十月迄家屋改築ノタメ休業セシニ因ル

VI　宿泊者年齡對職業調

	十五歲以上	二十歲以上	三十歲以上	四十歲以上	五十歲以上	六十歲以上	合計	比例
農業	30	234	139	55	23	—	481	1.34
商業	6	156	109	48	15	—	334	0.93
職工	88	976	389	85	24	—	1,562	4.34
土方	26	473	219	97	19	1	835	2.32
仲仕	6	189	154	49	8	1	407	1.13
手傳	17	368	250	166	30	6	837	2.32
料理人	20	385	193	91	19	2	710	1,97
勸誘員	—	35	20	11	4	1	71	0.19
雜業	40	680	308	126	48	8	1,210	3.36
無職	2,658	16,811	6,484	2,713	813	92	29,571	82.10
合計	2,891	20,307	8,265	3,441	1,003	111	36,018	—
比例	8.03	56.38	22.95	9.55	2.75	0.31	—	100.00

IV　就職者職業別

年別	工業鑛業	土木建築	商業	農林業	通信運輸	戸内使用人	雜業	合計	比例
昭和二年	1,389	12	502	10	467	50	343	2,773	3.08
大正十五年	1,206	74	721	7	465	93	342	2,908	3.20
大正十四年	3,549	299	1,849	49	1,351	336	895	8,328	9.26
大正十三年	5,803	288	1,761	27	1,149	301	761	10,090	11.21
大正十二年	5,303	339	800	19	712	325	908	8,406	9.35
大正十一年	4,693	559	787	18	610	454	790	7,911	8.79
大正十年	4,236	788	854	11	352	356	826	7,423	8.25
大正九年	3,623	486	624	10	397	581	1,054	6,775	7.64
大正八年	716	10	79	3	31	121	112	1,072	1.19
大正七年	2,248	27	280	5	36	337	243	3,176	3.53
大正六年	1,947	40	510	7	20	493	370	3,387	3.77
大正五年	3,261	11	683	10	31	612	543	5,151	5.73
大正四年	2,230	13	1,124	8	88	835	676	4,974	5.53
大正三年	2,927	135	1,627	15	102	859	809	6,474	7.19
大正二年	1,563	488	1,795	13	328	867	1,231	6,285	6.99
大正元年	2,100	182	1,202	10	128	619	587	4,828	5.37
合計	46,794	3,751	15,198	222	6,267	7,239	10,490	89,961	100.00
比例	52.03	4.14	16.89	0.25	6.97	8.05	11.67	100.00	—

III 求職者教育程度

年別	專門學校卒業以上			同上學校中途退學			中學高女卒業			同上學校中途退學			中等程度學校卒業		
	男	女	計	男	女	計	男	女	計	男	女	計	男	女	計
昭和二年	10	—	10	7	—	7	236	1	237	523	1	524	337	1	338
大正十五年	8	—	8	14	—	14	409	10	419	830	4	834	221	—	221
大正十四年	22	—	22	22	—	22	930	38	968	1,495	24	1,519	892	1	893
大正十三年	13	—	13	24	—	24	439	14	453	1,037	18	1,055	547	10	557
大正十二年	4	—	4	43	—	43	344	20	364	1,033	18	1,051	461	4	465
大正十一年	11	—	11	38	—	38	378	25	403	732	19	751	299	9	308
大正十年	18	—	18	13	—	13	309	24	333	237	17	254	165	1	166
合計	86	—	86	161	—	161	3,045	132	3,177	5,887	101	5,988	2,922	26	2,948
比例	0.7	—	0.7	1.3	—	1.3	24.7	61.5	25.3	47.8	47.1	48.0	23.8	12.1	23.5

年別	中等程度學校中途退學			高等小學卒業			同上學校中途退學			尋常小學卒業		
	男	女	計	男	女	計	男	女	計	男	女	計
昭和二年	138	—	138	5,838	12	5,850	417	3	420	4,545	13	4,558
大正十五年	257	2	259	7,542	15	7,557	331	—	331	5,237	64	5,301
大正十四年	736	—	736	9,938	124	10,062	653	21	674	8,989	149	9,138
大正十三年	476	7	483	7,734	86	7,820	1,411	28	1,439	6,924	161	7,085
大正十二年	574	4	578	7,604	70	7,674	761	5	766	5,602	112	5,714
大正十一年	262	4	266	5,054	60	5,114	1,082	13	1,095	4,898	133	5,031
大正十年	158	—	158	3,049	104	3,153	1,587	22	1,609	2,997	111	3,108
合計	2,601	17	2,618	46,759	471	47,230	6,242	92	6,334	39,192	743	39,935
比例	21.1	8.0	20.9	380.0	219.7	377.0	50.7	42.9	50.5	310.2	346.5	319.0

年別	尋常小學校中途退學			多少文字ヲ解スルモノ			文字ヲ解セザルモノ			合計		
	男	女	計	男	女	計	男	女	計	男	女	計
昭和二年	1,077	10	1,087	97	3	100	70	1	71	13,295	45	13,340
大正十五年	1,286	25	1,311	188	8	196	18	1	19	16,341	139	16,480
大正十四年	1,759	49	1,808	429	27	456	275	38	313	26,140	471	26,611
大正十三年	2,817	57	2,874	82	14	96	89	27	116	21,593	422	22,015
大正十二年	2,209	58	2,267	157	6	163	132	22	154	18,924	319	19,243
大正十一年	2,159	53	2,212	104	4	108	204	18	222	15,221	338	15,559
大正十年	2,531	94	2,625	142	6	148	214	31	245	11,620	410	12,030
合計	13,838	346	14,184	1,199	68	1,267	1,002	138	1,140	123,134	2,144	125,278
比例	112.4	161.4	113.2	9.7	31.7	10.1	8.1	64.3	9.1	982.9	17.1	1,000.0

者本籍調（續）

大正三年 男	大正三年 女	大正三年 計	大正二年 男	大正二年 女	大正二年 計	大正元年 男	大正元年 女	大正元年 計	合計 男	合計 女	合計 計	比例
1,043	152	1,195	1,179	140	1,319	640	184	824	43,589	1,900	45,489	27.18
549	69	618	475	30	505	354	20	374	7,401	249	7,650	4.57
438	51	489	575	71	646	415	35	450	12,692	546	13,238	7.91
406	34	440	452	39	491	332	28	360	11,103	391	11,491	6.87
335	26	361	233	17	250	140	8	148	4,159	122	4,281	2.56
79	1	80	106	6	112	78	1	79	1,831	39	1,870	1.12
76	1	77	87	4	91	39	1	40	1,561	21	1,582	0.94
323	43	366	242	18	260	196	7	203	4,920	185	5,105	3.04
204	11	215	210	10	220	163	5	168	4,793	130	4,923	2.94
88	2	90	76	7	83	85	3	88	2,248	46	2,294	1.38
425	76	501	315	54	369	320	45	365	8,101	539	8,640	5.16
150	9	159	168	10	178	201	6	207	4,650	136	4,786	2.86
147	15	162	174	9	183	175	5	180	4,121	126	4,247	2.53
113	9	122	120	5	125	149	8	157	3,665	99	3,764	2.25
165	2	167	113	7	120	95	4	99	2,648	80	2,728	1.63
72	—	72	63	1	64	61	1	62	2,739	31	2,770	1.65
20	2	22	27	1	28	30	1	31	1,320	46	1,366	0.82
47	—	47	49	1	50	58	2	60	1,500	33	1,533	0.91
24	—	24	20	—	20	15	1	16	931	11	942	0.56
19	1	20	22	1	23	20	1	21	1,375	22	1,397	0.83
9	—	9	15	1	16	5	—	5	776	3	779	0.47
31	3	34	28	6	34	38	1	39	4,252	66	4,318	2.58
—	—	—	—	—	—	2	—	2	1,384	2	1,386	0.83
123	1	124	104	1	105	79	1	80	2,876	19	2,895	1.73
27	—	27	30	1	31	21	—	21	757	3	760	0.45
274	6	280	203	10	213	159	6	165	4,972	120	5,092	3.04
109	—	109	98	1	99	54	1	55	1,664	35	1,699	1.02
175	2	177	210	8	218	143	2	145	3,734	98	3,832	2.29
231	6	237	180	6	186	98	5	103	2,898	75	2,973	1.78
65	8	73	66	6	72	67	2	69	2,109	40	2,149	1.28
44	—	44	53	1	54	65	—	65	3,923	45	3,968	2.32
20	—	20	11	—	11	12	—	12	712	14	726	0.43
4	—	4	3	—	3	11	—	11	356	5	361	0.22
13	—	13	7	—	7	12	—	12	310	1	311	0.19
27	—	27	14	—	14	9	—	9	419	4	423	0.25
6	—	6	4	—	4	9	—	9	378	4	382	0.23
7	—	7	5	—	5	2	—	2	386	—	386	0.23
7	—	7	5	—	5	8	—	8	284	4	288	0.17
11	—	11	32	—	32	29	—	29	856	3	859	0.51
—	—	—	6	—	6	23	—	23	757	14	771	0.47
6	—	6	5	—	5	3	—	3	238	12	250	0.15
5	—	5	6	—	6	2	—	2	329	—	329	0.19
2	—	2	4	—	4	2	—	2	93	1	94	0.06
5	—	5	1	—	1	2	—	2	112	3	115	0.07
9	—	9	3	—	3	1	—	1	232	3	235	0.14
6	—	6	2	—	2	4	—	4	163	6	169	0.11
5	—	5	10	—	10	3	—	3	452	7	459	0.27
—	—	—	2	—	2	9	—	9	1,264	1	1,265	0.76
—	—	—	—	—	—	8	—	8	13	—	13	0.01
5,944	530	6,474	5,813	472	6,285	4,446	384	4,830	162,046	5,340	167,386	100.00

II 求職者就職

本籍別	大正七年 男	大正七年 女	大正七年 計	大正六年 男	大正六年 女	大正六年 計	大正五年 男	大正五年 女	大正五年 計	大正四年 男	大正四年 女	大正四年 計
大阪	907	61	968	503	81	584	974	154	1,128	673	41	914
京都	184	5	189	183	11	194	353	18	371	296	16	312
兵庫	301	19	320	239	42	281	454	66	520	430	69	499
奈良	204	14	218	220	22	242	382	18	400	327	51	378
滋賀	76	6	82	111	8	119	172	3	175	137	15	152
鳥取	50	2	52	44	3	47	77	2	79	73	3	76
島根	38	—	38	58	1	59	48	1	49	38	2	40
岡山	74	13	87	131	6	137	177	18	195	207	14	221
廣島	64	7	71	111	8	119	138	7	145	152	9	161
山口	32	3	35	34	—	34	63	2	65	80	7	87
和歌山	170	17	187	175	42	217	342	55	397	312	92	404
德島	54	7	61	118	5	123	224	6	230	194	12	206
香川	73	2	75	101	16	117	157	5	162	167	10	177
愛媛	50	3	53	71	5	76	149	3	152	141	14	155
高知	49	2	51	47	3	50	83	1	84	92	6	98
福岡	33	2	35	65	2	67	64	1	65	58	2	60
長崎	15	—	15	32	3	35	30	2	32	28	1	29
大分	27	—	27	32	2	34	45	—	45	52	4	56
佐賀	12	—	12	13	—	13	8	3	11	11	2	13
熊本	21	—	21	21	—	21	19	2	21	21	—	21
宮崎	11	—	11	25	—	25	15	—	15	—	—	—
鹿兒島	28	1	29	30	6	36	37	4	41	47	3	50
沖繩	5	—	5	4	—	4	—	—	—	4	—	4
愛知	60	—	60	61	1	62	55	—	55	77	—	77
靜岡	5	—	5	17	—	17	21	—	21	15	—	15
三重	81	3	84	131	6	137	114	10	124	160	13	173
岐阜	33	2	35	41	3	44	46	4	50	58	2	60
福井	69	7	76	118	4	122	178	4	182	142	15	157
石川	51	—	51	81	7	88	90	10	100	98	10	108
富山	36	1	37	32	—	32	49	3	52	64	4	68
東京	29		29	40		40	40	2	42	63	1	64
神奈川	8	—	8	19	2	21	5	—	5	10	—	10
埼玉	3	—	3	9	1	10	5	—	5	10	—	10
群馬	6	—	6	4	—	4	12	—	12	14	—	14
千葉	6	—	6	12	—	12	6	—	6	8	—	8
茨城	2	—	2	7	—	7	6	—	6	9	—	9
栃木	9	—	9	8	—	8	6	—	6	3	—	3
山梨	8	—	8	4	—	4	11	—	11	9	—	9
長野	18	—	18	19	—	19	22	—	22	17	—	17
新潟	14	—	14	26	1	27	21	—	21	23	1	28
宮城	2	—	2	2	3	5	3	1	4	2	1	3
福島	8	—	8	13	—	13	13	—	13	2	—	2
岩手	3	—	3	1	—	1	1	—	1	1	—	1
青森	1	—	1	1	—	1	4	—	4	1	—	1
山形	7	—	7	9	—	9	1	—	1	3	—	3
秋田	2	—	2	4	—	4	3	—	3	4	—	4
北海道	8	—	8	8	1	9	11	1	12	7	3	10
朝鮮	52	—	52	57	—	57	11	—	11	9	—	9
臺灣	—	—	—	—	—	—	—	—	—	—	—	—
計	2,999	177	3,176	3,092	295	3,387	4,745	406	5,151	4,351	623	4,974

備考　本調査ハ大正十年乃至昭和二年ハ求職者ニ依リ大正元年乃至同九年ハ就職者ニ因ル

者本籍調

大正十二年			大正十一年			大正十年			大正九年			大正八年		
男	女	計	男	女	計	男	女	計	男	女	計	男	女	計
5,255	147	5,402	4,738	103	4,841	3,422	179	3,601	1,620	85	1,705	191	15	206
728	6	734	673	14	687	397	15	412	445	9	454	60	—	60
1,203	11	1,214	1,018	20	1,038	1,260	48	1,308	591	23	614	109	3	112
1,238	24	1,262	970	42	1,012	1,191	24	1,215	506	12	518	59	3	62
409	2	411	299	6	305	274	7	281	201	2	203	30	—	30
160	—	160	136	4	140	157	1	158	67	1	68	12	1	13
180	1	181	189	—	189	94	3	97	54	2	56	11	—	11
434	8	442	461	10	471	248	12	260	201	7	208	26	1	27
613	9	622	460	17	477	158	9	167	143	10	153	39	2	41
272	1	273	269	4	273	86	7	93	98	2	100	21	—	21
982	16	998	682	20	702	367	21	388	351	15	366	54	4	58
422	6	428	389	19	408	289	5	294	160	11	171	24	1	25
520	16	536	411	12	423	176	3	179	164	8	172	18	5	23
392	4	396	326	5	331	223	6	229	161	10	171	27	1	28
314	15	329	282	5	287	194	14	208	118	1	119	13	1	14
337	2	339	162	4	166	92	2	94	84	3	87	10	—	10
163	3	166	93	2	95	86	—	86	29	2	31	7	1	8
142	1	143	112	3	115	55	—	55	56	6	62	5	1	6
77	—	77	110	—	110	48	1	49	25	—	25	2	—	2
133	3	136	126	1	127	107	4	111	43	—	43	12	—	12
97	—	97	94	—	94	47	—	47	21	2	23	5	—	5
643	5	648	313	3	316	84	6	90	95	3	98	19	—	19
243	—	243	145	2	147	24	—	24	7	—	7	—	—	—
335	3	338	258	4	262	332	1	333	126	3	129	21	—	21
114	1	115	68	—	68	91	—	91	31	—	31	6	—	6
506	11	517	445	9	454	377	2	379	232	15	247	44	3	47
196	4	200	162	1	163	96	5	101	72	1	73	18	3	21
444	1	445	298	5	303	291	16	307	171	10	181	32	3	35
340	4	344	279	2	281	182	1	183	116	4	120	36	1	37
273	2	275	233	6	239	164	2	166	84	2	86	32	—	32
710	5	715	265	2	267	196	3	199	113	6	119	19	1	20
124	2	126	50	2	52	64	—	64	24	1	25	11	—	11
47	1	48	28	1	29	34	—	34	18	1	19	—	—	—
31	—	31	25	—	25	42	—	42	8	—	8	—	—	—
61	1	62	27	—	27	54	1	55	16	—	16	2	—	2
40	—	40	32	3	35	27	—	27	12	—	12	4	—	4
65	—	65	36	—	36	86	—	86	29	—	29	3	—	3
49	—	49	41	—	44	28	1	29	9	—	9	3	—	3
103	2	105	73	1	74	123	—	123	28	—	28	3	—	3
91	1	92	109	1	110	69	3	72	40	1	41	7	—	7
25	—	25	24	2	26	17	3	20	5	—	5	2	—	2
50	—	50	21	—	21	42	—	42	17	—	17	1	—	1
18	—	18	11	—	11	7	—	7	3	1	4	—	—	—
26	—	26	15	1	16	5	—	5	—	—	—	—	—	—
31	—	31	29	—	29	42	2	44	17	—	17	2	—	2
20	—	20	28	2	30	29	3	32	7	—	7	2	—	2
66	—	66	50	—	50	41	—	41	17	—	17	1	—	1
200	1	201	153	—	153	97	—	97	81	—	81	19	—	19
2	—	2	—	—	—	5	—	5	—	—	—	—	—	—
18.924	319	19,243	15,221	338	15,559	11,620	410	12,030	6,516	259	6,775	1,022	50	1,072

II　求職者就職

本籍別	昭和二年 男	昭和二年 女	昭和二年 計	大正十五年 男	大正十五年 女	大正十五年 計	大正十四年 男	大正十四年 女	大正十四年 計	大正十三年 男	大正十三年 女	大正十三年 計
大阪	4,392	12	4,404	4,347	64	4,411	7,012	161	7,173	6,693	121	6,814
京都	480	1	481	623	3	626	835	20	855	766	12	778
兵庫	980	5	985	1,354	12	1,366	1,777	48	1,825	1,548	23	1,571
奈良	712	14	726	1,053	2	1,055	1,742	29	1,771	1,309	35	1,344
滋賀	203	—	203	416	3	419	713	12	725	410	7	417
鳥取	86	—	86	239	1	240	276	4	280	191	9	200
島根	143	—	143	143	1	144	230	2	232	133	2	135
岡山	417	—	417	486	5	491	873	14	887	424	9	433
廣島	405	—	405	662	3	665	727	17	744	544	6	550
山口	185	—	185	205	—	205	349	2	351	305	6	311
和歌山	360	3	363	798	15	813	1,360	24	1,384	1,088	40	1,128
德島	507	4	511	404	5	409	804	15	819	542	15	557
香川	346	—	346	309	3	312	720	3	723	463	14	477
愛媛	331	1	332	328	3	331	440	8	448	644	14	658
高知	223	—	223	186	2	188	350	12	362	324	5	329
福岡	223	—	223	284	2	286	659	2	661	472	7	479
長崎	158	—	158	230	2	232	230	13	243	142	13	155
大分	97	1	98	145	1	146	290	6	296	288	5	293
佐賀	119	—	119	99	—	99	199	1	200	149	3	152
熊本	133	—	133	139	3	142	310	1	311	229	5	234
宮崎	79	—	79	70	—	70	139	—	139	144	—	144
鹿児島	427	1	428	484	—	484	1,249	14	1,263	699	10	709
沖繩	185	—	185	205	—	205	288	—	283	277	—	277
愛知	182	—	182	378	—	378	335	1	336	350	3	353
靜岡	44	—	44	51	—	51	97	1	98	119	—	119
三重	399	1	400	655	—	655	725	13	738	467	12	479
岐阜	100	—	100	223	1	224	201	3	204	157	4	161
福井	230	2	232	325	—	325	445	16	461	463	3	466
石川	192	—	192	180	4	184	370	4	374	374	11	385
富山	169	—	169	159	—	159	371	1	372	245	3	248
東京	295	—	295	510	2	520	909	13	922	564	9	573
神奈川	60	—	60	90	—	90	108	3	111	96	4	100
埼玉	27	—	27	34	—	34	71	1	72	52	—	52
群馬	11	—	11	43	—	43	51	1	52	31	—	31
千葉	20	—	20	27	—	27	45	1	46	85	1	86
茨城	24	—	24	42	—	42	52	—	52	102	1	103
栃木	14	—	14	24	—	24	38	—	38	51	—	51
山梨	28	—	28	18	—	18	23	—	23	30	3	33
長野	31	—	31	72	—	72	174	—	174	101	—	101
新潟	59	—	59	87	—	87	84	3	87	96	3	99
宮城	26	—	26	41	—	41	43	—	43	32	2	34
福島	19	—	19	17	—	17	61	—	61	52	—	52
岩手	7	—	7	9	—	9	10	—	10	14	—	14
青森	5	—	5	16	1	17	18	—	18	13	1	14
山形	14	—	14	12	—	12	20	1	21	29	—	29
秋田	9	—	9	8	1	9	20	—	20	16	—	16
北海道	39	—	39	25	—	25	83	1	84	72	1	73
朝鮮	95	—	95	78	—	78	204	—	204	198	—	198
臺灣	5	—	5	—	—	—	1	—	1	—	—	—
計	13,295	45	13,340	16,341	139	16,480	26,126	471	26,597	21,593	422	22,015

I　職業紹介成績

年別	求人数 実数 男	求人数 実数 女	求人数 実数 計	求人数 比例 男	求人数 比例 女	求人数 比例 計	求職者数 実数 男	求職者数 実数 女	求職者数 実数 計	求職者数 比例 男	求職者数 比例 女	求職者数 比例 計
昭和二年	6,092	49	6,141	4.7	0.7	4.5	13,295	45	13,340	6.3	0.6	6.1
大正十五年	7,654	220	7,874	5.9	3.1	5.8	16,341	139	16,480	7.7	1.9	7.6
大正十四年	12,619	647	13,266	9.8	9.1	9.8	26,126	471	26,597	12.4	6.4	12.2
大正十三年	14,864	372	15,236	11.5	5.2	11.2	21,593	422	22,015	10.2	5.7	10.1
大正十二年	14,448	371	14,819	11.2	5.2	10.9	18,924	319	19,243	9.0	4.3	9.0
大正十一年	12,577	383	12,960	9.8	5.3	9.6	15,221	338	15,559	7.2	3.2	7.1
大正十年	7,362	392	7,754	5.7	5.5	5.8	11,620	410	12,030	5.5	5.6	5.5
大正九年	8,179	827	9,006	6.3	11.6	6.6	7,110	312	7,422	3.4	4.3	3.4
大正八年	1,047	50	1,097	0.8	0.7	0.8	1,530	55	1,585	0.7	0.7	0.7
大正七年	5,194	379	5,573	4.0	5.2	4.1	4,605	304	4,909	2.2	4.2	2.3
大正六年	4,568	415	4,983	3.5	5.7	3.6	7,815	377	8,192	3.7	5.2	3.8
大正五年	5,340	423	5,763	4.1	5.9	4.2	12,482	691	13,173	5.9	9.5	6.0
大正四年	5,566	685	6,251	4.3	9.6	4.6	11,946	1,211	13,157	5.7	16.6	6.0
大正三年	7,169	725	7,894	5.5	10.1	5.8	18,083	880	18,963	7.1	12.1	8.6
大正二年	7,611	524	8,135	5.9	7.3	6.0	14,860	776	15,636	7.0	10.6	7.2
大正元年	8,248	659	8,907	6.4	9.7	6.5	8,475	632	9,107	4.0	8.7	4.2
合計	128,538	7,121	135,659	100.0	100.0	100.0	210,026	7,382	217,408	100.0	100.0	100.0
平均	8,033	445	8,478	—	—	—	13,127	461	13,588	—	—	—

年別	就職者数 実数 男	就職者数 実数 女	就職者数 実数 計	就職者数 比例 男	就職者数 比例 女	就職者数 比例 計	求人百ニ對スル求職数 男	求人百ニ對スル求職数 女	求人百ニ對スル求職数 計	求人百ニ對スル就職数 男	求人百ニ對スル就職数 女	求人百ニ對スル就職数 計	求職百ニ對スル就職数 男	求職百ニ對スル就職数 女	求職百ニ對スル就職数 計
昭和二年	2,754	19	2,773	3.2	0.4	3.7	218.0	92.0	217.0	45.2	39.0	45.0	20.3	42.2	20.1
大正十五年	2,871	37	2,908	3.3	0.8	3.2	213.5	63.2	209.3	37.4	16.7	36.9	17.5	26.6	17.6
大正十四年	8,047	281	8,328	9.4	6.3	9.3	207.0	72.8	200.0	63.7	43.4	62.8	30.8	60.0	31.8
大正十三年	9,835	255	10,090	11.5	5.7	11.2	145.2	113.4	144.5	66.2	68.5	66.1	45.5	60.0	45.8
大正十二年	8,231	175	8,406	9.5	4.0	9.4	130.9	86.0	130.0	57.0	47.2	56.9	43.5	54.8	43.6
大正十一年	7,707	204	7,911	9.0	4.8	8.8	121.0	88.2	135.4	62.0	53.3	61.0	50.6	60.3	50.8
大正十年	7,224	199	7,423	8.4	4.7	8.2	157.8	104.6	155.1	98.1	50.7	95.7	62.1	48.5	61.7
大正九年	6,516	259	6,775	7.8	5.8	7.5	86.9	37.7	82.4	79.6	37.7	75.2	91.6	83.0	91.2
大正八年	1,022	50	1,072	1.2	1.1	1.2	146.1	110.0	144.5	97.6	100.0	97.7	66.8	100.0	67.6
大正七年	2,999	177	3,176	3.5	4.0	3.5	88.6	80.0	88.8	57.7	46.1	56.6	65.1	58.2	64.9
大正六年	3,092	295	3,387	3.6	6.6	3.7	171.1	90.8	164.4	67.7	71.1	65.9	39.5	78.2	41.2
大正五年	4,745	406	5,151	5.2	9.1	5.7	233.6	163.3	228.5	89.0	96.0	89.3	38.0	58.7	39.1
大正四年	4,351	623	4,974	5.0	14.0	5.5	216.4	177.2	210.4	78.1	90.9	79.5	36.4	51.4	37.9
大正三年	5,944	530	6,474	6.9	11.8	7.2	252.2	121.3	242.0	83.0	73.2	82.0	32.3	60.0	34.1
大正二年	5,813	472	6,285	6.7	13.0	7.1	194.9	148.0	192.2	76.3	90.0	77.2	39.1	62.1	41.4
大正元年	4,444	384	4,828	4.0	8.6	5.3	103.0	95.9	102.2	53.8	58.2	54.2	52.4	60.7	53.0
合計	85,595	4,366	89,961	100.0	100.0	100.0	—	—	—	—	—	—	—	—	—
平均	5,350	273	5,623	—	—	—	163.4	103.6	160.2	66.5	61.3	66.3	40.7	59.2	41.3

備考　大正八年度取扱數少キハ家屋改築ノタメ同年五月ヨリ十月マデ休業セシタメニ因ル

昭和三年八月二十日印刷
昭和三年八月廿五日發行

【非賣品】

大阪市浪速區惠美須町二丁目百十六番地
財團法人 大阪職業紹介所
電話戎六一〇番

大阪市此花區大開町一丁目一四〇番地
印刷者 中井藤藏

大阪市此花區大開町一丁目一四〇番地
印刷所 大阪進光堂
電話土佐堀 一一一〇番 七七四二番

◇創立十周年記念

大阪市立中央職業紹介所紀要　職業紹介資料其一〇

（大阪市立中央職業紹介所後援会・昭和四（一九二九）年十一月二十日）

掲載資料の原本として大阪府立中央図書館所蔵資料を使用

部報告第一一二號

創立拾周年記念

大阪市立中央職業紹介所紀要

職業紹介資料其一〇

大阪市立中央職業紹介所

はしがき

去る六月府下　行幸に際し畏くも　御使御差遣の光榮に浴し翌七月には　東久邇宮殿下の御視察を辱ふし洵に重なる光榮に感激の外はない。之れに加ふるに本年は恰も當所創立十周年に當り、當所にとつては實に喜ぶべき年である。こうした榮譽と喜びを記念する爲め色々の事業を計畫し實施しつゝあるが茲に其の概要を錄することゝした。

大阪市立中央職業紹介所紀要

目次

甘露寺侍従の御差遣を賜ふ

東久邇宮殿下の御視察

安達内務大臣の御視察

一、重なる光榮

一、侍從の御差遣

昭和四年六月上旬天皇陛下におかせられては我國唯一の産業都市である大阪市の産業一般と社會事業御奬勵の有難き思召しを以て當市に行幸あらせられたが其光榮の日、わけて當所は畏くも甘露寺侍從の御差遣に浴した。

惟ふに今日の如き社會狀態の動搖機に際して之れに適應する社會政策的諸施設の設備如何は一國の思想問題並に社會組織の健、不健に重大なる關係を有するものである。随つて識者の考慮を促す當面の問題として日夜其對應策に腐心しつゝある所であるが恐れ多くも陛下は夙に此の點に聖慮を注がせられ今回の侍從御差遣の光榮となつたものと拜察する次第である。加ふるに侍從を職業紹介所に御迎へ申上げたのは此の度を以て嚆矢とするところで獨り當市の各職業紹介所の所員のみならず全國の斯業關係者の永久に忘るゝ事の出來ない所のものであり且本邦職業紹介所の歷史に光榮の一頁を飾るものである。

甘露寺侍從御差遣の日は昭和四年六月四日午後一時二十分で侍從隨行は侍從職皇后宮職勤務磯辰治氏、主隨員は大阪府商工主事中村彌太郎氏隨員は大阪府屬山田正美氏大阪府警部補藤塚氏大阪市々役所產業部調查課書記黒瀬氏であつた。松村中央所長は當日玄關にあつて御迎へ申し上げ直ちに三階休憩室に御案內し左記の如き內容により當所沿革、設備、事務の組織、事業の概要、關係事業として少年指導研究會、大阪市勞働共濟會、大阪市昭和信用組合、金曜講座に關し順次簡單に御說明申上げた所特に給料生活者の紹介並に就職者の社會的地位及び求職少年の職業指導に就いて御下問を給ふた。今所長の說明內容を敍述すれば左の通りである。

一、沿革　本市の職業紹介事業は大正七年四月、九條職業紹介所を創設したるに始る。其後求職者の數が漸次增加して來たから全市の中央部に中央機關としての紹介所の必要を生じ大正八年八月現在の地點をトして當所を設立したのである現在の建物は大正十五年の改築にかゝる。

二、建物と設備　敷地一四五坪構造鐵筋混凝土造地階共四階外部色入セメントモルタール塗、パラペット日本瓦葺屋上階段室塔屋付き內部漆喰仕上、建坪九十六坪、延坪三百九十六坪、間口十六間建物總高さ四十七尺である。

三、事務の組織と事業概要

(一)事務の組織　從事員は所長以下三十三名であつて別に兼務者數名あり、事務は聯絡統計部、及庶務部に事業は男子紹介部、婦人紹介部、少年部、給料生活者紹介部に分ち各部に主任を置く。

(二)事業の概況　昭和三年中の雇入申込員數は二萬人、求職者は三萬六千人、紹介員數は八千人である。

(イ)男子部　更に三部に分ち第一部は工業及鑛業第二部は商業及戶內使用人第三部は土木、建築、通信、運搬其他である、就職者は職工及店員が最多數を占めて居る。

(ロ)婦人部　三人の婦人が之れに當つてゐる、主なる紹介は女中、事務員、女工、店員等である。

(ハ)少年部　十七歲未滿の少年少女の職業の紹介、相談及び修學相談に應じて居る、尙父兄會協議會、作業見學講演、活動寫眞等によつて職業指導に努めて居る。

(ニ)給料生活者部　中等學校以上の學力素養ある求職者の職業紹介をなし兼ねて職業指導の一としてブラジル移住志望者の相談に應じて居る。

四、關聯事業

(一)少年職業指導研究會　少年職業指導に關する調査並に其進展を圖る目的の爲に設立されたものである。

(2)

（二）財團法人大阪市勞働共濟會　就職者の健康を共濟し且又信用を保證するために生れたものである。

（三）有限責任大阪市昭和信用組合　三年以上同一の雇傭主に勤續せる人々の經濟的地位の確立を目的として設立されたものである。

（四）金曜講座　就職者の修養に資する爲め毎月第一金曜日夜當講堂に於て開催される。

所長説明を申上げた後茶菓を差し上げ暫時御休憩を乞ひ當所要覽（罫書罫紙二十頁）給料生活者事業概要（印刷）及少年部事業概要（印刷）を差し上げ、約十五分の後參考品陳列室に入られ所長の説明にて御熱心に御研究あり傍ら種々の御下問を辱ふした。陳列室には當所の事業大要を明瞭に示すための左記品々を陳列したのである。

（一）圖表

（イ）職業紹介事業を中心とした諸施設　（ロ）大阪市立中央職業紹介所執務大系及各種機關との聯絡

（ハ）求職少年の嗜好（娯樂、副食物）調査　（ニ）求職者の鄕土

（ホ）年齢別勤續者數　（ヘ）中央職業紹介所各部取扱就職率表

（ト）米國に於ける少年職業紹介の一例　（チ）英國に於ける少年職業指導系統圖

（二）パンフレット

（イ）大阪市立中央職業紹介所事業要覽（大阪市立中央職業紹介所）

（ロ）少年部事業概要（同）　（ハ）給料生活者紹介部事業概要（同）

（ニ）年賀郵便の臨時集配人に就て（同）

（ホ）求職婦人の希望職業に關する調査（大阪市立中央職業紹介所婦人部　大阪市立小橋婦人職業紹介所）

（ヘ）少年少女の職業指導に就て（大阪市役所社會部）　（ト）大阪市職業紹介委員答申一覽（同）

（３）

（チ）大阪市少年職業指導研究會一覽

（リ）創立後一年間の事業概況（昭和三年中）（大阪市少年職業指導究研會）

（ヌ）勤續者と其の略歷

（ル）小學校に於ける職業指導講話並に訓練要項

（オ）少年少女の性能檢査（大阪市立中央職業紹介所）

（ワ）勤續狀況に關する調査（大阪市立中央職業紹介所）

（カ）財團法人大阪市勞働共濟會 有限責任大阪市昭和信用組合 年報

（ヨ）少年職業指導大系（大阪市少年職業指導研究會）

（タ）求人者求職者に關する調査（大阪市立中央職業紹介所）

（レ）職業指導讀本 職業（大阪市役所）

（ソ）大阪市職業紹介委員名簿

（二）機械工技倆試問用具

此の用具は主として熟練職工希望者の機械に對して如何なる程度の智識經驗を有するやを否定するための試問用であつて各種目毎に說明書をも添へて御覽に供した。

（イ）マイクロメーターキヤリパー　一個

仕上、鏇盤工及ミーリング工等の作業熟練者にして特に精密機械方面の職工を志願する求職者に對し本品の試用法を試問し實測を課して其經驗の程度を否定するに用ふ。

（ロ）スクリユーピツチゲージ（ネヂ型のもの）　一個

鏇盤工並にミーリング工を希望する求職者に對して其の名稱及使用法を試問し併せて實測せしめて其の能力を否定するに用ふ。

（ハ）ブラツクミツトゲージ　一個

鏇盤工及びボール盤工を希望する求職者に對して其の名稱及用途を試問するに用ふ。

（ニ）バイト　四個

ケンバイト　一個　穴クリバイト　一個

ネヂ切バイト　一個　仕上バイト　一個

鑢盤工を希望する求職者に對して名稱、用途等を問ひ、之に關聯する作業につき心得べき主なる事項を試問するに用ふ。

（ホ）ヤスリ、十本ヤスリ一組其他ヤスリ　六個

十本ヤスリ　一組　十二吋の丸ヤスリ　一個

十二吋の油目ヤスリ　一個　十四吋のパミツトヤスリ　一個

八吋三角ヤスリ　一個　キサゲ　一個

十吋の角ヤスリ　一個

仕上工を志望する求職者に對して名稱、特質、研磨の方法並に研磨上の注意事項等を試問するに用ふ。

（ヘ）スプリングブロツク木型　一個

鑄造工場の木型工を希望する求職者に對して各部分の用材並に作製方法順序等に關して試用するに用ふ。

（ト）木材（チーク、杉、檜）

木型工、各種木工、大工等を希望する求職者に對して、名稱、木理、用途、特徴並に鉋及鋸の使用法につき試問し其の經驗の程度を知るに用ふ。

並に右技術工試問參考書

（イ）機械工試問法（大阪市立中央職業紹介所）

（５）

試驗者の試問方法、心得を圖解して叮嚀に教示せしもの

（ロ）工具圖解

本書は試問機械の代用として編纂せしものにして各機械を圖解し此れにより試問査定を完全になし得。

（四）少年少女性能檢査用具

本品は少年少女の適職探究の爲め個性調査用として使用せらる。

（イ）作業速度檢査器

被檢者が一定時間の間注意を集中して、一仕事をなす速さを測定するもので指頭感覺の鋭鈍、運動の敏緩、注意持續の良否等の複雜な狀態を檢査するものである。

（ロ）運動速度檢査器

身體局部筋肉運動の速度を檢査し一般手先仕事に從事しやうとする人の能力を檢べるのである。

（ハ）視觸覺辨別檢査器（一名メダル分配器）

目で見つゝ又同時に觸覺によりて辨別する能力を檢査する用具であつて辨別と比較とをなし、一定の目測能力、作業調和のうまいものがこの檢査に優秀な成績を示す。建具、家具、木工、裁縫、其外一般手先作業を志望する求職者には必要な檢査器である。

（ニ）構成力檢査器（一名嵌木盤）

觀察、想像及工夫の能力を綜合した所謂構成能力を檢査することを目的とするものである。

（五）少年職業指導用フヰルム

小學校卒業後直ちに實社會に入る少年少女の爲めに今迄工場、銀行等見學をなしつゝあつたが就職少年の激增するに

つれて時間及び人數の關係から來る不便と不利を補ふ爲に作製したものである。

(イ)銀行内部の執務　二卷

小學校國語讀本卷十「銀行」の課に則り銀行の機能を映畫化し更に大阪貯蓄銀行に於ける預金取扱等銀行内部の執務の實況を撮影せるものである。

(ロ)機械製作の作業　一卷

住友私立職工養成所工場に於ける機械製作の順序及作業狀態を撮影せるものにして小學校其他に於て映寫し以て少年職業選擇の參考とする。

(ハ)印刷工場に於ける作業　二佚

精版印刷株式會社工場の各種印刷の作業實況を撮影せるものである。

(六)事業寫眞アルバム

(イ)大阪市立中央職業紹介所全景　(ロ)男子紹介部　二枚

(ハ)求職少年少女性能診査(少年部)　(ニ)紫苑會第二回遠足(第一班)

(ホ)選職相談票記入(少年部)　(ヘ)男子求職者の受付(一般男子部)

(ト)第二回求職婦人講習會講習修了生(婦人部)　(チ)講堂

(リ)官所主催雇傭主懇談會　(ヌ)百貨店員志望少年少女第二次考査(少年部婦人部)

(ル)大阪市職業紹介委員第二回總會(大阪市中央公會堂に於て)

(オ)求職少年少女第二回父兄會　(ワ)トーマ氏の視察

(カ)就職難座談會(於大阪毎日新聞社樓上、所長出席)　(ヨ)中央職業紹介所々員春期遠足會

（タ）信交會第一回總會（於當所講堂）

（レ）金曜講座狀況（第二十七回）

參考室を出られて三階講堂、給料生活者紹介室、少年部紹介室、少年職業相談室、醫務室、テスト室、統計室、男子紹介室、婦人紹介室の順序で御巡視の上親しく職業紹介事業の實際を御視察せられ各部屋にあつて御迎へ申上げた所員に對し侍從は一々御答禮された。中にも男子紹介室に掲げた勞働共濟會に對する宮內省の奬勵金御下賜の目錄に御目を止められたかくて侍從一行は玄關先に於て記念撮影の上、午後二時所長の御見送を受け退所された。所長は此光榮に輝く破格の恩典に感激し翌五日御禮言上のため紀州御殿に參上した。畏れ多き事ながら仄聞する所によれば當所より侍從の御手許に差し上げた諸冊子は天覽に浴したとの事である。當日侍從の御接待方に關しては、東區谷町四丁目植田長藏氏（現在々鄕軍人團副會長敎化委員）の妹で相愛高等女學校五年在學の植田光子氏に依囑した、併せて記錄に止めて置く。

尙今回の侍從御差遣の光榮に對しては聯絡の深い雇傭主方面等から祝辭や祝電を寄せられた。中にも株式會社北尾新聞舖から眞先に受けた電文を掲げて永く此の光榮を記念する。

「ウレシヤケフノホマレアスノカガヤキ」シバノ

二、東久邇宮殿下の御視察

畏くも當所は御使の御差遣を辱うし無上の光榮に浴したが更に一ケ月を經て七月五日　東久邇宮殿下の御視察をも辱うし重なる光榮に感激した次第である。

殿下には午後四時十五分御附武官宮田少將金子副官を從へさせられ關市長宮川祕書課長山口社會部長府山本高等課長等御同伴申上げた。所長は玄關に御出迎へ申上げ直ちに三階休憩所に御案內し所長よりの事業の御說明を聞召され所內を隈なく御視察遊ばされた。

當日各室御案内の順序は會議室參考室講堂給料生活者紹介室庶務室少年紹介室少年職業相談室醫務室性能檢査室男子紹介室婦人紹介室の順序であつて事業御說明の内容及參考室内に陳列した諸種の參考品等は大體御使御差遣の際の方法に據つたので再錄の繁を避けることゝする。

尙當日殿下の台覽に供する爲御差上げ申した主なる印刷物は次の通りであつた。

中央職業紹介所事業要覽　給料生活者紹介部事業要覽　少年部事業要覽　機械工試問法

三、安達内務大臣の當所視察

社會事業視察をかねて西下の途にあつた安達内務大臣は九月二十日(金)午後四時五十分關市長、山口社會部長の案内で柴田府知事等同伴にて當所を視察せられた。

松村中央所長は三階會議室に於て大阪市職業紹介事業に關し事業沿革事務分擔紹介方法附帶事業市設以外の職業紹介事業失業狀況等に就いて說明した後所内を案内した。先づ參考品陳列所に入り失業統計求職求人紹介等職業紹介事業に關する種々の參考品、圖表に一々目を通され引き續いて紹介部各部屋を隈なく視察の上特に男子部紹介室に於て紹介の實況を見記念の撮影をなし五時二十分頃退所せられた。

參考室に陳列したる資料は別項侍從御差遣の際御覽に供したるものの外當時の天覽品たる左記圖表を特に加へたのである。

一、大阪市民の職業　　二、大阪市の失業者

三、求人求職紹介表其一　一般職業男子　　四、求人求職紹介表其二　一般職業女子

五、求人求職紹介表其三　日傭勞働

(9)

尙當日大臣に參考迄に提出したパンフレットは左の通りである。

一、中央職業紹介所事業要覽
二、給料生活者紹介部事業概要
三、少年部事業概要
四、機械工試問法
五、大阪市社會事業概要
六、大阪市社會事業綱要
七、ミユニシパルソシアルワークインオサカ
八、大阪市社會事業一覽
九、大阪市社會事業一覽（地圖）
一〇、大阪市私設社會事業便覽
一一、六大都市市營社會事業概要
一二、大阪市勞働年報
一三、大阪市住宅年報
一四、西野田方面に於ける居住者の生活狀況
一五、泉尾三軒屋方面に於ける居住者の生活狀況
一六、本市に於ける朝鮮人の生活狀況
一七、歐米各國の社會事業學校
一八、大阪市會議員第一次普通選擧文書戰上に現れたる政見の量的觀察

二、光榮記念事業

一、新聞縱覽所の開設

本年六月　聖上陛下當市への行幸を記念する事業の一として當所に於て新聞閲覽の設備を整へ去る七月十二日から一般市民及求職者の閲覽に供うることとした。

由來本市は本邦産業界に於ける首班の都市として年々數萬の人々を全國より吸收しつゝあるが此の關係よりして市民

の郷土の分布も必然的に全國に擴大されてゐる。此の點に留意して豫て市の中央部に於て市民の爲めに詳に自己の郷土の事情を知るに便なる方法を考究中であつたが今回の行幸を機としてこの計畫を進めたのである。幸ひ當所は市の中央に位置し一般市民の縦覧に便にして且つ各地多數の求職者が相集つて來る事情もあるから當所に於て開始することは最も意義深きことゝ思ひ當所に於て縦覧所を開設することに決し七月一日全國各地の著名なる新聞社に新聞紙寄贈方を依頼した處有益なる施設として意外の賛同を得數十種の寄贈を受くるに至つた。當所は各新聞社のかゝる犠牲的援助を多とし且其の後援に背かざる設備を男子部紹介室に整へ七月十七日より一般市民に解放するに至つた。其結果實に豫期以上の効果を收め日々多數の愛讀者によつて十分の利用を遂げられつゝある。

因に寄贈を受けつゝある新聞社の芳名を誌せば左の通りである。

一、大阪朝日新聞社　二、夕刊大阪新聞社　三、大阪今日新聞社　四、關西中央新聞社
五、大阪毎日新聞社　六、大阪時事新報社　七、大阪新日報　八、東京日日新聞社
九、中央新聞社　一〇、樺太日日新聞社　一一、小樽新聞社　一二、北國新聞社
一三、信濃毎日新聞社　一四、靜岡新報社　一五、新愛知　一六、名古屋新聞社
一七、京都日日新聞社　一八、近江新報社　一九、奈良新聞社　二〇、神戸新聞社
二一、神戸又新日報社　二二、和歌山日日新聞社　二三、愛媛新報社　二四、高知新聞社
二五、福岡日日新聞社　二六、九州日報社　二七、鹿兒島新聞社　二八、鹿兒島朝日新聞社
二九、台灣日日新報社　三〇、京城日報社　三一、朝鮮新聞社　三二、滿洲日報社

二、大阪市立中央職業紹介所後援會の成立

大阪市は本邦唯一の重要な産業都市である。從つて工場、デパートメント及商店等に働く被傭者の數が莫大な數に上ることは必然的である。過去數年來社會問題の一として論ぜられてゐる勞働者保護問題も當市の如き産業首班の商工都市に於ては殊に重大なる社會性を有する。さすれば本市に於ては勞働者に對する保護救濟施設を夙に機に應じて設備し鋭意社會の欲求に應ずるためにを力つくしてゐる。特に社會事業體系中其の中樞を構成する職業紹介事業に對しては十ヶ所の職業紹介所を設け失業者の防止に努力を拂つてゐる。其の內最も設備の完備せるは中央職業紹介所であるが當所は少年、給料生活者、一般男女等廣汎なる特殊部門に分たれ且つ位置が市の中央部にあるために求人者や求職者の當所を利用する數も亦頗る多い。由來職業紹介事業を外觀的に考察する時は求人者求職者の間にあつて勞働機會を技術的に斡旋媒介するに止まるのであるが就職するに至る迄の過程を考へれば廣義の紹介事業言ひかへれば適職を斡旋するに必要なる科學的の準備事務が寧ろ多岐にわたり且つ多額の費用を要するものである。

惟過去數年來我が國を襲ふた經濟界の不況は國民の期待を裏切り年を加ふると共に深刻化し好景氣への轉換は齊しく吾々の渴望する處なるが未だ容易に其の曙光をさへ認ある事出來ない狀態にあつて不安と焦燥は我國經濟界の現象である。今回の政變と共に此の經濟國難を打開する徹底的緊縮政策が樹立されたが此の影響は一方には勤儉力行の美風を培ひつゝあるも緊縮の波紋やがて各種事業の縮少を招來し社會問題として最も重大性を持つ失業者の增加を惹起する事實濃厚にしてこの事實は必然的に勞働無產階級の生存を脅やかす可能性をもつ。此社會的事實は職業紹介所の存在を價値づける事になるが他方事業の多忙を來し就職斡旋のため種々の對應策を考究し失業問題解決の一助を立派に履行するの義務が生ずる。中央職業紹介所のかうした責任の加重を思ひこの難局に當つて此際一層の機能の發揮を希望して今回當所特に聯絡の深き雇傭主其他の方面から問題の第一戰に立つてゐる中央職業紹介所を後援し少くとも當市の紹介事業に經濟的力を與へることも考慮し次の趣意書と會則の下に後援會設立の議が起り九月七日其の發起人會及創立總會を開催し全國に魁けて職業紹介所の後援會の成立を見たのであつて役員は次の通りである。吾々所員は當所後援會の設立を以て今春陛下當市に駕を枉げさせられ社會事業御奬勵遊ばされ給ふた御高德に協ひ奉るものと確信し行幸記念事業の一つとし其成立に協力したのである。今左に趣意書會則及役員を記しておく。

大阪市立中央職業紹介所後援會設立趣意書

今回聖駕を本市に迎へ奉るに際し職業紹介事業御奬勵の御思召を以て特に甘露寺侍從を中央職業紹介所に御差遣に相成りました。惟ふに侍從を職業紹介所に御迎へ申上げたのは今回を以て嚆矢と致します。是れ中央職業紹介所が本邦商工業首班の都市たる我が大大阪の中央部に位置し創業既に十周年を經過致しまして今や全國各地より集中し來る求職者に對し適材就職の斡旋に盡し以て吾が國産業の發達に寄與せるが爲でありまして將來一層斯業の進展を望ませ給ふ聖旨の程を拜察するだに畏れ多いことであります。

由來職業紹介事業は個人生活及社會生活に最も重大たる關聯を有し其施設は一國の經濟上産業上に深き意義を有すると同時に諸種の社會施設中最も經營の困難なる事業であります。而かも本市の如き産業大都市に於ける斯業の社會的國家的價値を考へますとお役所の仕事として傍觀するに忍びないのであります。殊に緊縮政策に據つて昨今事業界は只管整理に向ひ失業者は漸次增加する傾向にあります此の際中央職業紹介所を援助して微力ながら相倚り相援けてこの社會的事業の進展を計らねばならぬと痛感するのであります。

以上の趣旨に基きまして吾々は此度大阪市立中央職業紹介所の爲次の如き會則によつて後援會を組織致しました。何卒此趣意に御賛同下され本會に御加入の上本市失業者と本市の産振業興の爲御協力あらんことを切に希望して止まぬ次第であります。

會　　則

第一章　名稱及事務所

第一條　本會ハ大阪市立中央職業紹介所後援會ト稱ス

第二條　本會ノ事務所ハ大阪市立中央職業紹介所内ニ置ク

第二章　目的及事業

第三條　本會ハ大阪市立中央職業紹介所ノ事業ノ進展ヲ期スル爲メ諸般ノ援助ヲ爲スヲ以テ目的トス

第四條　前條ノ目的ヲ達スル爲本會ノ行フ事業左ノ如シ

一、事業ノ紹介及宣傳ニ關スル事項

二、職業ノ調査及研究ニ關スル事項

三、其ノ他事業ノ進展ニ關スル事項

第三章　會員及會費

第五條　會員ヲ分チテ終身會員及通常會員ノ二トス

一、終身會員　一時ニ金一百圓以上ヲ納ムル者及通常會員繼續十年以上ノモノ

二、通常會員　毎月金一圓ヲ納ムルモノ

第四章　役員

第六條　本會ニ左ノ役員ヲ置ク

會長　一名　理事　若干名　評議員　若干名

會長ハ理事會之ヲ推薦ス

理事ハ評議員會ニ於テ之ヲ定ム

理事中ヨリ常務理事二名ヲ置キ大阪市社會部保護課長及大阪市立中央職業紹介所長ヲ以テ之ニ充ツ
評議員ハ會員ノ互選ニヨリ之レヲ定ム

第七條　會長ハ會務ヲ總理シ本會ヲ代表ス
常務理事ハ會長ヲ補佐シ常務ヲ掌理シ會長事故アル時ハ其職務ヲ代理ス

第八條　役員ノ任期ハ二年トス但シ再選ヲ妨ゲズ
補缺ニヨル役員ノ任期ハ前任役員ノ殘任期間トス

第九條　理事ハ任期滿了ノ塲合ト雖モ後任者決定ニ至ル迄ハ其ノ殘務ヲ行フモノトス

第十條　本會ニ顧問及相談役若干名ヲ置クコトヲ得
顧問及相談役ハ理事會ノ決議ニヨリ之ヲ推擧ス

第十一條　本會ニ幹事及書記若干名ヲ置クコトヲ得會長之ヲ任免ス

第五章　資産及會計

第十二條　會費、寄附金、事業ヨリ生ズル收入ハ總テ之ヲ資産ニ編入ス

第十三條　本會ニ基本財産ヲ設置シ左ノ資産ヲ之ニ編入ス

一、本財産ヘノ指定寄附金

二、其ノ他理事會ニ於テ議決シタルモノ

基本財産ハ理事三分ノ二以上ノ同意ヲ得且ツ顧問、相談役ノ承認ヲ得テ之ヲ處分スルコトヲ得

第十四條　本會ノ資産ハ大阪市昭和信用組合ニ預入レ又ハ國債證券其他確實ナル有價證券ヲ購入シテ管理スルモノトス

第十五條　本會ノ經費ハ資産ヲ以テ之ニ充ツ

第十六條　本會ノ會計年度ハ政府ノ會計年度ニ據ル

第六章　理事會、評議員會及總會

第十七條　理事ヲ以テ理事會ヲ組織シ左ニ掲グル事項ヲ決議ス
一、本會ノ施設スベキ事業ニ關スル事項
二、會本則施行ニ必要ナル諸規定ノ制定又ハ改廢ニ關スル事項
三、基本財産ニ關スル事項
四、其ノ他事業ノ執行上必要ト認ムル事項

第十八條　評議員ヲ以テ評議員會ヲ組織シ左ニ掲グル事項ヲ議決ス
一、收支豫算ノ決定及決算ノ認定事項
二、本則ノ改正其ノ他重要ナル會務ニ關スル事項

第十九條　定時總會ハ毎年一回之ヲ開催ス但シ會長必要ト認メタル時又ハ會員三分ノ二以上ノモノヨリ會議ニ付スベキ事件ヲ示シテ臨時總會招集ノ請求アル時ハ會長ハ之ヲ招集スベシ

第二十條　理事會評議員會及總會ハ會長之レヲ招集シ其ノ議長ハ會長之ニ當ル

第二十一條　理事會評議員會及總會ノ議事ハ出席者ノ過半數ヲ以テ之ヲ決ス可否同數ナル時ハ議長ノ決スル所ニ依ル

第七章　附　則

第二十二條　本會設立當初ノ役員ハ發起人之ヲ定ム
顧　問
相談役

（16）

役員

會長	日本ペイント株式會社々長	小畑源之助
常務理事	大阪市社會部保護課長	高木貞治
常務理事	大阪市立中央職業紹介所長	松村義太郎
理事	日本生命保險株式會社外國文書課長	野口正造
理事	株式會社大阪貯蓄銀行專務取締役	山口竹次郎
理事	寺內商店々主	寺內千次郎
理事	中山太陽堂主	中山太一
理事	日本エナメル株式會社專務取締役	北畠安五郎
理事	高島屋呉服店大阪店支配人	川勝堅一
評議員	日本ペイント株式會社社長	小畑源之助
評議員	株式會社大阪鐵工所支配人	飯島幡司
評議員	日本染工株式會社專務取締役	齋藤善次郎
評議員	日本生命保險株式會社外國文書課長	野口正造
評議員	株式會社西岡貞商店社長	西岡貞次郎
評議員	小森商店々主	小森信十郎
評議員	パテベビー普及會主宰	中塚謹太郎
評議員	株式會社大阪貯蓄銀行專務取締役	山口竹次郎
評議員	寺內商店々主	寺內千次郎
評議員	元久石呉服店々主	久石增次郎

評議員　合資會社アクメ商會大阪出張所長　大高啓三郎
評議員　田村庄兵衛本店々主　田村庄兵衛
評議員　三ツ善商店々主　小笠原清太郎
評議員　神戸屋本店々主　桐山政太郎
評議員　中山太陽堂主　中山太一
評議員　日本エナメル株式會社專務取締役　北畠安五郎
評議員　高島屋呉服店大阪店支配人　川勝堅一

三、當所の事業概要

(一)中央職業紹介所事業要覽

本要覽は六月四日甘露寺侍從及七月五日東久邇宮殿下に御差上げ申したものである。

内容

一、沿革
二、建物と設備
三、事務の組織と事業の概要
(イ)男子の紹介
(ロ)婦人の紹介
(ハ)少年の指導と紹介
(ニ)給料生活者の紹介
四、關聯事業
五、同種施設の一般

(18)

一、沿革

本市の職業紹介事業は大正七年四月西區九條南通一丁目に九條職業紹介所を創設したるに始まる。當所は失業者を土木事業の筋肉勞働や小規模經營の工場雜役や商店使丁等に紹介して居た。其の後次第に失業者が增加するにつれ必要の地域に紹介所を增設した處、是等紹介所間の聯絡統一機關として全市の中央部に於て一層組織的な職業紹介所の必要を痛感し大正八年八月現在の地點をトして當所を設立したのである。當時は紹介係を置いて男子紹介及女子紹介に分ち、別に聯絡係があつて市立各紹介所間の事業の聯絡に任じた。かくて事業は一般の整備を見、翌九年四月畏くも北白川宮殿下の臺臨を辱し尋で大正十年職業紹介法の制定實施あり翌十一年失業に關する條約を批准公布せられ一層當所事業發達の機運を促進した。かくて商業方面志望者は店員として船場島の內の商店

當所全景

街を中心に、工業方面志望者は職工として北大阪及西大阪等の工場に紹介するに至つた。かくて商店及び會社との交涉密なるに從ひ商店會社は少年又は少女の採用難を愬へて其の紹介方を依囑するもの多くなつて來たから、大正十五年大阪市少年職業相談所を當所に併合し少年部と改稱して之れに備へ、又就職に惱む給料生活者の增加に鑑み大正十二年智識階級部を設け同十五年之れを給料生活者紹介部と改め、從來の男女兩紹介部及聯絡部に庶務部を加へて六部に分つて求職者の狀勢に策應することゝした。

また日傭勞働者に對しては其の冬期の失業に備ふる爲大正十四年度より毎冬土木事業を起して之れを救濟し、昭和二年三月には大阪市職業紹介委員を設置し一層內容を充實して各種の失業者を各種の事業に紹介するに至り事業は益々發展膨脹した。今年は丁度十周年に當る。之れより先き既に建物の狹隘を告ぐること漸次切なるものあり大正十五年遂に之れを改築したのが現在の建物である。

二、建物と設備

當所の敷地は一四五坪で建物の構造は鐵筋混凝土造り、地階共四階建であつて外部は色入セメントモルタール塗である。パラペツトは日本瓦葺にて屋上階段室塔屋付、內部は凡て漆喰仕上である。建物の坪數は建坪九六坪、延坪三九一坪で間口は十六間地盤よりパラペツト上端迄三十八尺建物總高さ四十七尺である。室は男子紹介室應接室等凡て十八室に分つて居る。この創設費は八〇、三八〇圓であつて大正十五年十二月二十七日に竣工した。

今事業上特殊の設備を擧げて見ると一般求職者及就職者に對する講演會講習會慰安會等の諸會合や事業關係者の協議會打合會等に備ふる爲講堂及會議室を設け、參考品室には事業に關する統計圖表等を展示して求職者其の他に供へて居る外少年少女の職業指導の重要なるに鑑み職業の相談並に其の選擇指導の爲め性能診査室及醫務室を設け性能診査の爲めには特殊性能及一般性能の檢査用具を又健康診斷の爲には體質檢査の一般用具を具へて居る。其他職業智識を涵養する爲所內隨所に護謨琺瑯鐵器等の生產工程の標本又は寫眞や印刷物を陳列し又機械製作の作業銀行內部の執務等を撮影したフキルムを備へて居る。更に機械工場方面の熟練工志望者に對しては木型鍛造鑄鏇造盤仕上等特殊の智能を診査する爲夫れ夫れの作業に關する試問用具を整へ紹介の確實を期して居る。

(20)

三、事務の組織と事業の概要

當所の事業に専屬する現在職員は主事（所長）技師（醫學博士）各一名書記十一名事務員十二名其他看護婦交換手等八名計三十三名であつて別に兼務者九名ある。紹介事業を男子紹介婦人紹介少年給料生活者紹介の四部に紹介事務を聯絡統計及庶務の二部に總て六部に分ち各部に主任をおいて居る。聯絡統計部は職業紹介法施行規則により其の指定せられたる地域内の各職業紹介所と聯絡をとる外諸種の統計事務を掌り庶務部は事業全般に渉る一般事務を執つて居る。其の昭和三年度の經常費は約三萬圓であつて同年中の紹介各部の成績合計は雇入申込員數は二萬人求職者は三萬六千人而して其の紹介員數は八千人である。今其の事業の概要を述べて見よう。

イ、男子の紹介

男子の紹介は更に三部に分つて專任者之れに當つてゐる。第一部は工業及鑛業、第二部は商業及戶內使用人、第三部は土木建築通信運搬其他である。第一部に於ては職工就職希望者が增加し見習工を始め技能優秀なる熟練職工も多數求職を申込んで來る。熟練工に對しては特に試問用具を備へ電氣工機械工印刷工等各其の技能を有する作業の細別に渉つて試問し適材を適所に紹介することに努めた結果雇傭主方面の信用を得て近年機械器具製造業及金屬工業方面から雇入の申込が著しく增加して來たことは一段の進步と云へやう。昨年の主なる紹介は濟南事件の爲め大阪工廠から熟練鏇盤工四五〇名の申込を受け各紹介所と連絡して四七七名を紹介した。

又川崎造船所葺合工場から薄鈑工二〇〇名の申込があり其の採用條件に徵して陸軍步兵第八、三七、六一、七〇各聯隊の滿期兵約八〇名を紹介した。最近戶畑鑄物株式會社木津川工場、株式會社芦田工業所、東洋鑢伸銅株式會社等市內有數の工場から絕えず申込を受けて居る。

第二部の商業方面は求職者は多數に上るが年長者が多い爲め紹介不能の塲合が多い。卽ち雇入の八割迄は二十五歳未滿の仕込の人を求めて居るに拘らず求職者の半數以上は三〇歳乃至四〇歳で通勤を希望するものである。而して仕込の就職者中には金品の誘惑を受け一身を過るものもあるから紹介に際しては經歴と身元の調査をして居る。主なる紹介先は、洋反物商株式會社伊藤萬商店、食料品商明治屋支店、ライオン本舖、雜貨商西岡商店、手帳紙卸商小森商店等である。戶內使用人としての紹介先は內務省大阪土木出張所、大阪控訴院、日本染工株式會社、湊町運送株式會社並に三井銀行、東神倉庫の各大阪支店等である。尙此の年齡に需給の不均衡に基く失業者の對策に就ては目下別途考究を進めて居る。

第三部にありては求職者は配達仲仕等筋肉勞働に耐へ得る强壯者は比較的少くして事務的方面を加味した半筋肉勞働の希望が多い。多數の雇入申込を受くる配達の如きは自轉車又は三輪車を初め肩曳に至る迄凡て年少氣銳體格屈强な人を求めて居る。主なる紹介先は大庄廻漕店、大タク急配社、鹿島運送店等であつて最近日本生命保險株式會社及び國際評論社等から外交員多數の申込を受け夫々二十名餘を紹介した。

ロ、婦人の紹介

婦人の紹介に於ては每日三、四〇人の求職者が來る。主なる紹介は女中、事務員、女工、店員等である。今其の需給關係を見るに女中求職者數は雇入申込數よりも常に尠い。一日平均十四、五名の採用申込に對して女中求職者は四、五名に過ぎない。然るに事務員求職者は其の反對である。而して女中に就ては最近其の求職者中には高等女學校卒業生が增加して來たことは興味ある現象であると共に彼女等は雇傭者の家庭に於ける不規則にして非能率的なる在來の雇傭方法に慊らぬ感じを持つ者が多いのは一層興味を唆る問題なるにより目下家政婦の紹介を計劃して居る。又事務員に就ては其の雇入條件が其の年の高等女學校新卒業生に限るが爲めに淸水谷、夕陽丘、大手前等の高等女學校と聯絡し求職者には珠算、簿記、ペン習字等實務に必要なる科目を選んで講習を施してゐる。その結果優秀なる修了生に就ては官廳又は會社が相互に爭奪する場合もある。事務員の主なる紹介先は日本生命保険株式會社、株式會社住友製鋼所、大阪鐵道局、大阪放送局及び各百貨店であるが將來は紡績製絲等女工の紹介に就いて一層適切なる施設を講じたいと思つてゐる。

ハ、少年の指導と紹介

少年は十七歳未滿の少年少女について職業の紹介相談及び修學相談に應じて居る。少年少女の職業紹介は紹介並びに紹介前後に於ける保護及び指導の重要なるに鑑み小學校卒業後直ちに就職せんとするものに對しては在學中例年七月當所に於て全市二二〇校の職業指導主擔の敎師と共に協議會や打合會を開催し以て其の希望職業に即したる指導方法の大綱を確立し講演、活動寫眞、作業見學等により父兄及び少年の職業意識を涵養し尋で順次個別的に家庭環境性能體質等を審査し、一方雇傭主を調査詮衡して免除作業を審査の上之れを給仕店員職見習等に紹介して居る。而して小學校卒業後年月を經過したる求職者少年少女に對しても必ず父兄と協議の上紹介して居る。其の主なる紹介先は日本銀行、大阪貯蓄、山口、鴻池等各銀行を始め三越、大丸、十合、高島屋、白木屋各百貨店並びに精版印刷株式會社、中島機械製作所等である。特に大阪貯蓄銀行、山口銀行には現在一二〇名以上の勤續者が居る。之れ等勤續少年の爲め就職少年保護協會を設立し以て職業別の勤勞少年團を組織する計劃中である。尙從來銀行及び百貨店は其の事務見習又は小店員の地方募集を漸次當部に依囑しつゝあるの結果當部の連絡する學校又は紹介所は遠く北陸、四國、九州に跨り東は岐阜、靜岡の諸縣に及んで居る。目下這般の移動紹介に關しては愼重研究を重ねて居る。

ニ、給料生活者の紹介

給料生活者の紹介は中等學校卒業以上の學力素養ある求職者の職業紹介並びに紹介指導の一としてブラジル移住志望者の相談に應じて居る。給料生活者は將來被傭先に於て重要の地位を占むべきであるから一方に於て求職者の學歴身分前職を詳細に調査すると共に他方雇傭主の事業沿革資産信用等を精査し以て紹介を特に愼重に取扱ふて居る。而して當部の紹介は各部内中最も困難を感ずるものであつて既に多數の失業者が來訪するのみならず年々各學校新卒業の未就職者は押寄せて來る。而も雇入の申込は梗塞して手の下し樣なき現狀にある。近年專門學校及び大學の卒業生にして求職するもの年を逐ふて多きを加ふるは勿論其の在學中に於て卒業後の紹介方を申込むもの益々多きを加へて來た。依て專門學校以上の學歷あるものに就ては本市內の求人開拓は素より京都及び神戸兩中央職業紹介所と連絡して其の紹介に努め、又商業學校及び工業學校の卒業生採用の申込に對しては東商業、市岡商業を始め泉尾、都島等の工業學校と相提携して適材配置に努め凡て豫備試問の合格者を紹介することにして居る。此等敎養ある求職者は內勤事務を希望し外務員たることを好まず而も雇傭主は優秀なる外務員を採用せんとする塲合多く茲にも亦紹介事業の支障を認めるのである。此の支障緩和策の一として當所に於て隨時外務員講習會を開催して居るが最近學校新卒業者は其の履修學科が技術科系統たると法文科系統たるとを問はず事業の第一線に立つを厭ひ內勤事務ならば履修の學歷と全く異りたる方面に就職せんとする傾向あるは、一つは學校敎育の方針に於て他は本人の學校選擇に於て共に考究を要する問題であらう。就職者の主なる勤務先は株式會社大阪鐵工所、大阪健康保險署、大阪市役所及び各百貨店であつて就職者中には相當の地位を占むるもの多數あり相集つて信交會を組織し會員相互の共勵と後進者指導の任に當つて居る。

四、關聯事業

以上は當所の事業の概要を記述したのであるが次に斯業の進步發達に資する爲の諸種の關聯事業について一言を加へて置かう。

（イ）少年職業指導研究會　本會は大阪市長及び助役を顧問とし府市社會事業及び敎育當路者を役員として少年職業指導

に關する調査研究をなし其の進歩發達を圖る目的の下に昭和二年十二月之を組織し當所に其事務所を置いて居る。本會の事業は當所少年部事業と離る可からざる關係にあつて小學校との連絡は本會により益々密接を加へて來た。現在會員は敎育家、社會事業家、雇傭主等合して約四百二十名である。本會事業の骨子として目下進捗中のものは少年の職業調査である。少年の職業指導の第一要諦は兒童に職業智識を涵養することに在りとなし其の方法の一として少年の從事すべき職業五十一種を選んで既定の綱目に基いて調査して居る。

第二十一回金曜講座狀況

(ロ)財團法人大阪市勞働共濟會　當所は就職者の健康を共濟し信用を保證する爲め共濟會の中央事務所として昭和二年六月以來同會事業の一部を分擔して居る。卽ち同會規程により就職者より年額一圓乃至一圓五十錢の掛金を納付せしめ以て信用及び健康の共濟費に充てゝ居る。當所所屬の現在加入者は總加入者の約二割卽ち約千六百名であつて健康及び信用の共濟をなすのみならず講演會、講習會、運動會、遠足會觀劇會等を開催して修養と保護に任じて居る。特に講演會、講習會等は當所の講堂に於て之れを行ふて居る。

(ハ)有限責任大阪市昭和信用組合　當所は三年以上同一雇傭主に勤續せる人々に對し其經濟的地步を確立する爲めに設立されたる昭和信用組合の中央事務所として同組合事業の一部を分擔して居る。當所々屬の組合員加入口數五百二十口であつて總口數の約二割五分に當つて居る

(ニ)金曜講座　就職者の修養に資する爲め種々の講座を開いて居るが金

曜講座は其一つである。同講座は毎月第一金曜日夜各方面の名士を招聘して開講するものであつて既に二十六回を重ね毎回二百名內外の聽講者があり聽講料は總て無料である。既に講演を依囑した主なる人々は片岡安、佐多愛彦、高野岩三郎、西村眞琴氏等の各博士及び賀川豊彦、飯島幡司、三輪時雄、宮島綱男、坪內士行氏等の諸名士である。

五、同種施設の一般

終りに臨み市營職業紹介施設の一般を述べて參考に資することゝする。本市の職業紹介所は現在十ヶ所である。各其の所在地附近の狀勢求職者の便宜を考慮して事業を專門的に經營して居る。卽ち京橋は多數の人夫を雇傭する大阪工廠を控へ而も京阪幹線道路の起點にして勞働者集合の好地點なるを以て此の所に日傭勞働專門の職業紹介所を置き、又玉造は東大阪膨脹の要所に當り特に男子市民の集合地點なるに鑑み男子專門の職業紹介所を置く等紹介所の配置に就いては諸般の事情を調査の上最も愼重に意を用ひて居る。今取扱ふ求職者の種別に基き紹介所數と其の名稱を示せば左の通りである。

日傭勞働者のみを紹介するもの	京橋及今宮職業紹介所
男子のみを紹介するもの	天六及玉造職業紹介所
婦人のみを紹介するもの	小橋職業紹介所
男女を紹介するもの	九條、西野田及梅田職業紹介所
日傭勞働者及び一般男女を紹介するもの	築港職業紹介所
男女及び少年給料生活者を紹介するもの	中央職業紹介所

以上各所の昭和三年中の取扱總數は、一般職業紹介は雇入申込數五萬求職者十三萬紹介數三萬であり、日傭勞働紹介にては失業救濟事業を除き雇入三十萬求職者三十七萬紹介三十萬である。其の內九條職業紹介所は九條共同宿泊所內に

設置せるを以て宿泊事業との提携に便であつて紹介數は當所に次いで居る。其の利用者は九條、市岡、泉尾方面に多數にして機械器具製造業への紹介が最も多い。天六紹介所は本市北市民館内に設け同館事業との聯絡を計り多くメリヤス製造業並に鐵工業に就職せしめて居る。又小橋婦人紹介所は特に就職婦人の懇親と修養に資する爲め紫苑會を設立し階上を會員に解放して諸種の樂器及び圖書を備へ定期に講習會、慰安會を開催して職業婦人の向上に努めて居る。其他築港紹介所は沖仲仕の紹介と海路來阪者の便宜に力を致し梅田紹介所は陸路の夫れに對して居る等困難なる事業の内に而も夫々特徴を發揮して居るのである。

(二)男子紹介部の事業

内　容

一、沿革の大要

二、事務の組織

三、第一部…工業及鑛業

A 雇傭主の開拓と調査

B 求職者の開拓と詮衡

C 職業の紹介

(一)素人職工

(二)熟練職工　　熟練職工志望者に對する考査

D 事業成績

四、第二部…商業及戸內使用人

A紹介困難の理由

B商業使用人

C戸内使用人

五、第三部…土木建築通信運搬其他

六、就職後の保護

附事業成績表

男子紹介部室

一、沿革の大要

當部の事業は中央職業紹介所創設と同時即ち大正八年八月より工業及鑛業、商業、戸内使用人、土木建築、通信、運輸、其他各種の職業に渉り男子失業者の爲に努めて來た。その昭和三年中の取扱實數は求人數一二〇四九名、求職者數二六七五六名（再來者含まず）、紹介數三八〇五名就職者數二一九六名である。

開所當時の建物は簡素なる木造二階建にして、入口には暖簾を吊し職員全部和服に前垂姿、求人及求職者の來所毎に「御出やす」と云ふ調子であつた。紹介一件に付手數料として金五錢を徴收し、營利口入業者に比して手數料の少額であると云ふことの外、取扱上に於て大した相違は無つたが、大正十年職業紹介法の制定實施によつて無料紹介を爲すことゝなり、内容も亦大に改善刷新して、翌大正十一年失業に關する條約を批准公布せられ一層事業發達の機運を促進した。かくて事業は一般に理解され利用者も次第に增加して建物の狹隘を告げたから、大正十五年に地階共四階建鐵筋混凝土造に改策され現在では東洋有數の紹介所となり內容外觀共に隔世の感あらしむるに至つた。翌昭和二年三月には大阪市職業紹介委員を設置し爾來一般勞働の擔位委員も決定して益々斯業の充實と發展を見るに至つた次第である。

二、事務の組織

男子部には求人受付係及求職受付係の外、紹介を求人申込の職業によつて三部に分ち各々專任者之に當つて居る。第一部は工業及鑛業方面を紹介するのであつて素人職工並に熟練職工の紹介を擔任し、第二部に於ては商業及戶內使用人を取扱ひ、第三部にありては土木、建築、通信、運輸、其他に關する職業を擔任して居る今各部に分つて概要を述べて見やう。

三、第一部…工業及鑛業

工業方面の求職者は漸次增加し見習工を始め技能優秀なる熟練職工求職者も次第に增加し一方之れを求むる大會社、工場等よりの申込も非常に多くなつて來た。試に昭和三年中の普通紹介事業の外目星しい臨時的のものを擧ぐれば濟南事件の爲陸軍造兵廠大阪工廠より熟練鏇盤工四五〇名の申込を受け各紹介所と聯絡して四七七名を紹介した。又川崎造船所葺合工場より薄鈑工二〇〇名の申込があり、其の採用條件に徵して陸軍步兵第八、三七、六一、七〇、騎兵第四聯隊、砲兵第四聯隊の各聯隊及工兵第四大隊の各滿期兵約八〇名を紹介した。其後吳海軍人事部より海軍離現役者の就職斡旋方を依賴され之に對し各紹介所と聯絡をとり就職の斡旋に努めた。最近戶畑鑄物株式會社木津川工場、株式會社蘆田工業所、東洋鑢伸銅株式會社、中山薄鐵板工場株式會社、日本伸銅株式會社、三菱精煉所、陸軍造兵廠大阪工廠、陸軍大阪兵器支廠、陸軍大阪被服支廠、陸軍糧秣支廠、大阪税關、大阪窯業セメント會社等市內有數の官營及民營の諸工場との交渉が繁しくなつて來た。

アルベール・トーマ氏の當所視察

A 雇傭主の開拓と調査

職工志望者の數と其の希望作業希望地域等の求職條件に徴して隨時それに應はしい雇傭主を開拓して居るが、その方法は訪問開拓と新聞利用による開拓との二種を併用して居る。訪問開拓にありては已に紹介所を利用せる求人先にして多數從事員を要する大會社工場等の移動狀況を絕えず調査し定期に訪問し又未だ紹介所を利用せざる大會社工場に就ては隨時訪問して紹介事業の理解を喚起し其利用方を宣傳して居る。更に特殊の技能を有する求職者に對しては其技能に適はしい方面を調査し大阪朝日、大阪每日等の諸新聞にも登載して居る。特に關西中央新聞社と聯絡をとり特別職業案內欄の無料提供を受け優良求職者の爲求人の開拓廣告を登載し更に必要に應じ電車內廣告、立看板乃至は門前掲示は素より臨機の處置を講じて居る。

B 求職者の開拓と詮衡

求職者の開拓も亦聯絡による開拓と新聞等による開拓とに分けて居る。其聯絡による開拓は一時に多數の求人申込を受け而も急を要する場合は各市立紹介所と聯絡し尙ほ得難きときは京阪神其他廣島、四國、九州等の各職業紹介所を始め逐次全國の各職業紹介所と聯絡して適任者の捜査に努めて居る。又前項所載の關西中央新聞社との聯絡により毎日優良求人者の爲廣告をなす等機宜の處置により適任者の捜査に努めて居る。

C職業の紹介

（一）素人職工

素人職工とは所謂見習工を指すのであるが主として紡績職工見習、染色工見習、機械工見習、印刷工見習等である。其紹介に付ては技倆試驗を省き人物性能及體質診査等を施して居るが、大要次頁に掲ぐる熟練職工と略々同一に取扱つて居る。

（二）熟練職工

熟練職工志望者に對する考査

性能考査　熟練職工とは工業及鑛業方面の職工として、充分の經驗と技倆を有するものを指すのである。其熟練職工志望者に對しては履歷書及戶籍謄本、身元證明書、前歷證明書等を徵し之れ等と別に認めしむる求職票等に就て先づ書類上の調査を密にし、次に言語、動作、性能、風采等詳細に亘り全部的考査をなして居る外、技倆の檢査には機械工試問法により各人の前歷に徵し適當の問題を課し理論の解せざる者には同附圖「工具圖解」及工具實物を示し簡單なる實地作業をなさしめ以て技倆の測定に努めて居る。

體質檢查　雇傭主の採用條件に徵し、體質の診査には當所專屬の醫師及看護婦によつて既往症、營養、血色、身長、體重、胸圍、視力、色神、聽力及疾病、異常を診査し、體質上より本人の希望職業の適否を定め並に雇傭主の希望條件に合致するや否やを判定して居る。

技倆考査　熟練職工の紹介に就ては大正十二年十月紹介方法刷新の要を認め、一般紹介と區別して一層組織的に取扱ふて來たが、更に昭和三年九月擔任者をして某大官設工場等へ出張せしめ機械操從法の實地作業見學及實習をなさしめ鏇造、鍛造、木工方面の研究を遂げしめた。そして求職者の技能に適はしい作業に就職せしめ且つ適はしい待遇を受けしむる爲には、前項諸考査中特に技倆檢査に重きを置き、試問法を採用して居る。由來試問法を用ふるに至つたのは全く當部利用者の質の向上に相伴ふて、次第に求職者が作業に有する特殊の智識技能を考査するの必要を生じたことに基くもので、其初の問答體機械作業提要を草し、之れに諸種の工具圖解を作成し、其上製造工程の標本を配して臨機適當なる試問を發して其技能の査定に努め、以て紹介の確實を期して來たが其結果は甚だ良好であつた。

例　木工希望者に對しては數種の木材を示し、第一其名稱を問ひ、次に木裏なりや木表なりやを問ひ、尙ほ進んで鉋の掛け方を問ひ、又二枚鉋の使ひ方等の解答を求め、逐次奥深く突込んで聞く、尙ほ解答をなし得ざるものには工具を示して其名稱、用途等を問ひ、更に進んでは工具と材料を提供して簡單たる實地作業をなさしめて居る。

本年六月、畏くも聖上陛下には當市に行幸被遊親しく產業、教育、社會事業等御視察の御思召を以て特に當所へ侍從御差遣の光榮を賜り、之れを永久に記念すべく前に草せし機械作業提要、並に同附圖「工具圖解」に增補大改訂を加へ以て「機械工試問法」並に同附圖「工具圖解」を作成し、試問法による人物考査資料として主擔者の座右に供へ、益々本事業の完璧を期して居る。目下引續き電氣工試問法印刷工試問法、染色工試問法等の諸試問法も考究中である。

D　事　業　成　績

今試みに昭和二、三兩年中の取扱數を表示すれば次の通りである。

職工紹介成績表

年度別	取扱種別	求人數	求職者數 登録數	求職者數 再來數	求職者數 計	紹介數	就職者數
昭和二年	素人職工	一四八四	四九五五	三二一三	八一六八	九六八	三八二
	熟練職工	六三四	三七六八	二四三六	六二〇四	四八一	一七六
昭和三年	素人職工	二二四七	四六五一	二七一九	七三七〇	七五五	三九五
	熟練職工	二二九六	三四一五	二〇二九	五四四四	六七九	三七六
増減	素人職工	七六三	△三〇四	△四九四	△七九八	△二一三	一三
	熟練職工	一六六二	△三五三	△四〇七	△七六〇	一九八	二〇〇

（註 △印ハ減ヲ示ス）

四、第二部…商業及戸内使用人

第二部は商業使用人及戸内使用人を紹介して居る。商業使用人として紹介する主なるものは店員、商店雜役、飲食店雇人等であつて戸内使用人とは僕婢、書生、給仕、守衛、小使等である。本市は夙に商業の殷盛を以て聞ゆるが故に凡そ商業を志すものは關西以西は先づ本市に於て商業見習を希望し來るが爲めに商業使用人を希望する求職者は全職業中常に最も多く大正三年中の實蹟を見るに一萬六千有餘人である。

A 紹介困難の理由

當部に於て近時最も困難に感ずる點の二三を擧げて見ると其の第一は年齡の點に於て雇傭兩者の喰ひ違ひである。卽ち年長者が多い爲め紹介不能になることが甚だ多い。雇入の八割強迄は二十二、三歳未滿の住込の人を求めて居るに拘らず求職者の大部分は夫れ以上年齢階級である。次に困難を感ずる點は二十歳前後の求職とも雖者一般通勤を希望するものが多いに拘らず雇主は住込を條件とするのである。第三の困難の點は勞務の種類に關する喰ひ違ひである。一例を擧げると求職者の希望は貿易商、百貨店、雜貨店、運動具店、文房具店及食料品店等稍現代的にして華美なる店を希望するもの多いが雇入の方は多少勞働的商業即ち木炭商、白米、商青物商、建具商、生魚商等の店員採用の申込が多い。而して之を希望する求職者は甚だ少い。特に漆商、金箔商、織物整理業等の特殊の商業又は疊商、漆器商、桶商等に至つては殆んど就職希望者がなく常に需給の圓滑を缺き尤も苦心を嘗めて居る所である。

B　商　業　使　用　人

商業使用人の紹介は前述紹介困難の諸理由が最も力強く働くものであつて常に年齢の喰ひ違ひと住込通勤等の所遇上の喰ひ違ひ及求職業上の不均衡とが目下のなやみである。又地方出の年若き店員希望者にして夜學の便を與ふる雇傭主を求むるもの相當あるが、商店は概ねこの便宜を與へないことも困難の一つである。この點の如きは一般見習店員の敎養上將來考察を要する重點であると思ふ。今商店方面の使用人採用方法を考へて見ると元は緣故又は知己等の紹介により雇入れたものであつて當所創設當時は主に飲食店方面からの配達夫位しか取扱ふて居なかつた。そして本市商業の中樞地區たる船場、島の內方面の求人は甚だ少かつたが數年前より心齋橋筋及本町の一帶并に道修町方面の最も古き暖簾と慣習を有する一流商店の申込漸次增加するの傾向あるは注目に價ひするものであつて同時に當部としては其の紹介には數の問題を離れてむしろ質の問題として常に最善の努力を拂はねばならぬ機運となつて來た。又求職者に對しては商業見習と稱して都會に憧がれて來る地方出の青年に就いては本人の環境其他に徵して紹介をなさゞるはむしろ紹介するにまさる場合がかなりある。

C　戶　內　使　用　人

次に戸内使用人の狀況を見るに大正三年中の求人數は約五〇〇人に比して求職數は其約十倍五、〇〇〇人を數ふるの狀態であつて、求職者の年齢は三十歳乃至五十歳前後のもの最も多く年齢長じたるが爲めに雇入少れく妻子あるが爲めに住込の勤務に服し難い點は前述商業使用人と其の軌を一にするものであつて、其の失業の理由は單に本人の性能又は體質等個性の缺陷に基くものもあるが、多くは社會一般の環境に基くものであつて、用務の種類によつては尙働き盛りのもの尠からず、而も一家支持の立場にあることを想到すれば萬策を講じて就職の機會を與へたいのである。これ等の人々は諸官署、諸會社及學校等の巡視、夜警、小使又は下男、炊事夫、掃除夫等の戸内使用人を希望して居つて、獨立營業の資力なく而も少壯の求職者に押され其の就職先は梗塞して居るのである。之れが爲め最近此の種求職者の需要多き官廳、會社、學校等へ信書約四〇〇通を發し此の實情を披瀝して雇入の開拓を試みた次第である。

五、第三部…土木建築通信運搬其他

土木建築方面にあつては勞働を要する人夫的仕事は別に日傭勞働紹介機關に讓つて居るから、當部では設計製圖等の技術見習若くは測量現場助手等の仕事に紹介して居る。然し相當年輩に達した熟練者や若くは工業學校等に在學中の求職者は就職困難な現狀である。

通信運輸方面に於ては事務方面の求職者は多いが其の捌け口が少ない。これは一つは此の方面の人事は夫々特殊の學校があつて其出身者を採用することにもよるもので、例へば鐵道省に於て鐵道學校卒業生を、郵便局に於て遞信學校出身者を採用する。而も其の出身者さへ全部採用されてゐない狀態であるから就職斡旋は仲々困難である。唯郵便局等に於て年末年始等臨時に集配夫や事務員を必要とする場合は相當の效果を收めてゐる。昭和三年末には中央、高麗橋、西野田、高津、東淀川局等に於て參拾八名の集配夫の就職者を出し數名の事務員を就職せしめた。

運送業仲仕の雇入先は陸仲仕、沖仲仕、馬力曳、肩曳、倉庫仲仕等の名目の下に相當の申込はある。しかし其の申込條件に適合する求職者が少い。これは主として賃銀支拂が歩合制度であるが爲め一定してゐないといふ點に基くものであつて轉職する者の多く永續性の無いのもこゝに原因して居るのではないかと思はれる。運送店では年齢二十歳前後で筆蹟の巧みな者は事務見習採用の申込が相當あるが特に湊町運送株式會社の如きは當部より紹介した勤續者が多數勤務してゐる。

最近の現象としては自動車の助手を希望する求職者の非常に多いことである。然し助手の口は何處の會社でも滿員狀態で求人口を見付けるに困難である。之れに反して運轉手は大阪府の免許狀を持つて居れば大阪タクシー株式會社、大阪市バス、大阪バス株式會社等を始め本人の腕次第にて待遇もよく就職は容易である。助手希望者の多いのはこうした運轉手の捌け口の多いことに氣付いて修業を志すによるものと思はれる。而して貨物自動車の助手に限つては大タク急配社、繁榮社等よりの需要があつて相當の成績を擧げてゐる。

事務員、外交、配達其他雜業方面にあつては、雇主は常に身心共に健全なる若人を望んでゐるが條件に適うた求職者は少ない。そして上阪匆々で知己がなく特に就職を急ぐ人々は辨當、木箱、紙函、氷屋等へ紹介し、勉學希望の者は主として牛乳や新聞の配達へ紹介して居る。最近は配達の取扱が大部分を占めて居る。

外交員採用の申込は多くは其の條件不良の所多く求職者の希望條件と一致し難く、從て話は圓滑に進まない場合が多い。事務員方面に於ては倉庫事務員、研究助手や開店披露賣出し宣傳等に於ける手紙封筒書き、又は廣告ビラ配布、書類整理等の仕事は希望者多く成績は良好である。

要之雇主は勞働を厭はぬ若手を希望し、求職者は事務方面を希望する年長者の多いことが當部に於ても紹介困難の重なる理由である。

今參考の爲昭和三年中に於ける當部の紹介成績を擧げ示して見やう。

	求人數	求職數	紹介數	就職者數
土木建築	六五	八六	二〇	一〇
通信運輸	三九八	六四五	一二四	九〇
雜業	二六一六	五二九四	七三七	五三〇
計	三〇七九	六〇二五	八八一	六三〇

備考

求職者數は再來を含まず。

雜業は配達、外交及事務員を其の重なるものとす

第四回勤續者表彰慰安會

六、就職後の保護

就職者に對しては毎年二回勤續及退職の狀況を調査して居る。そして勤續を奬勵して將來の向上に資して居る。毎年滿五年以上の勤續者は之れを表彰し、尚ほ就職者の爲には財團法人大阪市勞働共濟會の健康共濟信用共濟健康及信用共濟によつて負傷、病氣、分娩、死亡等の場合には所定の共濟金を支給し、雇傭主に及ぼしたる損害に對しては五拾圓を限度として損害の實額を補償することにして居る。

其他毎年二回(春秋)一般休日を選び會員相互の親睦の爲め慰安會を催し、又毎月第一金曜日の午後正六時(時期により午後正七時)より知名の講師を招聘して金曜講座を開き、就職者の精神修養に資して居る外、別に大阪市昭和信用組合を組織して參年以上の勤續者を加入せしめ以て貯蓄をなさしめ自營業經營資金を融通して居る。尚ほ本年は恰も當所創立拾周年に當り之れを記念すべく中央職業紹介所後援會なるものを組織し

たから當部の事業も將來一層の進展を見るであらう。

附事業成績

今男子部の事業成績を表示すると次の樣である。

昭和二年及同三年度紹介成績比較表

部別	年度別	求人數	求職者數 登錄者數	求職者數 再來者數	求職者數 計	紹介數	就職者數
第一部	昭和二年	二、一一八	八、七二三	五、六四九	一四、三七二	一、四六九	五五八
	昭和三年	四、五四三	八、〇六六	四、七四八	一二、八一四	一、四五四	七七一
第二部	昭和二年	四、〇二一	五、〇九八	一〇、〇三七	一五、一三五	二、四九四	一、〇二六
	昭和三年	四、四二七	一三、六六五	八、八〇三	二二、四六八	一、四七〇	七九五
第三部	昭和二年	二、六一〇	七、二八九	四、五〇七	一一、七九六	一、九三二	七九〇
	昭和三年	三、〇七九	六、〇二五	四、四八二	一〇、五〇七	八一八	六二〇
各部	昭和二年合計	八、七四九	三一、一一〇	二〇、一九三	五一、三〇三	五、八九五	二、三七四
	昭和三年合計	一三、〇四九	二六、七五六	一八、〇三三	四四、七八九	三、八〇五	二、一九六
	增減	三、三〇〇	△四、三五四	△二、一六〇	△六、五一四	△二、〇九〇	△一七八

（注△印ハ減ヲ示ス）

（三）婦人紹介部の事業

內容

一、沿革の大要
二、婦人の職業
三、求職婦人の希望職業
四、雇入申込の職業
五、紹介前の相談
六、雇傭主の調査
七、紹介の方法
八、就職婦人の賃銀
九、紹介後の指導
十、就職せる職業婦人を訪ねて

一、沿革の大要

當部は大正八年八月中央職業紹介所創設と同時に男子部と相對して其の事業を始めた。當時の紹介は年齢や敎育程度等による區分をつけないで、凡ての婦人を一齊に取扱ひ主として女中、子守、店員等に紹介してゐたが、次第に利用者が增加して紹介の領域が擴充されて來て、年齢や敎育程度によつて扱ひ方を區分しなければならぬ樣な氣運になつて來た。殊に大正十二年五月七日少年職業相談所を併置してからは、二十歳以下の婦人の職業の相談をも受くることゝし其の仕事が膨張した。尋で大正十五年四月一日同相談所が中央職業紹介所に併合し少年部と改稱してからは十七歳以下の少女に限つては少年部の所管に移つたのであるが、便宜上少年部所定の方法によつて求人及求職を受付け且紹介を加勢してゐる。又大正十五年一月一日給料生活者紹介部が出來てからは女子中等學校卒業以上の學歴ある人々の紹介は同部の取扱に移したが、便宜上同部所定の方法で一切の手續を完了して其の紹介を兼ね行ふことゝなつて今日に及んで居る。

二、婦人の職業

中世以前未だ社會文化の低級な時代にあつては婦人の職業といへば主に家内勞働に從事すること即ち女中、乳母、子守等の仕事より外になかつた。然るに產業革命後機械の新發明や分業の發達によつて一個人の作業內容は大いに單純化された爲、婦人や少年の勞働力の需要を增した。加ふるに婦人の社會的覺醒と經濟的欲求とは婦人をして勞働市場へと驀進せしめた。そして婦人の活動の領域が次第に擴充されて來た。即ち橫に各種の職業が適材を要求し縱に一職業の各作業工程に適材を要求する。中にも婦人の職業は各種工場の勞働や商店の普通の店務以外に新らしい種類の職業も增して來た。美容師、レヂスター、タイピスト、ガソリン販賣婦、運轉手、車掌、ゲーム取、ダンサー、ウェイトレス等近代的色彩を帶びた職業は一々數へ切れない程である。之と共に職業婦人の數も亦著しく增加して來た。卽ち集團的には各種工場の女工や百貨店勤務の女店員等が之であつて、前者は府下に於て十一萬人に達し百貨店勤務の婦人は大阪市に於て最近約三千人を數ふる有樣である。又分散的には個人商店、官廳、商事會社等に勤務するもの甚だ多くその適確なる數を示す統計的資料はないがおそらく豫想外の數に上るであらう。今私かに男女の職業分野を省察するに截然として區別の明かなるものと然らざるものとある。一方に於て純男性的な男子が從事すべき男性的職業と純女性的な婦人が從事すべき純女性的な職業とがある外に他方に於て中性的な人が從事する中性的な職業もある。婦人はこの中性的な職業を男子に代つて奪つて行くのではあるまいか。換言すれば婦人は一方に於てその勞銀低廉なるがための雇傭主の好感を利し、他方自らの勞働力の向上を得とし て男子の職業にまで喰入つてその職業的地位を獲得しなければ止まぬなる勢である。今試みに當部で紹介してゐる職業をも參酌して婦人の職業の種類の主なるものを示すと次の樣である。

婦人職業種類一覽表

一、工業及鑛業方面

製絲工　紡績工　染色工　莫大小工　ミシン工　刺繍工　洋服工　袋物工

金屬工　印刷工　製藥工　製紙工　化粧品工　食料品工　嗜好品工　手內職工

鑛婦（採炭婦、掘進婦、仕繰婦、選炭婦）　其他女工

二、農林水產方面

農業　養蠶（養蠶家、養蠶指導者）　園藝　海女

三、商業方面

內務店員

小賣店員　百貨店員　商店雜役婦　飲食店雇人（女給、仲居）ヤトナ

外務店員

ガソリン販賣婦　外交販賣　行商　電話口消毒

四、通信運輸從業員

電信通信員　電話交換手　自動車々掌　アナウンサー　通信事務員　飛行家

五、戶內使用人

女中　乳母　子守　家政婦　料理婦　給仕　小使　掃除婦

炊事婦　留守番　洗濯婦

六、手職

仕立職　結髮　理髮　美容術師

七、醫療方面
醫者（內外各科、齒科）　齒科技工手　藥劑師　看護婦　産婆　附添婦　鍼灸
マツサージ
八、藝術的方面
畫家　著作家　詩人　歌人　音樂家　圖案家　手藝
九、雜業
官公吏　圖書館員　監守　敎員　家庭敎師　保姆　事務員　出札係
タイピスト　速記者　記者　ガイド　製圖工　代書人　飜譯　尼僧
工場世話係　社會事業從事員　傳道師　集金人　外交員　樂隊の樂手　ダンサー
女優　長唄師匠　モデル　マネキンガール　ゲーム取　レヂスター　娛樂場案內係

三、求職婦人の希望職業

當所に求職する婦人の數は累年增加してゐるが昭和三年中に於ては總數五、〇九三名を算へた。これ等求職婦人に就て其の希望職業、年齡、敎育程度を調べてみると概要次の樣である。

求職婦人の希望職業は求職婦人總數五、〇九二名中最も多く希望する職業は戶內使用人にして二、〇九四名を算へ總數の四割二分に當り雜業之に次ぎ一、四七六名二割八分、工業女工更に之に次ぎ七八二名一割五分にして商業、通信、運輸順次之に次ぐ。而して戶內使用人には女中希望者、雜業中には事務員希望者それぞれ多く工業に於ては裝身具女工が多數を占めて居る。

次ぎに全求職婦人の年齡を觀るに總數五、〇九二名中廿歲乃至廿五歲の者最も多く一、六八六名卽ち總數の三割二分

を占め次ぎは十八歳乃至廿歳の者一、一四五名で總數の二割二分にあたる。而してこの二者を峠として一方には廿五歳乃至卅歳の者五三一名他方には十六歳乃至十八歳の者七三九名等年齢の増減に伴つて漸減してゐる。

次ぎに叙上の年齢を希望職業別に見るに各年齢を通じて最も多數を占むるは女中で總數五、〇九二名中一、三六七名即ち二割六分に當り事務員の一、〇一二名即ち一割九分店員の三九四名、八分順次之に次ぐ。

更に詳細に點検するに事務員は十八歳を頂點として十九歳、二十歳と年齢の増加に從つて漸減してゐるに反して女中は廿歳を頂點として十九歳、十八歳と年齢の減少に從つて漸減する。而して女中希望者は十三歳以上各年齢階級に漏れなくその分布をみるは女中なる職業が老若を問はず就職容易である特有性を物語るものである。

	十七歳以下	十八歳以上廿四歳	二十五歳以上三十九歳	四十歳以上	計
製絲		一			一
紡績	二	一〇	一		一三
染色		一			一
装身具	三三	一三九	三九	二	二一四
機械器具			一		一
金屬工業		二	一		
製藥	五	五	三		一四
製紙	一	二			三
製版印刷	一	三	二		六
嗜好品	四	四			八

採鑛冶金		七	四	二	一三
其他	五一	二九四	一三一	三六	五〇二
小計	九七	四六八	一七二	四二	七七九
店員	三	三三九	三二		三七四
小店店員	一五九				一五九
飲食店雇人	一七	一九	一八	一	五五
ガソリン販賣婦		一七	三		二〇
小計	一七九	三七五	五三	一	六〇八
電鐵從事員		一			一
自動車從事員	四	二			六
通信從事員	九	一一二	六		一二七
小計	一三	一一五	六		一三四
僕婢	一九〇	八〇五	二六三	一〇九	一三六七
乳母兒守	一一	一	三	二	一七
書生給仕	四七〇	二四			四九四
番人小使		一〇	二三	三七	七〇
其他		三九	四六	六一	一四六
小計	六七一	八七九	三三五	二〇九	二〇九四
官公吏		一九	五		二四

教員		五六	三四	一	九一
事務員	一四一	七一六	一五一	四	一〇一三
看護人	二六	八四	三六	一三	一五八
藥局員		二	一		三
外交集金人		二〇	一五	一	三七
配達人	一				一
理髮	六	一〇	一		一七
娯樂場雇人	一	四			五
其他	一六	八三	二九		一二八
小計	一九一	九九四	二七二	一九	一四七六
無希望					一
合計	二五一	二八三一	八三八	二七	五〇九二

更に教育程度別にみるに總體に於て高等小學校卒業者最も多く二、〇一三名卽ち總數の三割八分を占め尋常小學校卒業者の一、二一一名、二割二分之に次ぎ教育程度の高まるにつれて漸減して居る。卽ち高等女學校卒業者は總數の八分四一五名で專門學校卒業者は僅かに八名に過ぎないのである。次ぎに希望職業別に教育程度をみるに總じて女工希望者は特別の技術を要する少數者を除く外は多くは小學校卒業以下の學修程度の者が多數を占めて居る。之れに反して女中希望者は尋常及高等小學校卒業者を筆頭とし女學校卒業者並に中途退學者、高等女學校卒業者等教養高き求職者をみるは興味ある社會現象の一つであらう。而して教育ある者の等しく希望するは事務員にして高等女學校卒業者の大部分こ

れを占め其他女學校卒業者並に中途退學者多數を含み專門學校卒業者も亦少數を算へてゐる。然るに店員は高等女學校卒業者は僅かにてその大部分は高等小學校卒業者にして事務員に比して遙かに教育程度の低下を示すのである。而してタイピスト、速記者、筆耕及記者等の雜業に於ては相當教育程度高き者が多い。總じて近年高等小學校卒業者にして事務員、店員を希望する者が漸次增加し女中を志望する者が漸次減じて行く傾向が現はれて來た。これも時代思潮の反影と思はれる。

希望職業 ＼ 教育程度		高等學校專門學校同程度學校卒業以上	同上學校半途退學	高等女學校卒業	同上學校半途退學	中等程度學校卒業	同上學校半途退學	高等小學校同程度學校卒業	同上學校半途退學	尋常小學校卒業同程度	同上學校半途退學	多少文字ヲ解スル者	文字ヲ解セザル者	計
工業及鑛	製絲								一					一
	紡織					二		二	二	六	一			一三
	染色									一				一
	裝身具			一	三	三	二	八	八	七	六	一	二	三四
	機械器具									一				一
	金屬工業					一							二	三
	製藥					三	一	四	三	二	一			一四
	製紙							一		一		一		三
	製版印刷					二		三	一					六
	嗜好品					一	二	三	二					八

業			商業					通信運輸				戸内使用人						
採鑛冶金	其他	小計	店員	小店員	飲食店雇人	ガソリン販賣人	小計	電鐵從事員	自動車從事員	通信從事員	小計	僕婢	乳母兒守	書生給仕	番人小使	其他	小計	官公吏
												二					二	二
	四	五	五五			三	五八		一		一	五〇		四	一	四	五九	三
	四	七	三一			七	三八		二	一	三	四〇	一	二五			六九	
一	二四	四七	六九	五	一	二	七七			三	三	八九	一	五九	三	三	一五五	
	一八	三三	六	三	一		一〇			四	四	六	二	三五	四		四七	
一	一二五	二三〇	一四二	一〇四	一五	三	二六四	一	三	五九	六三	四二一	三	二七五	二九	四七	七七五	
	二三	四〇	二三	八	一〇	二	四三			四	四	一八	一	六五	八	一〇	一〇二	
八	二五九	三五五	四八	三九	一九	三	一〇九			五五	五五	五三七	四	三一	一六	七四	六六二	
二	三二	五二			三		三			一	一	一三五	一		六	四	一四六	
一	六	九			四		四					二九	三			三	三五	
	七	一一			二		二					四〇	一			一	四二	
一三	五〇二	七七九	三七四	一五九	五五	二〇	六〇八	一	六	一二七	一三四	一三六七	一七	四九四	七〇	一四六	二〇九四	二四

（47）

雑業											
教員	事務員	看護人	薬局員	外交集金人	配達人	理髪	娯楽場雇人	其他	小計	無希望	合計
二	二								六		八
一	四							二	七		七
五六	一九九	四	一	二				八	二九二		四一五
九	八九	三		五				二	一二七		二四四
三三	一八一	一八		一一				一八	二六一		五四七
	一〇	一〇		六		一		一七	四四		一三八
	五八	一〇五	二	九		四	一	五二	六九〇	一	二〇三
	四	六		三		一	一		一五		二〇四
	五	一〇		一	一	九	三	一	三〇		一三一
		二				一			三		二〇五
						一			一		四九
											五五
九一	一〇一二	一五八	三	三七	一	一七	五	一二八	一四七六	一	五〇九二

四、雇入申込の職業

以上の如き多數の求職婦人に對して雇入申込の職業には如何なる職業があつて、幾何の需要があるかを調べてみるに昭和三年度に於ける求人總數は四、四三〇件にして其の中最も多數を占める職業は戸内使用人の三、〇六一件、總數の六割八分、雜業之に次ぎ五六一件、一割二分、工業女工更に之に次ぎ五二六件、一割一分にして商業、通信運輸之に次ぐ。今その內譯を細別すれば次ぎの様である。

1　戸内使用人　　計三、〇六一件

女中　二、七六三　乳母子守　二一　小使　三〇　給仕　四七五
其他（掃除婦炊事婦等を含む）　七三

2　雑業　計　五六五件

事務員　三四二　官公吏　二四　教員　九一　看護婦　一五
薬局員　三　理髪　一一　外交集金人　五九　娯楽場雇人　五
其他（タイピスト、レヂスター等）　五〇

3　工業女工　計　五二六件

製絲　五　装身具　二九四　電氣瓦斯　一九　紡績　九
金属工業　五　機械器具　一　染色　三　製版印刷　六
船舶車輛　一　製紙　三四　嗜好品　二五　食料品　三
製薬　四二　採鑛冶金　一三　其他　五五

4　商業　計　二四三件

店員　八五　店飲食雇人　八二　小店員　六四　ガソリン販賣人　一二

5　通信運輸　計　一三四件

通信事務　二七　自動車々掌　五

右の表によつてみると雇入申込に於ても女中が最も多く次で事務員、女工、店員之に次ぐことは求職婦人の希望職業に於ける順位と同じである。けれども需要と供給の不一致が如何に甚だしいか、之を數に徴してみると次ぎの通りである。

	女中	事務員	店員
雇入申込數	二,七六三	三四二	九二
求職者數	一,三六七	一,〇一二	三九四
差數	一,三九六	六七〇	三〇二

かうした現狀であるから求職婦人に對しては紹介前十分需給の狀況を話し諸般の相談に乘らねばならぬのである。

五、紹介前の相談

多數の求職婦人の中には隨分複雜な事情の下に求職する人がある。家庭の事情の爲家出して來た人、都會に憧れて來た人、夫に死別し子供を扶養して行く人、又は病夫をかゝへ且つ子供の扶養の爲に求職に來る人等種々雜多であつてその受ける相談も亦區々である。田舍から都會に憧れて來た人には都會生活特有の注意を與へ或は歸國をすゝめ或は適職をあたへる。中年の人で家計補助の爲に來る人には隨分氣の毒な人もあつて幾日も〳〵雇入先を開拓に出掛けて一々相談をする。又傭はれて行けない事情の人には內職の相談をも受ける。併し一般には現在三十歲前後の就職が最も困難の狀態にあるのでその就職相談には隨分頭を痛めるのである。又社會の事情にうとい爲自己の學歷や風貌等に無頓着に事務員や店員を希望する人も多い。かうした人々にはその職業に就く爲に必要な條件を理解せしめることに骨が折れる。そして例年十五、六歲の少女にして給仕を希望する者が非常に多いけれども給仕は給仕としての適性が必要であるから學業成績や性能や體質を詳かに調査してその結果に徵して父兄と相談する。殊に身體のあまり强健でない者が見習工手を希望するが如き際には就業する作業の選定に就て保護者と相談して居る。概して婦人の紹介は男子の場合の樣に組織的に喰入つた深い準備の要ることは稀であるが受付の仕方や些細な相談に永い時間が要るのであつて紹介に當つても綿密な注意が必要である。

六、雇傭主の調査

一方雇主より雇入申込を受けた時は雇傭條件を確實にし雇主の意見又は希望條件等を明かにする。特に事務員雇入申込の場合はその求人者が初めての紹介所利用者であれば專任の係員が出張して求人者の經歴、資産、事業沿革及信用程度等に就ての調査事項を綜合し、其の結果より推察して紹介に適する求人者であるか否かを判定し調査の結果は名簿に登錄する。女中、子守、乳母等の雇入申込は市の内外と職業の如何とを問はず各方面から多數にあるので求人者の調査には中々骨が折れる。事務員の場合と同じく求人者の社會的の地位や信用の程度に重きを置くは素より、女中は家庭の一員としての勤務であるが故に雇主及主婦の人となり、家族の員數、病人の有無等を調査することにして居る。女工の求人は將來大に其の範圍を擴張せらるべき時機にあるが目下は主として個人商店に專屬した工場に紹介して居るから作業の實情と設備及從業員の風紀等に重きを置いて調査を進めて居る。

七、紹介の方法

職業を紹介するに當つては求職婦人の希望職業や其他の條件を基として豫め調査を重ねたる雇傭申込の條件に照應して其の就職を斡旋するのである。中にも會社、銀行、官廳等の事務員方面に就職を希望する人に對しては自筆履歴書、戸籍謄本、身元證明書及學業成績表等を取揃へそれに紹介狀を添へて雇傭主先へ紹介する。而して求職者の人物考査は臨機適當なる方法によつて居るが其の主なる場合は紹介係に於て愼重に適任者を選擇し紹介する場合もあり、豫め求人者をして數名の候補者を履歴書中より選擇せしめ協議の上紹介する場合もある、又雇主は特に珠算の出來る人又は文字の奇麗な人等特別の條件に對しては講習會を開き又豫備試驗を施行して紹介する。その主なる紹介先は大阪鐵道局、大阪貯蓄銀行、株式會社大林組、百貨店大丸、高島屋等である。又女中は特に住込であるが爲に求職者に對しては人物や身元の調査に意を用ひて紹介前必ず電話等にて求人先の都合を問合せた上時宜行により直接求職者を雇主宅に連して紹介する。特に家庭見習を目的とする純朴な求職者に對してはそれは普通炊事婦や掃除婦と異り多くは若年であるから從來當部と關係深き嚴格なる家庭を選んで發動的に躾け方を頼みに行く事もある。

八、就職婦人の賃銀

多くの競争者と戰ひ多くの難關を通つていよ／＼就職せる婦人の賃銀は幾何であるかといふにそれは人者求の採用方針や仕事に差異があり又就職婦人の人物、技能にも差があるから一様でないが大體主なる就職婦人の賃銀を調べてみると次の表の如くである。

職業	住込	通勤
ミシン和服裁縫見習	二圓―拾圓	
ミシン和服裁縫師		卅圓―六拾圓
其他女工	拾三圓―二拾圓	拾八圓―三拾圓
店員	拾圓―二拾圓	二拾圓―三拾圓
飲食店雇人	拾五圓―二拾圓	二拾圓―三拾圓
交換手	二拾圓―廿五圓	三拾圓―卅五圓
女中	拾圓―二拾圓	
乳母	二拾圓	

兒守	五圓——拾圓	
給仕		拾五圓——廿五圓
小使 雜役		廿四圓——三拾圓
炊事婦 掃除婦 洗濯婦	二拾圓——卅圓	廿七圓——四拾圓
敎員 保姆		三拾圓——五拾圓
事務員	拾五圓——廿五圓	二拾圓——四拾圓
看護婦見習	七圓——拾三圓	
看護婦		三拾圓——四拾五圓
外交集金人		廿五圓——四拾圓
美容結髮見習	二圓——五圓	
ゲーム取	拾六圓——廿五圓	
タイピスト		卅五圓——四拾五圓

九、紹介後の指導

次に紹介後の保護指導は就職婦人の大半が若い感受性に富むだ女性だけに一層重大である。當部に於ては一般就職婦人の切なる希望を容れ大正十五年十月別紙のやうな申合せで紫苑會を組織した。その會員は凡て職業紹介所の紹介で就職した人であつて現在七百五十名居る内當部所屬會員は既に二百五十名の多數に達したから近く紫苑會中央部會を組織して次ぎのやうな理由で一層其の指導親睦の徹底を計る考へである。

一、都會は田舎出の若い女性にとつては美しい魅力である。而も就職婦人の五割迄が田舎出の婦人である。是等の婦人は都會の明るい表面に眩惑されて裏面の暗さに心付かずに居る。それが爲め田舎を出る時に抱いてゐた堅い決心、希望、光、勇氣は何時の間にか次第に薄らいで知らず知らず都會の惡い方面に落ちてしまふ者も尠くない。

二、轉職の弊害は男子と同樣婦人に於ても見逃がし得ない事である。萬止むを得ない事情のない限り努めて同じ職業に精進せしめたい考へで勤續を奬勵しなければならぬ。就職前熟慮の末一旦選んだ職業に永續せずして次ぎから次ぎと職業を漁り歩くことは職業婦人として立つ人々の爲めには職業的訓練を缺き其待遇を低下し獨り個人としてのみならず社會人として執務の能率上失ふこと多くして得るところが少い。そこで職業に對する理解と忍耐力の涵養の爲に指導の必要が起る。

三、從來職業に從事して居る婦人はとかく家庭の仕事がおろそかになり勝ちだといふ非難を聞くが決して職業生活と家庭生活と調和しないといふことはない。職に就いたからとて全然家庭を顧みないといふことが心得違ひで常に兩生活の調和に心を用ひ未だ家庭の人となつてゐない人は出來る限り家庭の事を見習つておいて他日妻として母としての任務を立派に果たせるやうに心掛けるやう導かなければならない。

以上三つを重なる指導の理由として進んでゐる。因に紫苑會最近の事業と申合を添へて參考に供へて置く。

一、修養方面　　讀書の奬勵(圖書室を設く)　講習會開催

二、趣味方面　　生花會　音樂(樂器を設備す)

三、娯樂方面　　ピンポン　遠足　觀劇會

紫苑會遠足

紫苑會申合事項

一　大阪市勞働共濟會健康及信用共濟に加入した吾々婦人の間にお互の修養と親睦を圖る爲一つの會を設けませう

二　本會を紫苑會と名づけその事務所を市立小橋婦人職業紹介所内に置きませう

三　本會は總會を毎年秋季に一回開く外時々必要な事業を致しませう

四　會費は要らないことにしませう但し會員中有志により催しを計畫した場合は別に考へませう

五　本會の面倒を見て貰ふ爲に一名の委員長と二十名の委員を置き委員中二名は大阪市勞働共濟會の職員中より他は會員中より出て貰ひませう

六　委員の任期は一年とし會員中より出て貰ふ委員は總會で選擧しませう但し任期滿了の場合でも後任者が決る迄は引き續いて事務を見て貰ひませう

七　將來この申合を變更する場合は總會に諮りませう

一〇、就職せる職業婦人を訪ねて

私共職業紹介事業に從事して居るものは追年著しく增加して來た求職婦人を相手に日々其の適當な仕事にと頭を惱ましてゐるがよく考へてみればみるほど人のお世話程六ケ敷いものはない樣に感じる。それでも我が大阪市立中央職業紹介所婦人部の紹介によつて就職して居る者は昨年末現在で約七百五十名に達して居る。私共は時々これ等勤續して居る人々を訪問して居るが店員あり、事務員あり、女中あり、色々であるから訪問から得た感想は迚も一々書き得ないがそのうち特に相當學歷ある方で會社、銀行、官廳方面の事務員（以下假りに之を職業婦人の名を以つて呼ぶ）となつて居る人々と互に話し合つて感じた點を書いてみやう。

一、由來職業婦人の社會的團體活動は今日迄女工のそれの様に社會の視聽に上つてゐない。それには色々の理由があらうけれども次ぎの様な理由がその主なるものであるとの感を一層深うした。即ち職業婦人そのものが獨りよがりの閉ぢ籠り主義を持つて各自別々の條件の下に分散して別々の業務に從事してゐるからであらう。

二、從來婦人は職業に就いても結婚迄といふ前提が多い。然も無產階級から出た勞働婦人に比して自分の生活問題に直接影響しない爲に自分の働いてゐる勞働條件に對しても不平も要求も潜み勝ちで他人の問題を通じて自分の身を考へ自分の問題を通じて社會一般を推してみることも比較的尠いやうに思はれる。併し職業婦人の社會的進出が益々烈しくなり職業的に地域的に其の數が次第に增加し互に相刺戟され且つその職業生活が段々長くなつて來ると職業婦人問題が決して他人の問題ではなく自分自身等の問題であることに氣づいて來る。現に職業婦人達がそれぞれ職業生活の上に立つてもつと勉强したいとか、何か技藝を習ふ時間が欲しいとか、職業婦人同志がもつと提携したいとか色々實際の要求を解決つける爲に動き出しかけたやうに思はれる。

三、職業婦人のかうした自覺の萠芽に鑑み將來は婦人に對しては單に婦德の涵養のみならず實社會の種々相を大きく廣くみる目を養ふことが肝要である。かくてこそ彼女等がその社會的機能に生きる女性として始めて有力な社會的地位を贏ち得るのである。そうなれば結婚費用の調達以外に職業婦人としての社會的意義が一層强く且つ明かに意識されて來ることゝ思ふのである。

（四）少年部の事業

内　容

一、沿革の大要
二、作業の調査
三、雇傭先の調査
四、少年に對する調査
五、少年に對する診査
　A　體質診査
　B　性能診査
　C　性情考査
六、職業の紹介
七、就職後の保護
八、聯　　絡
　A　小學校との聯絡
　B　遠隔地聯絡
九、事業に關する調査研究
十、職業紹介委員の設置

附　少年部組織及取扱綱目一覧

少年部事業概要

少年の職業に關する相談、指導、選擇及紹介は一般職業紹介と其の趣を異にし、失業者に對する對策といふよりも寧ろ失業を防止するものであつて、失業問題解決の爲の根本策と見る可きである。又其の適材を適所に配分することに於て産業の能率を增進するのみならず、進んでは不良少年保護の問題を解決する一方法となることは、今更縷說を要しない處である。從つて之に對する施設、設備並に其の取扱は極めて愼重を要するものであつて、當部に於ても既往の實績に徵し改善と刷新を加へ以て將來に策應する考へであるが、玆に沿革の大要を略述して目下施行しつゝある事業の概況を記して見よう。

一、沿革の大要

當少年部の前身は大正九年一月十五日、當時の南區宮津町三百五十七番地に少年職業相談所を開設したるに始り、數へ年二十歳以下の男女に就き職業及學校に關する相談と紹介に應じた。然るに建物次第に狹隘を告ぐるに至つたから同年十月三日北區中之島四丁目筑前橋北詰に少年職業相談所を新設した。而して事業の性質上職業紹介事業と相提携するところ深きに鑑み、之を大正十二年五月七日西區阿波堀通一丁目市立中央職業紹介所に移し、從來の如く數へ年二十歳以下の男女に就き相談を受けて居たが、事務の都合上翌十三年六月一日より數へ年十八歳以下の男女の相談に與ることゝなつた。尋で大正十五年四月一日事業の內容を充實し一層紹介の徹底を計る爲め少年職業相談所を中央職業紹介所に併合の上之を中央職業紹介所少年部と改稱し、同年六月十五日年齡を數へ年十七歳以下に制限して今日に至つた。

二、作業の調査

少年の職業に關し相談又は選定に關與するには少年の從事する作業に精通する必要があるから、平素少年の從事する職業の分野、作業の內容の調査には多大の時間と勞力を拂ふて居る。既に十數種に就いての調査は完了した。此種の調査は職業又は作業の適性考査法的分析を必要とし、卽ち一は作業を主として職業を分析し、他は性能を主として職業の分析を試みるのであるが、其の科學的の分析法に關しては巷間種々の說をなすものあるも、實際の運用上最も適切にして有効なるものは、作業及び性能兩者を斟酌し、實用的調査が必要であるから、當部に於ては少年職業に關して作業の內容、其の作業が要求する心身の機能、作業時間、作業の心身に及ぼす影響並に保護施設、修業、收入、採用の方法、其の職業の一般的性質及び對外關係の九項目に分ち、更に幾多の細目を按配して、調査の步を進めて居る。

三、雇傭先の調査

求職少年に對する職業の指導並に紹介には少年の前途を誤らしめないことが肝要であるから、先づ少年を紹介す可き雇傭先の銓衡を第一として居る。之が爲には雇入の申込ある都度必ず雇先を往訪の上被傭者の勤務時間、公休、昇進、給料、其他の雇傭條件を確實にし、且つ少年に對しては可成勉學の便を與ふるものを選ぶことは素より作業場並に起臥場所の設備、使用人の移動、雇主の性行、經歷及び世評等に依り適否を辨別し、必要ありと認むる場合は、雇傭主の身分を調査し、且つ商業又は工業方面に在つては關係法令に徵し、若くは雇主の人となりを觀察し、商品の仲買業、無盡業、有價證券割符販賣業若くは之に類する業務の雇主に對しては特に其の身元と信用に留意し、又飲食店、料理屋、劇場、觀物場、遊覽場、球突場等の雇入先は特に少年の希望あるに非ざれば紹介を留保する方法を講じて居る。少年の需要數は一ヶ年約二〇、〇〇〇名の多數に上るが、かく嚴密な調査を行ふと少年を託し得る雇主として登錄する少年所要員數は二、一〇〇名內外となるのである。現在の主なる紹介先は銀行、百貨店及官廳等であつて株式會社大阪貯蓄銀行の如きは勤續者が約二百名にも達して居る。

四、少年に對する調査

少年の從事する作業と其の雇主に關する調査と相俟つて一方少年に關する諸般の調査も亦肝要である。少年に對しては其の現住所、本籍地、出生地、生年月日並に家長との續柄はもとより、家庭に對しては父母の氏名及年齢、同居家族、不在家族の動靜、保護者の職業、族家の職業、生活程度、本人就職後の收入の費途、保護者並に家族の敎育程度、宗教保證人に關しては住所、氏名、職業、勤務先及本人との關係を明かにし、希望職業に對しては、本人の希望、保護者の希望を調査して各其の理由を調べ、更に希望する給料、勤務場所、住込通勤別の、夜學等の希望條件を調査して居る。從つて少年に對しては保護者の同伴を要し、止むを得ざるの事情ある場合に限り保護者よりの職業選擇相談又は紹介依頼狀を持參せしめて居るのである。既往二年に職を求めた少年は三、四三六名であつて、別に再來者が一、六五七名あるから來所した少年數のは五、〇九三名である。斯くの如くにして先づ本人の身分關係を明にし、其の希望職業を基調として體質及性能の診査をなすのである。

五、少年に對する診査

A 體質診査

色盲のある者が辨色作業に從事して失敗を重ねた例は往々にして聞く所である。職業と身體の機能との關係は成功不成功に多大の影響あることは今更云ふを待たぬ所である。それで少年の身體に關しては專屬の醫師及看護婦を置き、控室、診査室及試驗室を設け、少年に對し既往症、體格、榮養、血色、身長、體重、胸圍、肺活量、月經、視力、色神、聽力及疾病異常を診査し、體質上より見たる本人の希望職業の適否を判斷し、並に免除す可き作業を指示し以て醫學的の判定を下して居る。從來の診査の結果に徵するに身體に故障のあるものは三割內外であつて、故障症の主なるものは近視眼、トラホーム、色盲、脚氣等で中には肺尖カタル、氣管支炎もある。職見習希望少年には適職と認め難きもの比較的多く戸內使用人にはこの點が少い。かゝる經驗よりして家庭生活と少年の健康狀態、一般少年と求職少年の體質比較及就職少年の保健狀態等質體診査上の基礎調査及研究を隨時施行して居る。

B 性能診査

機械による特種性能診査

體質診査が終ると性能の診査をするのである。少年の性能に關しては其の希望職業に就て各職業別に設定したる診査法に依つて、或は個別診査、或は團體診査を施行して居る。そして著しき不適職を避くる所謂消極的職業選擇の方法を以て職業紹介の參考に資して居る。三名の專任者之に當り、診査室及豫備室の二室を設け一般智能の査定と特種性能の診査の二者に分ち、特種性能に在つては智的能力として注意、記憶、辨別（感覺的）、判斷、聯想、學習、想像、運動能力として力量、運動速度、運動確度、運動調節及感覺的能力として、視覺、光覺、聽覺、觸覺、運動知覺、時間知覺、空間知覺等を診査し、其の得點と品等を當部所定のスタンダードに照應し以て性能上より希望職業の適否を判定するのである。右診査に使用する器械器具並に筆問法は次の通りである。

性能診査器械器具

記憶力檢査器　注意力檢査器　構成能力檢査器　模樣縞柄の記憶力檢査器　推理力檢査器　反應時間測定器　學習能力測定器　瞬間視的認識力檢査器　連續露出器（思想力、記憶力、色彩認識力の檢査器）　空間辨別檢査器　光度辨別檢査器　運動速度檢査器　作業速度檢査器　視觸覺辨別檢査器　重量辨別檢査器　指力計握力

計　全身筋力測定器　廻轉筋力測定器　聽力測定器　メトロノーム　ガルトン氏音笛　カード分配具

其他六種

筆問法

一般智能檢査法（文學博士久保良英氏編少年智能檢査法Ａ式第二）　論理的記憶法　機械的記憶法　單語

記憶法　形象記憶法　正常聯想法　反對聯想法　加算法　目算法　數關係正誤法　比例法

論理正誤法　推理知覺法　補字法　圖形構成法　置換法　指圖法　照合法　抹消法　視覺法

長短分類法　調節動作法　制約動作法

C　性情考査

職業の相談、指導及紹介に最も緊要にして困難なるは性情の考査であつて、其の方法としては先づ學業成績を調査し好惡の學科目を知り、次に氣質、性格、品性、容貌、愛嬌、言語、從順、勤勉、機智、社交、性等の個性並に特性を調べ、態度、擧動、趣味、娯樂、特有技能、性癖等に依り性情の考査を遂げ人物判定を行ふて居るのである。如上の考査の結果は紹介擔任者の最も重要なる參考資料とするのである。

六、職業の紹介

職業の紹介は、一は少年、家庭及保證人の狀況に徵し、他は體質並に性能診査の結果に基く適否の判定と性情考査と人物判定の結果とを基礎とし、別に事業界の繁閑消長雇傭主の經濟事情に鑑み必要に應じて、求職少年會及父兄會を開き懇談を遂げて、紹介に當るのであつて、專屬者三名之れに從事して居る。そして適當なりと認めたる雇主のある場合は紹介狀を交附し、時宜により少年を雇主宅に同伴して採用方を依賴し後事を託するのである。若し適當の雇主無き場合は更に需要方面を開拓して就職の斡旋に努めて居る。一ケ年の紹介數は約二、〇〇〇名である。少年少女の紹介狀は特に體質及性能診査の結果をも詳しく記載して雇傭主側の參考に供することゝして居る。

百貨店員の採用考査

七、就職後の保護

職業の紹介に尤も困難とするのは年齢、體質等の點に於ける雇主の希望と、職業、待遇等の點に於て、少年の希望とが相一致せざることであつて幸ひ其一致を見て就職と決定するものは一、二〇〇名内外である。

かくして愈々就職した少年に對する保護施設としては、先づ毎年二回勤續退職の狀況を調査して精勤者を表彰し、講演會又は慰安會を開催し、一は以て精勵を奬勵し、他は轉職の防止に努めて居る。而して本事業創設以來の勤續者は一、五〇〇名以上に達し、其の健康並に信用に關しては別に財團法人大阪市勞働共濟會の施設により、負傷、疾病及死亡等の不幸を共濟し兼ねて就職者の雇傭主に對する財産上の損害補償を實施して居る。現に加入者は二五〇名以上ある。又三年以上の勤續者に對しては事業獨立經營又は結婚等に際し最高五、〇〇〇圓を限度とする資金の融通に資し併せて貯金奬勵の爲、大阪市昭和信用組合に加入を勸誘し益々其の實を擧げて居る次第である。

八、聯絡

A　小學校との聯絡

小學校卒業直後就職を希望する兒童と小學校卒業直後の少年を要求する雇傭主の爲大正十四年 月以降全市小學校と

職業指導上特に密接の聯絡を保つて居る。卽ち少年部員は小學校に於ける職業指導係と事業並に事務の巨細に亘り相協力し、職業の選擇並に紹介の完璧を期しつゝあるのであつて、或は協議會、打合會、懇談會を開催し、或は小學校を歷訪して兒童及父兄に職業の指導講話をなし、或は商店又は工場に於ける實地作業の見學をなす外、作業の實況を活動寫眞に撮影して之を學校その他に貸與映寫せしめ、各種職業別に座談會を開催して父兄、兒童、教師の職業知識の涵養に資して居る、又學校に出張して體質並に性能に關する診査をなし、右診査上に必要なる諸資料を提供する外、卒業期の切迫するに際しては、學校よりは就職希望兒童各自の選職相談票の送附を受け、當所よりは少年雇傭主の通報をなし、少年の來所を求めて紹介し、被紹介者に關しては紹介の結果を通報して居る。

尙本年三月大阪市內小學校卒業の少年少女に對する職業指導事業に關する經過の概要を摘錄すると次の樣である。

打　合　會

イ、七月十三日全市小學校職業指導係と職業紹介所關係者との打合會開催、來會者百四十八名。

ロ、中央職業紹介所員の小學校出張打合

最も就職希望兒童の多き學校に於て高學年擔任の全教師と職業紹介手續並性能檢査の件に付打合をなせり。

職業指導講演會

小學校並當所に於て實施すること通計三十二回聽衆父兄、兒童約四千五百名。

作業實地見學

小學校職業指導係と職業紹介所員と合同にて精版印刷株式會社、川北電氣製作所、島田硝子製造所等十三ケ所を見學せり。

座　談　會

小學校職業指導係、職業紹介所員並事業家を以て左記の如く開催せり。
イ、百貨店に關する座談會
十月三十一日　株式會社大丸にて開催　出席者三十五名
ロ、銀行に關する座談會
十二月七日　大阪貯蓄銀行本店にて開催　出席者三十一名
職業を解說せる活動寫眞
イ、作製したる映畫の種類
1　銀行內部の執務　2　機械製作の作業　3　印刷工場の作業
ロ、利用及分讓
小學校及職業紹介所其他に於て映寫。各方面より利用の申込あり、分讓希望の申込を受く。
冊子の刊行
小學校に於て施行する性能檢査の參考資料として冊子「少年少女の性能檢査」を刊行配布せり。
職業紹介

（昭和四年五月三十一日現在）

職業別	求人數 男	求人數 女	求人數 計	求職者數 男	求職者數 女	求職者數 計	紹介件數 男	紹介件數 女	紹介件數 計	就職者數 男	就職者數 女	就職者數 計
事務見習、給仕	一七九	一二二	三〇一	七〇〇	四〇六	一、一〇六	二六四	一九九	四六三	一五八	一一一	二六九
商店員	九七五	一七三	一、一四八	二五一	二四八	四九九	一四四	一七六	三二〇	八一	一〇二	一八三
職見習	五七〇	七七	六四七	二四三	一三	二五六	一〇〇	二	一〇二	六二	一	六三
其他	—	三	三	—	五	五	—	二	二	—	二	二
計	一、七二四	三七五	二、〇九九	一、一九四	六七二	一、八六六	五〇八	三七九	八八七	三〇一	二一六	五一七

B　遠隔地聯絡

遠隔地の府縣に於ける少年にして本市に就職希望の者並に他府縣在住少年を希望する雇傭主の爲、遠隔地に於ける職業紹介所並に小學校と聯絡の必要あるを以て、或は府部と直接の交渉に依り、或は職業紹介事務局を經由して少年勞務の需給を計つて居る。其の既に聯絡したる地方は岐阜縣、福井縣、愛知縣、三重縣、奈良縣、香川縣、岡山縣、山口縣等頗る廣汎に亘り、之が紹介に際しては一方供給地より就職希望少年の身體檢査表、學業成績表、家庭調査表、寫眞並に求職の申込を受けたる紹介所長又は學校長の意見書等紹介に必要なる諸資料の供給を受け、學業成績、體質並に操行中以上にして都市生活に耐へ得るものと認むるものに對しては市內適當の雇傭主を往訪し資料を提示して、採用の豫備交渉を遂げ他方雇傭主に對する調査書を送附して、少年の上阪を求め紹介に當つて居る。此の聯絡による件數は例年七八〇である。

九、事業に關する調査研究

以上に依り事業の實際に關する現行の設備と狀況を明かにしたが、由來少年職業の指導に關しては常に時勢の要求に適合するを要し、徒に現狀に拘泥するを許さない。かるが故に當部に於ては、名士を招聘して斯業の理論を聽取し、或は人物考査法研究會を開催し、更に性能及體質に關する諸般の調査或は勞務の需給關係の調査又は教養相談に備ふる爲各種の學校に關する調査並に就職後の昇進と待遇等の調査を試みる等現狀の趨勢を明かにし更に將來に策應する研究を怠らない樣に努めて居る。一方又昭和三年一月二十五日少年職業に關する調査研究の機關として小學校長並に職員、關係官公署吏員其他事業家等約四百名を以て大阪市少年職業指導研究會を組織せられ市長、助役を顧問として相談役、理事、評議員及幹事を定め、少年の職業調査、少年の個性調査の方法に關する研究、小學校に於ける指導方法の研究、就職少年の現狀調査並に就職少年保護施設の研究等を行ふ事になつて居り、少年の職業調査は已に委員を選定し調査細目を定めて着々實施して居る。その他斯業の進展に資する爲諸集會の開催及其の後援を計り、資料の蒐集、編纂及發刊をすることゝなつて居る。

一〇、職業紹介委員の設置

尙斯業の進展に關し市長の諮問機關として昭和二年三月職業紹介法令に依り本市に業職紹介委員を設置するの件を市會に於て決議し、同月大阪市職業紹介委員規定を定め、少年勞働擔任委員九名を依囑し、少年の雇傭主開拓、職業少年の指導及保護、雇傭條件の改善其他少年職業紹介事業の進展を期する爲前後數回に涉り協議會を開催し、其の意見を開陳するに至つた。即ち少年職業指導上現行方法を改善又は新に計畫す可き適切なる方案として十一月七日具體案を答進し、之が爲既に昭和三年一月十六日「小學校に於ける職業指導講話並に訓練要項」(菊版八三頁)を刊行し、又當部の施行しつゝある性能檢査法と檢査の結果を錄して「少年少女の性能診査」（菊版一〇九頁）を發行し關係方面に頒布し以て斯業の参考に資することゝしたのである。

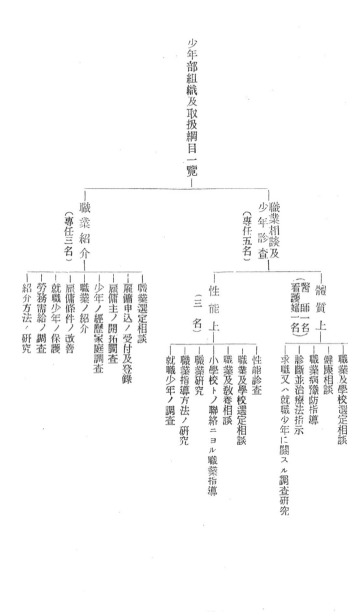

少年部組織及取扱綱目一覽

- 職業相談及少年診査（専任五名）
  - 體質上（醫師一名 看護婦一名）
    - 體質診査
    - 職業及學校選定相談
    - 健康相談
    - 職業病豫防指導
    - 診斷並治療法指示
    - 求職又ハ就職少年に關スル調査研究
  - 性能上（三名）
    - 性能診査
    - 職業及學校選定相談
    - 職業及教養相談
    - 小學校トノ聯絡ニヨル職業指導
    - 職業研究
    - 職業指導方法ノ研究
    - 就職少年ノ調査
- 職業紹介（専任三名）
  - 職業選定相談
  - 雇傭申込ノ受付及登錄
  - 雇傭主ノ開拓調査
  - 少年ノ經歷家庭調査
  - 職業ノ紹介
  - 雇傭條件ノ改善
  - 就職少年ノ保護
  - 勞務需給ノ調査
  - 紹介方法ノ研究

(五)給料生活者紹介部の事業

内　容

一、沿革の大要

給料生活者の失業苦及就職難は益々深刻の度を加へつゝあることは洵に憂慮す可き事態であつて、智的勞務者は國家社會の中堅である關係上其の無爲徒食は國家社會の文化的並に經濟的進展に影響する處大なるは素より、浮浪の結果より來たる諸種の弊害は最も寒心す可き事柄である。給料生活者就職難の緩和は一つに一般財界の好轉に據つて事業の勃興と産業の發達に俟たなければならないことは勿論であるが、一方職業紹介機關により及ぶ限り雇傭主を開拓して就職の機會を與ふることは緊急の要務なるに鑑み當所に於ては大正十二年十月智識階級部を設け專任の係員を置き一般求職者とは區別して取扱ふこととした。當時の紹介手續は一般職業紹介の夫れと同様のであつて未だ組織的でなかつたが其の後紹介方法改善刷新の要を認め、大正十五年一月一日給料生活者紹介部と改稱し專門の紹介部を設け中等學校卒業以上の學力素養ある求職者に限り其の前歴及身元の調査方法就職希望先の資産信用等の調査方法及紹介手續等を定め、昭和二年には大阪市職業紹介委員が設置され給料生活者部擔任委員も決定し益々斯業の充實と發展を見るに至つた。

二、求人者の調査

求人の申込を受けたる際は雇傭の條件を確實にし雇傭主の意見又は希望條件等を明かにするは素よりであるが初めて紹介所を利用したる求人者に對しては專任の係員が出張して求人者の經歴、資産、事業沿革及信用程度等に就ての調査及建物、營業振り等の現狀視察を遂げ是等の調査事項を綜合し其結果より推察して紹介に適する求人者なりや否やを判定し調査の結果は求人者名簿に登錄する、又地方の求人申込に對しては所轄警察署に名簿用紙を送附し調査方を委囑し其回答に依り之を登錄する。この求人者登錄簿は後日求人申込を受けたる場合の參考にして居る。大正十五年以來昭和三年末迄の求人登錄總數は一、一一〇件である。

三、求職者の調査

求職者に對しては豫め自筆の履歴書、戸籍謄本、身元證明書、學校卒業證明書又は卒業證書や寫眞等を提出せしめ前職の經歴ある者に對しては當所より前雇傭主に本人勤務の實否、勤續年月日、退職の理由、給料、手當、在職中の勤務振及不都合の有無に就き照會し其の回答を履歴書と照合して居る。又面接に際しては本人と懇談を交へ、其間本人の態度、容貌、體格、風釆、言語、氣質、其他技能經驗等に就き考察を遂げ之れを登錄し紹介適格者なりや否やを判定して居る。そして適合する求人申込のなき場合は各方面に渉り捜索開拓するのである。昭和三年末迄の求職者登錄總數は

五、三八四名である。

四、求人者開拓

給料生活者紹介の重心とも云ふ可き求人者開拓は實に苦心を要する處であつて從事員は常に産業界の情勢に留意し併せて一般事業家の紹介所利用勸奬に努力して居る。目下求人者の開拓は

A 訪問開拓

當所雇傭主懇談會

1 已に紹介所を利用せる求人先にして多數從事員を有する官廳、大會社、商店の使用人移動率を調べ置き定期に訪問して居る。

2 未だ紹介所を利用せざる官廳、大會社、商店に就ては隨時訪問して紹介事業の理解を喚起し其利用を勸奬して居る。

3 特殊の技能を有する求職者に對しては其の特技に適はしき方面を特に捜索開拓する。

4 多數の求職者が志望する方面に對しては講演座談等により宣傳並に開拓して居る。

B 文書による開拓

1 職業紹介通信として定期的に求職者連名簿を作製し市內主なる事業家に發送する。

2 年二回京阪神職業紹介所聯合俸給生活者求職者名簿を作製し關西の主なる事業家に發送する。

3　學校新卒業生又は官廳、會社等大整理に依り解雇されたる多數の求職者については夫れ〳〵適當なる方面を選定し採用方の依頼狀を發送する。

4　遠隔地の求人先を開拓する場合は勿論文書によるが、季節的に移動する求職者や、特殊の技能を有する求職者の爲めには文書により適職捜査に努める。

C　尙當所に於ては各部の主なる雇傭主を年一回招待して求人の開拓、就職者の保護等につき隔意なき意見を交換し其の對策實施に就き雇傭主懇談會を開催してゐる。

D　其　他

電話や新聞紙の利用、掲示又は廣告等機宜に應じ其の方法を考究實施して居る。

因に現在紹介して居る主なる雇傭主は株式會社大阪鐵工所、日本生命保險株式會社、東京電氣株式會社大阪出張所、株式會社高島屋、大阪遞信局等である。

五、求職者開拓

求人の申込を受け雇傭條件に適合する求職者が無い場合には積極的に各種の機關と聯絡をとり求職者開拓の途を講じて居る。其方法としては

A　學校。求人の申込ありたる都度隨時聯絡する主なる方面は大阪工業大學、齒科及藥學專門學校、大阪商科大學、外語、市內工業學校、市內及市外甲種商業學校等で又婦人に對しては淸水谷、大手前等の高等女學校等と聯絡し隨時校長又は敎務主擔者と相會して就職斡旋座談會を開いて居る。

B　團體。醫師會、齒科醫師會等は素より工業俱樂部、學校同窓會及び各種の組合と聯絡する。

C　其他。大阪商工會議所、各地の職業紹介所、社會的地位ある有力者等にも隨時聯絡し適任者の捜査に努めて居る

(72)

六、職業紹介

求人者及求職者の調査完了せし者の中より適材を適所に配する方針で迅速且つ愼重に求人者及求職者の詮衡を行ひ適任者には自筆履歴書、戸籍謄本、身元證明書及卒業證明書等に紹介狀を添へ求人先に紹介する。求人求職の申込は一月を以て有効期間として居る。而して求職者の人物考査は臨機適當なる方法によつて居るが、其の主なる場合は紹介係に於て愼重に適任者を選擇し紹介する場合もあり、豫め求人者をして數名の候補者を履歴書中より選擇せしめ人選の上紹介する場合もあり、又時宜により多數の候補者を豫選し三階會議室に集めて採用豫備試驗を行ひ適材を選拔して紹介する場合もある。

七、事業成績

今當部の事業成績を表示すると次ぎの樣である。

第一表　求職者敎育程度

		中等學校卒業	專門學校卒業	專門學校中途退學	大學卒業	大學中途退學	計
大正十五年	男	一、二三五	一八五	一一六	一八	一三	一、五六七
	女	一二一	二	二	—	—	一二五
昭和二年	男	一、一三三	一三三	八三	三三	八	一、三七〇
	女	二九五	五	五	—	—	三〇五
昭和三年	男	一、四六八	一七八	六一	三五	一〇	一、七五二
	女	二五一	八	六	—	—	二六五
累計	男	三、八三六	四八六	二六〇	八六	三一	四、六八九
	女	六六七	一五	一三	—	—	六九五

第二表　求人求職紹介就職

		求人者數	求職者數	紹介者數	就職者數	求職者數ニ對スル就職率
大正十五年	男	八九六	一、五六七	六九七	三〇三	一九%
	女	九六	一二五	八四	四三	三四%
昭和二年	男	三八一	一、三七〇	四八九	二四二	一七%
	女	一九九	三〇五	二〇四	一一三	三七%
昭和三年	男	四六九	一、七五二	五〇二	三六〇	二〇%
	女	一七七	二六五	一七一	一三八	五二%
累計	男	一、七四六	四、六八九	一、六八八	九〇五	一九%
	女	四七二	六九五	四五九	二九四	四二%

第三表　方面別の紹介と就職

		紹介 大正十五年	紹介 昭和二年	紹介 昭和三年	就職 大正十五年	就職 昭和二年	就職 昭和三年
官公署	男	一四〇	六六	七二	八二	四九	六三
	女	三三	四九	一五	一五	三三	三三
銀行	男	―	七	―	―	一	―
	女	―	二	―	―	一	―
保險會社	男	―	七	一	―	三	一
	女	―	九	四〇	―	八	三四
商事會社	男	一七七	七九	七六	五〇	三四	五〇
	女	二五	四七	三五	三	二五	二五
工業會社	男	六八	六一	四二	三二	二五	三〇
	女	三	二四	三	二	二	一〇
鑛業會社	男	―	―	―	―	―	―
	女	―	―	―	―	―	―
個人商店	男	二二五	一七六	一三二	六〇	八八	一五六
	女	三三	三二	三三	一〇	一〇	二五
個人工場	男	六〇	二三	一三	四一	六	二
	女	一	三	四	―	一	四

(74)

學校	男	四	五	五	一	｜	三
	女	｜	七	二	｜	三	一
新聞雜誌社	男	五八	一九	二	二	八	一六
	女	五	五	六	二	五	四
其他	男	三一	四八	四二	一六	六八	三〇
	女	四	二七	二四	二	六	三
計	男	六九七	四八九	五〇二	三〇三	一四二	三六〇
	女	八四	二〇四	一七一	四三	一一三	一三八

第一回信交會總會

八、就職後の保護

就職者に對しては毎年二回勤續退職の狀況を調査して居る。大正十五年一月以降の就職者で昭和三年末現在の勤續者は約四二〇名である。そして勤續奬勵と轉職防止並に將來の向上を計らんが爲め勤續の表彰、健康及信用の共濟、慰安會、金曜講座及信用組合等本市職業紹介所としての一般的保護施設を講じつゝある外特に當部としては勤續者の團體を組織して居る卽ち信交會は之れである。

信交會　本會は當部の紹介により勤續して居る就職者の社會的地位の向上確保と並に會員相互の親睦を計る目的で昭和三年十一月廿四日に生れた。そして昭和四年五月四日第一回總會を當所講堂で開催した。會員は何れも旣に相當の地位にある人々であつて現在七〇名の入會者がある。

九、京阪神三市職業紹介所給料生活者部專務打合會

給料生活者の需要供給の圓滑を期する上に便宜上京都、神戸兩市職業紹介所給料生活者部と密接なる聯絡を圖る爲昭和二年七月より毎月一回打合會を開催して居る。本月で丁度第廿三回に至つて居る。其間打合を遂げた主なる事項は左の如くである。

一、京阪神給料生活者求職名簿添付依頼狀發送の件
二、給料生活者の失業調査の件
三、官公吏紹介の機能を發揮する方法に關する件
四、給料生活者の失業中臨時職業として最適の職業及其の開拓方法に關する件
五、新卒業生就職斡旋に關する件
六、五大系統會社の職業紹介所利用促進に關する件
七、京阪神求人求職聯絡に關する件
八、新卒業生（甲種商工業）就職依頼に關する件

一〇、職業講習と職業相談

求職婦人講習會　高等女學校卒業の求職婦人に對しては實務補導の目的にて昭和二年四月第一回、昭和三年八月第二回實務講習會を開催し講師には著名なる銀行、會社、商店に於ける實務鍛錬の人士を依囑し珠算、一般事務取扱概要、ペン習字、百貨店事務取扱概要、簿記及修養講座等に付講習を行ひ修了者には講習證書を授與し就職上の便宜に資して居る

外務員講習會　求職者の內、外務員志望者の就職の便宜に供する爲大會社や商店の當局及當部員相協力して隨時外務員講習會を開催して居る。最近書籍販賣事務に關し開催したが成績は良好であつて多くの就職者を得た。學校新卒業生

にして社會生活の第一歩に入る外務員志望には一通り其方面の智識を涵養し置くことは本人及雇傭主双方に資する所が多いのである。

ブラジル移民相談　本邦國内諸般の狀勢よりして就職難の緩和に資する方途としては國民の海外移住も亦其一つである。特にブラジル移住については政府に於ても大いに奬勵する所である。當所に於ては職業相談の一として昭和二年五月十一日より參考圖書を閲覧に供し移住の相談に應ずることゝした。其の來談者累計一、三三六名である。

(六)事務の概況

以上によつて事業の概略を明かにしたが、別に各職業紹介所間の聯絡を計り各種の統計及び調査を擔任する聯絡統計部並に所内の事務方面を擔任する庶務部の概要を述べて見やう。

一、聯絡統計部

(一)聯絡　大正七、八年の頃市立の職業紹介所は次第に增設せられ各紹介所相互間の事業の聯絡統一を計る必要から大正八年から九年にかけて聯絡係があつて市立各紹介所に於て受けた雇入申込票の副本を取纒め、其申込を受けて居ない各紹介所に出張配布して迅速に紹介することに努め、兼ねて滿員通知も施行して紹介の重複を避けて居たが、職業紹介法並に同施行規則等順次實施せられてからは聯絡の方法を改めて聯絡通報、聯絡日報等による信書聯絡に變じたのである。

由來聯絡の任務は勞働の需要と供給とを調査するにあるのであつて、現在では、聯絡の段階を分つて四とし、第一次は施行規則第十一條に依る一市町村内の聯絡、第二次は同第十二條に依る地方職業紹介事務局長の定めたる區域内の聯絡第三次は地方職業紹介事務局管内の聯絡、第四次は中央職業紹介事務局管内即ち全國二の聯絡である。而して當所は大阪地方職業紹介事務局内の第一次及第二次聯絡指定職業紹介所の一つであつて、第一次聯絡は、本日々、市内公私各職業紹介所より、求人票副本の回付を受け、聯絡日報を作製して之を管下の各職業紹介所（本市立各職業紹介所、内鮮協和會所屬豊崎及鶴橋職業紹介所、大阪婦人ホーム、大阪職業紹介所）及大阪地方職業紹介事務局に送達する。又各所よりは同日報の利用に關し聯絡整理通報の送達を受けて直ちに聯絡整理日報を作製し各所に報告して居る。

第二次聯絡は第一次聯絡に依るも尙紹介する事能はざるものを更に聯絡日報に作成して之を大阪地方職業紹介事務局及堺、岸和田、奈良の各紹介所に通報する。

今昭和三年中の求人聯絡取扱數の集計を擧ぐれば左の如くである。

次別	求人數			同上口數	紹介状交付數			就職者數		
	男	女	計		男	女	計	男	女	計
第一次	二、六六四	四四四	三、一〇八	一、五四三	五三一 △二六八	三一 △二一	五六二 △二八九	三三〇 △一四〇	二一 △一五	三五一 △一五五
第二次	一二七		一二七	五	一		一	一		一

備考　△印は移動紹介の成績を示す

最近第一次聯絡にあつては電話或は新聞廣告の利用に依て解決さるゝもの漸く多きを加へて來たが、大口の需要や供給ある場合聯絡の活躍が大いに其機能、面目を發揮する。例へば昨年四月中旬大阪工廠の臨時熟練鏇盤工四五〇名の採用申込に際し、十三日間に四七七名を送つた事實は其著しきものであつた。

又第二次聯絡の一例としては、昨年十月、神戸市立中央職業紹介所を通じて川崎造船所葺合工場の求人申込二〇〇名あり、當所男子部は直ちに各方面聯絡の上七六名を紹介、四七名の就職者を出したことがあつた。

（二）當部統計事務の重なるものは各種の報告である。即ち日々各所紹介係より職業紹介及日傭勞働紹介日計表の送達を受け之を集計して日報（二表）を作製し、一旬每に日報を集計して各紹介所別の旬報（十五表）を作製し、每月初に於て、前月の日報及旬報を照合集計して各所別職業別に月報(十五表)を作製し、三ヶ月毎に月報を集計して職業別各所別及求職者の年齢別、教育程度別本籍給料別に季報（四十六表）を作製して、之を關係方面に提出する。又別季報を集計して年報とし、事業の參考に資して居る。今繁雜を避けて、單に昭和二年度以降の本市各職業紹介月別成績を例示すると下表の様である。

(二)紹介事業上參考に資する爲、當部は屢々諸種の調査を試みたが大正十四年以降毎年二回引續き實施しつゝある就職者の勤續者調査は其の重なるものである。今試みに昭和三年末現在の本市內勤續者につき職業別、勤續期間別に示すと次の様である。

大阪市職業紹介月別成績表

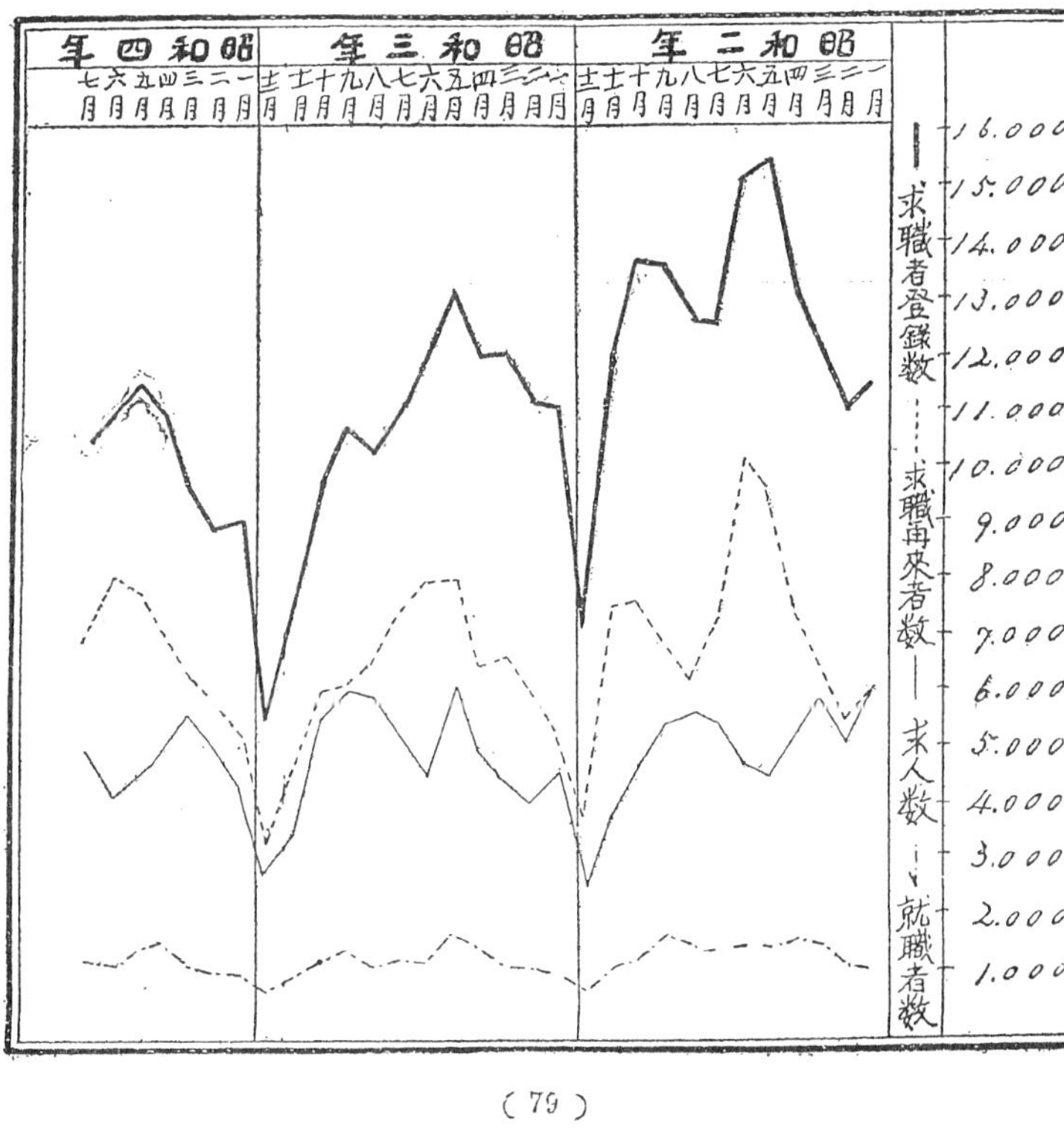

勤續者職業別調（市內）

職業別＼勤續期間別	製絲	紡織	染色	裝身具	機械器具	船舶車輛	電氣瓦斯	金屬工業	製藥	製紙	製版印刷	食料品	嗜好品	採鑛冶金	燐寸
	工業及鑛業														
一月以內			一	二	三		一		四	四	四	一	一		
一月以上		三		五	一三		一二	七	六	一	六		四		
三月以上		六	三	一二	六	二	一三	一三	一一	三	九		三		
六月以上			一	一一	六	四	五	五	一	一	七		三		
九月以上			四	六	一	二	一	六	二		一一		三		
一年以上		二		一三	四	五	一	一〇			五	二	三		
一年半以上		一	五	九	五		三	七	三	一	九	一	四		
二年以上				六	二	一	一	二	三	二	四	一			
二年半以上		一		八	九	四	二	四	一	二	一三		五		
三年以上		一	一	一	三	一	六	三	一		三	三			
三年半以上		一	二	四	一	一	五	七	一	一	四		二		
四年以上							二	五	四	一	一三	一	六		
四年半以上			一		一	一	二	七	五	一	七		一		
五年以上				一	四			五		一	三		二		
五年半以上				三			一	二	一		三	一	三		
六年以上					一			一							
六年半以上				二							一		一		
七年以上								一					一		
七年半以上				一						一	一		一		
八年以上					一				一	三		四			
八年半以上		一	一		一				一		一				
九年以上										一					
九年半以上									一						
十年以上															
計		一六	一九	八三	六〇	二一	五三	八四	四六	二三	一〇二	一四	四三		

其他	計	土木建築 大工	左官	土方日傭	其他	計	商業 店員	小店員	商店雜役	飲食店雇人	行	其他	計	農林業 農作園藝	其他	計
二	二二						一六	三	三				二二			
八	六四						二七	九	一一	二		七	五六			
三〇	一〇九						六二	二四	一	五			九二		一	一
一五	五九	三			二	五	三三	三五	五	一		二	七六			
一五	五一	三				三	一四	三五	四	三		四	六			
一〇	五四						三七	一八	五	四			六四			
一五	六三	二	一			三	一九	三六	九	七			七一			
八	三〇	一	一			二	二四	一四	一〇	一		一	五〇			
一四	六二	一			一	二	二四	八七	一四	二		二	一二九			
七	二九						二七	四	五	一	二		三九			
九	三八						四四	二〇	四	五			七三			
五	三六						二〇	四	二	一			二七			
四	三〇	二				二	二〇	一	一三		二		三六			
五	二二	一				一	二八	二	九	三			四二			
一	一五				一	一	二一		三				二四			
三	五						四				一		五			
四	八						二			一			三			
二	四						八	一	二				一一			
一	五				一	一	五		二	一		一				
	九						七		一				八			
[illegible]	六						三	三	一				七			
一	二									一			一			
	一															
							一						一			
一六〇	七二四	一三	二		五	二〇	四四六	二九六	一〇四	三八	五	一七	九〇六		一	一

通信從業員								戸内使用人						雜			
船員	電鐵從業員	遞信從業員	運送業	車夫馬丁	自動車從業員	其他	計	僕婢	乳母子守	書生給仕	番人小使	其他	計	官公吏	教員	事務員	看護人
						四	四	七		八	六		二一	五		二七	
		一				一	二	二三		一四	五		四二		一	六三	二
		六	三		一		一〇	三三		四〇	一五		八八	四	四	八七	一
	一	三	三				七	一七		七三	一五	五	一一〇	二七	五	三七	四
		三	一			一	五	九		五四	六	三	七二	二		四三	
		三	四			一	八	三三		三〇	一三	四	八	三	一	二〇	三
		二	三		一		六	八		六六	二〇	三	九七	一四	一	六七	三
		三					三	八		一四	一〇	二	三四	三		三八	二
		九	二		一		一二	六	一	二六	一二	二	四七	九		九三	一
		一	四				五	一		八	三	三	一五	四		七	
		一五	一		二		一八	三		三八	四		四五	一二	一	二九	
		二					二	五		三	四		一二			七	
		二	一				三	一		五	四	二	一二	三		七	一
		一	一				二			一	七		八	二	一	一〇	
								一		一	四		六			一	
	一	二	一				四			一	一		二			一	
										一	三		四			一	
		一					一				二		二	一		四	
								一					一	三		二	
											二		二	一		一	
		二					二							二		一	
											一		一	一			
														一			
	二	五六	二四		五	七	九四	一五四	一	三八三	一三七	二四	六九九	一四五	一四	六四六	一七

(82)

外交集金人	配達人	理髪	娯樂湯屋人	藥局主	其他	計	總合計
	五				二	三九	一〇九
	一七				八	九一	二五五
八	一八				一〇	一三三	四三三
三	一六	二		一	一六	一一一	三六八
二	一三				三	六三	二五三
四	一八	一			一三	七一	二七五
六	一九	一			五	一一六	二五六
二	一一				五	九〇	二〇九
	六				八	一一七	三六九
	一				一	一三	一〇二
	三				二	一五七	三三〇
三	三				三	一六	九三
一	四				三	一九	一〇三
二	六	二			三	二六	一〇〇
一	五				五	一二	五八
	二		一			四	二〇
	一				二	四	一九
一	一					七	二五
	一					六	二二
						二	二
						三	八
						一	五
						一	二
							一
三	一四九	六	一	一	八八	一,一〇〇	三,五四四

二、庶務部

庶務部は現業に從事しつゝある各部の聯絡と統一を計り事業を容易且圓滑ならしむるための一般事務を取扱ふものであつて廣義の紹介事務を掌つてゐる。

今主なる項目を擧けて其概要を錄することゝする。

一、人事關係事務　當所の事業に從事してゐる所員は三十三名の多數である關係上人事に關する事務も又一つの事務體系として處理する必要がある。事務の一般を示せば左の通りである。

イ、所員の採用解傭の手續

ロ、所員の動靜の報告

ハ、其他所員の身上に關する一切の事務

二、文書の收受發送事務　最近一ケ年間に於ける文書中公文書としての收受數は約五千である。發送數は（職業紹介、共濟會、信用組合、大阪市少年職業指導研究會、家出人、不正行爲者等に關する文書を包含す）は約一萬五千五百通であつて內公印押捺の公文書は約壹千通に達する。

三、家出人取扱　職業紹介事業の附隨的關聯事業として家出入の捜査事務を行ふてゐる。其方法は捜査方依賴を受けたる場合家出人の氏名、年齡、本籍、人相、身長、着衣、特徵、家出當時の事由、依賴人の住所氏名等を記載した出來るだけ詳細なる調書を作成し之を謄書し市立各職業紹介所に送附し本人往訪の事實の有無を照會し其回答を依賴人に通知することにしてゐる。最近一ヶ年間の取扱數は約二、一八四件である。

四、物品の出納　當所は常に廣義の紹介事業即ち失業者の求職前、求職當時及求職後に於ける適宜の施設をしてゐる關係上種々の物品を必要とする。乃ち市に對して物品の請求、受領並に配給物品の保管を組織的に行ふ外設備の管理も亦其任として居る。

最近一ヶ年間の統計を示せば物品請求四一九件、物品受領四一九件、物品の交付一五六〇件、市電パスの取扱約五千枚器物破損修理請求五七件不用品の整理一二八件である。

五、講習會其他諸會合の開催に關する事務　紹介各部の要求により求職者及就職者に對しては精神的並に經濟的向上を計る必要から彼等に對し社交的事務的或ひは智的の講習會講演會等の諸會合を企圖し、社會人としての修養に資してゐるが昭和三年中の諸會合開催數は實に三十四件に達してゐる。

六、不正行爲者の通報　市營職業紹介所の紹介による就職者が不正行爲を行ひし場合速に關係諸方面に報告又は通報し不正行爲の防遏に努めて居る。最近一ヶ年間當部の取扱ひし件數は四一六である。

七、注意を要する利用者の通報　求人及求職者の中には稀に登錄表に不實の記載をなし又所員の問に對して不眞の答をなすものがあるが、雇傭關係は雇傭主と被傭者との間に身分關係信任關係を發生せしめ特に被傭者の地位に重大なる制約を與ふる事となるからかゝる不信用の利用者に關しては他の職業紹介所との間に文書の連絡を行ひ以て未然に危險を防止してゐる。一ケ年の件數は約三十餘である。

八、其他公印監守所内の取締等に任じて居る。以上は中央職業紹介所本來の事業としての一般事務であるがこの外當所の事業に附帶した諸種の關聯事業に關する事務をも取扱ふてゐる。

(一)財團法人大阪市勞働共濟會、健康信用共濟加入者事務

本市社會部に於ては就職者の信用健康の保證をなすため換言すれば適當な就職口ありながら保證人の無い爲めに就職出來ぬ者、又は就職後病氣に罹つて治療費の無い爲めに窮迫する者のために大正十五年九月一日健康、信用の相互共濟の施設を設けた。當所は中央出張所として其事業を行ひ當部は之に係る一切の事務を掌つてゐる。自昭和二年九月至昭和三年八月事務の成績を示せば次の如くである。

(イ)共濟會加入者の取扱數(中央出張所として當所の取扱ふた分)

健康共濟一、二六五人　信用共濟五六人　健康信用共濟四五一人

計　一、七七二人

(ロ)共濟手續

醫療費三〇四圓三六　保養手當五五圓〇〇　分娩費二〇圓〇〇　出産手當ナシ　葬祭料二〇圓〇〇　補償金ナシ

計　三九九圓三六

(ハ)同上成績日報作成　三〇二

(二)昭和信用組合事務

勤續者の經濟的發展に對する指導の施設として各人の獨立自助と勤儉貯蓄の精神を涵養し實施するを唯一の使命として

昭和二年九月十九日本市社會部に昭和信用組合の成立を見るに至つた。當所は又本組合の中央事務所として其事業を行ひ當部は亦其統轄事務を執つて居る。今本組合の定款の定むる目的事項を摘記して見ると次の樣である。

一、組合員ニ產業又ハ經濟ノ發達ニ必要ナル資金ヲ貸付シ及貯金ノ便宜ヲ得セシムルコト

二、加入豫約者、組合員ト同一ノ家ニ在ル者、公共團體、又ハ營利ヲ目的トセサル法人若ハ團體ノ貯金ヲ取扱フコト

當部で纏つた自昭和二年九月至昭和三年八月一ケ年の成績を示せば左の通りである。

組合加入者　一五三名　　貸付件數　一金額五十圓(家族療養資金)　　貯金額　二、六一七圓(普通貯金家族貯金及團體貯金を含む)

以上の外金曜講座、大阪市少年職業指導研究會、信交會、紫苑會等當所事業を中心として生れた諸施設の進展上諸般の事務を始め他の部に屬せざる事務一切を執行し以て專ら當所全體としての活躍を容易ならしむるに努めて居る。

四　創立十周年記念行事

一、新聞紙に職業紹介案內欄の特設

當所は夙に求人者に對しては適當の求職者を、求職者に向つては然る可き求人者を迅速に知らしむるために新聞紙の利用を考慮してゐたが經費其他の關係から何時でも行きなやんでゐた。偶々當所十周年を迎ふるに際して、意義ある記念事業を目論むに當つて斯の年來の希望を是非實現したいとの考へから當所事業に最も理解ある新聞社の後援に俟つことに決定し茲に關西中央新聞社と提携することゝなつた。即ち同社は職業紹介事業に關する廣告は一切無料を以て登載し以て少くとも就職難緩和の一助に資すると云ふ抱負を陳べられたので話は急速に具體化し、實現の第一步として先づ昭和四年一月三十一日同社新聞に九段拔にて「人が要る先づ市立の紹介所へ」の標語を登載し當所の寫眞を初め市立各

職業紹介所の位置及取扱項目を登載したるを初めとして求人求職及時報の欄を特設して連日登載の運びにつき協定すること丶なつた。そこで二月六日當所に於て各職業紹介所長聯絡打合會開催の折廣告方針に關し熟議し其の結果、(一)登載は求人開拓を主眼とすること、(二)各紹介所の登載範圍を協定すること、(三)求職の申込及求人の申込等は各一件五行廣告大を基準とし止むを得ざるものは十行廣告大を取ること、(四)登載すべき求職者及求人者は十分詮衡を遂げ其氏名及住所番地は何れも匿名とし各部各所獨自の番號により發表すること、(五)登載したる求職者及求人者の氏名は略々紹介の成立する際にあらざる限り濫りに發表せざること、(六)特種事項は別に登載方法を研究すること、(七)成る可く同一事項の登載を避くること、(八)登載事項の選定は紹介事業の宣傳及向上に資するを旨とすること、等を決定し此の方針の下に愈々昭和四年二月十一日以降引き續き同新聞に終頁約三段抜にて登載してゐる。此の新聞利用は全國の職業紹介事業の上に先鞭をつけたのであるが斯の種の利用方法は未だ今日に於ても無い様である。

二、信交會の設立

設立に至るまで　給料生活者紹介部の紹介によつて就職せられた人々の中には、既に相當な社會的地位をかち得て大に活躍して居られる人もあつて、過去三ケ年間に勤續者が約四二〇名の多數に上つてゐるが、是等の人々の間に一つの連鎖を作り倶に計り倶に談じつ丶お互により以上の社會的地位の向上と發展を期し、併せて相互の親睦を圖るために何か有意義な團體を作つて見ようと言ふ氣運が釀成せられてゐたが、一部有志の斡旋で相談が纏り、取敢へず發起人を選定し、發起人會を開催し漸く其の決議に基き、趣旨書並に會則を制定し事務所を給料生活者紹介部内に置き會名を「信交會」と稱し、全部の勤續者に勸誘狀を發送して諮つて見た所、幸に多數の贊成者を見たので、玆に始めて昭和三年十一月二十四日大丸三階會議室で創立總會を開催し呱々の聲を擧げた。

設立後の活動　由來設立の趣旨は會員が相寄り相助けて共勵自彊の道を講じ丶眞摯な活動によつて、大いに其の地位の向上を計り常に問題を携へて互に研鑽し、講演を聽き或は趣味に集り、或は運動に興じ、遠足に集ひ、生々とした吾々の天地を開拓し、會員の自治協同に俟つて眞に意義ある鞏固な團體たらしめんとするものであつて、今日迄の發展の經過を述べて見やう。

第二回總會　昭和四年五月四日午後五時半より當所三階講堂に於て開催した。最初松村所長所感を述べ、次で役員の改選に移り、其の結果本會發起人中塚氏が專務理事に其の他の理事に針生、山本、古武の三氏が就任した。改めて中塚專務理事の挨拶、古武理事の設立經過報告、鹽路給料生活者紹介部主任の所感があつて例會日を毎月十日とし、會員の懇談に移り將來事業の進展に就て隔意なく意見を交換し、晩餐を共にして午後九時閉會した。

第一回例會　六月十日午後六時より市立東市民館に於て開催した。當夜は海軍省撮影大觀艦式及大阪毎日新聞社撮影日本八景のパテーベビー映畫を觀賞し、終了後約一時間會員相互の懇談、次回の催しに就き打合せ九時散會した。

第二回例會　七月十日當所三階講堂に於て開催。午後六時より開會左記事項を協議決定した。

一、會報發行のこと。

一、毎月の例會日を十一日に變更すること。

但し當日日曜日又は祝祭日に當る塲合は翌日とす。

一、八月例會日は特に時日を變更して第一日曜日とし海水浴行とすること。（雨天の際は第二日曜日）

當日は特に中塚專務理事提供のパテーベビー撮影機にて會員の活動振りを撮影し九月の例會の際映寫觀賞すること

會議は七時にて打切り特に滿鐵大阪案内所の好意に依る同社撮影「滿鮮風景」を映寫し一般に觀覽せしむることとした。一般觀覽者約百名あり。畫面に對して一々滿鐵社員の說明あり、坐ながらにして滿鮮の風光に接し產業の發展を望み愉快なる夕を過し午後八時半閉會した。

第三回例會　八月四日（第一日曜日）午後一時より阪神沿線香爐園に於て海水浴を開催した。當日は朝來雲低く加ふるに時折微雨さへ交つた爲め來會者は割合尠かつたが、併し一同ビールの滿を曳き十二分の歡談を盡し和氣靄々薄暮散會した。

以上は本會發展の經過の大要であつて現在の會員は七十名である。今後會員の勸誘と有効適切な事業計畫に就て考究してゐる。尙參考の爲本會の會則を添へて置く。

信交會々則

第一條　本會ハ會員ノ社會的地位ノ向上發展ヲ期シ併セテ相互ノ親睦ヲ圖ルヲ以テ目的トス

第二條　前條ノ目的ヲ遂行スル爲メ本會ノ行フ事業ノ槪目左ノ如シ

一、自修研究ニ關スル事業

二、互助共濟ニ關スル事業

三、其他理事會ニ於テ本會ノ目的ヲ遂行スルニ必要ト認ムル事項

第三條　本會ハ其名稱ヲ信交會ト稱ス

第四條　本會ノ事務所ハ大阪市立中央職業紹介所給料生活者部內ニ置ク

第五條　本會ハ大阪市立中央職業紹介所給料生活者紹介部ノ紹介ニヨル就職者ヲ以テ組織ス

前項ニ該當セザルモノト雖理事會ニ於テ適當ト認ムルモノハ入會セシムルコトアルベシ

第六條　本會會員ハ入會金トシテ金壹圓ヲ納付スルモノトス

入會金ハ如何ナル場合ト雖返還セズ

第七條　本會會員ニシテ體面ヲ汚スモノアルトキハ理事會ノ決議ニヨリ除名スルコトアルベシ

第八條　本會ニ左ノ役員ヲ置ク

理　事　　若干名

專務理事　　一　名

第九條　理事ハ會員中ヨリ之ヲ選擧ス

專務理事ハ理事之ヲ互選ス

第十條　役員ノ任期ハ一年トシ再選ヲ妨ゲズ

役員任期中ニ缺員ヲ生ジタル場合ハ前條ニヨリ之ヲ補充ス

補缺ニ依ル役員ノ任期ハ前任役員ノ殘任期間トス

第十一條　專務理事ハ會務ヲ總理シ本會ヲ代表ス

理事ハ專務理事ヲ補佐シ會務ヲ分掌ス

第十二條　理事ハ其互選ニヨリ左ノ事務ヲ分掌シ其ノ責ニ任ズルモノトス

一、庶務及會計ニ關スル事項　　一　名

二、事業ニ關スル事項　　三　名

第十三條　本會ニ顧問及相談役若干名ヲ置クコトヲ得

顧問及相談役ハ理事會ノ決議ニヨリ大阪市職業紹介事業關係者ヨリ之ヲ推擧ス

第十四條　理事會ニ於テ議決スベキ事項ノ概要左ノ如シ

一、本會事業ノ進展ニ關スル事項

二、其他理事ニ於テ必要ト認ムル事項

第十五條　本會ノ會費ハ年壹圓トス

第十六條　入會金及寄附金ハ之ヲ基本金トス

基本金ハ總會ノ決議ニ依リ經費トシテ支出スルコトアルベシ

第十七條　本會ハ年一回秋期ニ於テ定時總會ヲ開催スルモノトス

理事會ノ決議ニ依リ臨時總會ヲ開クコトアルベシ

第十八條　會則ノ變更ハ總會ニ於テ出席會員ノ過半數ノ決議ニ依テ之ヲ行フ

附　則

本則施行ニ必要ナル事項ハ理事會ニ於テ之ヲ定ム

三、秉燭會の設立

久しい以前から本市職業紹介事業に從事する人々の間に各自の研究論文を發表することの出來る研究會を持ちたいとの意見があつたが未だ具體化し得なかつた、所が本年の一月になつて當所の創立十周年を機とし有志の間に議が熟し研究の範圍、研究發表の形式、討論の方法、論文の對外發表の方法に就いて打合を遂げ同志を募つた處會員は約二十六名を得た。そこで早速中央職業紹介所の會議室に於て相談會を開き自然科學、文化科學の眞面目な研究をモットーとし此の會をそだてあげることを誓つたのである。會の名稱は種々の議論があつたが「秉燭會」と名づくることに衆議一決した其の出所は李白の春夜宴桃李園序に　古人秉燭夜遊良有以也又文選古詩十九首の一に生年不滿百、常懷千歲憂晝短苦夜長何不秉燭遊、爲樂當及時、何能待來茲に取り秉燭と名づけ將來の多幸を祝し合ふた次第である。

活動狀況

（一）研究發表　昭和三年十二月二十二日會員西口叙氏は「藝娼妓の雇傭關係に就いて」を發表された。これは氏が高松高等商業學校在學中より研究せられた興味ある論説であつた。

(二)討論　昭和四年二月七日「社會相にあらはれた姦通の是非ならびに此れが刑法上にあらはれた條文の適否」を論題として會員田中清次氏指導の下に討論を行つた。法律上思想上宗教上さては教育上等會員各自其選ぶ所の立場に依據し論戰を交へて盡きず、二月十五日更に第二回を開き意見を吐露する處あつた。結局會員各自が異つた過去の經歷を持ち、且人生觀、社會觀に各自の見解を持すると共に自然科學に文化科學に獨自の研究對象を取るが故に會員相互の意見の交換は各自の專門外の智識を啓發する鍵となり、新しき社會への新智識を培ふに頗るふさわしい會合であつた。

(三)圖書の共同購讀　現代の社會相を深く直觀するには權威ある圖書の共同購讀が必要である所から目下差當り、改造、中央公論、財界研究等有力なる雜誌を種々回覽して居る。

(四)會誌發行　會員各自が抱懷する思想を文筆によつて表現することを主眼として「秉燭」を二回發行した。名は秉燭會の名稱を其の儘用ひたものであつて目下二月に一回謄寫刷にして會員にのみ限り配布して居るが基金の充實をはかると共に近き將來に於て新興無産階級に呼びかくる有力雜誌として街頭に活躍する心組である。

四、運動部の設立

當所に於ては以前から有志の間に登山や遠足或は季節的に觀櫻、觀月といつたやうな催しが隨時行はれては居たが、職員間に統制ある運動部を組織する機會を得なかつた處、今回當所創立十周年に際し、所長外二三の人々の斡旋により記念事業の一つとして中央職業紹介所運動部が組織された。今更吸々する迄もなく、身心の練磨と職員相互間の親交を厚くし、聯絡を圓滑にして各自職務の進展を計る趣旨に外ならないのである。

運動部には先づ庭球部、野球部の二部を置き、登山、水泳、劍道といつた方面にも漸次に及ぼす考へである。庭球部は西區本田尋常高等小學校長の厚意に依り特に同校コートを練技場となすの便宜を得練習を續けてゐる。野球部は七月

(92)

二十日大阪市役所社會部保護課と第一回の試合を試み八對六にて當所の勝利に歸した。メンバー左の如し。

P 西口　C 富田　I.B 荒尾　II.B 江並　III.B 荻野　S.S 上村　L.F. 川合　C.F. 田中　R.F. 小寺

五、大阪市商工少年團組織の計畫

少年の職業指導事業の中で最もその徹底を期し難いのは就職後の補導保護の施設である。殊に我國の如く工場法以外何等職業少年を補導保護する爲の法規の制定のない國では尚更の事である。當所少年部に於ても別項少年部事業概要にも記した通り鋭意之が徹底と發展とを講じては居るが尚未だ充分と云ふ事は出來ぬ。それで本年當所創立十周年を記念する爲に當所少年部より就職せる數へ年十八歳未滿の少年を以て大阪市商工少年團を設立して彼等の體育と智德練磨の機關とし一層就職後の補導保護に努めたいと思つて居る。で之が準備として過般就職少年の餘暇利用の狀況と彼等の希望の調査を完了した。その結果右少年團設立當初の仕事として大體左記の事項を實施する考である。

一、郊外農園の設置

廣い廣い青空の下で綺麗な空氣を一杯に吸ふて好きな植物を培ふ事が出來るならどんなにか子供達は喜ぶ事だらう。どこか郊外電車の沿線に三百坪位の地面を借受けていつでも自由に來て植物の世話の出來る樣に、そしてそう云ふ少年の爲に特に電車賃の割引の便宜を得る事が出來るならば小さくとも一軒の家を建てゝ色々の世話の出來る樣にと希望して居る。

二、無料健康相談

就職少年は隨意來所して當所醫務室に於て健康診斷を受けらるゝは勿論進んでは無料投藥の施設も講じたい考へである。

三、商事要項、簿記長期講習會開催

就職少年は向上の希望に燃ゑて居る吾々所員は相倚り相助けて吾々の手で少くとも標記の科目につき一年か一年半位の期間で大阪商工會議所の検定試験に合格し得るだけの實力を養成したい。會員は十人か十五人位でゞも良いと思つて居る。

六、事業の告知放送

先きに求人者求職者の相互發見を容易に且迅速ならしめる目的のために新聞紙利用を計畫し此の希望が實現され本年二月以降より關西中央新聞紙に各種事項が登載されてゐるが、求人者求職者兩方面より非常に歡迎され其結果は就職率良に成績を示し當所の期待が裏切られなかつた事を多としてゐる。此の際益々近代文化の諸機關を利用し一層就職斡旋の徹底を計る爲放送による事業の告知方法を採用することゝした。以上は十一月中旬より開始の豫定であつてこれによつて家内に於て街頭に於て、又は集會場に於て容易に且正確に當所事業の狀況を知らしめることになるのであるから新聞紙上の發表と相俟つて文字の上に言葉の上に一般の理解を喚起することが出來十周年の記念事業として洵に意義あるものと思ふのである。

五　事業の回顧

荒尾敦次郎

一、職制から見た當所の回顧

市立中央職業紹介所は大正八年八月一日、西區阿波堀通一丁目五十七番地當時の衛生課の一事業所として設けられた木造二階建の一室に陣取つた。其頃は囑託として八濱德三郎氏が最初の主任となり事業は救濟課の主管に屬してゐた。當時の職業紹介は同年五月二十四日に定められた大阪市條例第三號に據つてゐたので、雇傭契約が成立した時は手數料として雇傭者より金拾錢被傭者より金五錢を徴收し市長に於て特別の事由ありと認むる者に限り之を減額し若くば免除した。次いで同年六月十四日大阪市告示第五十號を以て市立職業紹介所條例施行細則が公布せられ紹介を受けんとする者の手續及豫約手數料還付に關する告示が發せられた。次いで大正九年四月二日達第十五號を以て市役所事務章程が改正せられ救濟課を社會部と改稱し當所は社會部の所管に屬した。當所開始の前後に於て頻りに市立職業紹介所が增設せられたが其結果各所間の聯絡と統一を計る一機關の必要を生じ當所は其の任に當ること〻なり爾來各紹介所に申込の求人票を當所に取纒め直ちに之を各紹介所に通報したから各所は自他紹介所に受理したる求人票の全部を備ふること〻なり、紹介の資料は愈々豐富となつて各求職者の個性嗜好履歴體格等を參酌し所謂適材を適所に而も迅速に紹介する事を得、且つ求人滿員の通知に關しては聯絡係をして速かに之を行はしむるに因り各紹介所に於ては紹介重複の弊を避くる事を得た降つて大正十年四月一日に至り當所は單に職業の紹介のみを取り扱ふこと〻なり聯絡事務は社會部職業課に於て之を行ふこと〻なつた。同年五月四日右職業聯絡係は當所の建物の一部で執務し職業課分室と稱した。大正十年四月法律第五十五號職業紹介法及同年六月勅令第二百九十一號が公布せらる〻に及んで從來徴收してゐた手數料も同年七月一日より之が徴收を廢止した。大正十年十月一日職業課を當所內に移轉し同時に同課の分室を廢止した同十一年當所開設當時より紹介事業に多大の努力を拂はれた八濱氏は辭任せられ主事埴岡信夫氏が新に此の任に就かれた。同年四月十四日達第十三號職業紹介所處務規程及同十二年三月二十一日告示第三十五號業紹介所規程が定められた後は當所は復職業紹介事業の聯絡統一に關する事務をも掌る事となり、同年五月七日以後少年職業相談所の事業をも當所內で行ふ事になつた。所長埴岡信夫氏は前後四年間此の事業に盡瘁の後大正十四年辭任せられ同年七月主事松村義太郎氏其の後任に就いた。次いで十二月二十六日達第五十四號を以て大阪市役所社會部事務章程が改正され當所は社會部事業課の所管となつた。大正十五年四月一日少年職業相談所を併合し之れを中央職業紹介所少年部と改稱し又同年八月二十一日京町堀婦人職業紹介所を當所婦人部に合併した。是より先五月當所は時代の趨勢と事業の發展に伴ひ建物改築の必要に迫られ遂に改築の工事に着手し其の爲大正十五年四月一日北區天神橋筋二丁目舊天滿簡易食堂を假事務所として之れに移轉し大正十五年十二月新築竣功と共に新館に復歸したのである。尙智識階級者の失業が漸次社會の表面に現はるゝ樣になつて來たので大正十五年一月一日給料生活者紹介部を新に設け紹介部門を男子紹介部婦人紹介部少年部給料生活者紹介部の四部門に分ち銳意就職斡旋に從事し現在に及んでゐる。尙當所は保證人なきが故に勞働の機會を得ない者のために又就職後疾病のために生活の脅威を受け延いては其れが原因となつて失業の淵に陷る人々のために大阪市勞働共濟會は其の出張所を當所に置いて大正十五年九月一日から其の事務を開始した、次いで勤續者の經濟的發展と各自の獨立自助並に勤儉貯蓄の機關として生れた大阪市昭和信用組合は昭和二年九月十九日其の從たる事務所を當所に置いた。一方現代社會に於ける少年婦人の職業的進出が漸次職業の分野に有力なる一形態を取るに及んで彼等の職業的傾向を觀察する必要を生じ其の結果少年部に於ては敎育家事業家官公吏を網羅して科學的に少年職業調査の機關として昭和三年一月二十五日に大阪市少年職業指導研究會をつくつた。これと竝立して給料生活者紹介部は智識階級就職者の社會的地位の向上發展を期し倂せて相互の親睦を圖るを以て目的とした信交會を昭和三年十一月二十四日にそだてあげた。然しながら職業紹介所の事業は此れのみで終る事をゆるされない。失業者の急激なる增加の此の客觀的狀勢が正しく此の點を明かに指摘してゐる。故に當所は市內の有力なる事業家に此の理解を求めた此の結果昭和四年九月七日中央職業紹介所後援會が生れた。これによつて將來は當所の存在を一層社會的に價値づけ失業者激增の潮流にあつて十分の機能を發揮するに至ることを信ずるものである。

二、中央職業紹介所の回顧

紀本米造

一

我が大阪市立中央職業紹介所が創立されたのは大正八年八月で恰もこの八月で十周年と云ふ目出度い年を迎へたので

ある。古諺にも十年往ては一と昔とやら短い様でも矢張り永いものに違ひない。私が大阪市の社會事業に從事する事になつたのは大正十二年の三月で櫻の蕾が出來かゝらうとしてゐる時だつた。丁度六年と五ケ月中央職業紹介所で最も古參と云はれてゐる、今十周年を記念に其の間の重なる思ひ出を二三書いて見やう。

私の赴任當時から比較すると紹介事業の發展と內容の充實した事は素晴らしいものである。事業概要の一節にも書いてある如く初めて事業を開始した時は營利紹介業に見倣つて係員は洋服の着用をやめた方が事業の性質にふさわしいとの見地から皆が前垂れがけであつた、勤務時間も夕景の六時又は七時頃までやつたものです。私が當中央職業紹介所に來た時は三年あまり經過してゐた時で事業が稍々其の緒につきかけた時であつた。それでも今から見ると赤ん坊の戯れ事であるかの様に思はれる。先づ其の當時の職員組織を回想すると

所長	一人	庶務	二人
紹介	四人（內女事務員一）	統計	一人
外交	四人	合計	一二人

であつた。當時は當所に社會部事業課職業係があつて所長が同係主任を兼ねて居たそして本市各紹介所の職業紹介行政方面をも掌つて居た當時當所で私が一緒に勤務した人で今も尙社會事業に從事して居る方は港市民館長の奥村氏と今宮職業紹介所の熊村氏のみである。當時は職員の異動は多かつた社會事業と云ふ名に憧れて就職しても實際の仕事の困難さに二、三ケ月甚しきは二、三日で辭めた事例も澤山ある。私が三月に採用されて九月の關東大震災の時早くも紹介部の最古參となつたのを見ても如何に異動の激しかつたかを知る一例であらう。

二

次に紹介の狀況を見ると四人の係りの內二人が紹介を擔任し一人が紹介狀を書き殘りの女事務員が紹介の結果を調査

して居た。求職者の殆んど凡てを紹介したもので私は二人の紹介擔任者の紹介する紹介狀を書いて居た、毎日四、五十乃至七、八十通書いた。今から思ふと適材の考査が十分行屆かなかつた樣な事もあつた。

關東の大震災の當時は下り列車が大阪驛に着く毎に實に恐ろしい多數の避難民が續々と吐き出された。そして内三千名が梅田女學校跡に收容されその就職斡旋を當所が引受けたのである。其の前日當時の埴岡所長が同校に出張して府當局と熟議協定の結果紹介に必要なる電話の架設其他一切は府側に於て準備すべく協定されて居つたが、翌朝私が全責任を負ふて他の係員二人と凡ての書類を準備して現場に出張したが何分未曾有の大混雜の際とて手違もあつて何一つ準備が出來て居らなかつた爲所長の不機嫌や府當局の釋明や上を下への準備で漸く出張紹介を初めた。處が何分多數の避難民で早朝から夜遲くまで汗だく〳〵で努力したが設備は完全でなく避難民に自制がなく十分の活動が出來なかつたがそれでも一生懸命であつた。

三

紹介從事者として最も注意を要し且つ最も氣を揉むことは就職者が不正を働いて雇傭主に迷惑をかける事である。忘れられないのは昭和三年三月十五日東區大川町株式會社十八銀行大阪支店へ小使兼守衛として紹介した某が六月十八日夜間同行金庫に保管中の現金十八萬九千餘圓を窃取逃走した事件である。當時全國の新聞紙は筆を揃へて三段抜きで謎の大事件として報導された。直接紹介の勞を執つた私は實に何たる痛苦であつたらう。假令形式上の責任はないとしても強い責任感のため暫くは全く恐怖に襲はれて事業がいやになつてしまつた。昔から人を見れば泥棒で明日は雨と思へば物事に間違はないと云ふが實にさもあるべき事だと思ふた。その人は四十二歳の分別盛り元は陸軍の特務曹長で恩給五百圓あまりを有し以前は女學校や其他でも體操の教師を務めた人であるが故に信用するに足ると思ふた否誰れでもそう思ふだらう。處がこの信頼が大の誤りであつた。然し犯人は數日ならずして逮捕され實際の被害は約三千圓位ですんだので私も稍と安心した。然しかゝる大金を拐帶逃走するが如きは空前であつて同時に絕後の出來事でありたい。私には最も印象の深き一生の思ひ出の一つである。

四

創設當時と現在とは凡てが外的にも內的にも格段の相違を認めるのである。現在の建物や事務分擔や沿革等は事業概要に記されて居るから省略するが近時勤續調査や就職後の保護施設として健康や信用の共濟幷に大阪市昭和信用組合の設立等があつて何れも所期の目的の達成に努力して居る。從つて職員の事務の增加も甚しく昔の如く單に紹介一點張りでなく紹介擔任者は自から紹介の結果調査をし勤續の調査票を拵へ共濟會の加入勸誘など直接間接に事務の繁劇は夥しいのである。又創設の當時は比較的組織の小さい飮食店の使用人其他店員雜役などの紹介が多かつた。然るに今日では市內一流の百貨店、會社、銀行、商店及官公署方面からの雇入が漸次增加し高級者をも紹介する樣になつた。現に某市役所に年俸何千圓と云ふ技師が居り某官廳に判任官が居り商店會社の人事課長も居るなど一々數へ上げられない。かくて公營紹介所が社會的に認められて來たなど殆んど隔世の感がある。それは一つは銳意紹介事業の爲め機會ある每に事業の宣傳と理解を求め一つは內容の充實を期した結果に外ならない。

五

終はりに特に一言したい事は紹介事業程六ケ敷きものはないと思はれる。凡そ世の中の仕事は何事でも三年又は五年位經過すれば先づ一人前に所謂玄人になれないものはない。然るに人の職業紹介ばかりは如何なる人が幾年經驗を積んでも決して玄人にはなれない。なぜならば經驗を得るにつれ多少の觀察力は增すであらうが相手は人である以上千偏一律に行かない。而も失業者であるが爲めに氣も心もすさみ勝ちであり本人が就職をあせる結果はこちらで往々にして觀察を誤り不覺をとることが多い。かう考へて來ると十年の過去は恐らく失敗と創造で終始した感がある。茲に十周年の記念として一文を綴り今後益々事業の進展に貢献し十年間の基礎工事を空しからしめない様に努めたい考へである。

（昭和四年盛夏）

三、職業紹介雑感

川崎直鋭

受附は難し。一般に受附と云へば誰も簡單な仕事の様に感じられるが、さて此職務程重大な仕事はなからう。一つの商店で品物を買ふにも最初の一言が不愛嬌であつては買ふ氣になれぬ。受附の一言程相手の感情を支配するに力強いものはない。職業紹介は商店でないから世辭を飾るに及ばないが相手が失業者であり雇傭主であるだけ一層骨が折れる。

大正十年六月中頃であつた。自分は事業見學の命を受けて某市の或職業紹介所へ行つた。丁度土曜日の午後一時前で表には「土曜日午後二時迄」と記されてあつたが扉は閉されてゐた。受付らしい人に逢ふて「今日はよい處が有りません、月曜日に來て下さい」と素氣ない答で求職者とはき違へられた。僕が若し眞の宿なき求職者であつたらどうだらうと感じた。

變な求人。或る日食料品商山中商會大阪支店（假名）から求人の申込みを受けた。其言葉に現在五名の店員が居るが、更に十八歳位の者二名入用で初給は住込で廿五圓以上支給すると云つた。小店員に對し條件が餘りによすぎるから不審をいだいて直に求人者を調査した。處が住所番地に相違はないが本店のない大阪支店で五名の人員は、店員の數でなく夫婦と子供三名の數であつた。申込んだ電話も隣家の借電話であつた。若し調査せずに人を送つたら………など考へると身の毛もよだつた。

田舎出の夫婦連。大正九年師走であつた。田舎出の夫婦連で木綿着のみすぼらしい姿で、大きな信玄袋を脊負つて職を求めて來た。夫婦は山陰地方の農夫で打續く不作の爲め僅かの家財を賣つて大阪へ着いた。勿論知る人とてなく職も見當らず小使はつかひ果てゝ寢るに宿なく喰ふに食なき有様であつて、泣きながら職を求めた。私は百方電話で交渉を試みたが幸ひ東區の或豪商では男女住込の二人要ると云ふことであつた。自分は嬉しく彼れ等に話した。彼れ等も亦泣いて喜んで直に就職することが出來た。二人は實直に勤めたので主人の信頼は深くなつた。或る日二人は主人に向ひ身の上を委しく語り國に殘した娘の事迄物語つた。情深い主人は娘を呼ぶことを快よく許してくれたので二人は喜んで娘を呼びよせ、附近の小學校へ通はせた。三四年の後娘は優秀な成績で小學校を了へた。更に主人の情で娘は女學校迄通學させて貰つた。其後娘も目出度女學校を卒へ二人は少なからぬ貯へもある身となつた。僕は主人の美擧を心から感謝せずには居られなかつた。

罹災者紹介の思ひ出。七年前の九月一日は關東地方に起つた大地震の當日である。家を燒き職を失ひ父母妻子の行方さへ知れぬ人達は、其身一つで續々と災害地から大阪へ押しよせた。まづ驛前に大天幕を張つて假事務所を設けた。此不慮の災害に遇ふた同胞に對しては人も吾も涙なきを得なかつた。其の職業紹介こそ僕には生涯忘るゝことの出來ない刻印である。當時吹田の大日本麥酒株式會社及毛間日本捺染株式會社の如きは、人事係を派し出來得る限り罹災者を無條件で日々二三十名も採用した。罹災者は隨喜の涙を流して感謝して居た姿は今尙ありありと頭に浮んで來る。

四、事業から得た思ひ出の數々

有家廣治

紹介事業の第一線に立つて過去十年に近い歳月其の間には嬉しかつたこと、馬鹿らしかつたこと、可笑しかつたこと、等過去の思ひ出は筆紙にも盡し難い。こゝに其の主なるものを記憶に任して綴つて見た。この實話が生んだ原因の探究や、理論の思索は讀者に任すとして唯走馬燈の樣に體驗したありのまゝの事實を物語るに止めることゝする。登載した關係者の氏名は凡て假名であることを初めに斷つて置く。

一、事業上最も感心したこと

店員の不正行爲の罪を自分の罪なりとして之れを責めざる奇特な女主人

雇主は大阪市南區清水町自轉車附屬品製造販賣店であつた。當中央職業紹介所は大正十二年八月二十二日初めて右商店より求人の申込を受けた。そして早速根岸四郎君を店員として紹介した。其後度々當所より店員を送つてゐるが、現在荻野高藏君（勤續五年）溝田操君（勤續一年七ヶ月）等何れも精勤に務めてゐる。店主千太郎氏は市立紹介所より來たものには特別の厚意を持つて家族的に待遇することに努められたが、一昨年二月病死せられた。未亡人は當時閉店するの外なしと認められ其旨を店員一同に相談された。勤續者一同は斯る不幸のため廢業すべきでない、吾々は一層奮發するから事業を繼續せられたき旨を切望した。主人は其言葉にいたく感激され、萬難を排して繼續することに決心された。其後は未亡人と今年十六歳になる令孃と三名の店員とが必死の努力を盡し、奮鬪した結果現在では前店主在世當時よりも店は一層隆盛に向つた。

此店の取引先は中國北陸九州地方であつて、店員が一度販賣に出張すれば二三ヶ月間を要し一人前の賣上高は大抵二三千圓位あると云ふ。其間女店主は家に在りて製造工場の監督をなし、其上各出張店員に對しては信書電報其の他の方法により陰に陽に指導監督を怠らない。歸店すると其の勞を慰むるために十分の休暇を與へ其間何事も云はぬ方針である。

勤續者根岸四郎君は非凡の手腕家で殊に主人の信用が厚い。其反面に於て時々可愛い失敗をすることがある。曩に九州小倉市へ商用出張中思はず酒に親んだことがあつたが、主人は其罪を責めず却て根岸君の身上を案じ早く歸店する樣に訓電し費消した金は働けば取り戻しが付くからと諄々と諭して今後を誤まらしめない樣に努力された。こんな事で同君は前後三回に亘り相當多額（壹千圓以上）の賣上金を費つたが、主人は却て根岸君の身を案じ其の指導監督の至らぬためなりとして居る。第三回目の脱線の時であつた。店へ歸れぬから身を弟の家にかくして居た。主人は同僚の店員に「友人の誼みを以て迎ひに行つてやつては如何」と注意された。同僚はすぐ呼びに行つて伴れ歸り挨拶したから元々通り快よく務むることになつた。

女主人は既に徒費した金は、一度も返濟方を請求したことはない。只よく指導して本人が自發的に辨償する日の來ることを只管希つて居るまでゞある。同君は此眞情の籠つた寛大な處置に感銘しつゝ今も献身的に働いて居る。此店の店是として從業員一名の失敗は全體の責任なりとしてゐる。萬一失敗があつても常に相誡めて和氣藹々の内に、和中共同店務に精勵し一度も抗爭したことが無いといふ實に立派な店である。

二、事業上最も口惜しかつたこと

求人開拓に出張して物貰ひと間違へられた事件

或日求人開拓に東野田方面に出張した所、間口五間奥行き十五間餘りもあらうと思はれる邸宅があつた。其の東隣りは之れに倍する廣さの工場を設備し、メリヤス製造をしてゐる。一見職工の百名位も使用してゐる樣な構へであつた。其の邸内へ這入つた刹那出違ひに同邸を立去つた人があつた。其れは櫻の宮神社の世話人らしい人で、何でも祭典費用の寄附金でも募集に行つた樣に見ゐる。其の直ぐ後に入つて「實は市役所社會部に務めてゐるものですが」と自分の名刺を出して主人に面會を乞ふた。要件は「職工の雇入に關して參つたので御座います」と云へば主婦らしき人が此名刺を以て「私宅は市役所と何等關係ありません、此頃は何とかかんとか云ふて五月蠅いのがよく來て困りますつさ」と小言を云ひ〳〵奥の方へ入つた。襖を明けた所を見れば主人と思ほしき人墨をした土方上りの樣な人が「亦うるさい代物が來たのか、早く斷りを云へ」と妻君に命じた。妻君は「先程も云つた樣に市役所とは何等關係がないから御斷りします」と聲高らかに玄關にも出て來ず素氣なく言切つた。自分も聊か憤慨氣分になつてすぐ妻君に逆襲すべく「自分は物貰ひに來たのではない、御内の便宜を計り度いと思つて來たのだ、紹介所と云ふものは職のない人達のため寒さ暑さを厭はず奔走し一方又雇主のためにも人手供給の便宜を與へるのだ。餘り早合點して貰ふと迷惑千萬だ」と云へば妻君は紛々云ひ乍ら奥へ入つて終つた。之れと同時に番頭らしき者が出て來て「隣室で御話を聞いてゐたのですが、どうもすみませんでした。御話の內容はよく判りました。之れから職人不足の時は是非御所の御紹介を仰ぎたいので御座います」との事で自分も心が幾分和らげられて落ち着いて來た。そこでまた詳しく紹介事業を說明し主人側の非常識を責めて歸つて來た。此時程口惜しかつたことはなかつた。

其の後一週間經過してから右の工場より「職工が入用だからよい方を寄越して貰ひたい」と云つて來た。人物を選定して二、三名紹介就職せしめた。其後又一ヶ月程して電話で求人の申込があつた。先日求人開拓の爲訪問した際聞き覺えのある聲なので主婦であることを知つた。前回往訪の際のことを一通り話して皮肉つたが其時は妻君も了解して無禮を大に謝罪せられた。自分も尙ほ之れを緣に將來益々御利用せられ度き旨懇々と說明した。其後は丁稚小僧から女中に至るまで缺員の際は必ず當所へ申込むと云ふ樣になつたので自分としても前の口惜しさは何處へやら、今は非常に氣持ち良く其雇主へ紹介する樣になつた。

三、事業上最も嬉しかつたこと

露西亞人を紹介就職せしめた顚末

去る昭和二年五月當所にて紹介した露西亞人、ガラヰガバルフ(當年二十八歲)君は舊露西亞帝政時代のコザツク騎兵にして相當武勳を立てた功勞者であつた。帝國亡んで共和國となり其の後生活に困難を來し諸國流浪の末、思案に暮れて去る大正十四年春東京市へ働きに來た。何分我國も財界不況の影響を受けて事業振はざるに加へて異國人のことゝて何人も相手にして呉れない。非常な就職難に陷つた。

其の時露西亞の領事館へ救濟方を依賴したが、舊帝政時代のコザツク騎兵は現代共和國の領事館では救濟出來難いと呆氣なく突放された。其の後或る日本人の篤志家の斡旋に依つて某鐵工所の職工となつた。運の惡い者は何處迄も不幸で其の主家も財界不況の影響を受けて工場閉鎖の已むなき運命に陥り遂に解雇せらるゝ身となつた。意を決して當所へ求職に來たのであつた。

見るからに身長五尺四寸位體重拾五貫以上茶目白顔金髪で、品格は備はり日本語は至つて上手で其對談振は相手をしてあかしめない一種獨特の商才ある青年であつた。

其話を聞くに二、三日前から食事を採つて居ない。非常に氣毒に思つたので若干の金子を與へて食事を取らせた。最早や日は西に傾いて居た。種々調査して見たが適當な求人先が無いので明日午前中に來所するやうに申附け、其の夜は長柄共同宿泊所で止めることにした。

翌早朝第一着に求職に來た。所々方々懇意な求人先を電話で極力開拓した。露西亞人と聞いては直ぐ斷はると云ふ有樣で實に閉口した。其の時たま〳〵六年前に當所より紹介して成功して居る人が求人に來て居た。即ち當時今福の某メリヤス工場へ雜役として紹介を受け昭和元年五月迄精勤に働いた結果、主人に非常に可愛がられ今日では野江町で主人出資の下にメリヤス工場を經營し職工も十五名程使用してゐる人であつて、幸ひ職工を求めに來た。都合よく話し込んで其の人に右露西亞人を紹介し就職せしめた。

其の時露西亞人の喜びは非常なものであつて、求人者も亦一種の好奇心を持ち紹介者の私も生後三十年始めて異國人を紹介就職せしめたことは内心非常に愉快であつて、永遠に忘るゝことの出來ない喜びの一つであつた。

其の後ガラキ君は休日毎に遊びに來て四方山の世間話をして歸るのが唯一の樂しみとしてゐた。就職後三ケ月に本職工に引直すと云ふことであつた。悲しいかな以前の戰爭のために右手の人指を無くして居るので本職工に爲ることは出來ず、已むなく辭職するに至つた。近所の鐵工所へ主人の紹介で職工となつたが、其れも暫くにして止め少々貯へた金を以て神戸市に赴き某外國商館の販賣店員となり、『自己獨得の商才を發揮して今では世間の信用を得商品の賣行も追々

盛んになつて相當蓄財も出來たことを聞いた

四、事業上最も癪に障つたこと

泥醉求職者の亂暴狼藉極りなき行爲

或日泥醉者が求職に來て紹介を强要した。當方では現在彼を向けるべき適當なる求人口がないから又日を改めて來る樣に說明した。彼は頑として聞き入れない。却つて紹介事業を妨ぐること一時間・他の求職者を捉へて惡口亂暴を働き果ては私に無能呼はりをなし石轉を以て硝子戸を打破つたり、藁草履に馬糞の附けたのを事務所へ投げ込んだり、所內で小便をたれ流した。おどしたりすかしたり百方方法を講じたが効なく、勘忍袋の緖も切れて不本意ながら遂に警察署へ電話して行政の處分を乞ふた。彼は常に酒癖が惡く紹介所員を手こずらす常習者であるから嚴罰に處分されたき旨訴へた。其時程癪に障つたことは始めてゞあつた。

五、事業上最も馬鹿らしかつたこと

求職と求婚を混同した實例

或日中流以下と思はしき五十歲位の母親と二十四、五歲の娘とが求職に來た。娘の希望職業は女中で妻子のない會社員で收入の多い年若い家に紹介して貰ひだいとのことであつた。直ぐ求人票を調査したが恰度三越の店員で相當の給料を受け獨身で每日布施町から通勤してゐる某氏から女中の求人があつた。早速電話で相談したが保證人の點で交涉は不調に終つた。其の時母親曰く「實は娘は本年二十五歲になつて居りますが未だ良い嫁入先が見當りませんので親の氣遣ひは一方では御座いません。若し貴所に於て適當な求婚先がありますれば媒介して戴きたい心積りで參つたのでありま
す」と述べた。

其の時私は「御事情は大に御同情しますが此處は職業紹介所であつて結婚の紹介は致して居りませんから如何するこ

とも出來兼ねます。堺市の職業紹介所では結婚紹介をして居る樣ですから其處へ申込まれては如何ですか」と注意して引きとらせた。

六、事業上最も可笑しかつたこと

單なる夢を信じて永年の組長を辭め來阪した紳士

或日一人の紳士が腕車で當所へ乘り着けて慌だしき動作にて語る。「私は名古屋附近の大紡績會社の職工組長を永らく務めて居たが昨夜ふと夢を見た。其の夢の御告に曰く『從來の職工組長を罷めて一刻も早く上阪して鴻池男爵家に使用して戴けば將來は立身出世することが確實である』とのことであつたので何物も取敢へず早速會社へ辭職屆を出し其晩の夜汽車で上阪し鴻池家を訪問して前夜の夢の顚末を御話し採用せられたき旨懇請した。が執事の話では只今使用人が過剩で一人も採用する餘地がありませんから折角ですが御希望に副ふことが出來ませぬ。此まゝ御歸りになる事も考へものですから一度大阪市立の職業紹介所へ御求職に御出でなさいと案內されたので御當所へ御願ひに參つたのである」と物騷がしく話した。私としては餘りの輕卒なやり方に驚いた次第である。

夢を信じ職工組長を辭し家財を取纒め來阪した輕卒な行動を諄々と說諭し事情を述べて元の會社へ復職方を電報で乞ふ樣極力勸めた。紳士も非常に我身の輕卒な行動を悔ひ會社に打電して直ぐ歸國した。

其の後の信書によると元の會社で從前通り復職する樣になつたので安心してくれとの手紙が來た。

七、事業上最も憤慨したこと

博愛を食ひ物にせんとした求職者

昭和三年十月二日、本籍熊本縣現今迄は東京市で豆腐屋を營んで居た千原長五郎君は、獨身者で當年二十八歲の血氣盛りの青年であるが、正午頃腕車で當所の玄關へ乘り付けて來た。要件は求職であつて希望職業はミシン職を第一希望とし第二希望としては豆腐屋の職人とのことであつた。

來阪の動機を聞くに某新聞紙上で職務に斃れた忠勤なる巡査の未亡人が臨月で幼兒を抱へ生きる悲哀の記事を讀んでいたく同情し之れを救はんとして前職をなげ捨てはる〴〵來阪したのだと云ふ。

其の憐れな家族と君とは何か因緣關係があるのかと聞けば、自分はキリスト敎救世軍小隊長であるから何等緣故なきもの迄も助けたい意思を持つて居るとのことで博愛の講義を堂々と述べたてた迄は上出來だつたが終りに朝から食事も碌にとらず腕車で市內各所を飛廻つて自己の就職口を先づ第一番に見付けようと探して居るけれども之れと思はしき口が見付からないので御所へ求職に來たのだと云ふ。

そこで私は當市內に保證人としての知人若くは親族ありやと聞いたが「人に保證を賴む樣な必要を認めない。自分は人の爲に助けたいと云ふ位である。東京市では保證人何かは問題にしない。人物本位で進んで貰ひたい」と答へた。

丁度適當の求人先がない旨を告げると、「夫れでは自力によつて職を見付けます」と云つて歸つた。よく考へて見るに本人は其の人相、動作、言語、風采、人格、文字等何れの點より之を觀察するも、キリスト敎の信者であり救世軍の小隊長としての價値ある人格者とは思はれない。一時的乃至は發作的の狂人か亦は宗敎を賣物にする僞善者であると斷定して敢て過言でないのであつた。

昭和四年十一月十五日印刷
昭和四年十一月二十日發行

大阪市西區阿波堀通一丁目
大阪市立中央職業紹介所內
發行者　大阪市立中央職業紹介所後援會
電話新町四五〇〇―三番

大阪市西淀川區浦江北一丁目七十九番地
印刷者　池田文誠舍
池田治郎

◇昭和三年昭和四年　管内各府県職工異動数調

（大阪地方職業紹介事務局　［表紙］）

掲載資料の原本として大阪人権博物館所蔵資料を使用

昭和三年
昭和四年

管内各府縣職工異動數調

大阪地方職業紹介事務局

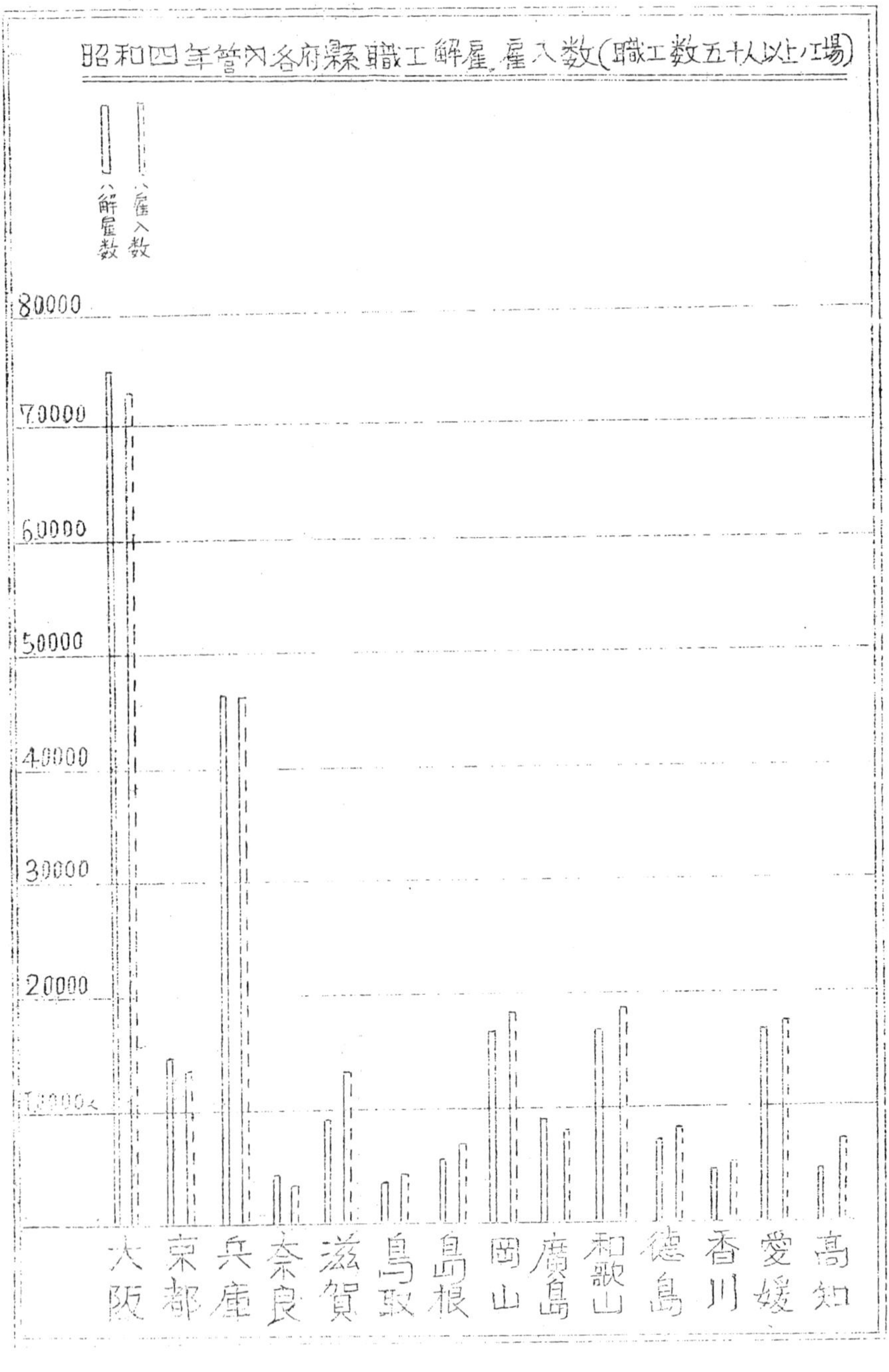

昭和四年管内各府縣職工解雇.雇入数(職工数五十人以上ノ工場)
ハ解雇数
ハ雇入数
80000
70000
60000
50000
40000
30000
20000
10000
大阪
京都
兵庫
奈良
滋賀
鳥取
島根
岡山
廣島
和歌山
徳島
香川
愛媛
高知

昭和三年 昭和四年 管内各府縣職工異動率比較表（異動率ハ月平均率トス）

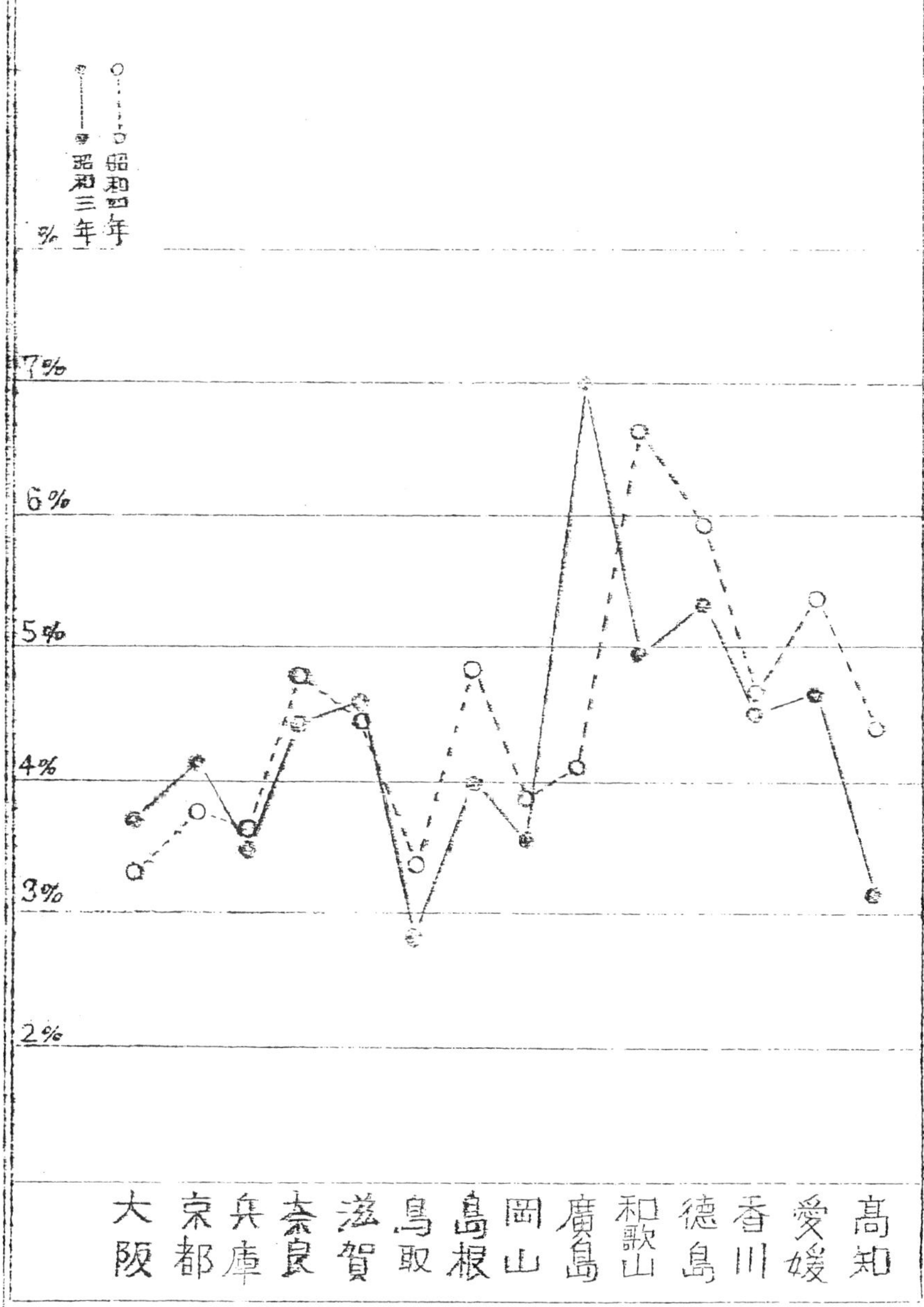

京都府職工異動數調（昭和三年中 昭和四年中）

月別	年	解雇 工場數	解雇 男	解雇 女	解雇 計	雇入 工場數	雇入 男	雇入 女	雇入 計	月末現在 工場數	月末現在 男	月末現在 女	月末現在 計
一月	昭和三年	八九	三八五	七八〇	一・一六五	八三	三六〇	六七三	一・〇三三	一三八	一二・〇一九	一八・〇六七	三〇・〇八六
	昭和四年	九七	三八九	八九五	一・二八四	八四	二八五	五二二	八〇七	一四二	一二・二一三	一八・二八八	三〇・五〇〇
二月	昭和三年	一〇二	四六二	五九二	一・〇五四	九六	四〇〇	八八二	一・二八二	一三九	一一・九五七	一八・三五七	三〇・三一四
	昭和四年	一〇一	四三一	七六三	一・一九四	八七	二七三	九四〇	一・二一三	一四二	一二・〇五四	一八・四六五	三〇・五一九
三月	昭和三年	一一〇	六八四	六二〇	一・三〇四	九三	四三五	五一六	九五一	一三九	一一・七〇八	一八・二五三	二九・九六一
	昭和四年	一〇八	五六八	五九七	一・一六五	八八	三六九	七六九	一・一三八	一四三	一一・八〇五	一八・六三五	三〇・四四〇
四月	昭和三年	一〇一	六八五	七九九	一・四八四	九四	四八一	一・二二五	一・七〇六	一三九	一一・五〇四	一八・六七九	三〇・一八三
	昭和四年	一〇七	五一八	五五五	一・〇七三	九三	五八四	一・三九八	一・九八二	一四五	一一・八七二	一九・四七八	三一・三四九
五月	昭和三年	九五	五五七	六三二	一・一八九	八四	三九二	七一三	一・一〇五	一三八	一一・三三九	一八・七六〇	三〇・〇九九
	昭和四年	一一三	四五二	一・〇三九	一・四九一	八六	四四一	八一八	一・二五九	一四六	一一・八六〇	一九・二五七	三一・一一七
六月	昭和三年	一〇三	四一六	七二九	一・一四五	九一	四九〇	六三三	一・一二三	一三八	一一・四一三	一八・六六四	三〇・〇七七
	昭和四年	一〇八	三一七	八三七	一・一五四	九四	四三四	八六三	一・二九七	一四五	一一・九七七	一九・二八三	三一・二六〇
七月	昭和三年	八八	三二九	七二五	一・〇五四	七八	三一七	六六四	九八一	一三五	一一・四〇二	一八・六〇三	三〇・〇〇四
	昭和四年	一〇四	三五三	六三五	九八八	八九	四三九	八〇四	一・二四三	一四四	一二・〇六三	一九・四五二	三一・五一五
八月	昭和三年	九八	三九六	一・〇一三	一・四〇九	九五	六五九	六六三	一・三二二	一三九	一一・六六四	一八・二五三	二九・九一七
	昭和四年	一〇三	四二九	九四七	一・三七六	九一	五九六	八四四	一・四四〇	一四五	一二・二三〇	一九・三四九	三一・五七九

九月		十月		十一月		十二月	
九八	九七	九七	一〇三	九五	九八	九八	九八
四五九	四三六	四三一	四八三	四四五	六九二	四九五	三五四
七〇六	七一四	五九二	八〇五	四八九	五〇三	五三八	七一九
一・二六五	一・一五〇	一〇二三	一・二八八	九三四	一・一九五	一〇三三	一・〇七三
一〇三	八八	一〇〇	九〇	九八	七七	一〇二	五三
七〇八	六五六	八九七	三八八	五〇二	三六二	三七九	一七〇
九三一	七四七	[illegible]〇七	四八九	五二九	四七九	五六六	二四四
一・六三九	一・四〇三	一・六〇〇	八七七	一・〇三一	八四一	九四五	四一四
一四〇	一四四	一四二	一四二	一四二	一三九	一四二	一三九
一一・九一三	一一・四五〇	一一・三七五	一一・三五五	一一・四三三	一一・〇五二	一一・三一六	一一・八四一
一八・四七八	一九・三八二	一八・五九三	一九・〇六六	一八・六七三	一九・〇四二	一八・六六一	一八・五六七
三〇・三九一	三一・八三二	三〇・九六八	三一・四二一	三〇・〇六五	三一・〇六七	三〇・九七七	三〇・四〇八

備考

右ハ前年中ヲ示ス
左ハ本年中ヲ示ス

大阪府下職工異動數調（昭和三年中 昭和四年中）

月別		解雇 工場數	解雇 男	解雇 女	解雇 計	雇入 工場數	雇入 男	雇入 女	雇入 計	月末現在 工場數	月末現在 男	月末現在 女	月末現在 計
一月	昭和三年	四二二	一、八七一	二、八一九	四、六九〇	三九九	一、九八五	一、九五九	三、九四四	七〇七	八七、七四〇	八二、一七六	一六八、九一六
一月	昭和四年	五三〇	二、九六六	三、八〇五	六、七七一	五五〇	二、八七三	三、九〇四	六、七七七	七〇一	八七、七七四	九九、一六三	一八六、九三七
二月	昭和三年	五二五	二、五一五	四、一六五	六、六八〇	五〇七	三、二七九	三、六五三	五、九三二	七〇一	八七、三一八	八一、〇五三	一六八、三二三
二月	昭和四年	五八四	二、六九四	三、九七二	六、六六六	六二四	二、八八七	三、七九五	六、六八二	七〇二	八三、三四一	九九、〇〇二	一八二、三四三
三月	昭和三年	四八二	二、七〇五	三、七七八	六、四八三	四九一	三、〇二六	三、四三二	六、四五八	七〇二	八七、二五四	八〇、五七三	一六七、八二七
三月	昭和四年	六四九	三、一七二	二、九八九	六、一六一	六二一	三、〇五七	三、八六七	六、九二四	七〇〇	八三、二七五	九九、八七五	一八三、一五〇
四月	昭和三年	五八五	二、四五〇	四、七一二	七、一六二	五五六	二、八三八	四、四九〇	七、三二八	七〇五	八九、三七四	八〇、三四九	一六九、七二三
四月	昭和四年	五九二	二、九五一	三、四五二	六、四〇三	六四〇	三、四〇〇	四、一八二	七、五八二	六九九	八三、八〇七	一〇〇、六六九	一八四、四七六
五月	昭和三年	五八二	二、三四七	四、〇三七	六、三八四	五五六	三、〇二四	三、八〇四	六、八二八	七〇四	八九、五四三	八〇、二一八	一六九、七六一
五月	昭和四年	六〇六	二、五一四	三、二五四	五、七六八	五七五	二、六〇五	三、一四三	五、七四八	六九八	八四、二四〇	一〇〇、五五八	一八四、七九八
六月	昭和三年	六〇四	二、七五五	四、五一〇	七、二六五	四七七	二、六〇〇	三、九二六	六、五二六	七〇三	八九、四七六	七九、九七〇	一六九、四四六
六月	昭和四年	一四二	二、五一七	三、二九六	五、八一三	六〇六	二、七〇四	二、七一三	五、四一七	七〇三	八四、三四九	九九、九七九	一八四、三二八
七月	昭和三年	五六〇	三、三七六	三、八〇六	六、一八二	五二六	二、五五三	三、四九〇	六、〇四二	七〇三	八九、三六五	七九、七三一	一六九、三八六
七月	昭和四年	六一九	二、七七三	三、八七七	六、六五〇	五六七	二、五二〇	三、二〇八	五、七二八	六九二	八一、三一〇	九九、一一五	一八〇、四二五
八月	昭和三年	六〇八	三、三〇一	五、三七二	八、六七三	五六七	三、三九一	四、二四二	七、六三三	七〇五	八九、五六三	九八、九七九	一八八、五四二
八月	昭和四年	六四〇	二、五八五	四、三九四	六、九七九	五八一	二、六一二	三、三五八	九、七七〇	七〇三	八四、〇九五	九八、〇六六	一八二、一六一

九月	右	五六二	三、七六八	四、三八八	七、一五六	五五九	[illegible]	[illegible]	七、八六一	七[illegible]九	[illegible]	二八九、八一一
	左	六三一	三、五四四	四、〇五八	六、六〇二	六〇〇	二、九七一	[illegible]	八、三八五	七〇二	八四[illegible]九九、三八三	二八三、七三六
十月	右	五六九	三、六四三	四、〇八〇	六、七三二	[illegible]四三	[illegible]	[illegible]	六、三九七	六八六	[illegible]	二八六、一七七
	左	五六三	二、三二六	三、五八二	五、九〇八	五一五	[illegible]〇	[illegible]	五、六一三	六八八	[illegible]	二七八、一二二
十一月	右	五一〇	三、八六六	三、二四一	六、一〇七	[illegible]九	[illegible]	[illegible]八	[illegible]四	七〇七	[illegible]	二八七、一三八
	左	四八九	二、四六一	三、〇〇五	五、四六六	三九二	一、[illegible]八五	三、八〇〇	四、三八五	六九一	[illegible]	二七六、九三九
十二月	右	五六五	三、三五四	三、〇九九	五、[illegible]三	[illegible]一	[illegible]八	[illegible]	五、[illegible]三八	[illegible]	[illegible]	二八七、三一八
	左	四九五	三、〇一九	三、〇八一	六、一〇〇	四四一	一、四八一	一、九〇一	三、三八二	七〇[illegible]	[illegible]	二七六、九六九

備考

右ハ前年中ヲ示ス
左ハ本年中ヲ示ス

兵庫縣職工異動數調（昭和三年中 / 昭和四年中）

月別		解雇 工場数	解雇 男	解雇 女	解雇 計	雇入 工場数	雇入 男	雇入 女	雇入 計	月末現在 工場数	月末現在 男	月末現在 女	月末現在 計
一月	昭和三年	三二〇	一、一三六	二、四八八	三、六二四	一九六	一、一三五	一、四三〇	二、五六五	三八八	五六、四六三	五一、五八〇	一〇八、〇四三
	昭和四年	三三九	一、〇三〇	二、四三二	三、四六二	一八一	一、一一八	二、二二三	三、三四一	三八二	六〇、六四二	五一、九三八	一一二、五八〇
二月	昭和三年	三五二	二、〇三六	二、一九二	四、二二八	二〇一	一、〇〇八	一、〇五九	二、〇六七	三八九	五五、四三五	五〇、四四三	一〇五、八七八
	昭和四年	三五七	一、六四三	二、三一〇	三、九五三	一八七	七六一	二、三四〇	三、一〇一	三八三	五九、八三三	五一、四三六	一一一、二六九
三月	昭和三年	三三八	一、八九六	一、九〇七	三、八〇三	二二六	一、三五二	一、一〇九	二、四六一	三八七	五四、七九一	四九、六四五	一〇四、四三六
	昭和四年	二五七	三、三六六	二、二九一	五、六五七	二二五	一、五二四	三、三七二	四、八九六	三八四	五七、六六三	五二、五九二	一一〇、二五五
四月	昭和三年	二四二	二、〇八一	二、一七四	四、二五五	一九一	一、六八三	二、五一三	四、一九六	三七八	五四、三九一	四九、九八六	一〇四、三七七
	昭和四年	二四七	二、五五二	二、一三一	四、六八三	一九〇	二、〇三一	二、四〇二	四、四三三	三七二	五七、七八六	五五、五七九	一一三、三六五
五月	昭和三年	三一五	一、四七六	三、一一七	四、五九三	一九一	一、三六五	二、六三一	三、九九六	三八七	五四、二六三	五二、一二五	一〇六、三八八
	昭和四年	二四三	二、〇七八	三、五五四	五、六三二	二〇七	一、二七五	一、七四五	三、〇二〇	三七九	五七、九九五	五一、七二五	一〇九、七二〇
六月	昭和三年	一八六	一、七〇六	二、三七二	四、〇七八	一六四	一、八六九	一、五三二	三、四〇一	三八六	五三、八二〇	五〇、七九三	一〇四、六一三
	昭和四年	二一〇	九〇一	一、七一二	二、六一三	一九一	一、三三九	一、七〇九	二、九三八	三八二	五八、五六五	五三、五七八	一一二、一四三
七月	昭和三年	二〇四	九二〇	二、〇六四	二、九八四	一七五	一、四六五	一、七七六	三、二四一	三八九	五四、四四七	五〇、二七二	一〇四、七一九
	昭和四年	二二三	一、二四六	二、五六二	三、八〇八	一九五	一、七一八	二、一六七	三、八八五	三八七	五七、八〇五	五二、一七六	一〇九、九八一
八月	昭和三年	二〇九	一、〇九三	二、四一二	三、五〇五	二〇五	一、六六八	一、八九九	三、五六七	三九二	五五、九五六	四九、五一二	一〇五、四六八
	昭和四年	二二九	一、一一六	二、七二七	三、八四三	二〇五	一、二一六	二、八二四	四、〇四〇	三八四	五八、四九九	五二、三七八	一一〇、八七七

九月	二二六	一、一三一	二、三〇〇	三、四三一	二一五	一、六三八	三、一九七	四、八三五	三九二	五五、六七〇	五〇、六八九	一〇六、三五九
	二一〇	二、二一六	二、五九二	四、八〇八	一八三	一、一六九	二、六八六	三、八五五	三八五	五八、三二九	五二、二七四	一一〇、六〇三
十月	二一四	一、二九九	二、二五〇	三、五四九	二〇八	一、九七七	一、八八八	三、八六五	三八一	五五、六七五	五〇、〇九五	一〇五、七七〇
	二二三	二、〇一九	二、二七九	四、二九八	一六八	一、〇四六	二、二八九	三、三三五	三八五	五八、三七六	五二、四〇二	一一〇、七七八
十一月	二一一	九〇三	一、五一一	二、四一四	二二二	二、六三四	一、七〇五	四、三三九	三九二	五七、四〇四	五〇、六一四	一〇八、〇一八
	一八三	八八八	一、六一四	二、五〇二	一六七	一、三三九	一、六七八	三、〇一七	三八六	五八、八三〇	五二、四一六	一一一、二四六
十二月	二三〇	一、六五五	一、六九五	三、三五〇	二一一	四、三三〇	二、〇五五	六、三八五	三八一	六〇、八三六	五一、九八六	一一二、八二二
	二三〇	一、六五五	一、六九五	三、三五〇	二一一	四、三三〇	一、〇五五	五、三八五	三八九	六〇、六〇六	五三、一〇〇	一一三、七〇六

備考
右ハ前年中ヲ示ス
左ハ本年中ヲ示ス

奈良縣職工異勤數調（昭和三年中 昭和四年中）

月別	年	解雇 工場数	解雇 男	解雇 女	解雇 計	雇入 工場数	雇入 男	雇入 女	雇入 計	月末現在 工場数	月末現在 男	月末現在 女	月末現在 計
一月	昭和三年	一五	五一	三二六	三七七	一四	二一	一〇二	一二三	二〇	六八〇	五、四四七	六、一二七
	昭和四年	一八	一二	一二〇	一三二	一七	四一	一六六	二〇七	二四	一、三九〇	四、九三八	六、三二八
二月	昭和三年	一七	二八	二九一	三一九	一五	二一	一五三	一七四	二〇	六七五	五、四〇一	六、〇七六
	昭和四年	二〇	三三	二五三	二八六	一六	三〇	二四〇	二七〇	二四	一、二九四	四、九二六	六、二二〇
三月	昭和三年	一八	四一	一九五	二三六	一四	二六	一二五	一五一	二〇	六六〇	五、三三一	五、九九一
	昭和四年	二一	六四	四〇四	四六八	二二	三八	二四三	二八一	二四	一、二七四	四、八六一	六、一三五
四月	昭和三年	一七	二六	一八六	二一二	一七	二七	一八六	二一三	二〇	六六一	五、二九七	五、九五八
	昭和四年	二二	四九	二三〇	二七九	二〇	四三	三六二	四〇五	二四	一、三七四	四、八六一	六、二三五
五月	昭和三年	一八	四二	二三六	二七八	一四	三九	一九一	二三〇	二〇	六五八	五、二四一	五、八九九
	昭和四年	二〇	五七	三七三	四三〇	二〇	七五	一五四	二二九	二四	一、二九五	四、六二二	五、九一七
六月	昭和三年	一七	四五	二三〇	二七五	一六	九四	一六〇	二五四	二三	一、二三四	四、七一八	五、九五二
	昭和四年	二〇	五五	二七四	三二九	一六	二二	一二八	一五〇	二四	一、二五七	四、四七〇	五、七二七
七月	昭和三年	二二	四七	三三五	三八二	二一	五三	三二〇	三七三	二四	一、二二八	四、七四八	五、九七六
	昭和四年	一九	三七	二五四	二九一	一八	三一	七五	一〇六	二四	一、四〇〇	四、一四〇	五、五四〇
八月	昭和三年	二一	九二	一九四	二八六	一九	一二一	二一六	三三七	二五	一、三五五	四、七七三	六、一二八
	昭和四年	二二	二二	二九四	三一六	二一	一七	一三五	一六二	二五	一、二三六	四、〇六八	五、三〇四

	九月（前年）	九月（本年）	十月（前年）	十月（本年）	十一月（前年）	十一月（本年）	十二月（前年）	十二月（本年）
	二四	二二	二四	一八	二〇	二三	一九	一九
	五四	五二	二九	五二	二七	一〇七	二四	六二
	三二五	二九二	二〇八	三二三	一三七	一八一	一四三	一七六
	三七九	三四四	二三七	三七四	一五四	二八八	一六七	二三八
	二四	二四	二四	一六	一八	二三	一八	一七
	五八	六〇	三八	四七	二三	二九	三四	一八
	三九九	二〇七	二〇九	一二九	二三七	七八	一三五	一三九
	四五七	二六七	二四七	一七六	一五〇	一〇七	一六九	一五七
	二四	二五	二七	二四	二四	二四	二二	二三
	一、二九八	一、二四四	一、一六九	一、二二七	一、三四七	一、一五八	一、二五五	一、〇八一
	四九二四	三九八三	四七八九	三、七五七	四八九九	三六四五	四八九三	三六一八
	六、二二二	五、二二七	五、九五八	四、九八四	六、二四六	四、八〇三	六、二四八	四、六九九

備考

右ハ前年中ヲ示ス
左ハ本年中ヲ示ス

滋賀縣職工異動數調（昭和三年中 昭和四年中）

月別	年	解雇 工場数	解雇 男	解雇 女	解雇 計	雇入 工場数	雇入 男	雇入 女	雇入 計	月末現在 工場数	月末現在 男	月末現在 女	月末現在 計
一月	昭和三年	三四	六五	六二八	六九三	三二	一六五	六二六	七九一	四八	四、二八二	九、四六三	一三、七四五
一月	昭和四年	三二	六九	三七八	四四七	三二	二九一	八五一	一、一四二	四七	四、七六五	一〇、二七九	一五、〇四四
二月	昭和三年	三一	一三四	三八三	五一七	二九	二三〇	一、三四〇	一、五七〇	四八	四、三七八	一〇、四二〇	一四、七九八
二月	昭和四年	三七	一四二	三六八	五一〇	二五	三六三	一、三四六	一、七〇九	四七	四、九八六	一一、二五七	一六、二四三
三月	昭和三年	三四	一五四	四四九	六〇三	三二	一三六	五五九	六九五	四八	四、三六〇	一〇、五三〇	一四、八九〇
三月	昭和四年	三二	二二三	四三五	六五八	三八	三六四	六三一	九九五	四六	五、一二七	一一、四五三	一六、五八〇
四月	昭和三年	四一	一八三	五一四	六九七	三七	一七八	一、〇四八	一、二二六	四八	四、三五五	一一、〇六三	一五、四一八
四月	昭和四年	三一	二二七	四七五	七〇二	三六	三〇七	一、一八七	一、四九四	四六	五、二〇七	一二、一六五	一七、三七二
五月	昭和三年	三五	一六八	四五五	六二三	三六	一七〇	五七四	七四四	四八	四、三五七	一一、一八二	一五、五三九
五月	昭和四年	三二	三二七	四七七	八〇四	三三	三六八	七五八	一、一二六	四六	五、二四八	一二、四四六	一七、六九四
六月	昭和三年	三三	一八五	三五七	五四二	三〇	二四八	四七五	七二三	四九	四、四二〇	一一、三〇〇	一五、七二〇
六月	昭和四年	三二	二〇〇	四二一	六二一	三一	四六二	六六三	一、一二五	四六	五、五一〇	一二、六八八	一八、一九八
七月	昭和三年	三七	一四〇	三七〇	五一〇	三七	二〇五	四四二	六四七	四九	四、四八五	一一、三七二	一五、八五七
七月	昭和四年	三〇	二七七	三五六	六三三	三二	三六一	五二二	八八三	四五	五、五九四	一二、八五四	一八、四四八
八月	昭和三年	三二	一七七	六一一	七八八	三三	二〇五	六〇四	八〇九	五〇	四、五一三	一一、三六五	一五、八七八
八月	昭和四年	三一	四三八	八九八	一、三三六	二三	三九八	七六四	一、一六二	四五	五、五五四	一二、七二〇	一八、二七四

九月	四〇	二五六	七〇〇	九五六	三六	二〇二	六〇九	八一一	五一	四、四五九	一一、二七四	一五、七三三
	三四	二三三	五〇三	七三六	三二	三九〇	八〇四	一、一九四	四七	五、七一一	一三、〇二一	一八、七三二
十月	三五	一二五	五〇八	六三三	三三	一五七	四九六	六五三	四七	四、四九〇	一一、三六三	一五、七五三
	三五	一九一	四六三	六五四	三六	三一二	六〇二	九一四	四八	五、八三二	一三、六六〇	一八、九九二
十一月	三五	一二五	三八六	五一一	三七	二四〇	二六四	五〇四	四七	四、六〇五	一一、一四一	一五、七四六
	二七	一九〇	二八八	四七八	二五	一二四	三四一	四六五	四八	五、七六六	一三、二二五	一八、九八一
十二月	三二	二一九	一、七〇二	一、九二一	二九	一六一	三七七	五三八	四七	四、四六二	九、七八一	一四、二四三
	二六	一九四	一、三〇二	一、四九六	二一	一一三	一四三	二五六	四八	五、六八五	一三、〇三六	一七、七二一

備考
右ハ前年中ヲ示ス
左ハ本年中ヲ示ス

鳥取縣職工異動數調（昭和三年中 昭和四年中）

月別	年	解雇 工場数	解雇 男	解雇 女	解雇 計	雇入 工場数	雇入 男	雇入 女	雇入 計	月末現在 工場数	月末現在 男	月末現在 女	月末現在 計
一月	昭和三年	一八	二六	二一四	二四〇	一三	二〇	一三九	一五九	二四	六〇〇	五、四八八	六、〇八八
	昭和四年	一九	一六	一九〇	二〇六	二〇	一五	一三〇	一四五	二四	六九二	五、七三〇	六、四二二
二月	昭和三年	一四	八	二〇六	二一四	一四	一七	一七二	一八九	二四	六〇九	五、四五四	六、〇六三
	昭和四年	一四	一五	二一〇	二二五	一四	七	二二一	二二八	二四	六八四	五、七四一	六、四二五
三月	昭和三年	一〇	一八	一三三	一五一	一五	二三	一六二	一八五	二三	六一〇	五、三一六	五、九二六
	昭和四年	一九	一七	二三四	二五一	一四	一七	二八四	三〇一	二四	六八四	五、七九一	六、四七五
四月	昭和三年	一三	一五	一〇〇	一一五	一七	一三	二七九	二九二	二四	六一二	五、六八五	六、二九七
	昭和四年	一五	一八	一四二	一六〇	一六	一三	三一四	三二七	二四	六七九	五、九六三	六、六四二
五月	昭和三年	一五	一六	一二九	一四五	一四	二一	一〇〇	一二一	二四	六一七	五、六五六	六、二七三
	昭和四年	一六	二二	一七四	一九六	一四	二二	二一二	二三四	二四	六七九	六、〇〇一	六、六八〇
六月	昭和三年	一四	一三	一〇三	一一六	一四	二二	一六四	一八六	二四	六二六	五、七一七	六、三四三
	昭和四年	一三	七	一六一	一六八	一二	一二	九六	一〇八	二四	六八四	五、九三六	六、六二〇
七月	昭和三年	一〇	六	一二〇	一二六	一三	四三	一三八	一八一	二四	六六三	五、七三五	六、三九八
	昭和四年	一七	一八	二七一	二八九	一八	三〇	二二一	二五一	二四	六九六	五、八八六	六、五八二
八月	昭和三年	一七	三九	一七六	二一五	一五	二五	一一一	一三六	二五	六五九	五、八〇四	六、四六三
	昭和四年	二〇	二一	二七二	二九三	一八	二八	二〇八	二三六	二七	七九九	六、〇二六	六、八二五

九月		十月		十一月		十二月	
一四	二二	一三	一八	一一	一八	一七	一八
二二	二九	一〇	二〇	六	二三	八	三三
一六九	二五六	二一三	二〇〇	一一七	一八一	一八三	一五五
一九一	二八五	二二三	二二〇	一二三	二〇四	一九一	一八八
一七	一八	一六	一六	一一	一六	一三	一二
二三	三六	二七	四七	八	一八	三二	二二
二八六	一八六	二〇四	一二二	一七四	一四〇	一三九	一〇九
三〇九	二二二	二三一	一六九	一八二	一五八	一七一	一三一
二五	二六	二五	二六	二四	二六	二四	二六
六六〇	七七五	六十七	八〇二	六六九	七九七	六九三	七八六
五九二一	五九二九	五九一二	五、八五二	五八三四	五八一〇	五、七九〇	五、七六四
六、五八一	六、七〇四	六、五八九	六、六五三	六五〇三	六、六〇七	六、四八三	六、五五〇

備考

右ハ前年中ヲ示ス
左ハ本年中ヲ示ス

島根縣職工異動數調（昭和三年中／昭和四年中）

月別	年	解雇 工場数	解雇 男	解雇 女	解雇 計	雇入 工場数	雇入 男	雇入 女	雇入 計
一月	昭和三年	一五	三六	一四七	一八三	一三	四一	一六一	二〇二
	昭和四年	一七	三四	一三二	一六六	一〇	二六	三三一	三五七
二月	昭和三年	一四	三〇	一五二	一八二	一五	五一	三一八	三六九
	昭和四年	一七	二五	一三二	一五七	一五	二七	二四二	二六九
三月	昭和三年	一六	三七	一九八	二三五	一五	四八	二四九	二九七
	昭和四年	一五	三一	二三二	二六三	一三	五八	四四七	五〇五
四月	昭和三年	一五	四四	一八八	二三二	一五	一二九	五〇九	六三八
	昭和四年	一六	四〇	二九〇	三三〇	一七	一四六	五〇七	六五三
五月	昭和三年	一二	四六	二〇二	二四八	一四	四五	一八六	二三一
	昭和四年	一四	五六	二一一	二六七	一三	三六	一六三	一九九
六月	昭和三年	一七	三三	一七〇	二〇三	一六	八三	一九五	二七八
	昭和四年	一六	四四	一九一	二三五	一九	四六	一二二	一六八
七月	昭和三年	一六	五四	一八五	二三九	一六	六七	一九五	二六二
	昭和四年	一七	四五	二三〇	二七五	一六	九四	一六〇	二五四
八月	昭和三年	一四	二五	二〇四	二二九	一五	五七	一八四	二四一
	昭和四年	二二	七六	一九八	二七四	一八	五六	二六一	三一七

月別	年	月末現在 工場数	月末現在 男	月末現在 女	月末現在 計
一月	昭和三年	二五	一、一七五	四、八一四	五、九八九
	昭和四年	二六	一、三一〇	五、四二八	六、七三八
二月	昭和三年	二五	一、一九六	四、九八〇	六、一七六
	昭和四年	二六	一、三一二	五、五三八	六、八五〇
三月	昭和三年	二五	一、二〇七	五、〇三一	六、二三八
	昭和四年	二六	一、三三九	五、七五三	七、〇九二
四月	昭和三年	二六	一、二九二	五、三五二	六、六四四
	昭和四年	二七	一、四四五	五、九七〇	七、四一五
五月	昭和三年	二六	一、二九一	五、三三六	六、六二七
	昭和四年	二七	一、四二五	五、九二二	七、三四七
六月	昭和三年	二六	一、三四一	五、三六一	六、七〇二
	昭和四年	二七	一、四二七	五、八五三	七、二八〇
七月	昭和三年	二六	一、三五四	五、三七一	六、七二五
	昭和四年	二三	七七二	五、八三五	六、六〇七
八月	昭和三年	二六	一、三八六	五、三五一	六、七三七
	昭和四年	二八	一、四三一	六、一〇九	七、五四〇

	九月 前年	九月 本年	十月 前年	十月 本年	十一月 前年	十一月 本年	十二月 前年	十二月 本年
	一六	一七	一六	二〇	一七	一六	一八	一八
	四三	五〇	三八	一七二	七六	六九	一二二	七〇
	二六二	三五八	二〇七	二四六	一九八	二九一	一五八	三三六
	三〇五	四〇八	二四五	四一八	二七四	三六〇	二七〇	四〇六
	一五	一五	一四	一二	一六	一一	一三	一三
	四三	八七	六一	六三	六六	七六	三一	八六
	二三一	四〇八	一四二	四九五	一七六	三二六	一五四	四二一
	二七四	四九五	二〇三	五五八	一四二	四〇二	一八五	五〇七
	二六	二八	二六	二九	二六	二六	二五	二四
	一、三八六	一、四六八	一、四〇九	一、三五九	一、三八九	一、三二六	一、三一八	一、三五二
	五、三二〇	六、一五九	五、二五五	六、四〇八	五、二三三	六、四四三	五、三二九	六、五二八
	六、七〇六	七、六二七	六、六六四	七、七六七	六、六三二	七、七七九	六、五四七	七、八八〇

備考
右ハ前年中ヲ示ス
左ハ本年中ヲ示ス

岡山縣職工異動數調（昭和三年中 昭和四年中）

月別		解雇 工場数	解雇 男	解雇 女	解雇 計	雇入 工場数	雇入 男	雇入 女	雇入 計	月末現在 工場数	月末現在 男	月末現在 女	月末現在 計
一月	昭和三年	二〇五	二八一	一、〇四六	一、三二七	一五九	二六五	五九四	八五九	八一〇	一二、五六四	二〇、二五三	三二、八一七
	昭和四年	二一〇	三一二	七七三	一、〇八五	一八一	三九七	八二一	一、二一八	八二七	一二、一六一	二〇、七五〇	三二、九一一
二月	昭和三年	二〇〇	二九一	九一七	一、二〇八	二一二	三三八	一、二一二	一、五五〇	七七二	一一、一三六	二〇、四九三	三一、六二九
	昭和四年	二一六	二八二	一、〇三八	一、三二〇	一九六	三八三	一、〇一八	一、四〇一	八三六	一二、二六二	二〇、七三〇	三二、九九二
三月	昭和三年	二一八	二七二	九三五	一、二〇七	二一二	四一八	一、〇九七	一、五一五	七八九	一〇、九八二	二〇、六五五	三一、六三七
	昭和四年	二一七	三九〇	八七四	一、二六四	一八六	三八八	一、三三一	一、七一九	八四〇	一二、一六〇	二一、一八七	三三、三四七
四月	昭和三年	二〇一	三一〇	九六八	一、二七八	二〇〇	三八九	一、五一二	一、九〇一	七九〇	一一、〇六一	二一、一九九	三二、二六〇
	昭和四年	一九四	三五〇	八五四	一、二〇四	二一〇	四九二	一、四三三	一、九二五	八三三	一二、四〇二	二一、七六六	三四、一六八
五月	昭和三年	二〇九	三六一	一、〇九二	一、四五三	一六二	二二八	八八一	一、一〇九	七九九	一一、一二八	二〇、九八八	三二、一一六
	昭和四年	一九五	三二〇	八八一	一、二〇一	二〇二	四六六	一、〇四四	一、五一〇	八四二	一二、五四八	二一、九二九	三四、四七七
六月	昭和三年	一九三	二七八	九五二	一、二三〇	一六三	三六六	六八九	一、〇五五	八〇〇	一一、二一六	二〇、七二五	三一、九四一
	昭和四年	二〇〇	三八二	一、〇三〇	一、四一二	一六一	三三一	七八八	一、一一九	八四四	一二、四九七	二一、六八五	三四、一八二
七月	昭和三年	一九二	二四〇	九四八	一、一八八	一七一	四〇二	八三〇	一、二三二	八〇七	一一、三七八	二〇、六〇七	三一、九八五
	昭和四年	一八〇	四一〇	七九四	一、二〇四	一七八	四二八	八三九	一、二六七	八四六	一二、五一五	二一、七三〇	三四、二四五
八月	昭和三年	一九三	二八五	八四七	一、一三二	一七二	三七六	七八八	一、一六四	八一二	一一、四六九	二〇、五四八	三二、〇一七
	昭和四年	二三九	二三〇	一、三三一	一、五六一	二〇四	四二二	一、〇一〇	一、四三二	八五〇	一二、六〇七	二一、五〇九	三四、一一六

九月		十月		十一月		十二月	
三一八	二一四	一八六	二二三	二〇二	二一一	二〇五	一八四
三七〇	三一八	二四五	二七九	三九七	三〇一	二六七	二五八
九九〇	九九九	八六五	八九三	八二四	八〇九	七一一	八九九
一、二六〇	一、三一七	一、一一〇	一、一七二	一、二二一	一、一一〇	九七八	一、一五七
二一六	一九七	一七九	二一九	一八六	一九五	一九一	一五八
四〇四	三〇二	四三六	二七四	五七八	三三八	三七一	二九二
九七六	一、三六三	八一七	九一一	九〇二	九四六	八四七	六二二
一、三八〇	一、六六五	一、二五三	一、一八五	一、四八〇	一、二八四	一、二一八	九一四
八二三	八八〇	八二八	八七五	八三三	八八七	八三八	八八九
一〇、六〇〇	一三、六七七	一一、七〇一	一二、五八六	一一、九七二	一三、〇二三	一二、〇七六	一三、六五七
二〇、五三六	二一、九一七	二〇、四八八	二一、八九一	二〇、九六六	二二、〇二八	二〇、七〇二	二一、七五一
三六、一三六	三五、五九四	三二、二七九	三四、四七七	三二、五三八	三四、六五一	三二、七七八	三四、四〇八

備考

右ハ前年中ヲ示ス
左ハ本年中ヲ示ス

廣島縣職工異動數調（昭和三年 昭和四年）

月別	年	解雇 工場數	解雇 男	解雇 女	解雇 計	雇入 工場數	雇入 男	雇入 女	雇入 計	月末現在 工場數	月末現在 男	月末現在 女	月末現在 計
一月	昭和三年	六三	七一五	四二四	一、一三九	四八	七二四	二四二	九六六	一〇七	七、一五六	八、二一〇	一五、三六六
	昭和四年	七七	二一六	三八二	五九八	七一	一九〇	五七〇	七六〇	一〇七	八、三一八	九、一二五	一七、四四三
二月	昭和三年	七〇	五二〇	三三二	八五二	五九	五九八	四〇三	一、〇〇一	一〇七	七、二三二	八、三六七	一五、五九九
	昭和四年	七六	二七五	四三三	七〇八	七五	二四六	五八八	八三四	一〇七	七、一五〇	九、六一四	一六、七六四
三月	昭和三年	六八	九七四	三〇一	一、二七五	六八	一、〇三六	三九七	一、四三三	一〇七	七、二〇五	八、二六六	一五、四七一
	昭和四年	七五	三一七	四六七	七八四	六五	二〇七	四八五	六九二	一〇七	七、六六七	九、三三四	一七、〇〇一
四月	昭和三年	六九	九五七	二八八	一、二四五	六〇	一、一〇一	五一三	一、六一四	一〇九	七、三四九	八、四九一	一五、八四〇
	昭和四年	八一	三二三	四四〇	七六三	七一	一九九	五四八	七四七	一〇六	七、五五〇	九、三三八	一六、八八八
五月	昭和三年	六七	一、〇七七	三二六	一、四〇三	五八	九一〇	三七二	一、二八二	一〇八	七、〇六二	八、四四〇	一五、五〇二
	昭和四年	六九	二九三	四六六	七五九	六四	一七二	四五六	六二八	一〇六	七、三九二	九、三一八	一六、七一〇
六月	昭和三年	六五	九一二	二七〇	一、一八二	五三	九六二	五〇七	一、四六九	一〇八	七、〇五七	八、四二二	一五、四七九
	昭和四年	六八	二〇一	四七三	六七四	六六	二五二	三九二	六四四	一〇七	七、四三四	八、八三四	一六、二六八
七月	昭和三年	六九	一、〇〇九	四四一	一、四五〇	六七	一、〇一二	四七七	一、四八九	一〇七	七、三一四	八、九九八	一六、三一二
	昭和四年	八一	二〇二	四八八	六九〇	六一	一九九	四五五	六五四	一〇七	七、五六二	九、二八一	一六、八四三
八月	昭和三年	六五	九一〇	三八七	一、二九七	五六	九七八	三四〇	一、三一八	一〇五	七、一四七	八、八四六	一五、九九三
	昭和四年	七八	一九九	五五八	七五七	五五	一二二	三九六	五一八	一〇七	七、三八二	九、二九五	一六、六七七

九月	七四	七〇三	五六九	一、三七二	七三	七二五	六六二	一、三八七	一〇五	七、四十五	九、二二八	一六、七〇三
	八四	二三二	五六〇	七九二	七〇	二七〇	五七九	八四九	一〇七	七、四十七	八、九八七	一六、四六四
十月	七二	三七四	四五九	八三三	七二	四六五	四一四	八七九	一〇五	七、四〇〇	八、七六二	一六、一六二
	七六	一六一	四〇一	五六二	六九	二〇四	三七五	五七九	一〇七	七、六五二	八、九五一	一六、五八三
十一月	七〇	一四九	三四三	四九二	六五	四一二	四五四	八六六	一〇五	七、七〇九	八、八二七	一六、五三六
	八〇	一九六	三五八	五五四	[illegible]九	三〇八	二八八	五九六	一一二	七、六七三	八、七三三	一六、四〇六
十二月	七〇	一八八	五六一	七四九	七一	三四四	四九九	八四三	一〇七	七、九八〇	八、九九〇	一六、九五〇
	八〇	三〇〇	六四三	九四三	六二	一三六	二六四	四〇〇	一一二	七、五七一	八、六二五	一六、一九六

備考

右ハ前年中ヲ示ス
左ハ本年中ヲ示ス

和歌山縣職工異動數調（昭和三年中 昭和四年中）

月別		一月（昭和三年）	一月（昭和四年）	二月（昭和三年）	二月（昭和四年）	三月（昭和三年）	三月（昭和四年）	四月（昭和三年）	四月（昭和四年）	五月（昭和三年）	五月（昭和四年）	六月（昭和三年）	六月（昭和四年）	七月（昭和三年）	七月（昭和四年）	八月（昭和三年）	八月（昭和四年）
解雇	工場數	五三	五七	五七	五八	五六	五五	六三	五〇	五五	五一	五一	四九	五七	五〇	五七	五五
	男	一七二	二四七	一七七	二一九	一九二	一九四	二三五	二九一	二〇六	二一八	一九〇	二七七	二〇八	二六〇	二二二	三七六
	女	五〇七	一、〇二一	七九二	八五七	七五三	九六三	三六四	九七二	五六八	九〇三	八六六	九七二	八九二	九五八	四四三	一、三四九
	計	六七九	一、二六八	九六九	一、〇七六	九四五	一、一五七	五九九	一、二六三	七七四	一、一二一	一、〇五六	一、二四九	一、一〇〇	一、二一八	六六五	一、七二五
雇入	工場數	五五	五九	五三	五七	五三	五四	五五	五一	四八	五一	五二	五一	五七	四九	五五	四四
	男	二二九	一七七	一六五	一九四	二八	二二六	一七三	三二〇	一三八	二〇四	二九六	三〇四	五五六	四六六	四五四	四四六
	女	五六八	一、〇〇五	九一五	一、〇五三	三八八	一、二六二	七六二	一、〇九三	四八七	八七五	九五九	一、三六三	九三一	四〇七	八七四	一、二九九
	計	七九七	一、一八二	一、〇八〇	一、二四七	四一六	一、四八八	九三五	一、四一三	六二五	一、〇七九	一、二五五	一、六六七	一、四八七	八七三	一、三二八	一、七四五
月末現在	工場數	九六	九八	九六	九八	九六	九七	九六	九七	九六	九九	九七	九九	九七	九九	九七	九九
	男	六、五二八	六、八七九	六、五一六	六、八五四	六、五三二	六、八八六	六、四七〇	六、九一五	六、四〇二	六、九〇一	六、五〇八	六、九二八	六、八五六	七、一三四	七、〇八八	七、〇五四
	女	一四、一二一	一四、六一〇	一四、二四四	一四、八〇六	一三、八七九	一五、一〇五	一四、二七七	一五、二二六	一四、一九六	一五、一九八	一四、二八九	一五、五八九	一四、三二八	一五、〇三八	一四、七五九	九、七七六
	計	二〇、六四九	二一、四八九	二〇、七六〇	二一、六六〇	二〇、四一一	二一、九九一	二〇、七四七	二二、一四一	二〇、五九八	二二、〇九九	二〇、七九七	二二、五一七	二一、一八四	二二、一七二	二一、八四七	一六、八三〇

九月（前年）	五四	一四三	一、〇六五	一、二〇七	五一	二六九	一、四九五	一、七六四	九七	七、二一五	一五、一八九	二二、四〇四
九月（本年）	五五	二四四	一、二六八	一、五一二	五七	三三二	一、五四九	一、八八一	九九	七、一四二	一〇、五五七	一七、一九九
十月（前年）	七七	四〇〇	九〇一	一、三〇一	五四	二三六	一、〇二三	一、二五九	九六	七、〇五七	一五、一四八	二二、二〇五
十月（本年）	五三	一九八	九六五	一、一六三	五四	三〇五	一、〇五六	一、三六一	九九	七、二四九	一〇、一四八	一七、三九七
十一月（前年）	五七	二二七	九六四	一、一九一	五六	二四七	八六九	一、一一六	九七	七、〇七七	一五、〇五五	二二、一三〇
十一月（本年）	五九	三三三	一、〇〇一	一、三三四	五四	二〇三	一、一五二	一、三五五	九九	七、一一九	一〇、二九九	一七、四一八
十二月（前年）	五七	二七三	一、四一〇	一、六八三	五五	一四五	九八三	一、一二八	九七	六、九四九	一四、六二六	二一、五七五
十二月（本年）	五七	二〇九	一、五四〇	一、七四九	五九	一三六	九九六	一、一三二	九八	七、〇四八	九、七五五	一六、八〇一

備考
右ハ前年中ヲ示ス
左ハ本年中ヲ示ス

德島縣職工異動數調（昭和三年中／昭和四年中）

月別			一月	二月	三月	四月	五月	六月	七月	八月
解雇	工場數	昭和三年	三二	四〇	三八	三八	二六	四三	四〇	四四
		昭和四年	四〇	四三	四四	三八	四〇	四四	四〇	四三
	男	昭和三年	四三	三八	六一	四八	一〇四	六八	五四	八二
		昭和四年	七九	五七	七三	六四	五七	七七	七七	八五
	女	昭和三年	四六九	五一四	二九四	四五一	三一八	四五一	四四四	三五〇
		昭和四年	四一三	五八二	五八〇	六五一	六八三	六七六	五一六	八一三
	計	昭和三年	五一二	五五二	三五五	四九九	四二二	五一九	四九八	四三二
		昭和四年	四九二	六三九	六五三	七一五	七四〇	七五三	五九三	八九八
雇入	工場數	昭和三年	二四	四三	三七	四〇	一七	四四	四一	四二
		昭和四年	四一	四二	四一	四〇	三二	四二	四二	四〇
	男	昭和三年	三四	五七	五九	九八	二〇	一八七	七九	一五一
		昭和四年	五五	五九	九一	五九	六四	七七	七九	一〇四
	女	昭和三年	三五八	五六〇	四八一	五二〇	八二	六〇二	五四四	三〇三
		昭和四年	三六三	七〇七	九五三	八八五	四八九	九五三	六二四	九三六
	計	昭和三年	三九二	六一七	五四〇	六一八	一〇二	七八九	六二三	四五四
		昭和四年	四一八	七六六	一〇四四	九四四	五五三	一、〇三〇	七〇三	一〇四〇
月末現在	工場數	昭和三年	四七	四七	四八	四九	五一	五〇	五一	五三
		昭和四年	五二	五二	五二	五一	五一	五二	五一	五一
	男	昭和三年	一八五九	一八七八	一八七六	一九二八	一八七五	二〇七〇	二〇九五	二、一六四
		昭和四年	二、一八九	二、一九一	二、二〇九	二、二〇四	二、二一一	二、二一一	二、二〇六	二、二二五
	女	昭和三年	七六六〇	[illegible]	七、八九三	[illegible]	四、七四七	八、〇六六	八、一六六	八、二一九
		昭和四年	八、五〇七	八六三二	九、〇〇五	九、二三九	九、〇四五	九、三二二	九、四〇九	九、五三二
	計	昭和三年	[illegible]	九、五八四	九、七六九	[illegible]	六、六二二	一〇、一三六	一〇、二六一	一〇、三八三
		昭和四年	一〇、六九六	一〇、八二三	一一、二一四	一一、四四三	一一、二五六	一一、五三三	一一、六一五	一一、七五七

九月		十月		十一月		十二月	
四七	四三	四二	四三	四二	四一	四三	四三
七〇	九〇	六七	七八	六五	四八	五七	六七
五三八	六七六	四七七	四三四	四三六八	四七二	四五四	三四七
六〇八	七六六	五四四	五一二	五〇一	五二〇	五一一	四一四
四四	四二	四二	四二	三九	三九	四二	三一
九七	一一四	六六	六六	七二	六九	七三	四六
八九四	五三七	四三四	四三三	五四五	五三一	四二	三一〇
九九一	六五一	五〇〇	四九九	六一七	六〇〇	五四三	三五六
五三	五一	五三	五一	五二	五〇	五二	五〇
二、一九一	二、二四九	二、一九〇	二、二三七	二、一九七	二、二五八	二、二一三	二、二三七
八、四七五	九、三九三	八、四三二	九、三九二	八、五四一	九、四五一	八、五五七	九、四一四
一〇、六六六	一一、六四二	一〇、六二二	一一、六二九	一〇、七三八	一一、七〇九	一〇、七七〇	一一、六五一

備考
右ハ前年中ヲ示ス
左ハ本年中ヲ示ス

香川縣職工異動數調（昭和三年中 昭和四年中）

月別		解雇 工場數	解雇 男	解雇 女	解雇 計	雇入 工場數	雇入 男	雇入 女	雇入 計	月末現在 工場數	月末現在 男	月末現在 女	月末現在 計
一月	昭和三年	二一	六三	一六〇	二二三	一九	一三八	一六三	三〇一	三八	二、二五一	三、三九七	五、六四八
	昭和四年	二四	八二	一九四	二七六	二〇	六〇	一七五	二三五	三五	二、一五一	三、三五三	五、五〇四
二月	昭和三年	二一	七八	一五六	二三四	二一	六三	二一七	二八〇	三八	二、二三六	三、四五八	五、六九四
	昭和四年	二三	一〇〇	二一四	三一四	二一	六九	一九〇	二五九	三五	二、一〇四	三、二四三	五、三四七
三月	昭和三年	二四	一五八	一五八	三一六	二三	八五	二八四	三六九	三八	二、一六三	三、五八四	五、七四七
	昭和四年	二四	一三七	六五	二〇二	二二	五九	二〇三	二六二	三五	二、〇二六	三、三八一	五、四〇七
四月	昭和三年	二四	一二三	一六〇	二八三	二三	八七	三六二	四四九	三八	二、一二七	三、七八六	五、九一三
	昭和四年	二九	七八	二〇〇	二七八	二五	一四四	三九七	五四一	三八	二、〇九二	三、五七八	五、六七〇
五月	昭和三年	二二	六九	一五八	二二七	一五	一一二	一五六	二六八	三八	二、一七〇	三、七八四	五、九五四
	昭和四年	三九	五七	一五六	二一三	三九	八一	一五一	二三二	三九	二、一二二	三、五七六	五、六九八
六月	昭和三年	二六	五二	二二二	二七四	二三	七二	一三八	二一〇	三八	二、一九〇	三、七〇〇	五、八九〇
	昭和四年	二三	五九	一七二	二三一	二五	七二	一〇五	一七七	四〇	二、一二五	三、六七七	五、八〇二
七月	昭和三年	二三	七一	一四五	二一六	一八	六四	一五六	二二〇	三八	二、一八三	三、七一一	五、八九四
	昭和四年	二四	一〇二	二二二	三二四	二三	二〇二	四四一	六四三	四七	二、三一九	三、八七七	六、一九六
八月	昭和三年	二〇	八〇	一五六	二三六	一七	五九	一三八	一九七	三八	二、一六二	三、六九三	五、八五五
	昭和四年	三一	七五	一九二	二六八	二三	七六	一一七	一九三	四七	二、三〇二	三、八〇〇	六、一〇二

九月		十月		十一月		十二月	
二二	三〇	二六	三五	二三	二五	二四	二四
九五	八〇	一〇四	七一	六八	八〇	五二	五九
二二四	一六七	一七八	一六七	二二七	一三六	一三二	九七
三一九	二四七	二八二	三三八	二九五	二一六	一八四	一五六
一九	三〇	一八	二八	一九	二五	二一	二六
八六	九六	八五	六八	九五	一二六	一一一	七八
一九七	二一三	一一七	一二一	一〇七	一五一	一一四	一〇七
二八三	三〇九	二〇二	一八九	二〇二	二七七	二二五	一八五
三八	四七	三七	四七	三七	四一	三七	四〇
三、一五三	三、三一八	二、〇八七	二、三二三	二、一一四	二、二三七	二、一七二	二、二四五
三、六六六	三、八二七	三、五一〇	三、七七六	三、三九〇	三、七〇七	三、三七二	三、六六一
五、八一九	六、一四五	五、五九七	六、〇九九	五、五〇四	五、九四四	五、五四五	五、九〇六

備考

右ハ前年中ヲ示ス
左ハ本年中ヲ示ス

愛媛縣職工異動數調（昭和三年中 昭和四年中）

月別	解雇 工場數 昭和三年	解雇 工場數 昭和四年	解雇 男 昭和三年	解雇 男 昭和四年	解雇 女 昭和三年	解雇 女 昭和四年	解雇 計 昭和三年	解雇 計 昭和四年
一月	七九	一〇五	二九一	三〇六	一、〇一四	八七七	一、三〇五	一、一八三
二月	九四	一〇五	三五一	三三七	九五九	一、二四八	一、三一〇	一、四八五
三月	八一	一〇六	二七〇	三一七	九七六	九六八	一、二四六	一、二八五
四月	九五	一〇七	二二九	二二六	七二六	一、二九四	九五五	一、五二〇
五月	九二	八六	二二〇	二六九	九六一	一、七七一	一、一八一	二、〇四〇
六月	八〇	八五	二二七	二九五	九五五	八八五	一、一八二	一、一八〇
七月	八五	一〇七	二三四	三四四	七二八	九〇八	九六二	一、二五二
八月	一〇三	一〇六	一六一	一九二	九六一	六三三	一、一二二	八二五

月別	雇入 工場數 昭和三年	雇入 工場數 昭和四年	雇入 男 昭和三年	雇入 男 昭和四年	雇入 女 昭和三年	雇入 女 昭和四年	雇入 計 昭和三年	雇入 計 昭和四年
一月	六二	七八	四八二	二一四	七六一	五五三	一、二四三	七六七
二月	七五	八八	三三三	三一三	九五六	八七九	一、二八九	一、一九二
三月	八二	一一〇	一九三	二五三	八一三	一、一七〇	一、〇〇六	一、四二三
四月	一〇一	九六	二九六	二三九	九五七	一、二六六	一、二五三	一、五〇五
五月	七八	五八	三〇五	二九八	七六二	七二五	一、〇六七	一、〇二三
六月	九六	一一七	一六九	二九七	一、〇四五	二、二一九	一、二一四	二、五一六
七月	一〇四	一〇一	二一八	一八九	一、二四六	九四七	一、四六四	一、一三六
八月	八六	九七	一八六	四〇五	四八七	八四八	六七三	一、二五三

月別	月末現在 工場數 昭和三年	月末現在 工場數 昭和四年	月末現在 男 昭和三年	月末現在 男 昭和四年	月末現在 女 昭和三年	月末現在 女 昭和四年	月末現在 計 昭和三年	月末現在 計 昭和四年
一月	一六七	一六六	五、一四二	四、九七二	一九、九五二	一九、四八三	二五、〇九四	二四、四五五
二月	一六七	一六六	五、一二四	四、九四八	一九、九四九	一九、二一四	二五、〇七三	二四、一六[illegible]
三月	一七〇	一六六	五、〇四七	四、八八四	一九、七八六	一九、四一六	二四、八三三	二四、三〇〇
四月	一七〇	一六〇	五、二一四	四、八九六	二〇、〇一七	一九、三八八	二五、二三一	二四、二八四
五月	一七一	一五五	五、一九九	四、九二四	一九、八一八	一八、三四二	二五、〇一七	二三、二六六
六月	一七〇	一六六	五、一四一	四、九二五	一九、九〇八	一九、六七六	二五、〇四九	二四、六〇一
七月	一七二	一六七	五、一二五	四、七七〇	二〇、四二六	一九、七一五	二五、五五一	二四、四八五
八月	一七六	一六七	五、一五〇	四、九八三	一九、九五二	一九、九三〇	二五、一〇二	二四、九一三

九月		十月		十一月		十二月	
九二	一〇八	九三	一〇六	一〇四	九五	九八	一一二
一九二	二〇九	二五九	四六一	四三七	三二二	二〇八	三一五
一、二五五	八一五	八九〇	九四一	九四一	九四九	七七七	七二五
一、四四七	一、〇二四	一、一四九	一、四〇二	一、三七八	一、二七一	九八五	一、〇四〇
九三	九八	八五	九八	一一〇	一〇四	一〇七	八八
二一四	三三三	三八一	四七八	一七二	二四九	二四三	二七八
一、一八一	九八二	九九四	九四〇	六五四	九九九	八八九	五七三
一、三九五	一、三一五	一、三七五	一、四一八	八二六	一、二四八	一、一三二	八五一
一七八	一六八	一七七	一六八	一七五	一六六	一七一	一六五
五、一十二	五、一〇七	五、二九四	五、一二四	五、〇二九	五、〇五一	五、〇六四	四、九三二
一九、八七八	二〇、〇九七	一九、九八二	二〇、〇九六	一九、六九五	二〇、一四六	一九、八〇七	一九、九〇八
二五、〇五〇	二五、二〇四	二五、三七六	二五、二二〇	二四、七二四	二五、一九七	二四、八七一	二四、八四〇

備考
右ハ前年中ヲ示ス
左ハ本年中ヲ示ス

高知縣職工異動數調（昭和三年中 昭和四年中）

月別		解雇 工場數	解雇 男	解雇 女	解雇 計	雇入 工場數	雇入 男	雇入 女	雇入 計	月末現在 工場數	月末現在 男	月末現在 女	月末現在 計
一月	昭和三年	三三	三七	一一三	一五〇	二七	一七	七八	九五	五五	二、〇二八	五、二一七	七、二四五
	昭和四年	三五	二六	一一四	一四〇	二五	三八	一二四	一六二	五四	一、九五三	五、四四七	七、四〇〇
二月	昭和三年	三二	九七	二〇八	三〇五	二六	四四	一三四	一七八	五四	一、九二九	五、一三八	七、〇六七
	昭和四年	三三	三九	一七二	二一一	三四	三一	二一二	二四三	五三	一、九四一	五、四三七	七、三七八
三月	昭和三年	二九	二六	九九	一二五	二四	六六	一三一	一九七	五二	一、九六四	五、〇六八	七、〇三二
	昭和四年	三〇	二〇	一五四	一七四	三四	八一	二〇五	二八六	五四	二、〇〇二	五、四八八	七、四九〇
四月	昭和三年	三二	二六	一四二	一六八	二八	二五	一二〇	一四五	五二	一、九六三	五、〇四六	七、〇〇九
	昭和四年	三四	二八	四四〇	四六八	二四	三四	一一二	一四六	五四	二、〇〇八	五、一六〇	七、一六八
五月	昭和三年	二六	一〇四	三一八	四二二	一七	二〇	八二	一〇二	五一	一、八二五	四、七四七	六、六二二
	昭和四年	二七	四六	三四〇	三八六	二〇	八二	七四	一五六	四三	一、九三七	三、六五〇	五、五八七
六月	昭和三年	三一	三四	一八三	二一七	三〇	六六	三一一	三七七	五一	一、九一五	五、〇三二	六、九四七
	昭和四年	二四	三三	一四九	一八二	四二	一九一	二、二四〇	二、四三一	五七	二、〇四六	五、七二四	七、七七〇
七月	昭和三年	二八	四四	一六七	二一一	二五	八五	三五三	四三八	五一	一、八八三	五、一七八	七、〇六一
	昭和四年	二八	二七	一〇六	一三三	三〇	三八	二〇〇	二三八	五八	二、〇五七	五、八一八	七、八七五
八月	昭和三年	三四	二三	一三六	一五九	二八	八九	二八七	三七六	五四	一、九四九	五、三二九	七、二七八
	昭和四年	四一	三四	二八三	三一七	三六	一〇五	二八七	三九二	五九	二、一一二	五、七七二	七、八八九

九月 右	九月 左	十月 右	十月 左	十一月 右	十一月 左	十二月 右	十二月 左
三一	四六	三三	三九	三六	三七	三三	三八
三〇	四〇	四七	四・二	四三	五四	二四	二〇
一七九	二一四	一一九	二四五	二四八	二五三	一六一	一二一
二〇九	二五四	一六六	二八六	二九一	三〇七	一八五	一四一
三〇	四四	三一	三九	三四	三四	三一	三二
二六	五七	三一	四四	八二	二六	二四	二一
二〇三	三〇二	二三五	二七二	一七七	二九一	一一四	一二〇
二二九	三五九	二六六	三一六	二五九	三一七	一三八	一四一
五四	六〇	五四	五九	五五	六〇	五五	五九
一九六一	二二三四	一九〇五	二〇八八	一九四四	二〇六[illegible]	一九四四	二〇二八
五五一二	五八六〇	五六〇七	五八八三	五五三六	五九二一	五四八九	五九〇〇
七四七二	七九八三	七五一二	七九七一	七四八[illegible]	七九八一	七四三三	七九二九

備考
右ハ前年中ヲ示ス
左ハ本年中ヲ示ス

大阪鑛山監督局職工異動數調（昭和三年中 昭和四年中）

月別	年	解雇 礦山數	解雇 男	解雇 女	解雇 計	雇入 礦山數	雇入 男	雇入 女	雇入 計	月末現在 礦山數	月末現在 男	月末現在 女	月末現在 計
一月	昭和三年	二八	三四一	四七	三八八	二三	二七一	二一	二九二	三三	一一、一七四	一、四五二	一二、六二六
	昭和四年	三七	三四七	三三	三八〇	三八	三六〇	四五	四〇五	七一	一一、七七八	一、四九三	一三、二七一
二月	昭和三年	二六	一九九	四六	二四五	二二	一九三	三八	二三一	三二	一一、一六八	一、四四四	一二、六一二
	昭和四年	四五	四八七	六三	五五〇	三二	三三〇	二八	三五八	七三	一一、六五七	一、四六九	一三、一二六
三月	昭和三年	二七	二三七	三九	二七六	二七	二六三	三二	二九五	二二	一一、一九四	一、四三七	一二、六三一
	昭和四年	四一	三八二	五〇	四三二	四二	四〇〇	四七	四四七	七六	一一、七六〇	一、四八二	一三、二四二
四月	昭和三年	二六	三二五	六〇	三八五	二四	一九四	二一	二一五	三二	一一、〇六三	一、三九八	一二、四六一
	昭和四年	四五	三七二	四九	四二一	四三	五二九	五二	五八一	七三	一一、九〇七	一、四八六	一三、三九三
五月	昭和三年	二八	三二一	六一	三八二	二四	二九〇	二四	三一四	三一	一〇、九九八	一、三六一	一二、三五九
	昭和四年	四四	三八二	六三	四四五	四六	六三九	六二	七〇一	六六	一二、一〇四	一、四七六	一三、五八〇
六月	昭和三年	二四	三〇一	三九	三四〇	二四	二一七	四五	二六二	三一	一〇、九一四	一、三六七	一二、二八一
	昭和四年	四二	二七五	五四	三二九	四七	五〇七	八四	五九一	六七	一二、四一〇	一、五二六	一三、九三六
七月	昭和三年	二六	二四六	四〇	二八六	三二	二六二	二三	二八五	三一	一〇、九三〇	一、三五〇	一二、二八〇
	昭和四年	四〇	三七〇	九〇	四六〇	四三	六一〇	四九	六五九	六六	一二、六二九	一、四八〇	一四、一〇九
八月	昭和三年	三二	二四二	二九	二七一	三〇	二四六	三四	二八〇	七二	一一、五三七	一、四六八	一三、〇〇五
	昭和四年	四一	三二四	五五	三七九	二八	三六三	三五	三九八	六四	一二、六七三	一、四六二	一四、一三五

九月 右	九月 左	十月 右	十月 左	十一月 右	十一月 左	十二月 右	十二月 左
三九	三九	四三	四九	四二	四〇	四五	三七
三六一	四〇七	四一四	三五一	三七五	七二四	三五六	三七五
四八	七九	七七	五七	三八	六四	五八	三六
四〇九	四八六	四九一	四〇八	四一三	七八八	四一四	四一一
三八	三四	四六	四九	三八	三七	三七	五五
三九二	四二九	三九六	三九二	四〇九	三三二	四七五	三六一
四八	七二	八九	四七	四一	四一	四二	四八
四四〇	五〇一	四八五	四三九	四五〇	三七三	五一七	四〇九
七五	六三	七五	六二	七四	六一	七二	五八
一二、五六八	一二、四〇八	一一、六七六	一二、十五三	一二、六一〇	一二、三二〇	一一、十二九	一二、四八七
一、四六八	一、四五二	一、四八四	一、四四四	一、四八七	一、四一三	一、四七一	一、四一三
一三、〇三六	一四、一六〇	一三、〇六〇	一四、一九六	一三、〇九七	一三、七三三	一三、二〇〇	一三、七〇〇

備考
右ハ前年中ヲ示ス
左ハ本年中ヲ示ス

◇昭和四年報　無宿労働者

（大阪労働共励館）

掲載資料の原本として日本社会事業大学図書館所蔵資料を使用

昭和四年報

無宿勞働者

大阪勞働共勵館

港區泉尾松之町二丁目一八番地

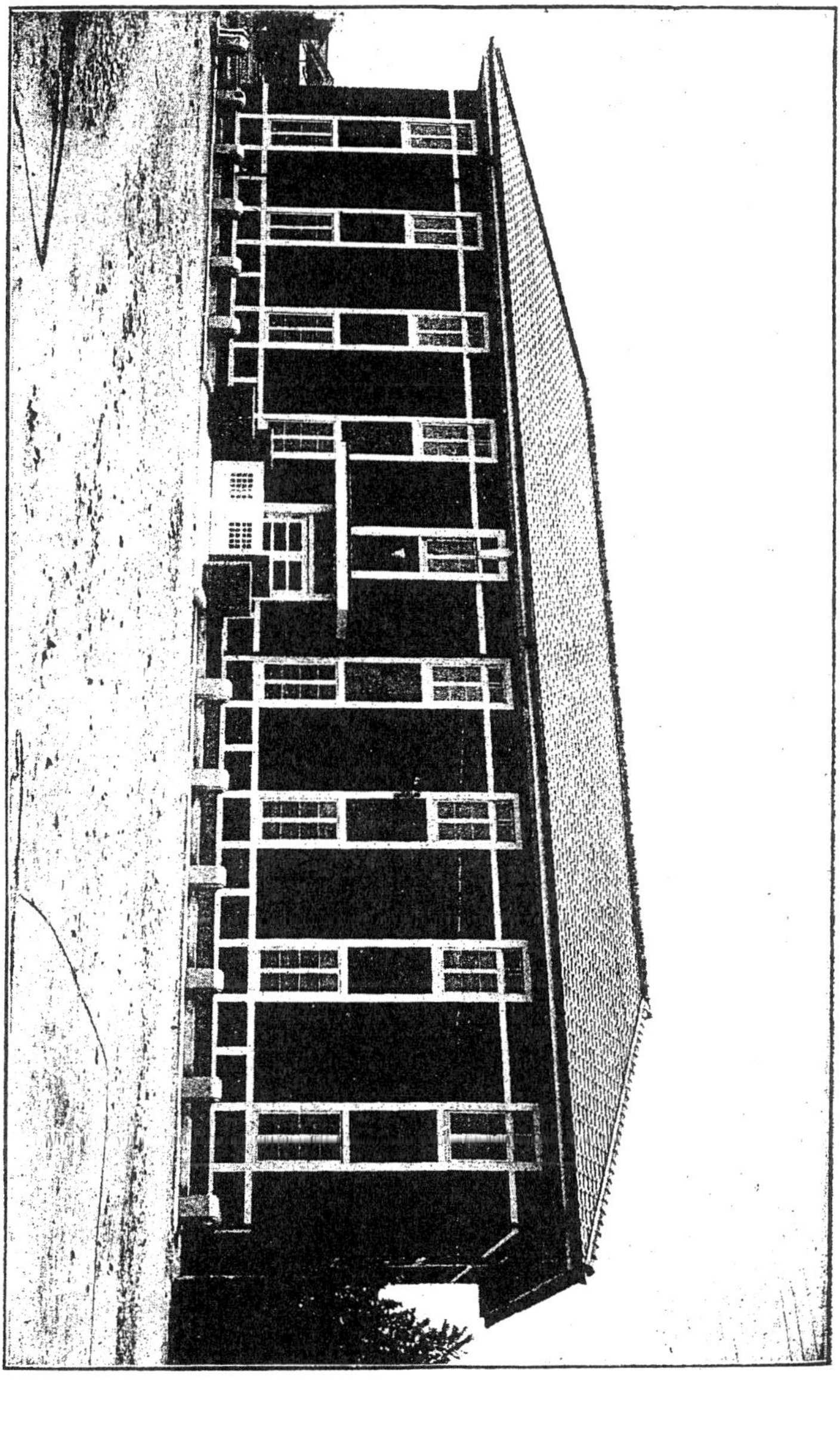

大阪勞働共勵館

大阪勞働共勵舘昭和四年度事業成績

第一　沿革目的施設

沿革

大阪府御大禮記念社會事業として計畫せる本舘は無宿勞働者の救護を目的とせるものにして之が經營を大阪市北區野崎町十八番地財團法人天滿職業紹介所に委托し同法人は大阪府より經常費の大部分の補助を受け大阪府の指示の下に建物以外事業に必要なる一切の設備を調辦し該經費並に維持費を負擔する事となりたれば本舘の竣工まで差當り大阪市浪速區惠美須町二丁目財團法人大阪職業紹介所内に假事務所を設け昭和四年二月十四日より授産事業中特殊設備を要せざる簡易なる事業を開始せり而して豫て大阪市港區泉尾松之町二丁目十八番地府有地二百二十五坪を卜して建設中の本舘及附屬建物は昭和四年六月末日竣工せしを以て同七月五日同所に於て愈々所期の事業を開始せり。

施設

建設物は本舘(木造瓦葺二階建延百五十九坪一合二勺)、講堂及作業場(木造瓦葺平家建五十四坪)、食堂及炊事場(同上十四坪)、便所及渡廊下(同上七坪三合)その建築費總額貳萬七千五百六拾圓にして本舘は公舍、職員室、事務室、應接室、倉庫、浴室、便所以外に宿泊室二十及病室一を有し一室に鐵製寢臺四個宛を具ふるが故に百六十八名を宿泊せしむることを得而して此等の寢臺には藁蒲團、敷蒲團、掛蒲團、夏蒲團等を備ふ講堂は二百名を容るゝに足り集會以外には休憩室又は娯樂室として之を使用す。

(1)

目的

本館の目的は大阪府管內に於ける無宿勞働者に對し教護を加ふるため宿所を供給し職業指導を爲し自立の途を講ぜしむるため(一)無料宿泊(定員百五十名)、(二)宿泊者の教護、(三)宿泊者の授產、(四)宿泊者の職業紹介、(五)各事業に附帶せる救助(食事、旅費、被服等の給與並に醫療等)、(六)其他大阪府に於て必要と認めたる事業等を行ふものにして其の事業の內容、種別及成績等は請ふ左記各項に就て看らるべし。

第二 事業成績

本籍別調

府縣別	人員	百分比	府縣別	人員	百分比	府縣別	人員	百分比	府縣別	人員	百分比
大阪	七五	一一・一二	鹿兒島	一九	二・八一	福井	一〇	一・四八	岐阜	五	〇・七四
兵庫	四三	六・三七	和歌山	一八	二・六六	島根	九	一・三三	秋田	五	〇・七四
東京	三三	四・八八	德島	一七	二・五二	富山	九	一・三三	群馬	五	〇・七四
廣島	二八	四・一五	熊本	一七	二・五二	福島	八	一・一九	靜岡	五	〇・七四
愛媛	二八	四・一五	滋賀	一六	二・三七	北海道	八	一・一九	長野	三	〇・四四
岡山	二五	三・七〇	奈良	一六	二・三七	佐賀	八	一・一九	栃木	三	〇・四四
京都	二五	三・七〇	朝鮮	一四	二・〇七	青森	七	一・〇四	埼玉	三	〇・四四
愛知	二五	三・七〇	大分	一四	二・〇七	沖繩	七	一・〇四	千葉	二	〇・三〇
高知	二三	三・三六	三重	一四	二・〇七	新潟	七	一・〇四	岩手	二	〇・三〇
山口	二二	三・二六	石川	一二	一・七七	神奈川	七	一・〇四	茨木	二	〇・三〇
香川	二一	三・一一	宮崎	一一	一・六七	山形	六	〇・八九			
福岡	二一	三・一一	長崎	一一	一・六七	鳥取	六	〇・八九	計	六七五	一〇〇・〇〇

本表に據りて本籍別を見るに宮城、山梨の二縣を除く外三府四十一縣、北海道及び朝鮮の廣きに亘り大阪の一一・一一%その首位を占め兵庫六・三七%、東京四・八八%、廣島四・一五%、愛媛四・一五%、岡山三・七〇%、京都三・七〇%、愛知三・七〇%の順序を以て之に亞ぐ此等大阪を中樞とせる隣接府縣の出身者多きは當然の事と謂ふべく唯だ東京が比較的多きは震災の影響にして此等の避難者が今尚ほ勞苦の中に浮沈せる窮狀察すべきなり因に大阪府下在籍者七十五名の在阪期間は一年未滿二十五名、五年未滿四名、十年未滿二名、十五年未滿一名、二十年未滿四名、二十五年未滿一名、三十年未滿四名、四十年未滿四名、五十年未滿四名、六十年未滿一名、不明二十五名なれば其の多くは地方出身者が大阪に一時本籍を移せるものにして大阪府下に於て實際出生せる者は極めて少數なりと知るべし。

經歷地調

府縣別	人員	百分比	府縣別	人員	百分比	府縣別	人員	百分比
東京	七四	一〇・九六	和歌山	五	〇・七四	佐賀	二	〇・三〇
兵庫	五〇	七・四一	滿洲	四	〇・五八	大分	二	〇・三〇
京都	三七	五・四八	靜岡	四	〇・五八	岐阜	一	〇・一五
愛知	二五	三・七〇	岡山	四	〇・五八	福井	一	〇・一五
福岡	一六	二・三七	朝鮮	三	〇・四五	石川	一	〇・一五
大阪	一二	一・七八	樺太	三	〇・四五	富山	一	〇・一五
神奈川	八	一・一九	三重	三	〇・四五	鳥取	一	〇・一五
北海道	八	一・一九	山口	三	〇・四五	德島	一	〇・一五
廣島	七	一・〇三	長崎	三	〇・四五	鹿兒島	一	〇・一五
滋賀	六	〇・八八	熊本	三	〇・四五	無	三七一	五四・九六
奈良	六	〇・八八	新潟	二	〇・三〇			
臺灣	五	〇・七四	愛媛	二	〇・三〇	計	六七五	一〇〇・〇〇

經歴地の文字が果して妥當なりや否やは知らざれども玆に經歴地と云へるは出生地以外に於て過去の生涯の多くを送りし所の意味なり而して經歴地の無きもの五四・九六%以外經歴地としては東京一〇・九六%、兵庫七・四一%、京都五・四八%、愛知三・七〇%、福岡二・三七%、大阪一・七八%等比較的多く其の移動の範圍二十八府縣及び北海道、朝鮮、臺灣、樺太、滿洲の廣きに亘たり仍ち收容者の四五・〇四%は出生地以外の前記諸地方に移動し其の移動の徑路は東北、關東地方の者は東京に中國、四國、近畿地方の者は兵庫、大阪、京都に九州地方の者は福岡に移動し更に商工業の中心たる大阪に再移動を行なへるものゝ如し。

在阪期間調

期間	人員	百分比	期間	人員	百分比	期間	人員	百分比
一日……五日	二五八	三八・三三	三月……五月	三五	五・一八	七年……十年	一二	一・七八
六日……十日	六九	一〇・三三	五月……七月	二六	三・八五	十年……十五年	六	〇・八九
十一日……十五日	二一	三・一一	七月……十二月	三九	五・七八	十五年……二十年	一一	一・六三
十六日……二十日	一一	一・六三	一年……二年	二三	三・四一	二十年……廿五年	二	〇・三〇
廿一日……廿九日	一六	二・三七	二年……三年	一三	一・九三	廿五年……三十年	一	〇・一五
一月……二月	五九	八・七四	三年……五年	一〇	一・四八	不明	一三	一・九三
二月……三月	三六	五・三三	五年……七年	一四	二・〇七	計	六七五	一〇〇・〇〇

大阪在籍者在阪期間調

期間	人員	期間	人員
一年未滿	二五	二十年……廿五年	一
一年……二年	三	廿五年……三十年	四
二年……三年	一	三十年……四十年	四
三年……五年	〇	四十年……五十年	四

五　年……七　年	一	五十年……六十年	一
七　年……十　年	一	不　明	二五
十　年……十五年	一		
十五年……二十年	四	計	七五

流轉常なき獨身勞働者の身なれば大阪府下に本籍を有するものにして在阪期間の比較的短き者もあるべく地方出身者にして再三來阪せる者もあるべく本表の如きは之が精確を期すること難し在阪期間中十日以内四八・四四%を占むるを以て果して事實なりとせば此等の惡化若くは窮迫の程度たるや知るべし然ど別表浮浪失業原因並に同期間調等を參照し且つ實際取扱上の經驗に據るに收容者の多數は相當期間在阪し浮浪生活に慣れたる者なるが如し。

年齢別調

年齢別	人員	百分比	年齢別	人員	百分比	年齢別	人員	百分比
十五歳以上	四三	六・三七	三十五歳以上	八三	一二・三一	五十五歳以上	七	一・〇三
二十歳以上	一四〇	二〇・七四	四十歳以上	五四	七・九九	六十歳以上	一〇	一・四八
二十五歳以上	一六二	二四・〇〇	四十五歳以上	五五	八・一四	計	六七五	一〇〇・〇〇
三十歳以上	一〇四	一五・四〇	五十歳以上	一七	二・五四			

年齢別は二十五歳乃至三十歳二四・〇〇%、二十歳乃至二十五歳二〇・七四%、三十歳乃至三十五歳一五・四〇%、三十五歳乃至四十歳一二・三一%、四十五歳乃至五十歳八・一四%、四十歳乃至四十五歳七・九九%、十五歳乃至二十歳六・三七%等の順位にして就中十五歳より三十五歳迄の可働年齢階級者が實に六六・五一%の多數を占め之に反し五十歳以上の頽齢者が僅に五・〇五%に過ぎざるは一考を要する事實なり。

戸主ト續柄

續柄	人員	百分比	續柄	人員	百分比
戸主	二六五	三九・二六	四男	一三	一・九三
長男	九九	一四・六七	其他	三四	五・〇四
次男	二二一	三二・七四	不明	八	一・一八
三男	三五	五・一八	計	六七五	一〇〇・〇〇

戸主三九・二六％以外の者に就き戸主との續柄を見るに次男三二・七四％、長男一四・六七％、三男五・一八％、四男一・九三％の順位なり而して收容者の九割弱は未婚者なれば本表の戸主三九・二六％は概ね獨身者なるべく其の中には不身持のため離籍せられて一家を創立せる戸主もあるべきなれば前記戸主中には長男もあるべく次男以下もあるべしそは兎も角も斯く多數の戸主が都會に移動して家を省みざるは其の家庭の破壞を物語るものにして其の家族の社會的關係には重大の變化を及ぼすならん次に次男以下の都會移動は家族增大の結果とも見ることを得れば別に憂ふることからんも長男一四・六七％の都會移動は將來歸鄕するや否やに依りて家族關係に多大の影響を與ふる事あらん。

戸主ノ職業調

種別	人員	種別	人員	種別	人員	種別	人員	種別	人員
農業	一六七	土木請負	五	馬力曳	四	小使	三	硝子商	一
無職	三四	古物商	五	舟夫	四	仲仕	三	材木商	一
會社員	一三	木挽	五	金物商	三	賣藥行商	二	書店	一
日稼	一二	官公吏	五	履物商	三	麵類商	二	染物業	一
鐵工	一二	雜貨商	四	土地仲介業	三	果實商	二	舟宿	一
海産物及生魚商	一〇	旅館	四	吳服商	三	料理人	二	飲食店	一
大工	一〇	米商	四	菓子商	三	自轉車商	一	潜水業	一
漁師	六	青物商	四	印刷工	三	荒物商	一	藝妓置屋	一

生花商	一	飲料水工	一	下駄職	一	別荘番	一	神官	一
時計商	一	製圖工	一	鑄物工	一	鑛夫	一	天理教々師	一
籠商	一	石工	一	電工	一	雜業	一	僧侶	一
玩具商	一	瓦職	一	製紙工	一	電車乘務員	一	家政婦	一
俵商	一	左官	一	裁縫工	一	俳優	一	鐵道吏員	一
眞珠商	一	舟大工	一	染物工	一	商店員	一	不明	三
昆布商	一	製繩工	一	籠工	一	養蠶業	一		
砂糖商	一	鉽力職	一	ゴム職工	一	醫師	一		
漬物商	一	植木職	一	理髪師	一	郵便局員	一		
蒲鉾商	一	建具職	一	人力車夫	一	寫眞師	一	計	四〇五

戸主の職業の四一・二三%は農業にして其の他は商業一五・五五%、職工一二・八四%、無職八・二九%、給料生活者五・四三%、日傭勞働者四・六九%の順位なり仍ち農村よりの移動者最も多く次は地方に於ける商人、職工、無職、給料生活者、日傭勞働者等の子弟之に亞ぐ。

配偶者有無調

未婚者	六〇三	八九・一九
既婚者	七三	一〇・八一
計	六七五	一〇〇・〇〇

（既婚者内譯）

現ニ配偶者アルモノ	四〇	五四・七九
死別セルモノ	二〇	二七・四〇
生別セルモノ	一三	一七・八一
計	七三	一〇〇・〇〇

收容者の八割强は二十歳乃至四十歳の性殖年齢者なれども社會的經濟的事情のため妻帯せるもの極めて稀にして未婚者八九・一九%に對し既婚者一〇・八一%の比例なり而して既婚者の五割五分弱は配偶者あるも別居せるもの二割七

分强は死別せるもの一割八分弱は生別せるものなり。

家族關係調

父母	人員	百分比
實父母	一八二	二六・九六
實父繼母	三	〇・四四
繼父實母	—	—
實父ノミ	五四	八・〇〇
實母ノミ	一四一	二〇・八九
父母	四	〇・六〇
無	二九一	四三・一一
不明	—	—
計	六七五	一〇〇・〇〇

子	人員	百分比
子一人	二二	三・二六
〃二人	五	〇・七四
〃三人	三	〇・四四
〃四人	二	〇・三〇
〃五人	—	—
〃五人以上	—	—
無	六四三	九五・二六
不明	—	—
計	六七五	一〇〇・〇〇

兄弟	人員	百分比
兄弟一人	二〇〇	二九・六三
〃二人	一一四	一六・八九
〃三人	六三	九・三三
〃四人	三四	五・〇四
〃五人	一五	二・二三
〃五人以上	一〇	一・四八
無	二三九	三五・四一
不明	—	—
計	六七五	一〇〇・〇〇

姉妹	人員	百分比
姉妹一人	一八八	二七・八五
〃二人	九三	一三・七八
〃三人	四二	六・二二
〃四人	九	一・三三
〃五人	二	〇・三〇
〃五人以上	一	〇・一五
無	三四〇	五〇・三七
不明	—	—
計	六七五	一〇〇・〇〇

父母の有無に就ては父母なきもの四三・一一%、實父母あるもの二六・九六%、實母のみあるもの二〇・八九%、實父のみあるもの八・〇〇%にして兩親なきもの極めて多く片親なきもの之に亞ぐ。

子の有無に就ては收容者の約九割が未婚者なれば隨て子の無きもの九五・二六%に對し子あるものは僅に四・七四%に過ぎず。

兄弟の有無に就ては兄弟なきもの三五・四一%に對し兄弟あるもの六四・五九%にして其の中兄弟一人あるもの二九・六三%、同二人あるもの一六・八九%、同三人あるもの九・三三%、同四人以上あるもの八・七四%の比例なり。

姉妹の有無に就ては姉妹なきもの五〇・三七%に對し姉妹あるもの四九・六三%にして其の中姉妹一人あるもの二七・八五%、同二人あるもの一三・七八%、同三人あるもの六・二二%、同四人以上あるもの一・七八%の比例なり。

教育程度別調

教育別	人員	百分比	教育別	人員	百分比	教育別	人員	百分比
專門學校卒業	五	〇・七四	專門學校中途退學	八	一・一九	中學校卒業	一四	二・〇七
中學校中途退學	三八	五・六三	中學程度學校卒業	二五	三・七〇	中學程度學校中途退學	三一	四・五九
高等小學卒業	一九五	二八・八九	高等小學中途退學	三八	五・六三	尋常小學卒業	二五三	三七・四九
尋常小學中途退學	五四	八・〇〇	文字ヲ解セサル者	一四	二・〇七	計	六七五	一〇〇・〇〇

最も多きは尋常小學卒業の三七・四九％にして高等小學卒業二八・八九％、中等學校卒業五・七七％の順序を以て之に次ぐ而して高等小學以上の學力を有するもの實に四六・八一％を占め之を勞働紹介所に於ける求職者の教育程度に比して遙に高きは特に留意すべし。

氣質調

一、多血質（陽氣）	八六	一二・七四％					
交際家	一	快活	七	馴レ易シ	二	輕卒	一八
放逸	五	ごまかし	五	雷同	三二	利己	一六
二、膽汁質（短氣）	二五四	三七・六三％					
敏感	三	傲慢不遜	一三	陰險	二	殘忍酷薄	二
自暴自棄	四〇	頑固	七六	短氣	一一八		
三、神經質（陰氣）	一五二	二二・五二％					
猜疑的	一一	遠慮的	三	拘泥	一	憂鬱	二五
小心	一一二						
四、粘液質（粘リ強キ）	一三六	二〇・一五％					

篤實	一	沈思的	三	忍耐	九	怠惰	一三
卑屈	一九	無氣力	二〇	無情	一	迂濶	一一
無頓着	一八	遲鈍	四一				

五、不詳　四七　六・九六%

氣質即ち個性は俗に十人十色と謂へるが如く千差萬別にして之を概括して表示すること頗る難く且つ其の差異を判別するに就ては須らく科學的方法に據らざるべからず本調査の如きは單に常識的若くは經驗的判斷に依りて之を分類せるに過ぎざれば妥當性を缺ぐこと少からざるべし而して氣質の分類は左表の如く多血質、膽汁質、神經質、粘液質の四種に分ち其の氣質の長所短所即ち一個性の表裏兩端をも列記せり。

氣質	長所	短所	約言
多血質	交際家、同情家、快活、進取、多趣味、多方面、馴レ易シ	輕卒、放逸、ごまかし、雷同、利己	輕快、進取
膽汁質	寬濶、大様、堂々、敏感、意志强固、秩序的、自信	傲慢不遜、陰險、殘忍、酷薄、自暴自棄	重厚、陰忍
神經質	用意周到、忍耐、緻密、眞面目理義的	猜疑的、嫉妬的、非難的、遠慮的、羞恥的、拘泥、憂鬱、小心	敏感、緻密
粘液質	交際平和、進止平凡、正直、篤實、沈思的、忍耐	怠惰、卑屈、無氣力、無情、偷安、迂濶、遲鈍	因循、保守

收容者中膽汁質(短氣)三七・六三%その首位を占め、神經質(陰氣)二二・五二%、粘液質(粘り强き)二〇・一五%、多血質(陽氣)一二・七四%の順位を以て之に亞ぐ而して此等の氣質の長所を有せるもの極めて稀にして短所を有するもの甚だ多し仍ち膽汁質二百五十四人中には短氣一一八、頑固七六、自暴自棄四〇、高慢一三を占め、神經質百五十二人中には小心一一二、憂鬱二五、猜疑一一を占め、粘液質百三十六人中には無氣力二〇、卑屈一九、怠惰一三、迂濶一一を占め、多血質八十六人中には雷同三二、輕卒一八、利己一六を占むるの事實に徴すれば變質者則ち精神の發

育が圓滿平等なる能はず就中情意の發動に缺陥あり智力の低格を伴ふ者の少からざる事を知るべし。

嗜好調

嗜好別	人員	百分比
莨	三〇四	四五・〇四
酒	五五	八・一五
莨酒	二五三	三七・四八
菓子	一五	二・二二
不明	四八	七・一一
計	六七五	一〇〇・〇〇

本表に據れば煙草を嗜むも酒を好まざるもの四五・〇四%煙草も酒も嗜むもの三七・四八%酒を嗜むも煙草を好まざるもの八・一五%の比例なるが故に收容者の八割二分强は煙草を嗜み四割五分强は酒を好むものなりと知るべし。

趣味及娯樂調

種別	人員	百分比	種別	人員	百分比	種別	人員	百分比	種別	人員	百分比
活動寫眞	一二九	一九・一二	文藝	一一	一・六三	浪花節	四	〇・五九	食道樂	二	〇・三〇
讀書	九一	一三・四八	撞球	一〇	一・四八	講演	三	〇・四四	興行物	二	〇・三〇
遊興	六一	九・〇三	寄席	八	一・一八	遊藝	二	〇・三〇	武術	二	〇・三〇
芝居	二一	三・一一	好色	七	一・〇三	俳句	二	〇・三〇	辯舌	一	〇・一五
遊山	二〇	二・九六	魚釣	六	〇・八九	園藝	二	〇・三〇	放歌	一	〇・一五
音樂	一六	二・三七	小說	六	〇・八九	繪畫	二	〇・三〇	書	一	〇・一五
運動	一五	二・二二	賭事	五	〇・七四	生花	二	〇・三〇	作歌	一	〇・一五
碁	一四	二・〇七	將棋	四	〇・五九	義太夫	二	〇・三〇	遊樂	一	〇・一五
旅行	一二	一・七七	尺八	四	〇・五九	手工	二	〇・三〇	水泳	一	〇・一五

相場	一	〇・一五	數學	一	〇・一五	登山	一	〇・一五	不明	一九三	二八・五九
修養	一	〇・一五	琵琶	一	〇・一五	野球	一	〇・一五			
美服	一	〇・一五	骨董	一	〇・一五	寺詣	一	〇・一五	計	六七五	一〇〇・〇〇

趣味娯樂は一人一種を擧げたるものにして活動寫眞一九・一一%、讀書一三・四八%、遊興九・〇三%等最も多く其の種類四十五の廣きに亘れり尚その種別を整理して之を表示すれば興業物二四・五九%、學術一三・七八%、競技一一・九九%、性慾一〇・〇六%、遊藝三・八六%、文藝三・二六%、修養〇・八九%、賭事〇・八九%、其他二・〇九%、不明二八・五九%の順位なり。

信教調

信教別	人員	百分比	信教別	人員	百分比
佛教	三七八	五六・〇〇	大本教	一	〇・一五
基督教	五五	八・一五	稻荷教	一	〇・一五
神道	一九	二・八一	無信仰	二〇〇	二九・六三
天理教	一六	二・三七			
金光教	五	〇・七四	計	六七五	一〇〇・〇〇

宗教別は佛教五六・〇〇%、基督教八・一五%、神道二・八一%、天理教二・三七%等の順位にして收容者の七割强は宗教的信仰を有するが如きも實際は然らず汝の宗教は何ぞやとの質問に對して其の答ふる所の多くは祖先傳來の宗教にして自己の信奉せる宗教にあらず若し佛教なりと答ふる時は佛教信者の家に生れたりとの意味にして自己は何等の信仰をも有せざるを常とせるは收容者の三割弱が無信仰なる事實と共に記憶すべし因に基督教を信ずる者の比較的に多きは職員中に之を信ずる者ありて其の關係方面の紹介に依りて收容せる者の少からざりしに由る。

犯罪調

犯罪種別	犯數 一犯	二犯	三犯	四犯	五犯	十犯	十三犯	計
窃盗	七	七	一	三	四	一	一	二四
業務横領	二	一	―	―	―	―	―	三
詐欺横領	三	―	一	―	―	―	―	四
傷害殺人	四	一	―	―	―	―	―	五
殺人未遂	一	―	―	―	―	―	―	一
掏摸	一	―	―	―	―	―	―	一
賭博	―	―	―	―	―	一	―	一
賣藥火藥取扱違犯	一	―	―	―	―	―	―	一
計	一九	九	二	三	四	二	一	四〇

釋放者四十名中の二十二名は司法保護事業施設より釋放者として送致せるもの他の十八名は收容の際に本人自ら釋放者たる事を申告せるものにして此の他に幾許の前科者ありや否やは之を詳にせず犯罪種別中最も多きは窃盗にして二十四人を占め傷害殺人五人、詐欺横領四人、業務横領三人等之に亞ぎ犯數は一犯最も多く十九人を占め二犯九人、五犯四人、四犯三人等之に次ぐと雖も本表の如きは調査人員僅に四十名に過ぎざれば統計上の價値頗る乏しく敢て參考に資するに足らざるは言ふ迄もなし請ふ更に他日の調査に俟たん。

習得技能調

種別	人員	種別	人員	種別	人員	種別	人員
菓子職	二	炊事	九	鐵工	六	馬力	五
仕上工	一〇	電工	八	能筆	六	裁縫工	四
木工	一〇	大工	七	火夫	五	外交	四
コツク	九	塗工	六	鉽力職	五	印刷工	四

木挽	三	設計師	二	左官	一	自動車修繕	一
鋸目立	三	鑄工	二	商賣	一	帽子職	一
寫眞師	三	疊職	二	表具師	一	針製造	一
染色工	三	織布工	二	絹織物	一	帽子洗	一
製材工	三	メリヤス工	二	瓦斯職工	一	柳行李職	一
餅職	三	製本職	二	電機取扱	一	エボナイト工	一
水夫	三	筆工	二	豚料理	一	郵便配達	一
自動車運轉士	三	鼻緒職	二	ウインチ扱	一	時計直シ	一
旋盤工	三	料理人	二	靴下編物	一	蒲鉾職	一
鳶仲仕	三	機關油注シ	二	下駄職	一	自動車修繕工	一
柔道	二	指物職	二	織機扱	一	傘職	一
繪畫	二	製箱職	一	謄寫	一	瓦職	一
機械製作	二	豆腐製造	一	櫛職	一	ベルト工	一
理髪職	二	籠細工	一	通信技手	一	造船工	一
紡績工	二	植木職	一	ゴム靴工	一	蕎麥打	一
製罐職	二	レントゲン扱	一	籐細工	一	無	四五四
測量師	二	製圖	一	魚釣	一		
グレン取扱	二	變壓器組立	一	仕立工	一		
火造	二	レザー加工	一	齒科技工	一	計	六七五

本表に據れば收容者中六七・二六％は智能の低劣なるためか身体の虚弱なるためか孰れの技能をも有せず他の三二・

七四%は多少の技能を有し其の技能の種別は八十五種の多きに亘るも其の中には特別の熟練も專門の知識も必要なく唯だ健康さへあらば何人にても營み得る職業少からざるが故に此等の職業に從事せる者は如何程勤續するも上達することなく漸く自己の口を糊するに足る地位に甘んずるか不平の餘り其の職を抛ちて甲より乙へと當途もなく轉々するの他に途なし或は特殊の技能と優秀の智能とを要する職業に從事せしものあらんも別表氣質調に於て見るが如く收容者の多くは知覺の遲鈍と注意の散漫とのために其の技能に熟達すること能はず不熟練者と殆ど區別なきなり。

前職別調

職別	人員	百分比	職別	人員	百分比	職別	人員	百分比	職別	人員	百分比
日傭勞働	一四七	二一・七八	工場職工	一三〇	一九・二六	雜役	五四	八・〇〇	配達	四七	六・九六
雜	四三	六・三	商店員	四一	六・〇八	農	四一	六・〇八	行商	三七	五・四八
土工	三四	五・〇四	商業	二八	四・一四	事務員	二三	三・四一	船員	二三	三・四一
大工	一四	二・〇七	出獄直後	五	〇・七四	下男	四	〇・五九	官公吏	四	〇・五九
數員	一	〇・一五	計	六七五	一〇〇・〇〇						

前職別を見るに最も多きは日傭勞働の二一・七八%にして工場勞働一九・二六%、商人又は店員一〇・二二%之に亞ぐ而して此等の多數が不熟練勞働者若くは不定勞働者たる事は別表習得技能調に就て觀るが如く總數の六割七分強が何等の習得技能なき事實に徵して知るべし要するに此等の多數は都會生活を憧れ漫然都會に職を求むべく來阪せるもの或は會社工場の雜役又は見習職工等を希望して來阪せるものなるも近時事業界不況のため就職の機會乏しく遂に糊口に窮して日傭勞働者若くは不定勞働者の群に投ぜしものなりと知るべし。

前收入調

月收		
金額	人員	百分比
二十圓未滿	一〇九	四三・三六
三十圓〃	五七	二二・六九
四十圓〃	二三	九・一七
五十圓〃	一七	六・七八
六十圓〃	一八	七・一八
七十圓〃	一二	四・七九
八十圓〃	七	二・八〇
九十圓〃	二	〇・八一
百圓〃	二	〇・八一
百圓以上	四	一・六一
計	二五一	一〇〇・〇〇

日收		
金額	人員	百分比
五十錢未滿	一四	三・三〇
七十五錢〃	五	一・一九
一圓〃	四四	一〇・三八
一圓二十五錢〃	三一	七・三一
一圓五十錢〃	一四七	三四・六六
二圓〃	一四三	三三・七〇
二圓五十錢〃	二〇	四・七二
三圓〃	一六	三・七九
三圓五十錢〃	四	〇・九五
四圓〃	—	—
四圓以上	—	—
計	四二四	一〇〇・〇〇

月收三割七分日收六割三分の比例なれども此は前收入の計算方法の差異にして別に理由ある莫し月收に於ては二十圓未滿四三・三六%、三十圓未滿二二・六九%、四十圓未滿九・一七%、五十圓未滿六・七八%、六十圓未滿七・一八%の順位なれば月收者總數の九割弱は月額六十圓未滿の收入なり次に日收に於ては一圓未滿一四・八七%、一圓五十錢未滿四一・九七%、二圓未滿三三・七〇%の順位なれば日收者總數の九割强は日額二圓未滿の收入なり果して然らば月收と日收の別なく收容者九割の前收入は一日二圓以下なりと謂ふべきも自己の收入を過大に吹聽するは下級勞働者の常なれば此等の實收入は一日一圓五十錢以下なりと謂ふも大過なかるべし。

(16)

失業浮浪原因調

		原因	數	百分比
個人的原因	自發的原因	來阪	六〇	五二・六三%
		地方移動	一一	九・六五%
		轉職	三八	三三・三三%
		家事ノ都合	五	四・三九%
		小計	一一四	一六・八九%
	他動的原因	老衰	一	〇・四〇%
		虚弱	九	三・六二%
		病氣	一〇二	四〇・九六%
		負傷	一一	四・四二%
		父母死亡	三	一・二〇%
		妻死亡	四	一・六一%
		事業失敗	二一	八・四三%
		雇主失敗	二九	一一・六五%
		失業	一	〇・四〇%
		入獄	一三	五・二二%
		飲酒	二	〇・八〇%
		放蕩	九	三・六二%
		性癖	五	二・〇一%

		家庭、雇主及同輩ト不和	三六	一四・四六%
		妻帯	一	〇・四〇%
		計算不能	一	〇・四〇%
		火災	一	〇・四〇%
		小計	二四九	三六・八九%
社會的原因	一般的原因	工場閉鎖	一	〇・三三%
		業務閑散	二五	八・三六%
		仕事切	一七五	五八・五三%
		生活難	八五	二八・四三%
		解雇	一三	四・三五%
		小計	二九九	四四・三〇%
	特殊的原因	工場燒失	一	一〇・〇〇%
		不漁	一	一〇・〇〇%
		漁期終了	一	一〇・〇〇%
		降雪	六	六〇・〇〇%
		入營	一	一〇・〇〇%
		小計	一〇	一・四八%
其他(原因不明)			三	〇・四四%
合計			六七五	一〇〇・〇〇%

収容者の多くは定職なき浮浪勞働者にして其の需要は概ね日傭又は臨時勞働に限らるゝなり而して此等の勞働は需要過多の狀態が繼續し且つ彼等よりも適當なる人間の拂底せる場合のみ餘儀なく雇傭せらるゝも然らざる限り失業の厄を免かるゝこと能はず假令晝夜勞働して怠らざるも賃銀極めて安きため明日の食を貯ふるの餘裕なく若し一日その業を失はゞ忽ち路頭に迷ふの他なく失業と浮浪との間には時間的にも空間的にも其の原因を區別すること能はざるを以て本調査の如きは失業と浮浪とを同一視して之が調査を行へるものなり本表には失業浮浪原因を大別して其の原因が一個人に限らるゝものを個人的原因と稱し此の內に自發的原因即ち自己の意志に依りて失業浮浪せるものと他動的原因即ち自己の意志にあらざる他の原因に據りて失業浮浪せるものとを含ましめ次に其の原因が一個人に限らず一般社會現象の結果に依るものを社會的原因と呼び其の內に一般的原因と特殊的原因とを含ましむ仍ち個人的原因五三・七八%、社會的原因四五・七八%、原因不明〇・四四%にして個人的原因中の自發的原因一六・八九%、他動的原因三六・八九%、社會的原因中の一般的原因四四・三〇%、特殊的原因一・四八%の比例なり更に此等の諸原因を細に擧ぐれば自發的原因中には都會又は地方移動のため七十一人、轉職のため三十八人、他動的原因中には疾病負傷のため百二十三人、自己又は雇主の事業失敗五十人、他人と不和三十六人、性癖又は不身持のため二十九人、父母又は妻の死亡七人、社會的一般原因中には業務の閑散廢止及仕事切二百一人、生活難八十五人、解雇十三人等あり之を要するに失業浮浪の原因は必ずしも個人の精神的、肉体的缺陷のみより來るものにあらず寧ろ個人の力にては如何ともすることと能はざる他の力即ち社會上經濟上の諸原因に依ること蓋し鮮少ならざるべし。

失業浮浪期間調

期間	人員	百分比	期間	人員	百分比
一日……五日	一三三	一八・〇七	十一日……十五日	五五	八・一五
六日……十日	七五	一一・一一	十六日……二十日	二六	三・八五

(19)

廿一日……廿九日	一一	一・六三
一　月……二　月	一五四	二二・八二
二　月……三　月	四九	七・二六
三　月……五　月	四三	六・三七
五　月……七　月	二八	四・一五
七　月……十二月	四八	七・一一
一　年……二　年	三〇	四・四五
二　年……三　年	六	〇・八九
三　年……五　年	一〇	一・四八
五　年……七　年	四	〇・五九
不　　明	一四	二・〇七
計	六七五	一〇〇・〇〇

大阪以外の府縣出身者八八・八九％、在阪期間二月未滿のもの六四・二九％、浮浪期間二月未滿のもの六五・六三％等の事實を參照するに收容者の過半は都會に於ける勞働の需要若くは就職の機會に刺戟せられて來阪せるも都會の勞働需要の大半は日傭勞働にして失業の機會頗る多く彼等が身を寄する所の勞力請負業者若くは勞働下宿業者等の貪婪飽くなき强慾のため所持金品を詐取せられ或は移動慾に驅られ舊慣や舊職や舊き緣故よりの解放を求めて無謀にも來阪し職を求めて徒食せる間に錢となるべき物は賣り金となるべき物は典じ盡せる結果本舘の保護を求めし者も少からざるべし其の他浮浪期間一年未滿二四・八九％、一年以上七・四一％、不明二・〇七％の比例なるが此等一年以上の浮浪生活を送れる者は浮浪の常習者と看做すべきものにして其の浮浪原因は老衰、虛弱、病氣、不具、泥醉癖等精神上肉体上の缺陷に由る場合多し。

收容者徑路調

紹介者	收容人員	百分比
警察署	一一三	一六・七四
區役所	五	〇・七四
職業紹介所	九〇	一三・三四
共同宿泊所	六九	一〇・二二
計	六七五	一〇〇・〇〇

紹介者	收容人員	百分比
本人直接來舘（看板ヲ見テ）	一二二	一八・〇七
本人直接來舘（人ニ敎ヘラレテ）	一八四	二七・二六
其他	七〇	一〇・三七
釋放者保護所	二二	三・二六

本表は收容者が其の保護を求むるため本舘に來れる徑路を調査せるものにして別に紹介者なく本人直接來舘せるもの四五・三二％以外は警察署一六・七四％、職業紹介所一三・三四％、共同宿泊所一〇・二二％、釋放者保護所三・二六％、區役所〇・七四％の比例なり仍ち警察官は取締上浮浪者に接すること多く職業紹介所や共同宿泊所等には勞働能力乏しく且つ生計に窮迫せる失業者少からざるに此等の官公署又は社會施設より送致又は紹介せるもの極めて少なきは實に怪訝に堪へざるなり而して直接來舘者の四割は本舘の目的と場所とを掲示せる辻看板を見て來りしもの他の六割は人に教へられて來りしものなり。

收容者月別移動調

月別	收容人員			移動內容						月末在舘者
	前月越	當月收容	計	就職	歸國	退舘	逃走	病氣入院	計	
昭和四年四月	九	二九	三八	一二	九	二	―	―	二三	一五
五月	一五	一八	三三	一四	四	一	―	一	二〇	一三
六月	一三	一九	三二	二〇	四	―	―	―	二四	八
七月	八	五八	六六	二〇	六	二	一	―	二九	三七
八月	三七	五九	九六	二二	一七	二	一	四	四六	五〇
九月	五〇	八九	一三九	一三	一五	四	五	三	四〇	九九
十月	九九	七〇	一六九	一九	三三	六	―	一	五九	一一〇
十一月	一一〇	七二	一八二	二四	二五	八	―	―	五七	一二五
十二月	一二五	六四	一八九	二二	一一	五	―	一	三九	一五〇
昭和五年一月	一五〇	四三	一九三	二四	一九	八	―	一	五二	一四一
二月	一四一	七〇	二一一	三〇	二四	九	―	―	六三	一四八
三月	一四八	八四	二三二	二七	四五	一四	―	一	八七	一四五
合計	―	六七五	―	二四七	二一二	六一	七	一二	五三九	―
比例	―	―	―	四五・八二	三九・三三	一一・三二	一・三〇	二・二三	一〇〇・〇〇	―

不景氣は日を逐ふて愈々深酷の度を加へ浮浪者は巷に溢るゝの今日なれば本館の如きは開館と同時に此等の人々を以て充滿し忽ち收容定員を超過する筈なれども事實然らざるは本館の位置が浮浪者の巢窟とも云ふべき細民地域より遠く離れ隨つて事業の目的が此等の人々に周知せられざると共に本館の敎護方針が嚴格なるため浮浪の常習者は到底之に堪へざる事等に因る而して收容者中失業又は就職難に原因せる浮浪者五八・九六%、虛弱又は疾病に原因せる浮浪者一八・二三%なるを以て之が保護の方法は主として就職の斡旋に努め若し疾病其他の理由に依りて就職すること能はざる者の中鄕里に保護者ある者に對しては旅費調達の途を講じて歸鄕せしむ是れ移動者中就職四五・八一%、歸國三九・三三%ある所以にして退館一一・三二%は本人の都合に依り若くは敎化困難のため退館を命ぜしもの、逃走一・三〇%、病氣入院二・二二%は敢て說明の要なからん而して前記移動者の外常に定員百五十名內外の收容者あるは就職未定の者又は勞働無能者にして歸國せしむるも生計の途なき者に限り本館の敎護の下に日用品の行商又は臨時人夫等に從事せしむるがためなり。

就職別調

職別	人員	百分比	職別	人員	百分比	職別	人員	百分比	職別	人員	百分比
行商	八、三八九	二九・七一	人夫	四、一九二	一四・七一	廣告人夫	二、八一四	九・八八	雜役	二、六六七	九・一六
工場雜役	二、三四五	八・二三	衛生人夫	一、八一六	六・三六	職工	一、七九九	六・三三	鐵工	九四三	三・三〇
塗工	八二一	二・八五	商店雜役	四六三	一・六三	事務員	四一七	一・四六	外交	三八八	一・三六
職見習	三三〇	一・一六	荷造配達	三〇三	一・〇六	煙突掃除	二六七	〇・九四	飲食店雇人	二二九	〇・七八
下駄直シ	二一四	〇・七五	雜	九八	〇・三五	計	二八、四八五	一〇〇・〇〇			

收容者總數の六七・二六%は何等の技能經驗もなく他の三二・七四%は一定の技能を習得せるものなりと雖も多くは其の技能未熟にして一人前の賃銀を獲るの資格乏しきを以て遺憾ながら不定勞働に從事するの他に途なし仍ち就職別中の行商二九・七一%、人夫一四・七一%、廣告人夫九・八八%、雜役九・一六%、衛生人夫六・三六%等の不定勞働が

殆ど六九•八二%を占め常備とも目すべきものは工場雑役八•二二%、職工六•三二%、鐵工三•三〇%、塗工二•八五%、商店雑役一•六三%、職見習一•一六%等に過ぎざるなり。

行商品仕入金高調

月別	粉末石鹸	固形石鹸	塵紙	束子	其他	計
昭和四年四月	一四八、二四〇	—	五一、六五〇	—	—	一九九、八九〇
五月	五五、九一〇	—	四、七〇〇	—	三、〇〇〇	六三、六一〇
六月	七一、五三〇	—	二一、四〇〇	—	—	九二、九三〇
七月	二六一、八〇〇	—	四四、九三〇	三一、五二〇	一七、六八〇	三五五、九三〇
八月	二四七、七〇〇	八八、二〇〇	一八、六四〇	四七、九一〇	一七、〇四〇	四一九、四九〇
九月	三三三、八五〇	一七三、八九〇	四一、六四〇	三九、三三〇	一〇、八九〇	五九七、六〇〇
十月	五六〇、七五〇	二三一、九〇〇	三八、二一〇	五〇、〇一〇	五、四四〇	八八六、三一〇
十一月	五五七、二〇〇	二一三、八八〇	三九、九八〇	六〇、一五〇	五〇、五六〇	九二一、七七〇
十二月	三八七、二五〇	二〇四、四五〇	五六、〇三〇	一〇六、八〇〇	三八、九七〇	七九三、五〇〇
昭和五年一月	四二四、五五〇	二七七、七〇〇	九七、八二〇	一四五、五五〇	三九、四一〇	九八五、〇三〇
二月	三八〇、九〇〇	二〇二、六〇〇	六二、六〇〇	一一三、七六〇	二八、六四〇	七八八、五〇〇
三月	五五六、九〇〇	三五〇、一一〇	七五、六六〇	一〇〇、七七〇	二八、六六〇	一、一一二、一〇〇
合計	三、八三七、三四〇	一、七四一、七三〇	五〇一、六一〇	六九五、八〇〇	二四〇、二九〇	七、〇一六、七七〇
比例	五四•六九	二四•八二	七•一五	九•九二	三•四二	一〇〇•〇〇

種目	共勵館仕入値段 單價	共勵館卸値段 單價	行商賣値段 單價
粉末石鹸	（一袋ニ付） 円〇四五	円〇四五	（一袋ニ付） 円一〇〇
固形石鹸	（一個ニ付） 〇四五	〇四五	（一個ニ付） 一〇〇

塵紙	（一折ニ付）	〇五五	〇五五	（一折ニ付）	〇八〇
束子	（一個ニ付）	〇一七	〇一七	（三個ニ付）	一〇〇

行商品としては日用品中比較的需要多く且つ腐敗又は破損等の虞なき粉末石鹼、固形石鹼、塵紙、束子等を撰び此等を多量に仕入れ其の原價を以て之を行商從事者に貸與す而して收容者中特に行商に適せるもの又は不具病弱にして普通の勞役に堪へざる者等をして之に從事せしめ商品には一々本舘の名稱並に押賣禁止の趣旨を明記し行商從事者の襟には舘名を標示せるメタルを貼付し且つ一定の行商用具を携帶せしめ一見以て他の行商人と同一視せらるゝことを避くると共に押賣其の他の不正行爲の防止に努む而して行商品の小賣値段は一般小賣商店の賣價を標準として別表の如く公定せるが故に競爭の結果多少の値引はあらんも原價一圓の品物を販賣せば八十錢內外の收益を得ること決して難からず又此の程度の行商ならば何人にも堪へざること無かるべし。

在舘日數調

日數	人員	百分比	日數	人員	百分比
五日以內	一八五	二七・四一	六月以內	二九	四・三〇
十日以內	八六	一二・七四	七月以內	一二	一・七八
十五日以內	六六	九・七八	八月以內	九	一・三三
二十日以內	四四	六・五二	九月以內	七	一・〇三
二十五日以內	二九	四・三〇	十月以內	—	—
一月以內	一九	二・八一	十一月以內	一	〇・一五
二月以內	八〇	一一・八五	十二月以內	—	—
三月以內	五三	七・八五	一年以上	一	〇・一五
四月以內	三七	五・四八			
五月以內	一七	二・五二	計	六七五	100・00

本館の目的は無宿浮浪者に對する短期保護にして勞働に堪ゆるものは就職せしめ郷里に扶養者ある者は歸國せしめ其他種々の方法を以て一日も早く自立の手段を講ずるがため收容者の在舘日數は比較的短し仍ち五日未滿二七・四一%、十日未滿一二・七四%、二十日未滿一六・三〇%、一月未滿七・一一%、二月未滿一一・八五%にして收容者總數の七割五分强は二月以內に於て退舘せしものなり而して其の他の二割四分强は前科者、勞働無能者、病者等概ね自活困難の人々なれば其の在舘日數も比較的長く中には他の社會施設の保護に俟つにあらざれば到底教護の目的を達すること能はざるものあるは已むを得ざるなり。

所得調

月別	收容人員	所得金額 四十五圓以上	四十圓以上	三十五圓以上	三十圓以上	二十五圓以上	二十圓以上	十五圓以上	十圓以上	十圓以下
昭和四年四月	三八	一	一	三	二	三	五	四	四	一五
五月	三三	〇	一	三	三	三	三	一〇	四	六
六月	三二	一	〇	一	四	三	一	二	〇	二〇
七月	六六	二	二	四	三	四	三	三	三	三二
八月	九六	三	三	四	八	四	六	六	一七	四五
九月	一三九	一	一	九	一三	六	一三	一九	一九	五九
十月	一六九	五	七	一五	七	一三	二九	一六	一七	六一
十一月	一八二	四	七	一三	一〇	一五	一七	二三	二六	五七
十二月	一八九	一二	一〇	一四	一八	二〇	一八	二九	一七	四一
昭和五年一月	一九三	六	一三	一三	二一	二八	一八	一八	一九	四八
二月	二二一	四	六	二二	三〇	二三	一九	二四	二七	五七
三月	二三二	一四	一三	二二	一九	二九	一五	一七	二五	七九

合計	一、五八〇	五三	六四	一三〇	一三七	一五〇	一五七	一九一	一七八	五二〇
比例	—	三・三三	四・〇五	八・二三	八・六七	九・四九	九・九三	一二・〇九	一一・二六	三二・九一

收容者の出入頻繁にして月別在館日數區々一定せざれば月別所得金額の正確を期すること難く本表の如きは單に其の一班を臆測せるに過ぎざるなり仍ち四十五圓以上三・三三%、四十圓以上四・〇五%、三十五圓以上八・二三%、三十圓以上八・六七%、二十五圓以上九・四九%、二十圓以上九・九三%、十五圓以上一二・〇九%、十圓以上一一・二六%、十圓以下三二・九一%の比例にして月收三十圓以上の所得者は概ね工場又はその他の常傭者なるも月收三十圓以下の所得者の中には臨時人夫又は行商從事者多く彼等は雨天其の他事故のため實際の從業日數は一ケ月の三分の二以下に過ぎざるが故に假令一圓五十錢の日收を得るも月收に換算すれば三十圓を超ゆること能はざるなり。

貯金調

（自昭和四年四月一日　至同　五年三月末日）

受入高	八千壹百七拾六圓五拾八錢
拂出高	四千九百四拾圓貳拾壹錢
差引殘高	參千貳百參拾六圓參拾七錢

金高	人員	百分比
三百圓以上	一	〇・一五
二百五十圓以上	〇	〇
二百圓以上	一	〇・一五
一百五十圓以上	三	〇・四四
一百圓以上	八	一・一八
八十圓以上	六	〇・八九
六十圓以上	一八	二・六七
四十圓以上	三四	五・〇四
二十圓以上	五五	八・一五
二十圓以下	二六三	三八・九六
無	二八六	四二・三七
計	六七五	一〇〇・〇〇

貯金あるもの五八・二三%に對し貯金なきもの四二・三七%の多數を占むるは別表所得調に就て見るが如く收容者の

四四・一七％が月收二十圓以下の者にして貯金の餘裕なきに因る而して貯金高の內譯は最高三百圓以上一人、二百圓以上一人、一百圓以上十一人、八十圓以上六人、六十圓以上十八人、四十圓以上三十四人、二十圓以上五十五人、二十圓以下二百六十三人の順位を以て之に亞ぐ而して受入高八千餘圓に對し拂出高約五千圓に達せるは就職又は歸國退舘の場合に貯金の全額を拂出すは勿論その他病氣、雨天等のため收入なき場合に食費として其の一部を拂出せるがためなり而して就職者には据置貯金として之を本人に交付し或は身許保證金として雇主に提供せしめ歸國者には之を以て旅費に充當し若し剩餘金あらば鄕里の父兄に直接送金する等之が浪費を防止するため細心の注意を拂へるなり。

集會月別調

月別	回數	出席人員
昭和四年四月	九	一六九
五月	八	一四八
六月	一二	三三一
七月	一二	三一五
八月	一三	六七二
九月	一三	九九一
十月	一三	一、三七九
十一月	一三	一、五六七
十二月	一五	二、〇七四
昭和五年一月	八	一、〇一四
二月	八	一、〇七八
三月	九	一、二六八
計	一三一	一〇、九〇六

性格指導若くは敎化の方法は智育、体育、德育の三種に屬し其の手段も亦た頗る多岐に涉るも本館に於ては主として情意の練磨に努め其の實際方法として淸潔、勤勉、貯金、禁酒、宗敎等の宣傳に務む仍ち每早朝講堂に於て三十分間の禮拜を爲し每週月、金の兩日午後七時より一時間宛の講演會を開き其の他臨時に諸種の會合を催ふせり本表は月金兩夜の定期講演會の回數並に出席人員數を表示せるものなり。

健康月別表

月別	健康		病氣		不具		計	
	人員	百分比	人員	百分比	人員	百分比	人員	百分比
昭和四年四月	二五	八六・二一	三	一〇・三四	一	三・四五	二九	一〇〇・〇〇

(27)

五月	一〇	五五・五五	三	一六・六七	五	二七・七八	一八	一〇〇・〇〇
六月	一八	九四・七四	一	五・二六	〇	〇	一九	一〇〇・〇〇
七月	四六	七九・三一	一二	二〇・六八	〇	〇	五八	一〇〇・〇〇
八月	四七	七九・六六	一二	二〇・三四	〇	〇	五九	一〇〇・〇〇
九月	七七	八六・五二	一二	一三・四八	〇	〇	八九	一〇〇・〇〇
十月	六五	九二・八六	五	七・一四	〇	〇	七〇	一〇〇・〇〇
十一月	六二	八六・一一	一〇	一三・八九	〇	〇	七二	一〇〇・〇〇
十二月	五四	八四・三七	一〇	一五・六三	〇	〇	六四	一〇〇・〇〇
昭和五年一月	四〇	九三・〇二	三	六・九八	〇	〇	四三	一〇〇・〇〇
二月	六二	八八・五七	五	七・一四	三	四・二九	七〇	一〇〇・〇〇
三月	七四	八八・一〇	五	五・九五	五	五・九五	八四	一〇〇・〇〇
計	五八〇	八五・九三	八一	一二・〇〇	一四	二・〇七	六七五	一〇〇・〇〇

収容の際に於ける調査に據れば健康者八五・九三%、病者一二・〇〇%、不具者二・〇七%の比例なりと雖もそは專ら本人の申告に依るものにして別に醫師の健康診斷を受けしものにあらざれば信據するに足らざるべし。

醫療月別調

月別	内科		外科		眼科		耳鼻咽喉科		計	
	人員	日數	人員	日數	人員	日數	人員	日數	人員	日數
昭和四年四月	六	三〇	一	三〇	二	一五	〇	〇	九	七五
五月	三	七	〇	〇	〇	〇	一	五	四	一二
六月	五	二四	一	二	一	二	〇	〇	七	二八
七月	四	二四	一	三	〇	〇	〇	〇	五	二七
八月	七	三〇	一	三	〇	〇	〇	〇	八	三三

九月	六	三〇	二	三〇	〇	〇	一	三	九	六三
十月	七	一八	一	二	一	一	〇	〇	九	三一
十一月	六	二七	一	七	〇	〇	〇	〇	七	三四
十二月	二	六	二	一八	〇	〇	〇	〇	四	二四
昭和五年一月	一三	五七	二	六	〇	〇	〇	〇	一五	六三
二月	一一	五四	二	六	〇	〇	〇	〇	一三	六〇
三月	九	三六	〇	〇	〇	〇	〇	〇	九	三六
計	七九	三五三	一四	一〇七	四	一八	二	八	九九	四八六

食事供給月別調

月別	有料食事回數 朝食	有料食事回數 晝食	有料食事回數 夕食	有料食事回數 計	無料食事回數 朝食	無料食事回數 晝食	無料食事回數 夕食	無料食事回數 計	合計
昭和四年四月	—	—	—	—	—	—	—	—	—
五月	—	—	—	—	—	—	—	—	—
六月	—	—	—	—	—	—	—	—	—
七月	—	—	—	—	—	—	—	三	三
八月	九三七	二二一	八一五	一、九七三	四〇	一	二四	六五	二、〇三八
九月	一、二六八	六一〇	八八五	二、七六三	七六	一五	五六	一四七	二、九一〇
十月	二、一一九	六五〇	一、七四七	四、五一六	一五四	九三	一四五	三九二	四、九〇八
十一月	二、五三九	六四〇	二、二二五	五、四〇四	一五八	一一九	一四五	四二三	五、八二六
十二月	二、八三一	七六四	一、六九一	五、二八六	一八四	九六	一四五	四二五	五、七一一
昭和五年一月	二、八二五	七六四	二、二一六	五、八〇五	二三五	二〇三	二一三	六三九	六、四四四
二月	二、二六六	八二五	二、一八五	五、二七六	三三三	二八二	三〇五	九一〇	六、一八六
三月	三、六一六	一、一〇二	三、五一四	八、二三二	三四一	三〇四	三六一	一、〇〇六	九、二三八

賄は總て直營にして食費は朝十二錢、晝十錢、夕十五錢の均一なり副食物は盛切りなれども飯、味噌汁、漬物等は制限せず而して食費仕拂の餘裕なき者には之を徵收せざるなり。

結論

前記三十又餘項の調査に依りて之を概言せば無宿勞働者中には性格異常者の數甚だ多く此等低格者は智能的缺陷の特徵として生活條件に順應して生存競爭に堪ゆるの能力乏しきため一定の職業に對する勤續性並に確實性を缺ぎ氣質的缺陷の特徵として飽き易く忍耐心乏しく此等二重の缺陷のため生活上、就職上一層不利の結果を招くのみならず這般の智能的氣質的缺陷に加ふるに更に身体的缺陷を有し且つ智能的缺陷の間接の結果として自己の健康に留意するの念乏しく疾病又は負傷に罹り易く爲めに轉職、失業、職業上の無能、浮浪等のほか動もすれば犯罪、發狂、自殺等の結果を生ずるに至る果して然らば此等の精神上身体上の缺陷を有する人々に對し單に寢食の便宜を與ふるのみにては救濟上毫も効果なく寧ろ其の缺陷又は弱點を助長せしむるに過ぎず其の弊害眞に料知すべからず是れ予輩が無宿勞働者の救護に關し性格指導の必要を主張する所以なり而して性格指導若くは敎化の方法は智育、体育、德育の三種に屬し其の手段も亦頗る多岐に涉るも予輩は比較的重要にして効果著しき禁酒及宗敎に就て請ふ茲に略述せん。

酒精作用が極めて微弱に働く塲合にても腦細胞機能を澁滯し精神作用中の自制力を抑壓し本能的衝動に自由の機會を與ふること少からざるが故に其の一般的徵候を擧ぐれば(一)自己滿足、(二)言行不謹愼、(三)慣例蔑視、(四)時間經過無關心、(五)多辯、(六)爭論等是れなり假令その酒精作用が謂ゆる微醉の程度に止まり心身共に殆ど常態と異ならざる際に於ても(一)正確を期する事、(二)事故を未然に防ぐ事、(三)同僚又は部下に對する態度、(四)規律に從ふ事、(五)時間を守る事、(六)事件を秘密に附する事等に對して自制力を抑壓せらるゝ事稀ならざるなり況や酩酊狀態に於てをや彼の蜜蜂に酒精を加へたる蜜を與ふれば忽ち不忠實なる本能を昂進し昆虫に酒を與ふる時には恰も人間に於けるが如く勞働を厭ひ蟻の如きはクロロフオルムの中毒に類似の症狀を呈して身体痲痺し唯だ顋のみを動かし近づく者に噛みつく動作を爲すと云ふ斯の如く酒精の生理的並に心理的作用は當然の結果として反社會的行爲卽ち犯罪心理を構成するに至るべし。

試みに最近の調査に據れば飮酒に原因せる犯罪は獨逸四〇•〇%、英國四八•〇%、佛國六六•〇%、和蘭七八•〇%諾威五一•〇%、露西亞四二•〇%、米國四二•〇%而して我國の狀態如何と謂ふに司法省の行刑統計は僅に受刑者の飮酒嗜好別を表はすのみにて諸外國の如く飮酒を原因とせる犯罪比例を知ること能はざれども大正八年乃至同十二年の受刑者中酒を好むもの六〇•四%、酒を好まざるもの三九•八%その好酒者の主なる犯罪別は詐欺恐喝七〇•三%、傷害八五•七%、殺人六八•〇%等にして若し是等の犯罪の原因を仔細に調査せば直接又は間接に酒精に起因せる事を知るべし其他飮酒に原因せる貧乏、失業、自殺、發狂、負傷、疾病等の關係を硏究せば酒害の如何に恐るべきかを知るに蓋し餘師あらん無宿勞働者の多くは二十歲乃至三十歲の獨身男子にして精神年齡は比較的低く且つ定職なく常に浮浪的生活を營めるものなれば飮酒の嗜好者多く反社會性を帶ぶるもの少からざるも敢て怪むに足らざるなり眞に彼等をして其の浮浪性を矯め一定の職業に勤勉ならしめんと欲せば須らく奮然志を興して諸惡の原因たる飮酒の習慣を絕たしめざるべからず若し禁酒を斷行することを得たらんには生活上の餘裕を得るは勿論その他諸種の惡癖を矯正すること難からざるべし而して禁酒其他の德性を陶治せんと欲せば先づ宗敎上の信仰に依りて性格の根本的改造を計らざるべからず。

凡そ人として宗敎心を有せざるものなく其の信仰の內容は遺傳と敎育と境遇とに依りて之を異にするもそは人々の生涯を支配するの原動力なりと謂ふべし若し信仰の對象が倫理上の觀念、科學上の智識並に人間の正當なる願望と相容れざる時は其の信仰は迷信に屬し此等の迷信は到底社會に順應すること能はざるを以て社會的淘汰に依りて善良なる人間の水準以下に排斥せられ遂に貧民、失業者、浮浪者、犯罪者等の渦中に墮落するの他なきなり更に之を心理學的

(31)

に説明すれば人間を支配するものは習慣にして此の習慣は身体内に於ける一種のカーレントが特定の部分に對して其の流通を容易ならしめたる結果の作用なり例へば過失、背徳、犯罪等の如きは生理的に或る溝渠を作り之を反覆するに連れて其の溝渠を愈々深からしめ遂に牢固抜くべからざるの習慣性たらしむるが如し之を要するに屋漏に愧ぢざる精神を以て善良なる行爲を繼續するに於ては腦、脊髓、神經、血管、其他大小筋肉に或種の生理的變化を生じ之がため嘉言善行を容易ならしめ以て其の性格を愈々向上せしむ殊に青年時代は活氣に富み常に之を動かさんとするの慾求强ければ之を道德的又は智識的の熱情に導かざるに於ては忽ち爆發して酒色に流れ爲めに墮落の深淵に陷ること多きは青年が宗教に改宗すること最も多き時期は則ち監獄に入る割合の最も多き時期なる事に徵して知るべし苟も彼等の指導者たらんものは宜しく其の下劣なる傾向を抑制し眞善美に對する思慕の情に轉化せしむるを要す是れ予輩が性格指導の究極の手段として宗敎的信仰の必要を主張する所以なり。

先年來朝せる米國ボストン市のエドガー・ジエー・ヘルムズ博士は予輩と同じく基督敎牧師にして無宿勞働者の敎護に從事せるものなるが彼は米國の首府を始め全國四十都市に於て「グードウイル・インダスツリー」と稱する救護機關を設けて無職者、不具者、刑餘者等謂ゆる人間の廢物に對し職業の紹介並に輔導を行ふと共に其の附帶事業として「チヤーチ・オフ・オール・ネーション」と呼ぶ所の敎會を設けて此等の勞働者に宗敎的倫理的訓練を施し一箇年約二萬五千人の人々を救護し以て人間の廢物に對する利用厚生の實を擧げつゝありと云ふ彼の救世軍のブース大將が「汝等先づ人を作れ然らば彼等は自ら其の職業を見出すべし」と謂へるは眞に無宿者敎護の秘訣を道破せるの言銘肝して忘るゝ勿れ。

(32)

昭和

昭

地

共勵館

電話櫻川三一四〇番

阪市此花區大開町一丁目一四〇

人　中井藤藏

阪市此花區大開町一丁目一四〇

所　大阪進光堂

電話土佐堀｛七七四二番／一一一〇番

◇昭和五年三月　京阪神に於ける日傭労働紹介の現況と其の実務

（大阪地方職業紹介事務局・昭和五（一九三〇）年三月十五日）

掲載資料の原本として大阪府立中央図書館所蔵資料を使用

昭和五年三月

京阪神に於ける日傭労働紹介の現況と其の實務

大阪地方職業紹介事務局

はしがき

日傭勞働者と云ひ、自由勞働者と云ひ、屋外勞働者と云ひ、土木勞働者とも云はれるが未だ其の定義さへ明確に與へられてない勞働者を取扱つて居る勞働紹介所は彼等の習性上其の取扱ひに際し、幾多の困難を排して紹介に斡旋して居る。然も都市に集中する日傭勞働者は年と共に其の數を増加し、失業問題を惹起し、社會問題化し、都市に於ける癌と極言する者さへあるに至り、漸く識者の注意を惹起するに至つた。而して各方面より此種勞働者の調査が行はれて居るが、職業紹介事業成績上最も多數を占むる此種勞働者の勞働紹介の事情は嘗て知られなかつた。勞働紹介所が機能を疑はれることも、又勞働者供給請負制度の舊弊を脱し難いことも、皆勞働紹介の事情に通じないからである。茲に於て勞働紹介所の實情を根幹として其の現況を示さんと試みたのが本調査である。當局は調査の爲めに赤澤屬を勞働紹介所に出張せしめ、其の所員が勞働戰の花々敷現場を視察すること幾十回ならず或は作業の現場を視察し、識者の意見を需めて茲に輯錄し且つ大阪市京橋及び神戸市東部各職業紹介所長の校閲をも經たのであるが、未だ之を盡し能はざりしは甚だ遺憾とする次第にして更に之を敎正し以て勞働紹介上多少の參考となし得るならば誠に幸である。茲に調査に際し多大の便宜を忝し御援助を賜りし各位に多謝する次第である。

昭和五年三月

大阪地方職業紹介事務局長　遊佐敏彥

目次

京阪神に於ける日傭勞働紹介の現況と其の實務

一、總説

日傭勞働者の取扱が一般職業紹介所より獨立分化して居ることは、一般勞働者と特殊の取扱ひを必要とするからである。例へば日傭勞働者は主として屋外に働き、其の雇傭契約は單純で然も一定し難く、又勞働業態や作業の現場が常に變動し勝ちであると云ふが如き特徴は之に適切なる設備が必要であつて、職業紹介所に於ても最も早く分化されたる所以である。只其の勞働市場であり寄場である彼等の溜場が一定の勞働紹介所に整理されたることが果して彼等の環境に適應し得るかは未だ議論の餘地を存して居る樣である、然し乍ら勞働紹介所の機能に依つて勞働市場が整理されつゝあることは肯定せざるを得ない。今試に全國の勞働紹介所の取扱成績を擧げて其の狀勢を概觀すれば次の如くである

勞働紹介所取扱成績年次比較表

年次	求人數	求職者數	紹介件數	就職率	年末現在取扱勞働紹介所數	備考
大正十年	三三五、二七九	三六〇、六二五	三一六、三六〇	八八、〇%	一三	
大正十一年	七二六、一七三	七七二、七九〇	六九七、六〇七	九〇、三%	一九	
大正十二年	一、一五八、〇三四	一、三一八、六四八	一、〇九一、〇四七	八二、七%	四二	
大正十三年	一、三三五、六七三	一、五三五、四九六	一、二六三、七一二	八二、三%	三六	
大正十四年	一、二八二、〇二六	一、六二〇、四三八	一、二七〇、五七一	七八、四%	四二	
大正十五年 昭和元年	二、五二二、一七七	二、七九三、三八四	二、四七七、七四六	八八、七%	三五	
昭和二年	二、三八六、二三一	二、七五二、六四三	二、三七四、四七一	八六、三%	三一	
昭和三年	二、九七六、一四六	三、三七三、八六七	二、九七一、二三七	八八、一%	三〇	

二

以上の八ヶ年間の取扱數を比較すれば昭和三年は大正十年に九倍餘に達し、職業紹介事務局設置せる大正十二年に比較すれば昭和三年は三倍に及ばんとして居る。又各年の就職率……紹介件數を就職者數と見做す……は大正十四年は稍低下して居るが其他は八〇%以上を示し逐年良好なる成績を擧げ得るに至つて居る、此の狀況に徵しても勞働市場を整理しつゝあることが窺はれる。

由來日傭勞働者は何れの都市に於ても其の宿泊所或は需要區域を中心として溜るのであつて、前者は比較的に移動しないが後者は需要に依つて移動し易い傾向がある。又彼等の環境は比較的に低級であつて容易に其の環境を脫出し得べき手段を得られない。勞働紹介所の進步は啻に日傭勞働市場である寄場、溜場を整理して需給關係を圓滑ならしむる產業的機能を有するのみならず、彼等の環境を向上せしむる爲めに經濟的機能を發揮して各種の福利施設が講じられ、更に精神的にも指導し得る樣に至つて統制せられ漸く社會的に頭角を現し得るのである。今後述べんとする所は即ち其の實務の大樣であるが斯業の改善を必要とするものが尠くないから玆に硏究を要する次第である。

二、管內勞働紹介所の現況

管內には大阪、神戶、三津濱等二市一町六ヶ所に勞働紹介所が設置されて居るが、季節的には京都市にも二ヶ所開設される。其の中大阪、神戶兩市の五ヶ所に於て取扱はれるものが最も主要なる取扱成績を示して居る。今之を左に擧げて概勢を窺ひたい。

阪神兩市勞働紹介所取扱成績

年次	求人數		求職者數		紹介件數		就職率	
	大阪	神戶	大阪	神戶	大阪	神戶	大阪	神戶
大正十四年中	三三一、〇九一	六八、六二五	二九二、五九二	九〇、一〇六	二一九、五五六	六八、五七九	七五、〇%	七六、一%

大正十五年 昭和元年中	五〇二、一四七	一七一、二二五	五七二、四四七	一八七、八〇七	四九三、八一六	一七〇、六一四	八六、二%	九〇、八%
昭和二年中	三一五、三四八	二五〇、二八九	三七五、〇九〇	二七五、五八七	三〇九、〇八四	二五〇、二五〇	八二、四%	九〇、八%
昭和三年中	三〇七、三〇七	三四四、三四三	三七八、〇三一	三六七、五〇八	三〇七、〇九一	三四四、一八九	八一、二%	九三、六%
昭和四年中	二八二、五七四	二五一、三一〇	三六〇、六二〇	二七六、四四九	二八二、五七四	二五一、三一〇	七八、三%	九〇、九%

前掲五ヶ年間には勞働紹介所數を減少して居るが、取扱數は大正十四年と昭和四年とを比較するに大阪市は一倍餘神戸市は四倍餘に達し、就職率も大体に於て騰つて居る。而して阪神兩市勞働紹介所の成績を昭和四年の全國勞働紹介所の勞働紹介成績に比較すれば求人數、求職者數、紹介件數共に約二割に相當する取扱數である。此の成績に就いて觀察すれば管内の勞働紹介所の取扱狀態は各種の事業の狀態に徴して猶增加せしむる餘地があると思はれる。次に取扱職業種別並に賃銀其他について昭和三年十二月末調査を參考すれば次表の如くである。

大阪、神戸両市ニ於ケル日傭勞働者業態別調

業態別名稱	性別	仕事ノ實際	仕事ノ繁閑	年齢	賃銀（円）			勞働時間	備考
大工	男	和洋建築		自二〇才 至五〇才	三、〇〇	二、五〇	二、五〇	自九時間乃至十時間	道具自分持
木工	〃	兵器、電話等ノ木部製作		〃	〃			〃	〃
石工	〃	板石敷、石垣積		〃	三、〇〇	二、五〇	二、八〇	〃	〃
コンクリート孔穿工	〃	洋建築ノコンクリート部ニ孔穿スルモノ		〃	二、五〇			〃	〃

二

業態別名稱		性別	仕事ノ實際	仕事ノ繁閑	年齢	賃銀	勞働時間	備考
左官		〃	和洋建築ノ壁塗		〃	三、〇〇 二、五〇 二、五〇	〃	〃
ペンキ工		〃	和洋建築壁、看板、電柱、ポスト塗		〃	〃	〃	〃
煉瓦積工		〃	和洋建築其他煉瓦使用ノ仕事		〃	三、二〇	〃	〃
小物火造仕上		〃	兵器、電氣器具、電話器具ノ金物ノ製作修理		〃	三、〇〇 二、〇〇 二、五〇	〃	〃
仲仕		男						道具雇主持
	上ケ肩仲仕	〃	普通二〇貫乃至五〇貫位ノ梱包ヲ肩ニ擔キテ運搬ス	十、十一月ハ閑 十二、一、二、三月ハ繁	自二〇才 至五〇才	円 六、〇〇 三、〇〇 三、五〇	九時間乃至十時間	沖及陸 砂糖、米、綿、鐵板等多シ
	張持仲仕	〃	普通五〇貫位以上ノ重量物ヲ二人以上掛リニテ棒ヲ以テ擔ク	〃	〃	〃		沖及陸 セメント、石材等多シ
	一荷持仲仕	〃	普通二〇貫位以上三五貫位ヲ天秤棒ヲ以テ擔ク		〃	〃		沖及陸 石炭、栗石等多シ

四

肩曳仲仕	〃	普通一五〇貫位以上二五〇貫位迄ノ貨物ヲ肩曳車ニテ配達ス		〃	四、〇〇 二、〇〇 三、〇〇	〃	陸 石灰、石炭、塩、艀荷物類多シ
梱包荷造仲仕	〃	諸物品ノ荷造梱包		〃	三、〇〇 二、〇〇 二、五〇	〃	陸
馬力仲仕	〃	牛馬車ヲ以テ貨物ノ運搬ヲ爲ス		自二〇才 至四〇才	自二、二〇 至三、〇〇	八時間	神戸市ニテハ馬車持仲仕トモ云フ
水揚仲仕	〃	船ヨリ貨物ヲ陸揚スルモノ		〃	自三、〇〇 至五、〇〇	一定セズ	水切仲仕トモ云フ石炭仲仕モコノ中ニアリ
倉庫仲仕	〃	倉庫出入ノ貨物ノ運搬		〃	〃	八時間	
艀仲仕	〃	貨物ノ積込（卸）		〃	自二、三〇 至三、〇〇	〃	
針屋仲仕	〃	貨物ノ袋ノ破損ヲ修理ス	仕事ニ繁閑ナシ	自二〇才 至五〇才	二、五〇 二、〇〇 二、二〇	自日出 至日沒	主トシテ沖ニ出テ働キ倉庫工場ニモ稼働ス
ダンブル掃除仲仕	〃	船艙ノ掃除	〃	〃	〃	〃	主トシテ沖ニ出テ働ク
丁稚引仲仕	〃	丁稚車ニテ貨物ヲ運搬ス	〃	〃	三、五〇 二、〇〇 三、〇〇	自七時 至五時	

註 一、仲仕の需要は冬季（十二、一、二、三の四ヶ月位）に最も多し其理由は輸移出入品の入港の關係と思惟せらる

五

二、仲仕は特に請負作業多く随て勞働時間の一定を欠くこと多し

三、仲仕中倉庫仲仕、驛仲仕と稱するは倉庫又は驛に稼働する仲仕の總稱の如く看做さるゝが、玆に所謂倉庫仲仕とは倉庫に專屬する仲仕（多く常傭）にして其他に一荷持、張持、上ヶ肩、丁稚車、馬力等各種の仲仕ありて貨物の陸揚げ或は運搬を請負て稼働し、又玆に所謂驛仲仕とは積込（發送ホーム專擔）、積卸（到着ホーム專擔）の仲仕にして更に各上り仲仕、下り仲仕に分る。驛に於ては此の他に上ヶ肩、張持、一荷持、丁稚車、馬力肩曳、沖仲仕、水揚仲仕等必要に應じて請負人に雇傭されて稼働す

四、仲仕は表示せる如く多種類なるが之を岡（陸）仲仕、濱仲仕、沖仲仕の三大分類にするものもあり

六

業態別名稱	性別	仕事ノ實際	仕事ノ繁閑	年齡	賃銀	勞働時間	備考
土工	男女						道具雇主持
堀方土工	男	道路其他土砂ヲ堀ルコト	冬季ハ閑	自一八才 至五〇才	自一、八〇円 至二、五〇	九時間乃至十時間	
一荷持土工	〃	約二〇貫位ノ土ヲ肩ニテ運ブコト	〃	〃	〃	〃	
土羽付土工	〃	盛リ土ヲ固ムルモノ		〃	自二、〇〇 至三、〇〇	〃	
トロ押土工	〃	トロ押ノ仕事	冬季ハ閑	〃	二、五〇 一、七〇 二、〇〇	〃	
土管巻土工	〃	暗渠仕事	〃	〃	三、〇〇 二、〇〇 二、五〇	〃	

業態別名稱	性別	仕事ノ實際	仕事ノ繁閑	年齢	賃銀	勞働時間	備考
間堀土工	〃	深サ何尺巾何尺ト定メタル請負ノ堀方		年齢ヲ不問	一定セズ	八、九時間	
コンクリート土工	〃	手練(テネリ) ミキサー		〃	自二、〇〇 至三、五〇	〃	
ホマー築土工	〃	下水道等ノ開所ヲ築クモノ		〃	〃	〃	
蛸搗土工	女	建築、堤防、道路、下水道工事等ノ基礎工事ニ杭打又ハ地搗ヲ爲ス	自四月至十一月閑 自十二月至三月繁	自二〇才 至五〇才	一、二〇 〇、九五 一、〇〇	九時間	杭持トモ云ヒ又綱ヲ付ケテナス場合ヲ「綱引キ」トモ云フ
鳶	男						道具雇主持
鳶(建築)	〃	建築ノ足場其他建築ニ當リ高所ニ働クモノ	冬季ハ閑	自二〇才 至五〇才	三、〇〇円 二、〇〇 二、五〇	九時間乃至十時間	
鳶(杭打)	〃	杭打ノ時杭棒ヲ支ヘルモノ	〃	〃	〃	〃	
鳶(トロ線直シ)	〃	トロノ線路ヲ敷キ又ハ直スモノ	〃	〃	〃	〃	

七

業態別名稱	性別	仕事ノ實際	仕事ノ繁閑	年齢	賃銀	勞動時間	備考
鳶仲仕	〃	黑木（クロキ）ヲ水便ニテ運搬ス	〃	〃	〃	〃	
鳶手傳	〃	以上ノ鳶各業ニ手助ヲナスモノ	〃	〃	〃	〃	

八

業態別名稱	性別	仕事ノ實際	仕事ノ繁閑	年齢	賃銀	勞動時間	備考
手傳	男女						道具雇主持
鐵砲擔	〃	左官又ハ瓦屋根職ノ手傳ニシテ土ヲ運ブ	冬季ハ閑	自二〇才 至五〇才	円 二、五〇 一、七〇 二、〇〇	九時間乃至十時間	
土差	〃	左官ノ手傳ヒニシテ壁土ヲ差スモノ	〃	〃	〃	〃	
小壁カキ	男	壁ノ小舞カキノ手助ヲナスモノ	〃	〃	〃	〃	
瓦揚	〃	屋根瓦ヲ屋根ニ運搬スルモノ	〃	〃	〃	〃	

註　手傳、雜役の區別は頗る困難なれども調査の便宜上手傳を雜役（不熟練勞働者）中より各個に獨立して作業に從事せず熟練工の傍にて手助をなすものを摘出して揭上したり、由來關西地方に於て手傳と稱するは一人にて大工、左官、石工、鳶等の仕事が出來る或程度の熟練工を稱するが優良なる熟練工に非ず、只間に合ふと云ふ程度の人夫に

過ぎざる事情を了知せざるべからず

業態別名稱	性別	仕事ノ實際	仕事ノ繁閑	年齢	賃銀	勞働時間	備考
雜役	男女						
石炭ノ棚取	男	「ハシケ」ヨリ本船ニ石炭ヲ積込或ハ汽鑵車ニ石炭ヲ積込ム時ニ働クモノニシテ各個ニ列ヒ石炭籠ヲ手送リニシテ運ブ		自一八才至五〇才	円三、〇〇 二、〇〇 二、五〇	十時間	
官役人夫	〃	大阪工廠人夫ニシテ簡單ナトロ押、一荷持、草刈、火夫、兵器ノ手入、梱包荷造		自二〇才至五〇才	一、八〇 一、六〇	九時間乃至十時間	
土地人夫	〃	遞信省人夫ニシテ、トロ押、一荷持、ケーブル引堀方等ニ稼働シ、又工事ノ現塲ガ移動スルトキ連レテ移動スル人夫ヲ連越人夫ト云フ		〃	一、三三 一、一三	〃	
官役人夫 土地人夫 連越人夫	女	官役人夫、土地人夫、連越人夫ノ内ノ女人夫		〃	一、二〇 〇、八〇 一、〇〇	〃	
撒水人夫	男	撒水車ニテ道路ヘ水撒キ	夏季繁 冬季閑	〃	二、〇〇 一、五〇 一、八〇	〃	
掃除人夫	〃	衛生掃除	〃	〃	二、五〇 一、七〇 二、〇〇	〃	
馬方人夫	〃	馬ニテ貨物ノ運搬（臨時）		〃	二、五〇 二、〇〇 二、三〇	〃	

宿替人夫	〃	轉宅ノ際ノ荷造梱包配達		〃	三、〇〇 二、〇〇 二、五〇	不定	
執達人夫	〃	執達吏ノ使役		三〇才前後	二、〇〇 一、五〇 一、八〇	二、三時間位	
廣告人夫	〃	各戸ニ又ハ一定ノ場所ニテビラマキ		不問	二、〇〇 一、二〇 一、五〇	不定	
葬祭人夫	〃	葬祭ノ旗持祭禮人足等		〃	二、〇〇 一、二〇 一、五〇	〃	賃金ハ日給制ト一回度數制トアリ
工場人夫	〃	石炭ノ一荷持トロ押等		自一八才至五〇才	自一、八〇至二、一六	九時間	
壓延人夫	〃	熱鐵ヲ延ス		〃	〃	〃	機械ニテ壓延ヲ手助ス
整理人夫	〃	工場製品ノ整理ヲ爲ス		〃	〃	〃	起重機ニ依テ爲スモノ多シ
空明人夫	〃	鐵板ノ空明ヲ手助ス		〃	〃	〃	
鐵管磨	〃	砂ヲ落ス		〃	〃	〃	
コールタール塗人夫	〃	鐵管ニ塗ルコト		〃	〃	〃	

一〇

船腹錆落シ人夫	〃	「ケレン」トモ稱シ金槌ヲ以テ錆ヲ落ス		〃	〃	〃	
配劑人夫	〃	藥品ノ配合		〃	〃	〃	製藥所
架線工事人夫	〃	電氣局工事ノ手傳		自一八才 至四〇才	一、五〇	八時間	
配達人夫	〃	商品ヲ自轉車ニテ配達ス		不問	自一、〇〇 至三、〇〇	不定	
潜水人夫	〃	潜水夫ノ作業ニ手傳ヒポンプ押又ハ沈沒品ノ引揚ケヲ手傳フ	三、四、十、十一月繁 十二、一月閑	自一八才 至五〇才	二、〇〇 一、五〇 一、八〇	十時間	神戸市ニアリ「モグリ」トモ稱ス
豆撰女	女	豆類ノ糖撰ヲナスモノヲ云フ	四、五、六七、八月等閑	自一二才 至四五才	一、五〇 〇、八〇 一、二〇		輸入豆ニ混入セル土塊、砂、小石チ除ク仕事ニシテ賃金ハ日給ニ非スシテ受取制ナリ神戸市ニアリ

註 一、大阪市、神戸市に於ける業態は何れも大差なきを以て之を一表に示し、特に一市のみにある業態は備考欄に附記したり
二、仕事の繁閑欄中記載なきものは繁閑の判別困難なるものなり
三、日傭勞働者の需要は仲仕を除き概して夏季に多く、春秋之に亞ぎ冬季は減少するを通例とす

三、勞働紹介所の設備と事務分掌

阪神兩市に於ける勞働紹介所の設備を一覧するに大阪市は改築されたる今宮勞働紹介所の他は未だ舊態を脱しないが、神

戸市は東西両部勞働紹介所共に改築されて新裝を整へるに至つた。 一二

阪神両市勞働紹介所設備比較

市別	紹介所名	建坪（延）	建築樣式	溜場坪數	事務室坪數	其他	備考
大阪市	京橋	不詳	木造和風二階建專用場屋	平屋	七坪九九	不詳	公舍及食堂アリ 昭和三年中一日平均取扱求職者數 四〇七人
	今宮	六八坪	木造瓦葺二階造專用場屋	四二坪	一〇坪〇〇	四〇坪	〃 一五一人
	築港	四〇坪	木造平屋建專用場屋	三〇坪	八坪〇〇	二坪	公舍及一般紹介所ヲ有ス 〃 一四九人
神戸市	東部	四六坪	木造洋風瓦葺二階建	一六坪	七坪〇〇	二三坪	建築費 四、一三〇円〇〇〇 昭和三年中一日平均取扱求職者數 三四四人
	西部	四一、五坪	木造洋風銅板葺二階建	一五坪七五	九坪五〇	二九坪二五	建築費 五、七九五円〇〇〇 昭和三年中一日平均取扱求職者數 四一五人

東京地方職業紹介事務局管内（昭和四年十月照會ニ依ル）

紹介所名	建坪（延）	建築樣式	事務室坪數	溜場坪數	其他坪數	一日平均取扱求職者數	職員公舍、食堂、宿泊所其他隣接ノ有無
小樽市勞働	六〇坪二五	木造平屋建亞鉛板葺	一〇坪七五	二七坪	三三坪五〇	一一〇人	ナシ
東京市玉姫	四三坪三九四	鐵筋コンクリート二階建	一六坪三	二三坪	二〇坪二三	四九四人	同
同 深川	二〇坪	木造平屋建トタン葺	五坪	七坪五	七坪五〇	一、〇八四人	同
同 芝浦	四二坪四〇一	鐵筋コンクリート二階建	一五坪二二五	二〇坪二五	二一坪七四三	八〇四人	同

同	江東橋	四七坪二三	同上		一三坪	二九坪五	二〇坪三〇五	七四九八	同

備考　深川職業紹介所ハ本建築トシテ鐵筋コンクリート二階建建坪　一四七、〇一三平方米ノ設備工事中ナリ

名古屋地方職業紹介事務局管内

紹介所名	建坪（延）	建築樣式	事務室坪數	溜場坪數	其他坪數	一日平均取扱求職者數	職員公舍、食堂、宿泊所其他隣接ノ有無
名古屋市日置	五〇坪	木造瓦葺平屋建	約一〇坪	約二五坪	約一五坪	一、一八三人	共同宿泊所、食堂アリ
仝市熱田	約五六坪	同	一〇坪	二五坪	約二坪	二三九八	共同宿泊所食堂質舗等アリ

福岡地方職業紹介事務局管内

紹介所名	建坪（延）	建築樣式	事務室坪數	溜場坪數	其他坪數	一日平均取扱求職者數	職員公舍、食堂、宿泊所其他隣接ノ有無
若松市	二三坪	鐵骨煉瓦造平屋建	不詳	不詳	不詳	九一八	一般紹介部職員公舍十三坪半
佐世保市				六坪余		一〇七八	

而して設備中留意を要するは室の區劃、紹介取扱口、及び賃銀立替拂取扱口等の樣式又は位置等であると思はれるが、之は圖面に就いて說明を加へることが便宜であるから他日に讓りて管內及び管外共に調査比較して參考し得る機會を得たいと思ふ。要するに勞働紹介所の設備は比較的簡單視されたる嫌ひは免れないと思ふ。塲屋は溜塲、事務室、宿直室等は何れも考へられて居るが勞銀立替拂取扱室とか統計室とか求人に面接する應接室とか、或は休養室とかは未だ設備されたるものが極めて尠い。事務室は所長室であり、紹介室であり、賃銀立替拂取扱室であり、統計室であり又應接室ともなり、勞働保險、

一三

其他福利施設の取扱口ともなつて居る。今東京地方又は福岡地方には見られない特徴と思はれるは大阪市京橋及び今宮両紹介所にある紹介取扱口外にある柵と柵外にある紹介台又は配札台である。之は紹介に際し多數の求職者が殺到するを便宜に整理し、且つ紹介係は台上に立ちて大聲に叱呼して求人を明瞭に示し得ると共に求職者を指呼するに最も便利であると思はれる。

勞働賃銀立替拂ひの取扱口は何れも現金取扱上事故を豫防する爲めに設備が嚴重に過ぎて感じが良くない嫌ひがあると思ふが此等は將來攻究すべき点であると思ふ。

次に此處に執務する職員の事務分掌であるが職員數比較的少き勞働紹介所は事務の分掌をなして居ると雖も、分掌事務にのみ據ることが出來難い場合が多いのであるから、傭人の小使をも手傳はして居ると云ふ狀態にして職員の悲哀は此處にも充滿して居るが、比較的事業に興味を有し何等の不平なく孜々として四時聳き活動を續けられて居る。今事務分掌上比較的適切と思はれる京橋勞働紹介所に就いて示したい。

京橋職業紹介所事務分担表

所長

- 庶務係 二名
  - 主担 城山
  - 専属 福永
  - 主担 出勤、遅、早ノ諸届、勤怠報告、發來翰、日、旬、月報、物品、消耗品、藥品、切手及乗車券ノ受拂、報告、請求並ニ受領其他各係ニ屬セサル事項
  - 専属 衛生掃除、火元取締及來賓接待其他雑役
- 紹介係 四名
  - 主担 手島
  - 専属 藤田 城山
  - 兼務 福永
  - 主担以下兼務者共全員紹介
  - 主担 求人、求職者ノ整理、風紀取締（登録發行及貯金票並ニ登録票ノ保管）
  - 主担 専屬、兼務（福永） 貯金整理
  - 主担 専屬 現場視察及求人開拓
  - 専屬 共濟會ニ關スル事項（日用品及煙草販賣傷害共濟ノ請求並ニ交付等）
- 會計係 三名
  - 主担 泉
  - 専屬 佐藤
  - 兼務 福永
  - 主担 前渡金ノ請求、受領、現金及出務證明書ノ保管、午后ノ支拂出納記牒、印鑑通報ノ要求管理
  - 専屬 午前ノ支拂、貯金ノ出納記牒、支拂日計表作製及支拂濟出務證明書ノ整理保管

主担　專屬、兼務、回收請求ノ手續及回收送付

本分担事務ハ概念ヲ記述セルニ過ギザルヲ以テ細部ニ亘リテハ進ンデ其ノ事務ヲ處理スルハ勿論主担ハ自己ノ係事務ノ確實ト敏捷ヲ期シ且係相互ノ連絡ヲ密ニシ大イニ能率增進ノ實ヲ擧ケ職業紹介事業ノ或ハ改善ニ或ハ創造ニ邁進ヲ期スルモノトス

又職員に就いて檢するに大阪市、神戸市何れの勞働紹介所も皆專任職員であるが、神戸市は所長のみ東西兩紹介所を兼務し、大阪市築港は一般紹介事務を兼務し、其の所長は今宮勞働紹介所長の如く他の紹介所長又は其他の事務をも兼ねて居る。之を他管內の狀況と比較すれば次の如くである。

紹介所名	種別 所長 專任	種別 所長 兼任	種別 所員 專任	種別 所員 兼任	種別 所員 臨時雇員	計
小樽市勞働		一人	二人	一人		四人
東京市玉姫	一人		三人			四人
同 深川	一人		四人			五人
同 芝浦	一人		三人			四人
同 江東橋	一人		三人			四人
名古屋市日置		一人	四人			五人
同市熱田	一人		三人			四人
若松市		一人	一人			二人
佐世保市		一人	囑託一人			二人

此の狀態から職員一人が一日の平均取扱數を檢すれば次の如くである。

一六

勞働紹介所所在地	勞働紹介所ノ職員總數（所長ヲ含ム）	一日平均集合數	職員一日平均一人ノ取扱割合
大阪市	一二名	（昭和三年中）七〇七人	五九、九人
神戸市	六名	〃 七五九人	一二六、五
名古屋市（兼任ヲ除ク）	八名	〃 一、四二二人	一七七、九
九州方面	二名	〃 一九八人	九九、〇
小樽市	四名	〃 一一〇人	二七、五
東京市	一七名	（取扱紹介所四ケ所ノ平均數）七八三人	四六、〇

又職員の年齢について擧ぐれば次の如くである。

（昭和四年五月末現在調）

紹介所名	二十才以下	二十才以上三十五才以下	三十五才以上四十五才以下	四十五才以上
大阪市京橋	―	三	二	一
同　今宮	―	―	二	一
同　築港	―	―	一	二
神戸市東部	―	―	二	―
同　西部	―	―	一	―
計	―	三	八	四

當局管内は三十五才以上四十五才以下のもの最も多いのであつて平均年齢は約四十才に當つて居る。之を他管内に比較すれば次の如くである。

（昭和四年五月末現在調）

紹介所別	二十才以下	二十才以上三十五才以下	三十五才以上四十五才以下	四十五才以上
小樽市勞働	―	二	―	二

東京市玉姫	｜	三	｜	一
同　深川	｜	四	一	｜
同　芝浦	｜	三	一	｜
同　江東橋	｜	一	二	一
名古屋市日置	｜	二	一	二
同　熱田	｜	三	一	｜
福岡縣若松市	｜	｜	一	一
佐賀縣佐世保市	｜	｜	｜	二

之を更に本邦各職業紹介所職員年齢に比較すれば（中央事務局大正十五年調）所長を除きたる職員年齢は三十六才以上四十才以下のものが最も多數にして職員數四百七十二名中一六、九％を占めて居るから、當局管内勞働紹介所の職員平均年齢は此の圏内に含まれて居る。

更に敎育程度について檢し、勤續年數、給料等について比較すれば他の一般職業紹介所に於ける職員の待遇との相違點も明瞭となり、參考上有益であると思はれるが種々資料を得難い點もあるから他日の調査に讓りたいと思ふ。

只最後に附言したきは勞働紹介所の職員一人に對する求職者の取扱數は何程を適度とするか、又勞働紹介所に於て一人の求職者の取扱經費は何程を以つて適當とするかと云ふ點である。此等の點は勞働紹介所の經費を檢し職員の執務狀態を精査したる上に非らざれば輕卒に言ひ難いのであるが、大阪市京橋勞働紹介所長は之を合理的に研究して居るのであるが、現在の職員を以てせば一人の職員が取扱ふ求職者は一日五十人を最高限度とし、求職者一人に對する經費は現在二錢七厘弱であるが（職員給料費の割合）之を稍理想的に取扱ふならば求職者一人に對する經費は最少限度三錢位でなければならぬと云ふ興味ある發表をされて居る。（因に大阪市一般職業紹介所昭和三年度經常費を就職者數に割り當てる時は一人につき金八圓の經費となる）之は斯業に從事するものゝ最も傾聽に値する尊き經驗であると思はれる。嘗て英國が國營にて職業紹介所を設置したる時は職員の統制を得られなく、監督官廳の視察員が紹介所を視察したる報告に依れば、紹介所の職員には官吏の古手があり、會社員を務めたるがあり、軍人退職者があり、大商店の破產者もあつて其の前歷は雜然として居る、如斯狀態なりしを以て職業紹介所の發達を期するには先づ職員の素質を向上せしめ斯業の敎育をなし、取扱ひの統一を期さねばならないと云ふことが大正十四年三月社會局第二部より印刷されたる「英國の職業紹介制度」に披見されるが、本邦の職業紹介所の現狀は全く此の範圍を脫しない、況して勞働紹介所が現在以上の活動を期待するならば內容の改善は此の邊より考慮を要するには非らざるかと思はれる。今試に勞働紹介所の經費を擧げて見たい。

管內昭和四年度勞働紹介所々要經費豫算

市別	給料	雜給	需用費	設備費	雜費	計
大阪市	一一、六六〇、〇〇円	一、三八四、〇〇円	三、五〇九、〇〇円	一六五、〇〇円	二六〇、〇〇円	一六、九七八、〇〇円
神戸市	七、二四八、三一	一、五九四、四五	一、六九一、八七	一三二、〇〇	一、六〇一、〇四	三、一九六、六七

由是觀之經費の大部分は職員の給料を以て占められ、勞働紹介所の實際の活動に使用される經費は比較的に尠い。之は大阪、神戸兩市に於てのみ看らるゝ狀態ではない。何れの勞働紹介所に於ても此の惱みが擧げられると思はれる。

四、勞働紹介所の實務

簡單であると思はれて居る勞働紹介所の實務は決して簡單ではなく、又勞働紹介所の機能が伸展するに從つて其の實務が益々複雜を加へて行くことは蓋し從事者以外の者は多く知られない處であらう、之を例へば取扱開始時間は曉明を常とし、殊に冬季の如きは燈下に於て、然も暖爐に火入れする暇もなき繁務が繰り返されて居る。勞働者は其の日暮しの收入を得ざれば生活し能はざるだけに求職者の意志は深刻である。從つて之が紹介の衝に當る者は公平にして就職の確實を期さねばならない。就職の確實を期する爲めには求人開拓に留意して良き求人を得るに努めねばならない。或は使用者側の信用を保持する爲めには勞働者の技術を指導し、現場の監督の必要もある。又使用者の紹介所利用を促進し兩者の受益を増進する爲めには勞銀の立替拂ひを行ひ、勞働者に經濟的福利を與ふる爲めには貯金の勸奬、共濟施設が必要である等職業紹介より勞働者を指導敎育する所まで行かねばならぬ程複雜であることが判明して來る。先づ玆に紹介の實務を示して、其の繁雜せる狀勢を窺ひたいと思ふ。

（イ）紹　介

一、大　阪　市

大阪市に於ける勞働紹介所は京橋、築港、今宮の三ケ所である。今各所の沿革を概說したいと思ふ。

京橋勞働紹介所

本所の所在地は寢屋川の流域に沿ひ、砲兵工廠に隣して居るが、由來寢屋川は上流河內郡より山城方面に通ずる荷船の要路にして、天滿橋附近に幕政時代の米倉櫛立し之に積卸する人夫は常に蝟集したのである。而して京橋勞働紹介所附近は近時に至るまで土手下と云はれる溜場であつたと云はれる。大正三—四年から大正七—八年に至る歐洲戰亂當時の好況時は砲兵工廠に約三萬餘人の職工を有し、臨時職工すら數千人を雇傭して居つたから、其處に應募せんとする勞働者が漸次刹到したるは自然の情勢にして、之を統制せんとする親方も自然に出來たのも亦理なきに非らざる要求であつた。即ち山本宇一郎氏は手下の山形植吉氏と共に之に當つて若干の世話料を雇主から受領して居つたのである。大正八年京橋勞働紹介所を玆に設立するに至つたのも、勞務の需給を圖り、勞働市場の整理をなすには最も適切なる地位であつたと思はれる。然し乍ら山本、山形の兩氏に對鬪して勞働紹介所を經營するは不利であることから、市は兩氏を囑託として勞働紹介の世話係りをなさしめて居つたのである。本市勞働紹介所は大正十二年に至るまで何れも一人の紹介に對し雇主より五錢の手數料を徵收されて居つたのであるが職業紹介事務局の設置と共に手數料は廢されるに至つた。又設立當時の所長に次いて第二代の所長との間には所長に準すべき者を置いたことがあるが二代目の辻本所長より、三代目の松川所長を經て四代目の山岨所長に至るまで勞働紹介上幾多の辛酸を嘗めて今日の發達を示して居るが實に感慨深きものがあると云はれる。

今宮勞働紹介所

本所は簡易宿の密集地に在り、然も堺街道に接して交通頻繁の衝地であるから、所謂鮟鱇の蝟集地となりたるを以て早くより此處に居住する田中龜太郞及び湊某の兩親分があり、常に博徒を集合し、社會風嬌上遺憾の點尠からざりし所から當局は彼等に正業を與へんとし、偶々北海道方面の拓殖工事人夫の需要多く此處に募集するものがあるを機とし、彼等に此の人夫の斡旋を慫慂したのである。當時は今宮ガード側に溜つて何等の設備もなく行はれて居つたのであるが、やがて板圍ひを作りて取扱ふ樣になり、求人は勞働者一人に對し手數料として五錢位を支拂はれたが、北海道行人夫は一人に對し五圓位を徵收したとも云はれて居る。之寄場の創にして又勞働紹介の始めであるが、大正八年に至り市は今宮乳兒院の傍に天幕を張りて勞働紹介所を開設するに至つた。當時田中、湊兩氏の寄場を廢止して勞働市場の統制を企てられ田中、湊兩氏は今宮勞働紹介所の取締とし（勞働者の取締を云ふ）日給三圓にて雇傭され、當時今宮宿泊所主任であつた富岡氏は今宮勞働紹介所長を兼務し、爾來貫名所長を經て釜ケ崎臨時勞働紹介所の開設となり（今の今宮勞働紹介所）山岨所長、山崎所長より現在の細川所長に至つて居るが曩の京橋勞働紹介所に劣らざる苦辛を重ねて居る樣である。

築港勞働紹介所

本所は前二者に比して頗る簡單に經過して居る。築港は當時人口稀薄にして、港灣漸く隆昌となり船舶の出入繁く積卸の人夫の需要に迫られるに至つて、之が供給機關である勞働紹介所の設置に反對するものはなかつたが、郵船とか住友とか云ふ民間會社は出入の組を定めたる以來、勞働紹介所の機能を發揮し難い狀勢に至つて居る。

如斯經路を辿つて今日に至つて居るが所在地に依つて求職勞働者に自ら特徵があると思はれる。例へば築港は船荷の積卸作業の仲仕が多く、今宮は工場手傳が比較的多いが、京橋は各種雜多の勞働者を取扱ふて居る。又取扱時間に於ても午前六時より取扱ひが開始されるを規程とされて居るが、現場の遠近、作業の開始時間の早いものと、遲いものに依つて多く午前五時から五時半に開始されて居る。又紹介方法も現場の遠きもの、或は作業開始時間の早いものより先に取扱はれて居る。

求人から求職者を指名して來る場合は求人の希望を尊重して指名されたる求職者を紹介されるが、斯くの如き場合は尠く、主として所謂普通の求人が多いのであるが、此等に紹介する場合は勞働紹介所の屋内溜場に於て行はれる。屋内の一隅にして取扱口の前方には柵を設けられて居るが其の内側に柵より稍低き台を設備されて居る、之は取扱所員の中紹介係が此の台に登りて求人を示し、其の雇傭條件を説明し、現場に至る道順を詳細に説明したる上希望者に紹介票を渡すのである。此の場合は強い者勝ちと云ふ狀態にて、求職者の登錄順位に紹介するが如き便宜は講じられないから其の雜踏は明狀すべくもない有樣である。啻立替賃銀を條件とする求人に紹介する者は必ず常時登錄を要すると云ふ趣旨を示して居る京橋勞働紹介所の如きは登錄の順位に依つて居るが、此の場合は登錄者中其の職能に依つて適切なる求職者の登錄番號を撰出し、之を紹介係は讀み擧げ、其の時に就職を希望する登錄求職者ある場合は之に應答して紹介票を紹介係より受け取るのである。如斯にして登錄番號の初より終に至れば再び最初の番號に戻りて順環紹介されるのであるが、未登錄者は此の特點がない。又登錄求職者は立替賃銀を條件とする求人に紹介し盡せざる場合は一般求人に紹介され得るは當然にして、未登錄求職者と雖も立替賃銀を條件とする求人に紹介の餘地がある場合は登錄求職者と同樣に紹介される場合もある。

一度紹介票を受け取りたる者は柵を廻りて紹介台の内部の紹介取扱窓口に至り、登錄者は登錄票と共に紹介票を差出し之に登錄番號を、又未登錄者は紹介票を差出し之に姓名を夫々記入したる上現場に持參するのであるが、京橋勞働紹介所の交附する紹介票は次の如く求人と現場を示すに過ない。

紹介票を受取りたる求職者が紹介窓口に於て之を示す時は、紹介係は之に次の如き求人受付及送人々名票に夫々記入して交附し、其の現場に行く勞働者は一團となつて行くのである。此の求人受付及送人人名票は複寫式に調製されて居るから事

水道部　長峡町

紹介票

紹介番號

京橋 日附 職業紹介所

(3)

求人受付及送人々名票

傭主			
作業種別		作業時間	自前　　時 至后　　時
作業先			
賃金		人員	
送人々名			
世話係			

二三

故の生したる時、殊に「尻割り」の場合は直ちに「尻割り」者が誰であるかを發見し得ることが出來得る便宜があるのみならず、求職者も亦求人の提示せる勞働條件を確實に知り得る便宜がある。惟ふに此の紹介票の取扱方は地方に依り、勞働紹介所に依りて區々であつて之に從事する職業紹介所々員の最も注意を以つて研究される所である。而して此の紹介票に記入される時又は求人受付及送人々名票に記入して交附される場合に、紹介者は勞働共濟會の勸奬に依り、傷害保險料として一人一日に付き金二錢宛を支拂ふことゝなつて居る。此の場合に未登錄求職者又は登錄求職者と雖賃銀立替拂ひの條件なき求人に紹介される場合は保險料を前納するを要するが、立替賃銀を條件とする求人に紹介される場合は登錄求職者と未登錄求職者の區別なく、賃銀立替拂ひに際し之を差引支拂はれると共に京橋勞働紹介所は金十錢乃至二十錢の强制貯金をも差引き支拂はれるのである。而して前述の如く京橋勞働紹介所が常時登錄を實施して居ることは最も特徴とする所であると思はれる。

由來冬季失業救濟土木事業に使用する勞働者の紹介には六大都市共に一定の期間登錄制度を執つたのであるが、日傭勞働者の常傭化或は産業的見地より攻究すれば寧ろ常時に登錄制度を執ることが最も緊要であるとの趣旨より昭和三年六月一日より實施されたのであるが、茲に職業紹介法施行規則第十條の登錄に關する條文中但書は日傭勞働紹介所の登錄を禁止規程

登錄番號　適職

		求職票	昭和　年　月　日登錄	

求職者	名　氏		氏印 名鑑	戸主ト ノ關係	年　月　日生（　歳）	
	本　籍					
	現住所					
	學　業	技能及 經　驗		勤　續　年　月間	收月 入日	
	最近ノ 職　業	收　月 入　日		前雇主 氏　名	住所	
	配偶者 ノ有無	扶　養 家　族		年　月　日來阪	生地	府 縣
	失業又ハ 求職理由					
求職條件	希　望 職　業					
	其　他					
保證人	氏　名		保證人ト ノ關係		職業	
	住　所				電話	
	道　筋					

女子用 朱色刷　　男子用 黑色刷

と見做すか或は任意規程と解するかは登錄實施上に多大の疑義を生じたのである。而して其の使用される登錄カードは次の如き樣式である。

上揭求職票を一覽するに職業紹介法關係法規中に示されたる樣式に比較して稍簡單であるが勞働紹介上必須の事項は盡されて居る。殊に求人者が要求する技能を有する勞働者の撰擇に際し最も迅速に且つ比較的適切なる勞働者を見出す上に便宜であることは明瞭である。又記載事項の配置に留意してカードの取扱上比較的便宜であると思はれる。

求職者は先づ京橋勞働紹介所に出頭して此の求職申込書を要求し、之に所定の事項を記入し（求職申込書の樣式は求職票と同一である）て提出するのである。紹介所は之を檢し、勞働に適當であると認めたる時は之を台帳に記入し、次の如き登錄票を交附するのである。

ゴムケース入

（2）

適職　登録票	發行者印
番號	
發行年月日	昭和　年　月　日
氏名	氏名鑑
年齢	
發行紹介所	京橋職業紹介所

裏面記載事項

一、本券ノ使用ハ記名本人ニ限ル
一、紹介ヲ受ケントスル際ハ係員ニ提示スヘシ
一、本券紛失スルモ再發行セス
一、引續從業シ得サル時ハ返付スベシ
一、不都合ナル行爲アリタル時ハ沒收スルコトアルベシ

二四

此の登録制度は執行當時大阪市に於ける何れの勞働紹介所も同樣に行はれたのであるが、集合數夥き勞働紹介所は常時登錄は立替賃銀を條件とする求人に紹介する求職者のみを登錄し、其他は中止されて居る樣である。

偖て以上の如く求職者を紹介するに二樣の取扱ひがあるが、紹介に際し一工事個所に紹介する人員多き時は之を統制する必要上世話役又は監督を付して紹介されて居る。此の世話役又は監督は勞働者より互選せしむる場合と、紹介所に於て適當と認むるものを指名して付する場合とあるが、求人側より指名して申込みをなす場合もあり、或は求人側の世話役又は監督が紹介所に出頭して引率する場合もある。斯樣な方法は紹介せる勞働者が現場に至る途中にて「尻割り」を防止し且つ確實に就職し得るものであるから求人者に對する信用上欠く可らざる一條件と見做される。

京橋勞働紹介所は山岨所長名義を以てる「求職者各位に」と題する左記印刷物を配布されるが、以上の理由を明にして居ると思はれるから茲に例示したい。

求職者各位に

一　紹介は毎日午前五時半にはじめ正午で終ります
二　引續き同一現場で働きたい人に限つては當所で午後の賃銀支拂の際特に翌日分の紹介を致します
三　紹介は適任者を適所に當て歓める事を第一義として居ります
四　同じ雇主の同じ作業には同じ求職者を優先紹介致します
五　當所に於ては記名送人票を以つて紹介狀に代へます
六　必要ある場合は紹介を受けた人々の中から世話係を選定する事があります
七　世話係には同じ現場への被紹介者の世話や現場と紹介所との連絡をして貰ひます
八　賃銀が當所拂である仕事に就くものは登錄票の所持者に限ります
九　登錄票は所長が必要と認めたる求職者に交付致します
一〇　紹介を受けるものは全部大阪市勞働共濟會の加入者でなければなりません
一一　右加入者としての掛金一日金貳錢は賃銀が雇主拂の時は前納、當所拂の時は支拂の際差引きます
一二　紹介された人が常傭に採用された場合は大阪市勞働共濟會健康信用共濟に加入せなければなりませぬ
一三　右の掛金は一回金壹圓五拾錢であつて一ヶ年間有効であります
一四　當所で取扱ます貯金には任意と强制の二種あります
一五　强制貯金は賃銀が當所拂のものに對し左の區分により勵行いたします

遞信局で働いたもの　一日に付　金拾　錢宛
其の他で働いたもの　一日に付　金貳拾錢宛

二五

但し賃銀が所定の日給に達せざる場合及女子勞働者は此の限りでありません

一六　强制貯金は領收證の發行を省略し賃銀票を以つて其の証憑書類と致します

一七　貯金の拂戻は常傭に就職したる際又は歸鄕等止むを得ざる時に限ります

一八　貯金の拂戻時間は午前五時半より午前七時迄であります

一九　貯金に對しては預け入れ及引出の月を除き壹圓に付月一歩の奬勵金を附けます

二〇　左に該當する人に對しては紹介を致しません

1　求職者にして就職の意志なしと認めたるもの

2　就業者にして成績不良と認めたるもの

3　日傭勞働に不適當と認めたるもの

4　當所の指示事項を守らざるもの

以上の紹介取扱が終了する時は午前十二時と規程されて居るが今宮、築港の如きは午前八時には殆ど終了し、京橋は集合數比較的多く加之又他の勞働紹介所より流入する勞働者も見られるので午前十一時頃に至るまでは終了せないと謂はれて居る。

一日の取扱狀況は次の如き人夫出勤表に登載されるが之は勞働者の常時登錄制なき場合に於ては必要である樣に認められたのであつて、近時財團法人大阪市勞働共濟會に於て貯金票が使用され、或は傷害保險料の支拂ひが取扱れて居る關係から必須のものとも謂はれない。

人夫出勤表

登録番號	番號	氏名	1	2	3	4	5	6	7	8	9	10	11	12	13	14	15	16	17	18	19	20	21	22	23	24	25	26	27	28	29	30	31
	1																																
	2																																
	3																																
	4																																
	5																																
	6																																
	7																																
	8																																
	9																																
	10																																
	11																																
	12																																
	13																																
	14																																
	15																																
	16																																
	17																																
	18																																
	19																																
	20																																
	21																																
	22																																
計																																	

二七

二、神戸市

神戸市に於ける勞働紹介所は東部及び西部の二紹介所にして前者は主として外國船舶の出入頻繁を極むる新港町第一乃至第四突堤に接近し、賃合、新川の木賃宿、神若通七丁目の勞働會社、同二丁目の共同宿泊所、吾妻通一の土木出張所から賃合港灣を控へ土方、仲仕の集合地に接し、後者は波止場、辨天濱、三菱倉庫、蟹川、相生町各土木出張所、川崎町附近の勞働下宿、神戸驛、島上町波止場、荒田町の土木出張所、兵庫驛、芦原通六の共同宿泊所等を控へ主として仲仕、沖人夫の集散地に接し何れも開港都市に於ける勞働紹介所として仲仕、沖人夫の供給上地の利を占めて居ることが窺はれる。

本市の勞働紹介所の中東部は大正十年十月一日に開所され、西部稍早く同年八月三十日に開所されて居る。當時東部地方の勞働市場の狀態は前述の如く比較的に廣汎に亘つて居るが溜場を形作つて居つたのは第二突堤附近に仲仕の集合があり、北本町六丁目の新川貧民窟地域には十四戸の木賃宿がある。茲に新家定吉と云ふ者親方となりて新家組を組織し、土工建築手傳其他雜役を主として取扱つて居たのであるが、第二突堤の集合仲仕も自ら此の新家組の支配する處となり、需要者よりは一人一日金十錢の手數料を徴して紹介されて居つたのである。斯くの如き場合に於て東部勞働紹介所を設置されるに至つたのであるから、市當局は所員を新家組に派して勞働紹介所の設置に至れる事情を縷說して了解に努めたる所、幸に新家組は時代の潮流を知り速に妥協するに至り、新家氏の孫新太郎氏（當時十八才）を傭人として雇傭するや、新家組は一年餘りにして營利紹介を廢業するに至つた。然し乍ら新川地域には今も猶建築手傳人夫の根據地にして、一般需要の建築手傳人夫は此處に需められ、勞働紹介所に求人する建築手傳の如きは極めて稀有であるから、舊來の親方制度が仲仕組合と共に殘存して然も堅實に發展して居るのである、又西部勞働紹介所は開設當時入江の公設市場の物置を使用して事務を執り、野天にて紹介したるが、後附近の市有地にバラック建の假設備を爲して取扱ひたるが、當時此の地域は官公署の諸工事を請負する請負人が諸人夫の請負ひをも兼ねて勞働下宿を經營するもの多き所にして、今も猶九十三人を擧げられる地域であるから勞働紹介所に求人する者は殆ど見られない狀態であつた。

東西兩部勞働紹介所共に勞働市場の地域内に設置されたから求人は極めて得難き狀態であつたか、先づ市の土木工事に使用される人夫より徐々に求人開拓を企劃されるに至つた。而してこの求人開拓も亦容易に非らざりしが其の實情は次項に讓り、茲には實務に及びたいと思ふ。

本市の勞働紹介所の取扱時間は大阪市と大体同樣であつて、紹介及外交の各係は午前五時半より午後二時半迄を取扱時間とし、會計係は午前八時より午後六時までを取扱時間とされて居る。勞働紹介の取扱方法は甚だしき相違點が見出される。即ち大阪市は常時登錄制度が必要とされたるが如く、本市は夙に勞働保險が實施され、失業、災害、疾病、死亡等には夫々匡濟手當を支給される制度が行はれて居る。

此の制度は大正十三年二月市内の篤志家中村準策氏より失業者救濟施設資金として寄贈されたる金壹千圓を基礎とし、之に福井捨一氏他幾多の寄附者に依り、攝政宮殿下御成婚記念事業として神戸信愛共濟會が創立され、事務所を東部勞働紹介所に置かれて以來日傭勞働者の疾病、災害、死亡に對する扶助を實施されるに至つたのであるが、後に神戸勞働保險組合の成立されるに至る端緒にして、然も此の計劃が企てられるに至る迄には勞働紹介所從事員の涙あるエピソードが殘されて居る。今之を概説して勞働紹介所所員の尊き努力に報ひたいと思ふ。

東部勞働紹介所が設置されたる當時の求人には隨分貧弱なるものも免れなかつたのである。嘗て本所が紹介したる仲仕に宮本兵太郎と云へるがあり、勞銀一日二圓にて上組の下請けの其又下請けである某組に紹介したる所、濱にて荷揚げの作業中不慮の災害に遇ひ大股部を骨折して重傷を負ふに至つた。早速市内外科醫として好評ある兵神病院に入院せしめて治療すると共に、一方雇主に對しては作業中の災害を理由とし治療費其の他手當の支給を交渉したるに、雇主たる某組は資財なき下請人なれば之を支拂はしむるに由なく、其の元請負人である上組に交渉したる所、荷揚作業は下請けの作業にして元請負人の關せざる所とし敢て交渉に應ぜざるに依り、再び下請負人の某組に交渉して日手當金三十錢を支給せしむることゝし、他日何等かの方法を案出せんとなしたるに、患者は病院の待遇の惡しきを理由とし人力車に乘りて退院するに至つた。元より未だ全快したるに非ず只僅に治療を了りたるに過ぎない容態なれば、不自由なる歩行も敢て厭はず自ら雇主を訪れて交渉したるが、遂に前述の如き手當以上を支拂ふべき術なきを以て、車夫は之を三宮署人事相談係の許に送りたるに、本人の住所は西部共同宿泊所であるから其の管轄署に行けと云はれ、車夫は之を兵庫署に運びたるに、兵庫署は取調べの結果本人の本籍地は平野町なれば其の管轄署である相生橋署へ行くべきであると主張し、車夫につれられて相生橋署に至れば、相生橋署は又負傷したる區域の管轄署に非らざれば事件を明瞭になし難いと云ふ理由を以て、更に三宮署に連れ歸らしめたのである。車夫は止むなく再び三宮署に至りし時は既に退廳時間にして署員在らざりし故、宿直署員に事情を告げて之を保護されんことを嘆願したるに係員不在なれば明日來署せよと告ぐ。勞働者は嘆息して社會を恨むこと限りなく罵聲四隣を恐怖せしむるに至つたのであるが車夫は之を慰め、紹介したる紹介所に至りて相談せんことを進め、又車に乘せて東部勞働紹介所に連れ戻つたのである。茲に於て之に同情したる所長は各方面に奔走したる竹内勝氏にして、先づ彼を慰めて自宅に收容したるが、車夫は「一日中曳き廻りしが車賃はいらぬから何とか見て貰ひたい」と嘆願して去つたのである。竹内氏は十數日看護する傍市又は縣に交渉して之を救濟せんとし、或は縣社會課の小田主事宅に收容して療養せしむる等、物質的にも深切を致し斡旋の限りを盡されたのである。顧みて將來の勞働紹介事業の上に至れば、斯くの如き災害の出來事は避く可らざる事例にして常に直面せざればならぬが何等の療養費、何等の匡濟施設をも準備し能はざるは勞働紹介事業の上に一大欠陷であることを痛感し、篤志家を索めて之が施設の實現に奔走さるるに至つたのである。此の結果は前記の信愛共濟會を生み、更に大正十五年一月神戸勞働保險組合が設立さるるや、之を廢止して前記の扶助をなす他、失業の場合にも扶助する事項を加へられたるを以て、其の規約第二章第六條に依つて日傭勞働者が勞働紹介所に於て紹介される場合は其の組合員たるに於てはこの扶助を蒙ることが出來るから、勞働紹介所に出頭する求職者は次の如き所定の申込書に各事項を記入して申込み、組合は之を精査し適當と認むる場合に於て組合員証を交附するのである。

加入番號　　　　記號番號

（第一號樣式）

申込書

氏名	
年齢	年　月　日生（　歳）
現住所	
本籍地及戸主トノ關係	
配偶者	有　無
扶養家族	
死亡保險金受取人住所氏名	
申込人トノ關係及年齢	

貴組合規約承認ノ上加入申込候也

昭和　年　月　日

右

神戸勞働保險組合御中

加入年月日

神戸勞働保險組合

111

No.…………

※印欄內ハ組合員ニ於テ記入スルコト

準組合員證	神戸勞働保險組合　出張所
氏名	※　年　月　日生（　歳）
現住所	※
本籍地及戸主トノ關係	※
死亡保險金指定受取人住所氏名年齡及被保險者トノ關係	※ 注意　自分に最も緣の近い家族又親族を撰ふこと
自分で養ふべき家族	※　人
妻又は夫の有無	※有　無

記號番號		發行	昭和　年　月　日

日	1	2	3	4	5	6	7	8	9	01
出欠										
就失										
領收										
日	11	12	13	14	15	16	17	18	19	20
出欠										
就失										
領收										

日	21	22	23	24	25	26	27	28	29	30	31
出欠											
就失											
領收											

注意｛組合員資格發生後本證ヲ組合員證ニ準用スルコトヲ得
　　　其ノ場合ハ本證ニ記號番號ヲ記入スルコトヲ要ス

第二號様式丙

此の申込書は大阪市に於ける登錄制度に依る登錄申込書と異る性質であるから、登載事項は簡單にして然も勞働者の職能を知るに足る事項を欠いて居るが、冬季失業救濟土木事業に紹介される勞働者の登錄以外に登錄を得ざりし場合には勞働者の保險扶助を講ずるのみならず、勞働者の內的事情を稍窺知し得られるから取扱上重寶に思はれたことは疑はれない。此の取扱ひは決して强制的に加入を勸奬すべきものではないが、其の利便は日傭勞働者の認識する所となり勞働紹介所の紹介を受くる者は全部加入し年と共に組合員は增加しつゝある狀勢である。

偖て本市の勞働紹介所には如斯特殊なる取扱ひが併用されて居るから求職者が求職する時は先づ組合に加入して居るか否やを質し、若し未加入者にして加入の意志がある場合は前記の申込書に依つて申込みをなすのであるが、規約第五條に該當せざるを以て第八條に依り先づ準組合員とし、次の如き準組合員證を交附され、同時に次の如き準組合員台帳に登載される

準組合員にして規約第五條に該當するに至る時即ち準組合員として五日以上引續き勞働紹介所の紹介に依り勞働に從事する目的を以て、市立勞働紹介所若しくは組合の指定する就業場に出頭する時は正組合員となり、次の如き組合員證を交附されると共に組合員原簿に登錄し且つ勞働保險組合日課表に登載される。

準組合員

番號																								
氏名																								
掛金																								
編入月日																								
番號																								
氏名																								
掛金																								
編入月日																								

神戸勞働保險組合

注意

左の場合には本證を組合係員に示して認印をうけて下さい。

一、毎朝紹介所に來たとき。　二、仕事に行くとき
三、掛金を納めるとき。　四、失業の決定をうけるとき。
五、事故のおきたとき。　六、保險金をうけるとき。

加入番號　第　　號

神戸勞働保險組合　　所出張

組合員證

日課證明票

昭和 3年　月分

整理番號

氏名

	1	2	3	4	5	6	7	8	9	10	11	12	13	14	15	發行月日
日割																
出欠																
就失																月
領收																
給付																日

	16	17	18	19	20	21	22	23	24	25	26	27	28	29	30	31
日割																
出欠																
就失																
領收																
給付																

（第二號様式甲）　神戸勞働保險組合

◈本證は原簿對照上必要ですから本月末日組合に返納して翌月の分を引替て下さい

三三

組合員原簿用紙

昭和三年　　月度	組合員		加入番號		整理番號	6　4	當月在籍	
加入年月日　昭和　年　月　日							除籍	

日割	1	2	3	4	5	6	7	8	9	10	11	12	13	14	15	
出缺																
就失																
領收																
給付																
日割	16	17	18	19	20	21	22	23	24	25	26	27	28	29	30	31
出缺																
就失																
領收																
給付																

摘　要

摘要	出	缺	就	失	事項	死亡給付	癈疾給付		治療給付		休養日給		失業給付		掛金收入		割戻	
						金額	回數	金額	日數	金額	日數	金額	日數	金額	日數	金額	回數	金額
月					業													
計					普												再	
累計					累計													
考備																		

（第八號樣式）　神戸勞働保險組合

四三

註　組合員證又は組合員台帳中整理番號欄には上段に平假名又は片假名の記號を用ひて其の下段に數字を用ひられて居るが之は保険組合の取扱所に依つて記號を異にし、例へば東部勞働紹介所は片假名を用ひ、西部勞働紹介所は平假名を用ゆるが如くである。又下段の數字は一記號毎に二十五番を以て終了することゝされて居るが、冬季失業救濟土木事業に紹介取扱中は取扱數多數なるを以て前掲の如き一記號に對し六四番と云ふ數字を表して居る。

（第七號用式）

勞働保險組合日課表

51—75

昭和　年　月　日　曜日　天候

記號	番號	51	52	53	54	55	56	57	58	59	60	61	62	63	64	65	66	67	68	69	70	71	72	73	74	75	合計
	出欠																										
	就先																										
	領收																										
	給付																										
記號	番號	51	52	53	54	55	56	57	58	59	60	61	62	63	64	65	66	67	68	69	70	71	72	73	74	75	合計
	出欠																										
	就先																										
	領收																										
	給付																										
	出欠																										
	就先																										
	領收																										
	給付																										

註、保險組合日課表中番號欄の數字は賃銀立替拂個所に依りて定められ、例へば一號より二十五號迄は何々現場、五十一號より七十五號迄は何々現場とし各現場に「いろは」記號を用ひ東部勞働紹介所は片假名、西部勞働紹介所は平假名とし、日課表左端の記號欄に之を記入されて居る、而して此の番號は勞働保險組合員の番號にして一ヶ月毎に更改整理されて居る。

次に「當月在籍」及び「除籍」欄は月計欄最末項の割戻に關係を有し見出しに便したものであつて「除籍」欄には加入者の除籍種別例へば任意脫退（歸鄕其他正當の理由にて退職したるものは「脫」字を捺印し、又繼續して十日間以上勞働紹介所に出頭し求職せざる時は、本人組合加入を繼續する意志なきものと認めて失格者と見做し「失」字を捺印し、又組合規約に違反し又は其の他不都合の行爲にて組合員を除名したる場合は「除」字を捺印するのである。而して「當月在籍」欄には組合員加盟期間を現すのであつて、此の結果は組合規程に依りて十日以上二十日未滿の掛金者は割戻金六割を、二十一日以上三十日迄の掛金者は割戻金八割迄を得るのであつて、其の目標を此處に見出すのである。其他の記載欄は記載の如く特に註釋を要さないと思はれる。

如斯くにして組合員となりたる時は勢ひ優先紹介を受くるのである。勞働者は勞働紹介所に出頭する時は備付けの次の如き求職申込票に氏名を記入し備付けの箱に投入して置き、紹介所の所員中紹介係に呼出されるまで待合ふのである。此の求職申込票を到着票とも云はれる。

求職者申込票

氏名	紹介先	備考
到着番號		保險番號

西部勞働紹介所

註　求職申込票中紹介先又は備考欄は紹介所の取扱者が求職者の紹介先を記入し或は其他必要事項を記入す。

紹介係は求職者の到着順位に依つて紹介するのであるが、紹介窓口に於て求人を讀み擧げ、其の現場、其他勞働條件を示したる後、求職者申込の順位に從つて呼び出し、之に就職希望者は自已の組合加入番號を以て應答して紹介されるが、其時次の如き紹介票（就業票とも云ふ）を交附される。此の紹介票は一枚一人の場合もあるが、一枚に數人の登錄番號のみを記載して紹介される場合もある。又紹介に際し世話役又は現場監督を必要とするは大阪市に於けると同様にして、之を紹介し又は選出する方法も同様であつて、其の必要と効果も亦同様に認められて居る。又神戸市に於ける勞働紹介所が紹介する現場監督又は世話役には他の勞働紹介所に類例のない手當の支給方法が講じられて居る。それは現場監督又は世話役は原則として十人以上の場合に一人を附し、勞働者一人に對し一日金一錢を給與し、一人の現場監督又は世話役にして一日金三十錢以上を支給せないと云ふ條件である。然し乍ら必要に依り或は求人よりの希望に依りては十人未滿の勞働者を紹介する場合にも之を附せられる場合がある。而して其手當金は毎日支拂はざるに非らざるが、彼等は多く月末に取纏めて支拂ひを要求して來るから、彼等の生活狀態は一般勞働者の狀態より遙に良好であると窺はれる。此の支給手當金は勞働紹介所の豫算に臨時人夫費として計上され、東部にては本年度二百五十二圓を、西部も同額を要求して認められて居る。如斯勞働者は紹介されて居るが、紹介されたる日傭勞働者は殆ど就職し得るものと見て支差ない。而して午前十一時に至り紹介の見込みなきに至れる時は集合勞働者は失業せるものと認め、所員は組合に加入せる勞働者より組合員證を徴し、之に「出」「失」の二印を捺して「アフレ」を證明するのであるが、其の中保險規約第五章第三十五條に該當する者即ち最近十日間に一日以上就業し、溢れ（仕事の無いこと）が四日以上あつて、併も三日間溢れの續いた場合、若しくは最近十日間に溢れが六日以上あつて併も溢れが二日續いた場合の者は失業給付の規程に依り失業三日目に一日金六十錢の失業保險金を受けることが出來る。此の場合保險金の受領は本人に限られ、又其の取扱時間は毎日午前十一時頃より勞働紹介所に駐在する勞働保險組合員に依つて取扱はれて居る。

紹介票

傭主	住所	殿
摘要		日附印
賃金		姓名

二七

茲に便宜上失業保險給付の狀況を概說して置きたいと思ふ。昭和二年度に於て失業給付を支給したる總日數は三千三百三十七日分にして、其の金額は二千二圓二十錢である。又給付を受けたる實人員は五百十名にして加入者總數五千九百十五名に對し六、六%に該當し、一人平均六日半の給付を受けたる割合である。

失業給付日數及ビ人員表

日數	人員	日數	人員	日數	人員	日數	人員
一日	五〇	七日	一七	二十五日以內	一三	五十五日以內	一
二日	七九	八日	九	三十日以內	三	六十日以內	―
三日	一四七	九日	五	三十五日以內	四	六十五日以內	一
四日	六六	十日	一三	四十日以內	五	七十日以內	―
五日	一七	十五日以內	三三	四十五日以內	二	七十五日以內	一
六日	一六	二十日以內	二七	五十日以內	一	合計	五一〇

前表に徵すれば三日分のもの最も多數であつて、二日分、四日分等が之に次ぎ、四日分以內のものが合計三百四十二名で全數の六七%に當り、日數を增加するに從つて人員を減少して居る狀態である、

神戶勞働保險組合の最も特徵とする所は組合規程第三章第十六條乃至第十七條に依り掛金の一部を組合員に拂戾し得ることと、第四章第二十三條乃至第二十四條の規程に依りて疾病災害に遇ひたる組合員には治療費を支給するの他保險金を給付することである。前者について一ヶ年の拂戾し額を檢するに次の如き狀況である。

事項	大正十五年度昭和元年度		昭和二年度		昭和三年度	
	件數	金額	件數	金額	件數	金額
割戾シ拂	五、〇六四件	二、一六一、七四円	七、一四四件	三、四一五、〇七円	一一、〇二六件	五、八二〇、四三円
一ヶ月平均	四二二	一八〇、一五	五九五	二八四、五九	九一九	四八五、〇四

前表に徴すれば逐年取扱件數を增加するから其の拂戻し金額も增加して居るが、本邦の如く社會保險の思想が發達しない現在は斯くの如き割戻し規程も必要にして、此の規程を存する所に勞働者は保險の掛金に何等の不滿を持たないのである。

職業紹介所に神戶勞働保險組合の出張所を置き、二人宛の職員を配屬されて居るが勤務は隔日交代である。それは勞働紹介取扱時間中出務を要し且つ又勞銀の立替拂取扱時間中も執務を要するからである。然し乍ら勞働者のことは常時接觸する勞働紹介所の職員に非らざれば窺ひ得べからざるが故に所長を保險組合の幹事とし、所員も亦委囑して實際事務に關與して居る

三、京　都　市

本市の勞働紹介は失業救濟土木事業に使用する勞働者を紹介する爲めに中央、七條の一般職業紹介所に於て取扱はれ、特設のものがないから其の勞働紹介も亦頗る簡單にして殆ど顏付けである。從つて此處に記事を省略して失業救濟土木事業の項に於て少しく說明を付すことにする。

(ロ)　求　人　開　拓

求人開拓は一般紹介、勞働紹介の別なく、職業紹介事業に於ては最も重要であるが又最も困難とされて居る。而して勞働紹介所の求人開拓は一勞働者を職業紹介することよりも集團的に職業紹介することに重きを置かれて居るから雇傭主を開拓すると云ふことは雇傭主の工事又は事業を見出して之に供給すると云ふ道を拓くことである。由來何れの地方にも此種勞働者を使用する工事は常に限りなく計劃され就中大都市には都市計劃に依る工事、大建築物の建築、軌道架線敷設工事、港灣修築等及び之に伴ふ雜業は年と共に增加して居る。管內各都市につきて調査したる諸工事の概況は（管內所在內務省大阪、神戶各土木出張所、二府十二縣及二十七ヶ市）昭和二年度に於ける既決豫定工事件數は土木工事最も多く四百三十六件（直營七十八件、請負三百三十三件、直營及請負十二件、不詳十三件）、建築工事之に次ぎて二百九十三件（直營十一件、請負二百七十六件、不詳六件）、電氣工事最も尠く八十七件（直營四十一件、請負二十一件、直營及請負四件、一部直營二十件不詳一件）其他工事八件等合計八百二十四件に及び、其總工費は八千二百三十六萬六千五百七圓に達し、其の使用勞働者の

見込數は八百六十一萬一千五百六十一人餘にして（熟練工三百三十七萬七千八百二十人餘、不熟練工五百二十三萬三千七百四十人餘）此の勞力費豫算額は實は一千五百九萬六千八百七十一圓であつた。（調査照會に對し回答ありたるは內務省大阪神戶各土木出張所外一府十二縣及び大阪市外二十市である）（昭和二年九月當局印刷管內土木建築諸工事調査參照）只之は一ケ年の概況に過ぎないが前年に比し、或は最近に比較すれば逐年工事の增加に從つて需要される勞働者の數は蓋し膨大なるを想像せざるを得ないのである。之に鑑みれば勞働紹介所の取扱數は誠に其の一少部分に過ぎないのであるから、勞働紹介所の機能を發揮する時は如斯需要に對する開拓の餘地を存するものと思はれる。然るに事實は之に反し、開拓するに幾多の障碍が橫溢して居る。即ち工事の請負制度、人夫の供給請負制度は勞働紹介の求人開拓を悉く妨害して居る。其の所謂繩張りは容易に打破し得られないのであつて、一般紹介に於ける求人開拓に比較して困難であることは此處に基くのである。例へば今宮紹介所が專賣局人夫を供給するに中田組を經由せざるを得ざるが如く、築港紹介所が積卸の仲仕を郵船又は商船各會社に供給するには前者は大正運輸會社に、後者は富島組に紹介せざるを得ざるが如く、或は京橋紹介所が遞信局人夫を供給するに山形組を經由するが如きは何れも人夫供給請負制度の所謂繩張を打破し得ざる例證である。大阪市は嘗て勞働下宿の經營者又は人夫請負人等に供給を全廢したのであるが今猶完全に履行し得られないことも同樣に繩張り制度の殘留事證である。

如斯一方には需要を加へつゝあるに他方には之が舊慣弊習に據つて供給機關の改善未だ遲々として認められざるは現代の恨事と云はざるを得ない。即ち茲に求人開拓の難關があるのである。

求人開拓の現況は擧げて見るべきものが得られないが、大阪市に於ける勞働紹介所は紹介が終了したる後午前九時半頃より午後一時半に至る約四時間を開拓時間とし、神戶市に於ける勞働紹介所は事務分掌中に外交係を置き外交係は求人の開拓と現場の交涉との衝に當つて居るから一日の勤務時間は自由に利用し得られるが、之に從事する職員は所員多き所は專任を置き、所員少き所は交互に出張するが、大阪市は市電のパスをも交附されないから廣袤十二方里の市內に求人開拓するは甚だ不便を免れない。神戸市は一所に一枚のパスを交附されるが廣袤四方里を有する市内に求人開拓のみに使用するをゆるされない。換言すれば交通機關の利便を運用し能はざる勞働紹介所は到底徹底的に活動する機能を阻害されて居ると云ふも過言ではあるまい。從つて一工事に紹介する勞働者は其の工事の終了後は忽ちにして溢れると云ふことも免れない事實である。彼の失業救濟土木事業に使用する日傭勞働者の紹介取扱期間は比較的多數を供給し得るが、其の工事が終了したる四月は忽ち供給は過剩し、之が又常態に戻るは新年度の工事漸く進まんとする六月以降の二ケ月後であることは最近三年間に於ける勞働紹介所の狀態である。之を換言すれば新らしき求人開拓は全く行き詰つて居ると云ふことである。試に本邦日傭勞働紹介所が取扱はれて居る日傭勞働者を比較すれば次の如くである。

日傭勞働者ノ職業介所利用狀況表

年次	全國日傭勞働者其他總數	全國日傭勞働紹介所取扱求職者數 一ケ年ノ延數	全國日傭勞働紹介所取扱求職者數 一日取扱實數	全國總數ニ對スル取扱實數ノ割合	管內日傭勞働者其他總數	管內勞働紹介所取扱求職者數 一ケ年ノ延數	管內勞働紹介所取扱求職者數 一日取扱實數	管內總數ニ對スル取扱實數ノ割合
大正十四年十二月末現在	二、〇七〇、五三六人	一、六九四、〇二一人	四、六八〇人	〇、二三%强	七三六、二二四人	四七二、三八九人	一、三〇五人	〇、一八%弱
昭和元年十二月末現在	一、八三六、〇四六	二、七九三、三八四	七、七一七	〇、四二%强	七二七、一三一	八二〇、五四六	二、二六七	〇、三一%强
昭和二年十二月末現在	一、八二一、〇四〇	二、七五二、六四三	七、六〇四	〇、四一%强	六八四、二九二	六六〇、〇一一	一、八二三	〇、二七%
昭和三年十二月末現在	一、八四七、〇七八	三、三七三、八六七	九、三二〇	〇、五〇%强	六三六、二三一	七七一、〇五七	二、一三〇	〇、三三%

註　日傭勞働者數ハ社會局調査ニ依ル
　勞働紹介所一日ノ取扱實數ハ一ケ年中正月三日間ノ休業以外ハ取扱ヒタルモノト見做シテ算出ス

上揭に依れば全國勞働紹介所と管內勞働紹介所とは殆ど同樣な狀態を示して居るが、管內は大正十四年四月に名古屋地方職業紹介事務局が分割し、昭和二年四月に福岡地方職業紹介事務局が分割して居るから、年次取扱傾向は全國勞働紹介所のそれと多少の趣を異にして居るが、大体に於て同樣と見做され、其の取扱數は昭和二年を除き每月增加して居る。然し乍ら其の割合は極めて少數であつて未だ總數の一割にも達しないと云ふ誠に貧弱なる有樣であ況して管内の日傭勞働紹介所の取扱數は更に少數を示して居る。此の統計上の事實は勞働紹介所の機能未だ社會に了知されないと共に、救濟的意義深く產業的に立脚し能はざるに起因する樣に思はれる。彼の勞働下宿の經營者又は人夫供給請負業者の如きは自ら人夫の供給をなすと共に工事現場を巡りて求人の開拓をなし、或は現場の世話役又は監督者ともなり、或は工事請負人又は經營者は使用の勞働者に對する賃銀は一ヶ月二回を普通とされるに拘らず、自己が供給せる人夫に對しては必要に應じて勞銀を立替へ又は前貸しをなすを以つて、勞働者の生活は人夫供給人に依つて保證されるから、絕對的に從順であるのみならず使用者である。る工事請負人又は工事經營者も頗る便利であると云ふ所に彼等の眞の力强さが認められるのである。

斯く觀察し來る時は勞働紹介所の施設は餘りに貧弱にして忘れられて居ると云ふも敢て過言ではないと思はれる。故に此の狀態を脫して勞働紹介所の存在を認めしむるには制度の改廢に係る必要事項も多いが、內的に充實して勞働者の統制的練磨も亦緊要なる點であると考へられる。

神戶市に於ける勞働紹介所が官公營の工事に使用する勞働者を供給せんとし、先づ市土木課に對し求人開拓をなしたるに一般請負業者の供給する人夫賃銀より四錢低下して供給契約をなしたるが其の手續きは次の如き注文書に依つたのである。

土木課供給人夫注文書

供給人夫ハ左ノ條項ニ適合スル勞力ヲ有スルモノニシテ誠實勤務ニ服スルモノヲ標準トス

一、「バイスケ」籠壹荷ニ貳拾貫ノ重量ヲ入レ距離六十間ノ平地ヲ三十分間以內ニ往復シ得ルコト

二、重量四十五貫以上ノ石材ヲ二人差シニテ擔ヒ距離十五間ノ平地ヲ二分間以內ニ往復シ得ルコト

三、當課備付ノ小車ニ砂利正味二勺五才ヲ積込ミタルモノヲ一人ニテ引キ距離六十間ノ平地ヲ四分間以內ニ往復シ得ルコト

四、當課備付ノ鶴嘴「スコップ」等使用ニ熟練セルモノナルコト

以上の鐵則は勞働紹介所より紹介されたる勞働者を試驗され、其の大部分は不合格となりたる例も尠くはない。然るに人夫供給人の供給する勞働者は殆ど常傭にして作業に熟練せるを理由とし毎日規則に依る試驗は實行されなかつた。斯くの如き苦き經驗は勞働紹介所の取扱者をして尠からず迷惑せしめたのであるが、之が改善に努力したる結果漸く其の試驗は實行せられない樣になつて居る。之は求人開拓の困難なる事例にして又人夫供給人と事業課との情實を窺ひ得るに足るものである。

今勞働紹介所が求人開拓に依りて得たる官公署の求人に對し勞働者を開拓せんとするには次の如き供給契約を要するが故に官公署に於ける會計法中請負規定を改正せざる限り、職業紹介所は不合理な手續きに依つて官公署の一請負者とならざるを得ない狀態が窺はれる。

（例ノ一）　大阪遞信局人夫供給請負契約

契第　　號

人夫供給請負契約書（保證金免除）

契約件名

一、

内譯

種別	單位	豫定延人員	一人當賃金	豫定合價	備考

四四

契約金高

一金

右人夫供給ヲ前記賃金ヲ以テ　　　　ニ請負ハシムルニ付大阪遞信局長　　　　ヲ甲トシ　　　　ヲ乙トシ
契約スル條項左ノ如シ

第一條　人夫使役場所左ノ如シ
　　場　所

第二條　人夫供給使役方法ハ總テ別紙人夫使役規程ニ據ルモノトス
本規程等ニ疑義アルトキハ總テ甲ノ解釋スル所ニ依ル

第三條　人夫供給上ニ依ル一切ノ諸雜費ハ總テ乙ノ負擔トス

第四條　甲ヨリ所要人員ノ通知ヲ受ケタルトキハ其ノ指揮通リ乙ハ直チニ其人員ヲ供給スベシ
甲ハ工事ノ都合ニ依リ期間ヲ伸縮シ且ツ人員ニ對シ増減スルコトアルベシ
所要日及人員ハ其使役ノ前日迄ニ甲ヨリ帖簿ヲ以テ其都度乙ニ通知スルモノトス

第五條　賃銀ハ第五條ニ依リ人夫全部供給濟ノ上之ヲ支拂フモノトス但シ甲ハ人夫全部供給前ト雖モ其ノ出役延人員一千人以上ニ達スルトキ又ハ一ケ月分使役濟賃金ニ對シ乙ノ請求アルトキハ之ヲ支拂フコトアルヘシ

第六條　天災地變又ハ正當ノ事由ニ依リ本契約ニ定メタル期間内ニ義務ヲ履行スルコト能ハサルトキハ乙ハ其ノ事由ヲ詳記シテ違約金ノ免除ヲ請求スルコトヲ得此ノ場合ニ於テ甲ハ其ノ請求ヲ相當ト認メタルトキハ之ヲ承認スルコトアルベシ

第七條　前條ノ場合ヲ除クノ外甲ノ通知ニ依ル所要人員ヲ供給セサルトキハ違約金トシテ其ノ供給セサル人員ニ相違スル賃金ノ百分ノ十ヲ納付スルモノトス

第八條　甲ハ人夫就業上必要ト認ムル場合ハ器具機械ヲ貸與スルコトアルヘシ

第九條　前條ニ依リ貸與ノ器具機械ヲ亡失若クハ毀損シタルトキハ乙ハ其ノ損害ニ對シ該物品原價又ハ相當代價若クハ修繕ニ要スル實費額ヲ甲ノ定ムル所ニ依リ辨償スヘシ但シ代品ヲ以テ辨償セシメ又ハ毀損品テ修繕セシムルコトアルヘシ

第十條　毀損物品ニ對シ辨償（原價又ハ相當代價若クハ代品）ヲナシタルトキハ其ノ毀損品ヲ乙ニ交附スルモノトス亡失物品ニ對スル辨償ヲナシタル後其ノ亡失品ヲ發見シタルトキモ亦同シ

第十一條　左ノ各號ノ一ニ該當スルトキハ甲ハ何時ニテモ本契約ノ全部又ハ一部ヲ解除スルコトヲ得此ノ場合ニ於テハ甲ハ違約金トシテ請負金額ノ百分ノ十以内ヲ徴收ス

一、乙ニ於テ本契約ノ義務ヲ辭シタルトキ

二、人夫使役規程ニ違背シタルトキ

三、本契約ノ履行ニ關シ期間内ニ供給ノ見込ナシト甲ニ於テ認メタルトキ

四、人夫ノ監督ニ際シ掛員ノ職務執行ヲ妨ケ又ハ妨ケントシタルトキ

五、本契約ノ履行ニ關シ乙亦ハ其ノ代理人（下請人ハ代理人ト見做ス）若クハ使用人等ニ詐欺隱蔽其他不正ノ所爲アリト認メタルトキ

六、乙ニ於テ破産ノ宣告ヲ受ケ又ハ居所不明トナリタルトキ

七、乙カ入札以前ニ於テ既ニ競爭加入ノ資格ナキモノナリシトキ

第十二條　本契約ニ依リ甲ニ於テ收得スヘキ違約金及ヒ辨償金ハ甲ノ撰擇ニ從ヒ本契約又ハ他ノ契約ニ依リ支拂フヘキ代金アルトキハコレト相殺シ又ハ別途徴收スヘシ

第十三條　乙ニ過怠ノ責ナキ場合ト雖モ甲ハ自巳ノ都合ニ依リ期限前本契約ノ全部又ハ一部ヲ解除スルコトヲ得此ノ場合ニ於テ乙ヨリ三十日以内ニ請求アルトキハ確證アルモノニ限リ解約人員ニ對スル賃金ノ百分ノ十ヲ超過セサル限度ニ於テ其損失額ヲ支拂フヘシ

第十四條　甲ニ於テ支拂フヘキ賃金ハ歳出科目ノ節（節ナキモノハ目）毎ニ區分算出シ錢位未滿ノ端數ハ各之ヲ切捨テ支拂フモノトス

第十五條　此ノ契約ハ昭和　　年　　月　　日ヨリ昭和　　年　　月　　日迄ヲ期限トス

右之通契約シ此證書二通ヲ作リ甲乙各一通ヲ保管スルモノ也

昭和　年　月　日

契約擔當官吏
大阪遞信局長
供給請負人

係員

大阪市電氣局人夫雇傭契約

（例ノ二）

參錢
印紙

調度課長　　契約係長

單價供給請負

一金別紙ノ通
但職工供給別紙ノ通
供給期間　自昭和三年四月一日
至昭和四年三月三十一日

右單價ヲ以テ供給方御請負仕候ニ付テハ御市會計規程並ニ別紙契約條項ニ遵ヒ勞銀之變動並ニ勤務場所ノ如何ニ拘ラス御入用之都度供給可仕萬一御指定ノ通履行不致候節ハ御市御規則之通御處分相成候共異義無之ハ勿論因テ御市ノ損害ヲ釀シタルトキハ之ガ賠償ノ責ニ任ス可ク本人ニ於テ其責任ヲ果ス能ハザル場合ハ保證人ニ於テ其引受處辨可致候仍テ連署ヲ以テ請負差上候也

但シ本契約ノ債權ハ第三者ニ讓渡スルコト及本契約ハ御市ノ承諾ヲ得ルニアラザレバ其ノ履行ヲ第三者ニ委任スルコトヲ得ザルモノトス

昭和三年三月　日

請負人
保證人

大阪市長　關　一殿

一金　　明細書

內譯

品名	摘要	數量	單價	小計
大工	作業ニ必要ナル道具類ヲ携帶スル事	一人一日ニ付	円二、五〇〇	
塗工	同	同	二、五〇〇	
鍛冶工	同	同	二、五〇〇	
石工	同	同	二、八〇〇	
研工	同	同	二、〇〇〇	

職工人夫雇傭請負契約條項

大阪市電氣局直營工事、材料運搬及其他ニ使用スル職工人夫雇傭別紙記載單價ヲ以テ　　ニ請負ハシメタルニ付

以下大阪市ヲ甲トシ請負人ヲ乙トシ左記條項ニ從ヒ契約ヲ締結ス

一、乙ハ昭和三年四月一日ヨリ同四年三月末日迄甲ノ指示ニ從ヒ所要人員ヲ供給スヘシ

　但シ所要人員ハ所要期日前日迄ニ通知ス

二、甲ノ都合ニ依リ第一項ノ期間ヲ伸縮スルコトアルモ乙ハ之レヲ拒ムコトヲ得ス

三、就業時間ハ一日九時間トシ本局所屬ノ常傭人夫ノ勤務規程ニヨルモノトス

　但シ甲ヨリ特ニ定刻時間外ニ就業ヲ命スルトキハ乙ハ之レヲ拒ムコトヲ得ス

四、就業定時間ニ滿タサルモノ及ヒ前項但書ノ場合ニ於テハ一時間ニ對シ日給ノ十分ノ一ノ割合ヲ以テ其勞働時間ニ應シ賃金ヲ支拂フモノトス

　但一時間未滿ノ勞働ニ對シテハ賃金ヲ支給セス

五、乙ハ甲ノ指定シタル監督員ノ指揮監督ヲ受クヘシ
六、乙ハ終始現場ニ出頭シ職工人夫ノ取締ヲナスヘシ若シ乙自身出頭シ難キ時ハ相當ノ代理人ヲ出場セシムヘシ
但甲ニ於テ其代理人ヲ不適當ト認ムル時ハ交替ヲ命スヘシ
七、職工人夫ハ係員ノ許可ヲ得スシテ猥リニ退場シ又ハ第八項ニヨリ交替ヲ命シ退場セシメラレタル時ハ賃金ヲ支給セサルモノトス
八、職工人夫ハ年齢二十歳以上五十歳以下ノ身体強壯ニシテ各其職ニ熟練ナル者ニ限ル若シ甲ニ於テ不適當ト認ムル者アルトキハ交替ヲ命スヘシ
九、職工人夫作業中ニ負傷スルモ甲ハ何等ノ責ニ任セサルモノトス
但負傷ノタメ當日引續キ作業ニ従事シ能ハサルモノト認ムル場合ハ一日分ノ賃金ヲ支拂フモノトス
十、乙ハ作業ニ必要ナル器具ニシテ甲ヨリ貸與ヲ受ケタルモノヲ大切ニ使用セシムベキハ勿論故意又ハ過失怠慢ニヨリ毀損滅失又ハ紛失セシメタルトキハ之レカ辨償ノ責ニ任スルモノトス
十一、乙ハ前項ノ器具ヲ毎朝始業ニ先チ甲ヨリ貸與ヲ受ケ終業ノ際其數量ヲ調査シ甲ニ返納スルモノトス
十二、請負金ハ一ケ月ニ二回以内乙ノ請求ニヨリ使用シタル人員ニ對シ契約單價ヲ以テ計算ノ上支拂フモノトス
但計算ノ結果一支拂金額ニ錢位未滿ノ端數ヲ生シタルトキハ之ヲ切リ捨ツルモノトス
十三、乙ニ於テ正當ノ理由ナクシテ本契約ニ揭クル各條項ノ一ニテモ違背シタル時ハ甲ハ本契約ヲ解除シ且ツ違約金トシテ現ニ使用シタル人員ニ對シ支給スル賃金總金額ノ十分ノ一ヲ沒收スヘシ

以上

昭和三年　月　日

契約者　大阪市電氣局

請負人

（例ノ三）

大阪工廠人夫供給契約

覺　書

貴廠人夫所要ノ際ハ左記條件ニテ供給ス

第一條　人夫供給機關ハ昭和二年十月十日ヨリ昭和三年三月三十一日迄トス

第二條　人夫ノ區別、就業時間、賃銀等ハ左ノ如シ

但シ第五條及第八條第一項ノ場合ハ服業時間（一時間未滿切捨）ニ一日賃銀千分ノ一ヲ乘シタル金額ノ支拂ヲ受クルコト

區別	一日ノ就業時間	賃銀
運搬夫		一、八〇円
火夫	自午前七時—至午後五時	一、八〇
其他		臨時ハ協定ス
場所	大阪工廠内	

第三條　供給スヘキ人夫ノ年齢ハ滿二十歳以上五十歳以下ノ内地人タル男子ニシテ体軀強裝充分仕事ニ堪ヘ得ルモノタルコト

第四條　貴殿ニテ人夫所要ノトキハ其ノ前日ニ於テ人夫區別、人員ヲ通知サルヘキコト

第五條　貴殿ノ都合ニヨリ第二條就業時間ヲ伸縮サル丶モ異議ナキコト

第六條　人夫中第八條第二項乃至第六項ニ該當スル者ハ當日ノ賃銀ヲ請求セザルコト

第七條　疾病其他ノ事故ニ依リ中途退廠ノ必要アル者ハ其ノ事由ヲ申出貴廠ノ承認ヲ受尙之ニ對スル代人ハ直チニ供給スルコト

第八條　左ノ場合ニ於テハ貴廠ニ於テ任意ニ退廠ヲ命セラレ且ツ之ニ對スル損害ハ賠償スヘキコト

一、疾病ノ爲メ仕事ニ服シ難キモノ又ハ傳染病ノ疑アルモノ

二、第三條ノ要件ニ適セザルモノ

三、貴廠内ノ規定ヲ遵守セザルモノ

四、故意ニ官ノ物品ヲ毀損シ或ハ爭鬪喧騒ヲ爲シ若ハ他人ノ仕事ヲ妨クルモノ

五、貴廠係員ノ指示ニ服セス或ハ漫ニ仕事ヨリ離ル丶モノ

六、誠意ヲ欠キタル亡動アルモノ

前項損害額ノ決定ハ双方協議ノ上決定スルコト

四九

第九條　賃銀ハ通常半ケ月毎ニ支拂ヒヲ受クルコト

第十條　人夫中業務上傷痍ヲ受ケ又ハ死亡シタルトキハ貴廠ニ於テ應急醫薬ノ手當相成ルコト而シテ爾後ノ諸手當、扶助等ハ請求セザルコト

以上

昭和二年十月十三日

大阪市京橋職業紹介所長
職業輔導會囑託　山岨一郎

大阪工廠會計課長　佐々木仲藏殿

以上は大阪市勞働紹介所の人夫を官公署に供給する契約にして職業補導會又は其の囑託である勞働紹介所長が契約者となり、契約に際しては遞信局、大阪市電氣局等は各競爭入札に依り、大阪工廠は特に指命の特定契約に依つて勞働者の供給を契約して居る。

然るに勞働紹介に當り要求される人夫を完全に供給し能はざる場合が生ずることも稀ではない。之は主として人夫が「尻割り」をなす場合にして、全然供給不能に依りて生ずる事故ではないから雇傭契約に依る損害賠償も亦少額である。今其の損害を立替賃銀中より相殺されたる例を擧ぐれば次の如くである。

（例ノ四）

經購第九三九二號

昭和三年八月十三日

大阪遞信局印

大阪職業補導會常務理事　殿

（契）印　違約金相殺ノ件

貴殿供給請負（契約第一號）ニ係ル人夫供給不足ニ對スル違約金二十二錢ヲ仕拂金ト相殺ス

記

土地人夫供給不足人夫　二人　單價　一円、一三〇　一人ニ對スル違約金　〇円、二二〇

備考　供給不足數相當賃銀ノ百分ノ十
但シ線越大阪市外局移轉ニ伴フ市外電話線移轉工事

次に神戸市労働紹介所に於て求人開拓の結果人夫を供給するに至る状況を擧げて參考するに、例へば神戸市電氣局が労働紹介所の人夫を需要せんとするには一般民間人夫供給人と同様「例ノ五」の如き見積照會を發せられる。

（例ノ五）

見積照會

調甲第　　號

拜啓下記物品購入致度候ニ付賣込御希望ニ候ハバ乍御手數局渡御直段見積書來ル　月　日迄ニ御差出被下度此段得貴意候也

年　月　日　神戸市電氣局經理課

西部労働紹介所殿

品目	形質寸法	數量	單位	納期	納入
人夫		三〇〇人		自四月一日至九月三十日	工務
同		一三〇人		同	葺合渡（掃除雑用）
同		二〇〇人		同	庶務（風呂焚補充）

（用紙はがき）

之を受理したる時は神戸市中央職業紹介所長（今は東部労働紹介所長武内勝氏の名義を以つて取扱はれる様に改正されて居る）より次の如き見積書を提出するのである。

此の見積書に依りて其の供給見込みの内容を調査し、適當と認められたる場合は「例ノ七」の如き注文書を電氣局より勞

（例ノ六）

◎一品ヲ一葉ニ見積スルコト

見　積　書

神戸市長　黒瀬弘志殿　　　住所

昭和　年　月　日　記名調印

品　目	數　量	單位ノ稱	單　價	代　價
形　質	納期		摘要	
	納入場所			

下記條項竝ニ見本品仕樣書繪圖面等熟覽ノ上提出候也

條項

一、見積書提出ノ日ヨリ　　日以内ニ前記物品ノ供給ヲ命セラレタルトキハ之ニ應ズルコト

一、前項ニ據リ物品供給ヲ命セラルヽ時ハ見本（仕樣書圖面）通ノ物品ヲ前記ノ期日内ニ納付スルコト

一、前二項ニ違背スルトキハ貴市入札及請負規程ニ準據シ如何ナル御處分ヲ受クルモ異議ナキコト

（例ノ七）

注　文　書

調第　　號

拜啓貴　第　　號ヲ以テ御見積相成候下記品御注文申上候條納入相成度尚納入期日ハ特ニ嚴守相成度約期遲滯ノ場合ハ遲滯償金ヲ徵收スル場合有之ニツキ爲念申添候也

年　月　日　　　　神戸市電氣局經理課

西部勞働紹介所殿

品目	形質寸法	數量	單價	代價	納期	納入場所
鐵工		120人	2.00円	240.00円	3月5日ヨリ 3月31日迄	運河發電所

決議10號

（用紙はかき）

五二

働紹介所に送付される

前記注文書を受領したる時は勞働紹介所長は次の如き承諾書を電氣局經理課に送附するのであるが見積金額五百圓未滿なる場合は承諾書の提出を要さない。

（例ノ八）

承諾書

決議番號　第　號

職別

人員

單價

金額

供給課所名

供給期間　自　至　舊自　至

右供給方承諾候也

西部勞働紹介所長　武内勝

又神戸市土木課の取扱方は先づ次の如き通知を發せられる

（例ノ九）

別紙ノ通リ人夫其他供給ノ件左記方法ニ依リ見積ヲ執行候條關係書類及現場熟覽ノ上見積相成度此段及通知候也

五三

五四

大正　年　月　日

神戸市役所土木課㊞

社會課御中

記

一、見積書ハ三月二十八日午前　　時迄土木課長宛親展ニテ持參提出セラルベシ

但シ封皮ニハ（何々工事見積書）ト表記ノコト

一、開札ハ同日午前　　時　　分當課ニ於テ執行ス可キニ付見積者ハ必ズ立合セラル可シ代理人ヲ以テスルトキハ委任狀ヲ提出ス可シ

一、保證金ハ不用ニシテ担保期間ハ之ヲ附セス

一、工事期間ハ契約ノ翌日ヨリ　　日間トス

注意　設計書仕樣書其他圖面ハ當日必ズ持參返納スベシ

而して見積書の樣式は次の如くである。

見　積　書

神戸市役所土木課所屬直營普通修繕工事用

一、鐵　工　一日一人ニ付　金

一、石　工　同　金

一、アスハルト工　同　金

一、人　夫　同　金

一、煉瓦工　同　金

一、大　工　一日一人ニ付　金

一、馬車持人夫　同　金

一、女人夫　同　金

計金

右ハ御市ノ御規程ニ依リ前顯金額ヲ以テ自大正　年　月　日至　年　月　日間供給可仕候也

大正　年　月　日

神戸市部勞働紹介所

神戸市長　殿

勞働紹介所に人夫紹介が落札したる場合は次の如く引請書と共に契約書を提出するのである。

（例ノ十）

職夫單價供給契約書

職夫種別	人員	供給單價	摘要	職夫種別	人員	供給單價	摘要
人夫	一三、七六〇人			馬車持人夫	三二四人		
石工	四〇			煉瓦工	三〇		
大工	二〇			女人夫	五四〇		
鐵工	二五			計		金	

但シ職夫中年少者又ハ技能拙劣ノ者アルトキハ賃銀四歩引御使役ノ義異議申立サルコト（兩者ヲ合セ出役命令數ノ一割以内ノコト）

供給期間　契約締結後御指示スル日ヨリ大正十四年九月三十日迄

但シ御市ノ都合ニ依リ期間ヲ伸縮セラル、モ異議申立サルコト

用途

使役場所　別紙ノ通リ

但シ契約保證金供給豫定賃金總額ノ百分ノ五

前記ノ通リ供給請負被命候ニ就テハ左ノ事項ヲ契約ス

一、供給人ハ別紙注文書ニ依リ日々翌日ノ所要員數ヲ當廳土木課各出張所監督員ニ承合ノ上其ノ手筈ヲ爲シ當日支障ナキ樣出役スベ

五六

シ、若シ各所要員數ニ對シ不足人員一割以上二割五分以下ニ及ブトキハ不足一人ニ對シ十分ノ二、其ノ二割五分以上五割以下ニ及ブトキハ不足一人ニ對シ十分ノ五ノ各割合ヲ以テ總出役員數ノ内ヨリ歩引セザルモノトス

二、前項所要員數ニ對シ不足人員五割以上ニ及ビ、貴市ニ於テ本供給契約履行ノ見込ナシト認メラレタルトキハ、何時ニテモ契約ヲ解除セラレ、保證金ヲ市ノ所得トセラルヽモ異議ナキコト

三、職夫ノ勤務時間及其伸縮勤務心得、遲參早退ノ歩引、時間外勤務ノ增歩等ハ總テ貴市ノ御指示ニ從フコト

四、供給賃銀ノ支拂ハ前月二十一日ヨリ當月二十一日迄ヲ打切リ計算シ請求ニ依リ支拂ヲ受クルコト

五、貴市主務吏員ニ於テ供給職夫中不適當又ハ不都合ノ所爲アリト認メタル者ハ、供給人ハ直ニ之ヲ退場セシメ相當代員ヲ供給スベキコト

六、供給人ハ貴市ノ御指定ニ基キ供給職夫見認簿ヲ設ケ、日々ノ職夫ヲ服役員數其他ニ付キ證印ヲ受クルコト

七、前各號ニ定ムル他道路工事執行令並ニ神戶市入札及請負規定ニ據ルコトヲ承認ス

右契約候也

年　月　日

請負契約者

神戶市長　　殿

備考　勞働紹介所ノ契約ハ次ヲ削除ス

一、使用場所ノ但シ書

二、第一項「若シ」以下ヲ削除ス

三、第三項「保證金」以下ヲ削除ス

四、土木課供給人夫注文書ハ求人開拓ノ項初ニ例示シタルヲ以テ茲ニハ省略ス

(例ノ十一)

引　請　書

東部勞働紹介所

神戶市土木課御中

月　　日附土丙第六一四號ヲ以テ御照會ニ相成候　　年度上半期分人夫供給ノ件左記ノ通リニテ引請候也

記

一、人夫延　一萬二千七百七十人

内　譯

一、葺合工區　二千二百人　一、神戸工區　三千六百四十人

一、兵庫工區　三千六百七十人　一、公　園　三百六十人

一、林田工區　二千九百人　供給單價　一圓四十錢ノ定　以　上

神戸市土木課の人夫は從來半期契約であるが勞働紹介所は供給上隱忍努力の結果土木課の了解を得るに至り、今は殆ど一ヶ年を契約し得ると共に採用試驗の如きも非常に寬大となり、場合に依りては全然試驗もなく採用されるに至つたのである。以上二大都市に於ける勞働紹介所が官公署に對する供給の道程を開き得たることは勞働紹介所の求人開拓に於ける非常なる努力であるが、之は決して根本的に雇傭制度の改善を實現し得たるものではない。又法的改善が實現され或は勞働紹介所の内容が充實されたと雖直に人夫供給請負制度を徹廢し得るやは頗る疑義を有せざるを得ない。如何となれば官公署は直營工事擴張の爲めに先づ技術者を必要とし、勞働者を統制して工事を完了し得るに足る工事監督又は常傭夫の增員を計らねばならない。斯くの如き施設は直ちに期待し得らるべきものではない。工事の種類、現場を異にするに從つて各々計劃を異にし、然も工事は近時機械の應用益々多きを加へ來れるを以て、相當の經驗者を得るには長期の歲月を要するには非らざる乎、尙茲に考慮を要するは直營工事の擴張と人夫供給制度の改善とは、大阪府下に於ても約五千人の請負業者に與ふる經濟的打擊は甚だ大なる問題にして、或は特殊なる運動を勃發し、前年供給せる遞信局人夫が、本年は一人の單價が前年より三十錢高の一圓四十錢にて、人夫供給人に橫取りされたるが如き狀態を繰り返へされることが憂慮されるのである。聊遞信局の人夫を供給し得るに至れりと雖、其の勞働條件は頗る低級にして大阪市京橋勞働紹介所の取扱勞働者のみならず、大阪市內の

五七

労働紹介所の取扱労働者中より、遞信局人夫労銀の引上げを嘆願すること切にして、其の間にありし山岨京橋労働紹介所長の如きは労銀制度の改善機會の到來を實現すべく隱忍努力今日に至れるが、偶遞信局現場監督員側より労銀の値上げは當然なすべきものであるとなし、他の都市並に他業の労銀との比較等の材料を蒐集し、上司に直接上申書を提出するに至れるは、山岨所長の宿望に到達し得たものである。然るに本年度の人夫供給請負入札は前述の結果を招來せしめたので、労働紹介所長は直に遞信局經理課長を訪ひ其の理由を質したるに「連續的に紹介所のみより供給を受くるは良否の判斷を爲し難きを以つて、本期は民間人夫供給者のみの入札に依れること」を說明されるや、所長は「然らば同一作業に双方の人夫を供給し、同一賃銀を以て稼働せしめて之を試み其の成績に依りて半數づゝを採用されたし」と懇談したるが、遂に容れられざりしは甚だ遺憾とされて居る。今や本邦土木建築聯合會は萬國土木建築業協會に加盟の勸奬を退け難く、近く加盟するに至つて居るが、一度之に加盟せんか其の勸告に依りて土木建築業に使用する労働者の供給は合理的供給機關に據らざるを得ざるべく、即ち從來の人夫供給請負制度に大變革を與へられるのである。茲に於て當該事業者は各地方當業者組合每に前後策を講究され、大阪土木建築業組合に於ける五日會の如きも亦之が改善策に焦慮して居るが、山岨京橋労働紹介所長は此の機會に於て當該事業主が公益労働紹介所の利用を覺り、労働紹介事業の新生命を拓かざれば再び立ち難いと云はれ、終日狂奔努力せられて居るが如きは労働紹介所の求人開拓の涙ぐましき尊き犧牲であらねばならない。又山岨所長は嘗て需要者との懇談を必要とし昭和三年中同所關係の求人者を招いて隔意なき意見の交換を行ひたるに、將來求人開拓上資する所が多かつたのであるが、又常時次の如き印刷物をも配布して労働紹介所の機能と其の使命とを明にし求人開拓に盡して居る。

日傭労働紹介事業ノ改革ニ就イテ

日傭労働者ノ傭役ニ關シテハ官公署並大事業家ハ率先當紹介所ヲ利用セラレ市井ニ於テモ亦労働ノ需給ハ漸次人夫請負業者又ハ労働下宿ノ手ヲ離レ直接當紹介所ヲ利用セラルヽ傾向ニナリマシタガ國家社會ノ爲メニ誠ニ欣幸トスル所デアリマス既往利用者諸彥ニ對シ衷心感謝ノ意ヲ表スル次第デアリマス

就テハ益々本事業ノ發展ヲ促進スルタメニ一面求人側ノ便益ヲ增大シ他面勞働者ノ保護指導ヲ容易ニシ乃チ求人者勞働者紹介所ノ三者ノ關係ヲ一層密接ニスルノ必要切實ナルヲ慮リ來ル十二月一日ヨリ左記方法ヲ實施致シマスカラ益々當所ノ利用ト特ニ御援助ヲ賜リ度御願ヒ申上マスト共ニ當所紹介上ニ關スル御意見ハ腹藏ナク御申出アランコトヲ希望致シマス

一、產業能率ノ增進ヲ圖ルタメニ紹介所ニ於テ求人者ノ爲メ人ヲ充分鑑査シ適當ト認メタルモノニハ證票ヲ交附シ置キ紹介ノ場合ハ紹介票ト共ニ持參セシメマス

一、適材適所主義ヲ尊重スルタメニ當所紹介ニ係ル勞働者ニシテ若シ不適當ト認ムル者アリタル時ハ其ノ旨詳細紹介所ニ御報告下サイ適任者ト交替セシメマス

一、被紹介者ノ整理並ニ作業場ト紹介所トノ連絡ヲ便ニスルタメ同一作業場ニ出務セシムベキ勞働者中最モ善良ナルモノ一名ヲ特選シ世話係ト致シマス

一、連絡ヲ密ニスルタメニ時々紹介所職員ヲ差遣致シマスカラ御用件ハ申聞ケ下サイ

一、勞働者ヲ保護善導スルタメニ從來ノ失業、傷害共濟並ニ自發的貯金ノ外更ニ當所ニ於テ勞銀ノ立替拂ヲスル者ニ限リ若干ノ强制貯金ヲ實施致シマス

一、金錢取扱ノ確實ヲ期スルタメニ大阪職業補導會トノ契約又ハ同會並ニ大阪市ニ於テ勞銀立替拂ニ用ユル出務證明書ノ認印ニ關シテハ豫メ認印者ノ資格及同人ノ印鑑證明書ヲ紹介所ニ提出スルコトヲ嚴守セラレタシ

前項ノ手續ヲ了セザル出務證明書ニ對シテハ支拂ヲ致シマセヌ

一、需給人員並金錢出納ノ正確ヲ期スルタメニ當所ニ於テ賃銀支拂ニ屬スル勞働者ハ必ズ當所ヲ經由セシメラレタシ作業場ニ於テ直接採用者ニ對スル賃銀ハ當所ガ支拂ノ責ニ任シマセヌ

一、勞銀立替資金ノ運用ヲ圓滑ナラシムル爲メニ立替金ノ回收請求又ハ賃金請求ニ對シテハ支拂ヲ迅速ニシ且作業別歳出科目等ノ區分ハ出務證明書ニ明記セラレタシ

一、同類作業ニハ同一勞働者ヲ勤續セシムルニ比較的永續スベキ事業ニ關シテハ豫メ紹介所ト打合セ置カレタシ

昭和二年十一月二十日

大阪市京橋職業紹介所長　山　岨　一　郎

殿

尚神戸勞働紹介所に於ても大正十二年二月東部勞働紹介所に石橋市長名義を以て求人者約百五十名を招待し、石橋市長自ら席を交して懇談を遂げたのである。
以上の情況より考察するに本問題の改善策は共に全力を擧げて當然爲すべきであるが、後述せるが如き供給制度につき充分に研究して之に備ふべきであると思はれる。

（八）統　計

勞働紹介所の取扱成績は最も迅速に然も正確に知ることに於て最も有効である。即ち勞働紹介所は日報を發行して居る所が多いのは茲に據るからである。

各市に於ては當日の取扱成績は日計簿に登載され、其の統計は經營主体の首腦者に速報される、之を日報と云ふのである。大阪市は各勞働紹介所に於て當日取扱成績を次の如き職種別取扱人員表と求人別紹介人員表とを作成して之を毎日中央職業紹介所に通報し、中央職業紹介所は勞働紹介所別取扱成績を取纒め之を毎日市長に報告すると共に當局へも參考送附し、又職種別取扱數は月報として中央紹介所より社會部長に報告されて居る。旬報は毎旬各勞働紹介所に於て取纒めたるものを中央職業紹介所に通報し、中央紹介所は各所別取扱數を取纒めたる上之を當局に報告すると共に市長に報告して居る。之は勞働紹介所に於ける定期報告であつて、此の他には定期報告を定められて居ない。而して旬報中の主なる求人の賃銀欄に記載されるものは中央職業紹介所へ報告される求人別取扱人員數調中に記載される求人別職業種別に依る賃銀表中より取扱數比較的多數なるものを擧げて報告されて居る。又神戸市に於ける勞働紹介所は次表の如き日雇勞働紹介日報を發行し業態別、取扱數、賃銀狀態、「アフレ」數、紹介先氏名及紹介數、立替賃銀の收支狀況等を中央職業紹介所長に通報して居つたのであるが、中央職業紹介所長は一ヶ月間の勞働紹介所別取扱成績を市長に報告するに過ぎなかつた。昭和四年四月以降日報は全然廢止され、旬報成績のみを中央職業紹介所長に通報し、其他は失業救濟土木事業が施行される時、通牒に依る日報を發行して報

昭和　年　月　日　曜　**日雇勞働紹介日報**　神戸市立　部　勞働紹介所　天候

業別	求人數	求職者數	紹介數	賃金 最高	賃金 最低	賃金 普通
沖仲仕						
荷揚仲仕						
岡仲仕						
土方						
手傳						
雜役						
其他						
女雜役						
合計				アフレ數		
累計				累計		

紹介先氏名及紹介數

紹介先氏名	業別	求人數	紹介數	紹介先氏名	業別	求人數	紹介數

備考	

賃金立替

收入			支出		
	前日ヨリノ繰越高			賃金立替人員	
	中央ヨリノ入金高			賃金立替金額	
	合計			累計	
	累計			差引殘高	

六一

告するにとゞめたのであるが、最近取扱方を變更され、各勞働紹介所は直接地方職業紹介事務局に報告されるに至つて居る。

其他の統計は一ヶ月の取扱成績を取纏め、又一ヶ年の成績を集計して置くに過ぎないのであるが、勞働紹介所の業務の他之に附帶して必要である立替賃銀取扱狀況は日報、月報、年報等に取纏めて報告し、其他勞働共濟會との聯繫事業である强制貯金の取扱成績、或は勞働保險組合の委囑事務等に關する取扱成績は夫々毎日の統計を報告することになつて居るが、地方職業紹介事務局へは毎月分の情報を受くることになつて居る。

(二) 就職者

日傭勞働紹介所の取扱成績に於て就職者數を知るべき資料を得られないのであるが、假に紹介件數を以て就職者と見做す時は本邦勞働紹介所の成績は七八%乃至八八%を往來して居る。而して最近三ヶ年間に於ける當局管內阪神兩市勞働紹介所の狀況を見れば次の如くである

阪神兩市勞働紹介所取扱成績

年次	求人數	求職者數	紹介件數	就職率
大正十五年 昭和元年中	六七三、三七二	七六〇、二五四	六六四、四三〇	八七、三%
昭和二年中	五六五、六三七	六五〇、六七七	五五九、三三四	八六、〇%
昭和三年中	六五一、六五〇	七四五、五三九	六五一、二八〇	八七、三%

上揭の如く八六乃至八七%を往來して居る狀態にして求職者の一割三四分は「アフレ」數と見ることが出來る。

由來此等の勞働者は日傭にして然も一定の職能を有することは極めて少く、多くは自由に職業を轉換し得るものであるから、就勞先を自己の意志に依つて決定して求職する者は甚だ少い。故に如何なる職業を有する求職者がどの位就職して居るかは容易に判斷し難いのである。殊更に就職者の職業とか、勞銀とか、或は其他の勞働條件を窺知せんとするならば之は求人の求人條件即ち求人の雇傭條件に俟たねばならない。而して其の推定が稍就職者に該當すると云ふに過ぎない。此の方法

に依つて紹介件數を見る時は管內の阪神兩市勞働紹介所は最近三ヶ年間に紹介し能はざりし數は大正十五年（昭和元年を含む）八千九百四十二人にして、求人數に對し一三%の供給不足を示し、昭和二年には六千三百三人の供給不足にして、供給不足數は一、一%に該當し、昭和三年中は僅に三百七十人にして〇、〇六%に該當するに過ぎない狀態なるを以て殆ど供給し得ると見て支障ないであらう。今其の求人が要求したる職種別に依つて取扱數を擧ぐれば次の如くである。

大阪市勞働紹介所職種別取扱成績年次比較表（大阪市職種別日報ニ依ル）

年次	集合人員	求人數 仲仕	求人數 土方	求人數 手傳	求人數 其他	求人數 合計	紹介員數 仲仕	紹介員數 土方	紹介員數 手傳	紹介員數 其他	紹介員數 合計
大正十四年	二九四、九四七	五三、六九三	五二、〇二七	一八、五六七	九六、八二九	二二一、一一六	五三、四六五	五一、三二五	一八、五四四	九六、七二一	二二〇、〇三五
大正十五年	五七一、二〇七	四六、九四一	二六〇、一八六	一六、一五一	一七七、四七〇	五〇〇、七四八	四六、九〇六	二五六、四八七	一六、一四八	一七一、一三〇	四九〇、六七一
昭和二年	三七五、〇九三	三一、一二五	三五、六四四	一一、〇五二	二二六、九三〇	三〇五、七五一	三一、〇九三	三五、六四四	一一、〇五二	二二〇、九五三	二九九、七四二
昭和三年一月	五一、六二二	三、二三六	二、七五四	四八九	三五、五二九	四二、〇〇八	三、二三六	二、七五四	四八九	三五、四九〇	四一、九六九
同　二月	五六、九六二	二、八一三	五、四七九	五一五	四二、四六〇	五一、二六七	二、八一三	五、四七九	五一五	四二、四四六	五一、二五三
同　三月	四七、三七八	二、三三〇	五、四三四	五八九	三一、八二八	四〇、一七一	二、三三〇	五、四三四	五八九	三一、七六九	四〇、一二二
同　四月	二六、五八九	一、三七四	一、三七七	二九六	一三、五七七	七二一、六二四	一、三七四	六、三七七	二九六	一三、五七七	二一、六二四
同　五月	二五、〇二五	一、一九二	五、一二〇	三三七	一一、七七七	一八、四二六	一、一九二	五、一二〇	三三七	一一、七七七	一八、四二六
同　六月	二一、四七一	一、一八五	四、六一三	三一九	一〇、三一八	一六、四三五	一、一八五	四、六一三	三一九	一〇、三一八	一六、四三五
同　七月	二五、七七八	一、九九六	四、五六一	一、七八七	一三、二五五	二一、五九九	一、九九六	四、五六一	一、七八七	一三、二五五	二一、五九九
同　八月	二五、二六六	一、七一八	四、五七八	一、二〇二	一三、七一一	二〇、二〇九	一、七一八	四、五七八	一、二〇二	一三、七一一	二〇、二〇九
同　九月	二三、三五六	一、七八七	四、五二三	七七〇	一一、九〇二	一八、九八二	一、七八七	四、五二三	七七〇	一一、九〇二	一八、九八二
同　十月	二三、九九九	一、五四七	二、九五四	八九五	一二、六九七	一八、〇九三	一、五四七	二、九五四	八九五	一二、六九七	一八、〇九三

六四

同十一月	二〇、三四四	一、八二三	一、八四九	三六二	一一、九六四	一五、九九七	一、八二三	一、八四九	三六二	一一、九六四	一五、九九七
同十二月	二七、一三八	二、〇七四	三、二八六	五七三	一三、四七九	一九、四一二	二、〇七四	三、二八六	五七三	一三、四七九	一九、四一二
計	三七三、九一八	二三、〇六四	五一、五二八	八、一三四	三二一、四九七	三〇四、二二三	二三、〇六四	五一、五二八	八、一三四	三二一、三八五	三〇四、一一一
昭和四年一月	四四、四七八	一、九八二	二、五七五	五三〇	二八、二五〇	三三、三三七	一、九八二	二、五七五	五三〇	二八、二五〇	三三、三三七
同二月	五〇、九九五	一、九五五	二、一一三	六四一	三六、五九五	四一、三〇四	一、九五五	二、一一三	六四一	三六、五九五	四一、三〇四
同三月	五一、三五七	二、二八七	五、三三八	九一二	三三、九八三	四二、五一〇	二、二八七	五、三三八	九一二	三三、九八三	四二、五一〇
同四月	二七、四七〇	二、二三五	一〇、一八六	八〇七	七、〇七七	二〇、二九五	二、二三五	一〇、一八六	八〇七	七、〇七七	二〇、二九五
同五月	二三、〇五七	二、一二三	五、四一六	八五七	六、七一八	一五、一二四	二、一二三	五、四一六	八五七	六、七一八	一五、一二四
同六月	（不詳）										
計	一九六、三五七	一〇、五八二	二五、六一八	三、七四七	一一二、六二三	一五二、五七〇	一〇、五八二	二五、六一八	三、七四七	一一二、六二三	一五二、五七〇

神戸市各勞働紹介所職種別取扱成績年次比較表（神戸市職種別日報ニ依ル）

年次	集合人員	求人數 沖仲仕	荷揚仲仕	岡仲仕	土方	手傳	雑役	熟練工	馬車	其他	合計
大正十年	資料ヲ欠ク										
同十一年	同上										
同十二年	同上										
同十三年	同上										
同十四年	同上										
同十五年 昭和元年	同上										

昭和二年	二五七、三六二	二〇二	三	五、一一五	一七六、九五二	六、九九八	三八、九五二	一一、一三九	二八八	三、二九八	二四二、九五一
同 三年一月	二一、六〇六	一三	—	四八二	六、七七九	三	二、七三四	三九六	五二	一九	一〇、五一七
同 二月	一五、四七〇	五	四	二五八	八、六三五	七四	五、〇八一	四三一	二七	二五	一四、四九〇
同 三月	一九、二二四	二	二	三〇一	九、二〇三	二五	七、二六〇	四七九	五九	二七	一七、三五八
同 四月	一六、一二〇	—	八	六七五	八、八一四	四	二、七五八	四七一	一六	二九	一三、七九五
同 五月	一七、五四八	—	—	五七七	一一、七九一	二	二、五三三	四六九	一〇一	三〇	一五、五二三
同 六月	一八、二四三	—	—	三〇三	一一、一九一	三	三、六六五	六三六	一六一	三〇	一五、九八九
同 七月	一九、九〇七	一四	—	三五三	一三、六一五	五七	二、九七一	一、一七五	一八四	二八	一七、三九七
同 八月	二〇、一七三	一七	—	四七一	一三、七六二	一四	二、八三一	一、三三五	二〇四	—	一七、六三四
同 九月	一九、七五五	三三	—	六〇六	一三、一五五	三七	二、五五〇	一、〇三三	二三〇	—	一七、六三四
同 十月	二〇、六二二	一六五	八	八一九	一三、一〇六	五九	三、二九九	一、二五〇	二七二	—	一八、九七八
同 十一月	一八、九九四	九三	—	二八九	一三、三二七	三六	二、二九八	一、二三四	二五一	—	一六、五一八
同 十二月	二二、八〇八	二五	—	六九二	一四、六一三	八三	三、七八四	一、六六〇	五八一	—	二〇、四三八
計	二三〇、四五〇	三六七	二二	五、八二六	一三四、九九一	三九五	四一、七六四	一〇、五七九	二、一三八	一八八	一九六、二七一

〔註〕紹介件數ハ求人數ト同一ナルヲ以テ省略シテ記載セス

自昭和四年一月 至同年六月	一三九、九二三	一二〇	—	二、一四二	八四、三九四	三一七	一九、八五五	一〇、九一二	九七九	八四八	一二九、五六六

上掲に依れば大阪市勞働紹介所は紹介件數を減少して居るが殆ど紹介し得る程度である。又職種別は便宜上斯く分類したのであるが大阪市の其他の中には熟練工と見做すべきものが含まれて居る。又神戸市の熟練工には電氣工、大工、左官、煉瓦、鍛冶、瓦斯、石工等を擧げて居る。而して取扱數中最も多數を占むるは(年次に依つて相違があるが)大阪市は仲仕、土方、手傳等にして、神戸市は土方、雜役、熟練工等である。此の取扱狀況を更に細密に檢する時は此等の求人に要求されて就

職せるものゝ中には頗る興味ある事實が窺はれるのである。

（二）勞働賃銀の立替拂

職業紹介所は職業紹介法施行令第三條第二項及び第三項の規程に依りて勞働賃銀の一時立替拂ひを爲し得るのであるが、此の規程は勞働紹介所より紹介される日傭勞働者に最も必要であつて、關東地方震災當時に於ける勞働紹介に際し政府は無利子資金の融資に依りて急速の進歩をなしたのであるが、管內は大阪、神戸兩市に於て取扱はれて居る。兩市は鐘ケ淵紡績株式會社々長武藤山治氏が現時の經濟的大變動の余波に依り、生活上の脅威を最も深刻に飜弄されたる勞働者階級には、未だ嘗て經驗せざりし失業苦に陷りたるもの甚だ多きを慨嘆し、一時的にも之が救濟施設は焦眉の急なるを感じ、廣く輿論に訴へて職業紹介助成事業並に失業救濟機關の急務であることを感じ、卒先して大正十一年上半期同社株主總會に諮り同期純益金中三十萬圓を割きて之等の事業計劃に醵出したるに基き、之を三分して東京、大阪、神戸の三市に失業者救濟の資金に充つることゝなつたのである。此の資金は其の趣旨に依つて兩市とも職業輔導會（大阪市に職業輔導會）を設立し、職業の紹介、宿泊及食事、歸郷及就職の旅費立替（大阪市は賃銀の一時立替拂をも合む）資金貸與（大阪市は勞働用具の貸與をもなす）生計費貸與、健康保護、授産事業、調査等の事業を興したので、大阪職業輔導會は此の中の賃銀一時立替拂資金として金壹萬五千圓を割き（現在立替資金參萬圓を有す）て之に充て、大正十二年七月より大阪市各勞働紹介所に於て取扱ふ勞働者に對し賃銀立替拂を開始し、其後此の資金は財團法人勞働共濟會に委託して今も猶取扱はれると共に、市に於ても其後二萬五千圓の資金を醵出するに至り、今又更に十萬圓の資金を勞働共濟會に融資せんとして益々立替拂の効果を認められるに至つて居る。今年次立替狀況を一瞥すれば次の如くである。

大阪市勞働紹介所立替賃銀取扱年次比較表

（中央職業紹介事務局職業紹介年報ニ因ル）

年次	日數	立替人員	同上一日平均	立替金額	同上一日平均	同上一日一人平均	主ナル立替先
自大正十二年七月 至同年十二月	一八二日	二一、六九二人	一一九人	三八、九五三、〇四円	二一四、〇三円	一、七九円	遞信局、市役所、天王子村役場、中山太陽堂、鐘紡、造幣局、清水組、鈴木組、藤永田、市水道部、日本橋梁、市電氣局、角泰介、今宮町役場
大正十三年		五三、五〇二	一三一	一〇二、〇二一、〇五	二六六、一三	二、〇三	遞信局、市電氣局、造幣局、清水組、鐘紡、今宮町役場、豊崎町役場、中山太陽堂、宗像商會
大正十四年		一一九、〇〇九	三三〇	一七一、五九九、〇三	四七六、六六	一、四四	前年ニ同シ
大正十五年 昭和元年		三〇九、四七二	八五四	五三五、一三八、六九	一、四五〇、六五	一、七〇	大阪府事業課、府市事業局課、遞信局、大阪製鐵所
昭和二年	(輔)	一一三、六九五 一二六、九九五	三一一	一八〇、四八〇、七七 二〇三、六二〇、六九〇	四九八、五七	一、六〇	前年ニ同シ
昭和三年		一四九、〇九九	一ケ月 一二、四二四	二六一、六一七	一ケ月 二一、八〇一、四五九	一、七五	前年ニ同シ
自昭和四年一月 至同年四月	(共)	三七、七一八 四五、〇三四	一日平均 三三〇 三八一	五九、六〇六、八七 八八、八七四、一六	一日平均 五〇五、一四 七五三、一七	一、五八 一、九八	前年ニ同シ

昭和二年中の全國市町村立職業紹介所及び市町村立に非らざる職業紹介所の立替賃銀總額は三百二十六萬四千八百六十一圓三十四錢、其の總人員は百七十三萬三千八百八十九人に達して居るから大阪市の立替賃銀は（輔導會分を合む）金額に於て其の一一、八％、人員に於て其の一三、八％に該當して居る。

神戸市の立替賃銀の取扱ひは大正十四年四月よりと發表されて居るが事實は更に既往に逆つて之れを實施されたる沿革を探索し得たのである。神戸市勞働紹介所の設立されたるは前述せるが如く大正十年の八月と十月であるが當時の中央職業紹介所長佐藤力太氏（前横濱市中央所長にして現横濱市隣保館長）及び竹内勞働紹介所長は夙に勞銀の一時立替拂ひの必要を痛感し、市の當局者を說きたるが未だ勞働紹介所の機能も判然せざることゝて誰も之を聽くものなく只一笑に附されたるが、勞働紹介所の取扱ひを日一日と經驗すればするに從つて益々其の必要に迫られたるより、兩氏は遂に決する所あつて各自細き財布より百圓宛を醵出して勞銀の立替へを開始したのである。惟ふに之は本邦に於ける勞銀一時立替拂ひの創始であると思はれる。然し乍ら僅に二百圓の立替資金は良く勞働紹介所の機能を發揮せしむるには余りに微弱であつた、翌大正十一年には兩氏の熱心に動かされ、市は試に金一千圓を社會課に貸與し、社會課長は之を勞働紹介所に運用せしめて立替拂ひをなしたるに其の成績愈認むべきものがあつたので、越ゐて大正十二年四月市會は漸く豫算に金四萬四千圓(立替金延金額)を計上して之を可決し、大正十三年は八萬八千圓、大正十四年も亦八萬八千圓、大正十五年は十六萬圓、昭和二年も十六萬圓、昭和三年も亦十六萬圓を可決し、昭和四年は十萬圓を可決したるが其の運用方法は從來と異にし、從來の延金額に非らずして、之を反復立替ゐ得ることに改められたのである。斯くの如く年と共に立替金額は増加し、其の効果は著しく認容されるに至つて居るが大阪市或は其他の大都市に於ける立替資金の如く、一定の資金を準備するに非らずして、毎年豫算に計上するは本市の特徵であると共に他に類例がないと思ふ。此の如き進展をなすに至れるは勞働紹介所の職員の努力に基因する所が多いが、又竹内所長の犧牲的努力も見逃し難いと思ふ。氏は嘗て東京に開催されたる全國社會事業大會に出席するや當時の社會局職業課長なりし現社會局大野社會部長を訪れて、勞働紹介所の現況を詳説し、將來辿り行くべき道を力説し、其の方法として勞銀立替資金の基礎を鞏固とし、勞働保險の實施の緊要なる理由を説明さるるや、大野課長は必要なる資金につきては低資の融通を考慮するから大いに努力されたいと言はれ、限りなき力を享けたのである。又大會には自ら其の趣旨を縷述せる印刷物を配布し、且つ大會には第三日特別委員會々議に「失業救濟並に防止に關し政府は速に失業保險制度を實施し職業紹介所の普及發達を圖り勞働組合法を制定し、移殖民政策を確立し、此際特に官公營事業を起し之に對する起債並低利資金の融通を圓滑ならしむると共に之が事業資金蓄積の途を講ぜらるゝ樣適當の措置あらんことを望む」と云ふ建議案を可決し、又追加議案として神戸市より出席せる須々木、武内兩氏は次の如き案を提出して可決されて居る。

一、日傭勞働者の保護の爲め職業紹介所に賃銀立替拂、傷病者扶助並生計費補助等に關する資金を設ける樣適當の措置を執られんことを政府に建議すること、

又大阪市より出席せる八濱德三郎氏は次の如き案を提出して可決されて居る。

一、勞働者保護の實を擧ぐる爲速に勞力供給業取締令の制定を政府に建議すること、

此の會議の結果（大正十四年九月第七回全國社會事業大會報告書參照）は大正十四年九月一日及び二日の萬朝報紙上に連載される等非常なる活動をされたと云はれる。大阪市に於ける失業手當の給付の實施も確に此の運動に刺擊されたるものがあると云はれるし、又神戶市の勞働賃銀の立替資金が一躍增大し、或は勞働保險組合が設立されて勞働保險が實施される機運を促進したることは疑はれないと思はれる。

大阪市に鐘紡會社の寄附金を基礎として職業輔導會が設立せられ、其の資金の一部分を勞働賃金立替拂資金としたるに反し、神戶市は市民の負擔金に依つて其の資金を得低資の借入れをも爲さゞりしは實に異彩であると思ふ。而して其の立替資金は職業紹介所費として計上され、資金に不足を生じたる場合は追加豫算を以て充當して居るのである。今年次立替金額を擧ぐれば次の如くである。

神戶市勞働紹介所取扱賃銀立替狀況年次比較表（中央職業紹介事務局職業紹介年報ニ因ル）

年次	日數	立替人員	同上一日平均	立替金額	同上一日平均	同上一日一人平均	主ナル立替先
自大正十二年四月 至同年十二月		一七、七三四人	六六人	二七、〇六九、三〇円	一〇〇、二〇り	一、五三円	明細ナル資料得難シ
大正十三年		三〇、七三四	八四	四六、三四八、二四	一二八、〇三	一、五三	同
大正十四年		四九、〇九二	一三六	六八、六七六、一一	一七〇、七六	一、二六	同
大正十五年 昭和元年		一五九、二五七	四四〇	二五六、三七八、一九	七〇八、一三	一、六一	同
昭和二年		二〇九、六九五	五七九	三一六、五九二、四一	八七四、五六	一、五一	同
昭和三年		三三五、一五〇	八九一	五五八、七二一、六八	一、五三〇、七四	一、七三	土木課、水道課、電氣局、港灣部、湊川河川改修工事、失業救濟土木事業、神戶電信電話技術官駐在所、日本發動機株式會社、三浦鑄造所

自昭和四年一月 至同年五月	一三六、九二四	八四〇	二三〇、七六六、三三五	一、四六二、一六	一、七四	土木、水道各課、電氣局、港灣部、失業救濟土木事業、神戸電信電話技術官駐在所、日本發動機株式會社、三浦鑄造所	七〇

前表を前市の如く昭和二年中の全國勞働紹介所の立替狀況に比較すれば金額は其の九、七％、人員に於て其の一二、一％に該當して居る。

次に賃銀立替拂ひ取扱實務を見るに午后五時半より七時半に至る二時間、即ち紹介せられたる勞働者が作業を終りて歸還する時刻に取扱はれるのであるが、多數の取扱ひをなす大阪市京橋勞働紹介所の如き、或は止むを得ざる事故に依り、例へば居殘り作業のため當日立替拂ひを要求し能はざりしものゝ如きは、翌日午前五時半乃至七時の間に支拂はれて居るが何れの時も本人が直接出頭して請求し、受領証には「自印」捺印の上提出することゝなつて居る。（神戸市勞働紹介所は姓名のみを記入す）然し乍ら冬季失業救濟土木事業に紹介されたる勞働者に對しては一般取扱ひとを區別して一般を午后、救濟事業に紹介されたるものは午前と云ふ取扱ひをなす大阪市に於ける勞働紹介所の如き例もある。又領收証に捺印する印鑑の如きも携帶するものと、携帶せずして拇印に依るものとあるは甚だ不便とし、昭和三年一月より一個三十錢にて取纒め共同印刻を謀りたる京橋勞働紹介所の如きもある。

當日紹介されたる勞働者は現場に於て一日の稼働を終りたる時は、現場に於ける工事監督又は事業主より次の如き支拂賃銀額を示したる賃銀票又は雇傭承認簿、或は出務証明書（大阪市冬季失業救濟事業に使用せる勞働者に交附される）（神戸市は次の如き就業證明票又は賃銀引替票――二種あるは一般取扱と救濟事業とを區別するため――を交附す）を受け取りたる上紹介されたる勞働紹介所に於て氏名を記載し所定の時間内に立替拂ひを要求するのである。

（大阪市）　（表）

出務證明書

No.	紹介所
出務場所	
賃銀　圓　錢　月　日分	
割増　歩　厘　月　日分	
仕拂金額　圓　錢	
雇傭者認印	

上記金額正ニ領收

昭和　年　月　日

出務者

財團法人大阪市勞働共濟會

御中

（裏）

注　意

一、此票は賃銀仕掛の引換證になりますから大切にして下さい

一、此票に雇傭者の認印なきものは賃銀の仕拂をいたしませぬからお忘れなく認印を貰つてお出でなさい

一、若し約束以外の仕事をした時は割増の所へ其歩合及賃銀を書き入れて貰つてお出でなさい

七一

（大阪市）

No.　賃銀票

出務　年　月　日	
日　額	
居　殘	
支拂金額	
雇傭者印	㊞
登録番號	

上記ノ金額受領ス　受取者氏名印

昭和　年　月　日

何々職業紹介所御中

雇傭承認簿

月日	紹介人員	紹介者印	使役人員	居殘歩	延人員	雇主印	備考

控明證役使

決議番號	第　號	
實働人分	勞務者名	使用月日
人　分		年　月　日
備考		

紹介ヲ受ケタル勞務者ハ勞務者名欄ニ記名ノ上使役主務者ニ提出シ勞務終了ト共ニ主務者ヨリ實働證明印ヲ受ケテ三日以內ニ紹介所ニ提出スベシ

票　明　證

神戸市立勞働紹介所長殿

支拂日附印

姓名

一金

決議番號	第　號		供給場所
使用所名	實働人分	勞務者名	
	人　分		殿
主務者印			供給日附印

三七

（神戸市）

控印證役使	票替引金賃	使役證印
昭和　年　月　日 人　分	一金 右領收候也 姓名 神戸市立勞働紹介所長殿 （賃金引替期限ハ本票發行日トモ三日間）	昭和　年　月　日 人　分 印 紹介所日附印

三七

職業紹介所に於ては毎日尠からざる賃銀の立替拂ひを取扱ふから、其の取扱ひ職員は專任として居るが、少數職員の勞働紹介所と雖も現金取扱者は一定されて居る樣である。只午前と午後の二回拂ひの所は一人を專任とし、他は事務の都合に依り居殘りせる所員又は宿直所員が補助することに定められて居る。

又立替拂ひの準備金は豫め毎日の見込額を定め、大阪市は市長(冬季失業救濟事業に紹介される勞働者の勞銀立替拂資金)又は勞働共濟會長(一般の立替資金)に、神戸市は次の如き賃銀立替前渡金收支計算書中に凡そ三日間位(以前は二日)を社會課長を經て市長に要求し(最近は勞働紹介所長より社會課長に直接申請される樣に改められた)現金の交附を受けたる時は最寄りの確實なる銀行に預入れ置き、必要に應じ引き出して支拂ひをなすのである。又資金の運搬は大阪市は勞働共濟會の職員二人をして毎日自動車を以て運搬し、(失業救濟事業に勞働者を紹介中は各勞働紹介所共に同樣であるが、常時は京橋勞働紹介所のみに配達され、今宮、築港は所長自ら受領に出頭して居る。)神戸市は冬季失業救濟土木事業に勞働者を紹介中は取扱金額多額であるから自動車を以て配達されるが常時は所長又は主務者に於て取扱はれ、現場遠隔にして勞働者が
七四　毎日紹介所に出頭するは甚だ不便である場合のみ自動車にて現場に出張して五日分宛位取纏めて勞銀の立替拂をなして居る。此の場合は取扱主務者と之を補佐するものと二人を派遣されて居る。
第　　號
昭和　年　月　日
中央職業紹介所長　何　某　印
社會課長　木村義吉殿
前渡金下附ニ關スル件上申
賃銀立替前渡金收支計算(　月　日現在)別紙ノ通リニ有之候條　月　日迄ノ賃金立替ノ爲メ金　圓也來ル　月　日ニ御下附相成候樣御取計ヒ相成度此段上申候也

賃金立替前渡金收支計算書

月　日現在

一金　前渡金下附額

一金　既拂額

差引金　殘額

金　本回請求額

金　月　日ヨリ　月　日マデ支拂豫定額

再差引　殘金ナシ

內譯

	受入高	支拂高 既拂	支拂高 支拂豫定	備考
前月ヨリ繰越高				
本回請求額				
土木課				
水道課				
社會課				
電氣局				
遞信省				
會社工場				
營繕課				
港灣部				
計				

既拂額ハ　月　日ヨリ　月　日迄立替金支拂濟

支拂豫定ハ　月　日ヨリ　月　日迄立替金豫定

備考　月迄ノ精算額金

大阪市に於ける資金は前述の如く二種類であつて近く三種類となるが、立替拂契約種別に依つて次の四種類に別つて居る。
一、社會部長名義に依る立替資金……(大阪市資金)……立替拂契約は官公署に限る、
二、勞働紹介所長名義に依る立替資金……(大阪市資金)……立替拂契約は遞信局に限る、
三、財團法人勞働共濟會々長名義に依る立替資金……(大阪市職業輔導會より委託資金)……立替拂契約は官公署、一般民間事業家、
四、財團法人勞働共濟會長の委任行爲に依り共濟會幹事名義に依る立替資金……(大阪職業輔導會より委託資金)……立替拂契約は官公署、一般民間事業家、
而して失業救濟土木事業にのみ市資金を利用し、其他は職業輔導會の資金を利用されて居るが、現在の資金にては到底餘猶なく、不足勝なるを以て他より臨時運用をせざるを得ないと云はれる。

神戸市は資金に種類なく、只支拂を一般と救濟との二種に別つに過ぎない。又京都市は冬季失業救濟土木事業に紹介する日傭勞働者の賃銀を立替拂ひして居るが資金は豫算の前渡金を受けて之に充て、取扱職業紹介所に於て支拂はれるが、必ずしも本人に限つて支拂れず、代理人と雖も支障なきを認られる場合は支拂はれて居る。

當日の立替拂ひが終了したる時は大阪、神戸兩市は次の如き樣式に依りて毎日必ず勞働賃銀立替日報を本廳に報告するのである。

昭和　年　月　日労銀立替日報

職業紹介所
労働紹介所

労銀立替資金調

前受資金		
収入	前日越高	円
	受高	円
	計	円
立替高		円
殘高		円

	本日	本年度累計
前日越高	円	
受高	円	
計	円	
立替高	円	
殘高	円	

回収金	本日	本年度累計
金額	円	

備考

雇傭者別立替労銀及人員調

	立替労銀	仝人員

備考

七七

昭和3年度 労働者賃金立替金　出納日報　月　日

部
労働紹介所

收入 種別	收入 金額（円）	支出 種別	傳票數（枚）	支出 金額（円）
前日ヨリ繰越		土木課		
		水道課		
		社會課		
		電氣局		
摘要		遞信局	神戸 御影	
		會社工場		
計		計		
累計		累計		
差引殘高		翌日へ繰越ス		

立替資金の回收には多少の相違がある。大阪市は勞働紹介所長が直接回收する樣規定されて居るが、市資金に依る立替拂金は市社會部に於いて勞働紹介所長の報告に依る立替拂明細報告書に基きて直接回收し、勞働共濟會資金に依る立替拂金は主として立替拂明細報告書に依り勞働共濟會に於て回收し、稀には勞働紹介所に於て勞働共濟會に納付する場合もある。神戸市は毎月勞働紹介所長より市長に報告する次の如き賃金立替金明細書

賃金立替金明細書

昭和　　年　　月分

一金

內譯

金額	傳票數	供給先

七九

求職者賃銀立替金精算書　昭和　年　月分

一金

但　供給人夫賃

月日	出面人員	金額		摘要
一				
二				
三				
四				
五				
六				
七				
八				
九				
一〇				
一一				
一二				
一三				
一四				
一五				
一六				
一七				
一八				
一九				
二〇				
二一				
二二				
二三				
二四				
二五				
二六				
二七				
二八				
二九				
三〇				
三一				
計				傳票數　　枚

右之通　部勞働紹介所ニ於テ求職者賃銀立替金ヲ以テ支拂シタルコトヲ證明ス

昭和　年　月　日

社會課長　何　某

八〇

納付書

第　號　電氣局（　納

昭和　年度　雜支出　繰替金　職業紹介所勞働者賃金繰替金

納付期限

納付書發行日

一金

但　月分人夫賃繰替金

右納付候也

神戸市長　何　某　殿

市金庫領收日附印

通知書

第　號　電氣局（　納

昭和　年度　雜支出　繰替金　職業紹介所勞働者賃金繰替金

一金

但　月分人夫賃繰替金

市金庫領收日附印

領收證書

第　號　電氣局（　納

昭和　年度　雜支出　繰替金　職業紹介所勞働者賃金繰替金

一金

但　月分人夫賃繰替金

右領收候也

神戸市金庫

市金庫領收日附印

八一

及び求職者賃銀立替金精算書に依り、市關係工事に係るものは市會計課に於て、土木、水道、下水、港灣等各現業係より報告される勞働者使用明細書と照合し、相一致する場合に相殺される。又其他の求人にして立替拂ひをなしたる場合は勞働紹介所に於て回收し、次の如き納付書と前記の賃金立替金明細書及び求職者賃金立替金精算書と共に現金を納付するのである。

註　神戸市使用の求職者賃金立替金精算書中上段月日欄に二一より記載して二十日に終つて居るは市岡係工事の賃金支拂算出期に依るものにして、遞信局は十六日に始り、十五日に終るを一期間とし、一般民間會社、工場は一日に始り三十日に終るを一期間とし、用紙を二様式に印刷されて居る。

立替拂金の回收に當り稀には回收困難に遇ふ例もあつて、彼の今宮町が大阪市に併合したる時の如きは今宮町衛生組合に紹介したる人夫の勞働賃金の立替金九百余圓は回收困難となり、取扱紹介所長は非常なる苦境に遭遇したる例もある。又某會社に對する立替賃銀の回收期に際し其の會社は經營困難の爲め出納を閉鎖したることがあり、此の場合は市の購入品の支拂金を以つて相殺したのである。大阪市に於ける勞働賃銀立替規程を左に參考したい。

達第五三號

勞銀立替資金ニ關スル件左ノ通相定メ公布ノ日ヨリ之ヲ施行ス

大正十四年十一月十八日

大阪市長　關　一

勞銀立替資金立替ニ關スル件

第一條　本資金ハ市立職業紹介所ノ紹介ニ依リテ官公署其ノ他ニ雇傭セラレタル日傭紹介者ノ勞銀立替ニ充當スルモノトシ其ノ額ヲ二萬五千圓トス

第二條　本資金ハ社會部長之ヲ管理シ其ノ定ムル所ニ依リ日傭紹介者ヲ取扱フ市立職業紹介所長ヲシテ勞銀ノ立替及立替勞銀ノ回收ニ關スル事務ヲ取扱ハシム

第三條　社會部長立替勞銀ノ回收アリタルトキハ之ヲ本資金ニ戻入スヘシ

第四條　社會部長ハ毎月本資金計算書ヲ作成シ翌月十日限リ檢査課長ヲ經テ之ヲ市長ニ報告スヘシ

第五條　本資金ノ出納ハ左ノ簿冊ニ依リ之ヲ整理シ其ノ收支ヲ明カニスヘシ

一、勞銀立替資金出納簿　社會部備付　（附錄第一號樣式）

二、勞銀立替日計簿　職業紹介所備付　（附錄第二號樣式）

三、勞銀立替原簿　同　（附錄第三號樣式）

四、勞銀立替資金出納簿　同　（附錄第四號樣式）

附記　附錄第一號乃至第四號樣式ヲ畧ス

如斯規程は勞働共濟會資金には設けられて居ないが市規程を準用し、既に此の樣式に依つて取扱はれて居る。次に市規程の內規を窺へば次の如くである。

社乙第六三九號

勞銀立替資金立替ニ關スル件施行內規左ノ通相定ム

大正十四年十一月十八日　社會部長　山口正

勞銀立替資金立替ニ關スル件施行內規

第一條　勞銀立替資金立替ニ關スル件第二條ニ依ル日傭勞働者ヲ取扱フ市立職業紹介所長（以下單ニ所長ト稱ス）取扱フヘキ事務ハ本內規之ヲ定ム

第二條　所長其ノ紹介ニ係ル日傭勞働者ノ雇傭者タル官公署其ノ他ヨリ勞銀委託申出ヲ受ケタルトキハ左ノ各號ニ依リ之ヲ取扱フヘシ

一、官公署ノ申出ニ對シテハ勞銀立替委託書ノ提出ヲ求メ其ノ委託書ヲ以テ速ニ之ヲ報告スルコト

二、官公署ニ非ラサル者ノ申出ニ對シテハ速ニ其ノ身元調査ヲ爲シ確實ニシテ支障ナシト認ムルトキハ附錄第一號樣式ノ勞銀立替委託申込書ヲ徵シ其ノ申込書ニ身元調査書ヲ添付シ意見ヲ附シテ之ヲ提出スルコト

第三條　勞銀立替ハ其ノ委託者官公署ナルトキハ前條第一號ニ依ル報告ノ後、官公署ニ非ラサルトキハ前條第二號ニ依ル申込ニ對シ承認アリタル後ニ於テ所長之ヲ爲スヘシ

第四條　所長ハ約五日毎ニ其ノ間ノ所要勞銀立替資金見込額ヲ具シ其ノ前渡ヲ請求スヘシ
前受シタル勞銀立替資金ハ當該所長之カ保管ノ責ニ任スヘシ

第五條　所長ノ爲ス立替勞銀ハ勞銀立替資金ヲ以テ之ヲ支辨シ回收立替勞銀其ノ他資金ヲ以テ之ニ充ツルコトヲ得ス

第六條　勞銀立替ノ場合ハ自所ノ紹介ニ依リ從業シタル日傭勞働者ヨリ勞銀額及從業日ヲ明ニセル雇傭者ノ發行ニ係ル從業證明書ノ提出ヲ受ケ之ヲ審査シ支障ナシト認メタルトキハ當該現金ヲ支拂フヘシ
前項ノ規程ニ依ル勞銀立替ニ對シテハ別ニ領收證ヲ徵スルヲ要セス其ノ提出ニ係ル從業證明書ヲ以テ之ニ代フヘシ
但シ領收欄ノ設ケアル從業證明書提出者ヨリハ領收證ヲ徵スルコトヲ要ス此ノ場合印鑑ヲ所持セサル者ナルトキハ拇印ナルコトヲ妨ケス

第七條　提出ヲ受ケタル從業證明書ハ日々雇傭者別ニ取纒メ其ノ包裝ニ年月日雇傭者氏名立替人員及其ノ勞銀額ヲ記載シ別ニ之ヲ保存スヘシ

第八條　立替勞銀ハ所長ヨリ其ノ債務者ニ對シ遲滯ナク之ヲ請求シ回收シタルトキハ翌日迄ニ附錄第二號樣式ノ納付書ヲ以テ現金ヲ納付スヘシ
但シ第六條第二項但書ノ從業員證明書發行ノ債務者ニ對スル請求ニハ前條ノ規定ニ依リ保存セル從業證明書ヲ共ニ提出スルコトヲ要ス

第九條　前條ノ規定ニ依ル立替勞銀請求ニ對シ債務者ヨリ其ノ請求事項ニ付キ疑義申出アリタル場合ニ於テ所長必要ト認ムルトキハ第七條ノ規定ニ依リ保存セル當該從業證明書ヲ提出シ之ヲ證明スルコトヲ得

第十條　所長立替勞銀ノ支拂ヲ債務者ヨリ拒絕セラレ又ハ債務者支拂ノ意志ナシト認メタルトキハ其ノ債務者ノ住所氏名立替ノ勞銀額人員及年月日竝拒絕又ハ支拂ノ意志ナシト認ムル事由ヲ具シ當該從業證明書添付速ニ之ヲ報告スヘシ

第十一條　所長ハ勞銀立替資金立替ニ關スル件第五條ニ定メタルモノノ外本事務處理上必要ト認ムル簿冊ハ適宜之ヲ調製スルコトヲ得

第十二條　本事務ノ成績ハ附錄第三號樣式ノ日報ニ依リ其ノ日分ヲ翌日中ニ所長ヨリ報告スヘシ

附　則

本内規ハ勞銀立替資金立替ニ關スル件施行ノ日ヨリ之ヲ施行ス

（第一號樣式）

年　月　日

住所

職業

申込者　何　某　㊞

大阪市長宛

勞銀立替委託申込書

貴市職業紹介所ノ紹介ニ依リ拙者ニ於テ使傭ノ日傭勞働者ニ對シ其ノ勞銀ヲ毎日拂ト爲スハ甚タ困難ノ事情有之候ニ付乍御手數右勞銀左記ニ依リ御立替ヲ得ハ好都合ニ候條御承認相成度此段委託申込候也

記

一、使傭シタル日傭勞働者ニ對シテハ毎日終業ノ際其ノ從業日及勞銀額ヲ記シタル從業證明書ヲ拙者ヨリ發行シ各人毎ニ交附スヘキヲ以テ貴市職業紹介所ニ於テハ右證明書提出ノ者ニ對シ證明書引替ニ當該勞銀立替御支拂ノ上其ノ支拂金額年月日及人員ヲ明ニシタル當該職業紹介所長ノ請求書御提出相成タルトキハ之ニ對シ拙者ハ遲滯ナク其ノ金額ヲ御支拂可致コト

二、前項ノ外御指示ノ事項ハ遵守可致コト

備考　樣式第二號以下ヲ省畧ス

次に立替金前納の上日々立替拂ひを申込みたる例を擧ぐれば次の如き申込書である。

申込書

今般昭和三年八月二十五日ヨリ同年九月三十日ニ至ル間ニ於テ大阪市立京橋職業紹介所ノ紹介ニ係ル出務者ニ對シ左記要項ニ依リ貴會ニ於テ賃銀ノ立替拂相成度此段申込候也

記

一、出務者ニ左ノ様式ノ出務証明書ヲ交附スルヲ以テ本書ニ依リ賃銀立替ノコト

出務証明書

No.					紹介所
出務場所					
賃銀		圓	錢	月	日分
割増		歩	厘	月	日分
支拂金額		圓	錢		
雇傭者認印					

上記ノ金額正ニ領收候也

年　月　日

出務者

大阪職業補導會御中

一、出務証明印左ノ如シ

印

一、立替賃銀ハ前納トス

一、勞働賃銀ハ大阪市電氣局工務課甲、乙組ニ準ス

年　月　日

年　月　日

住所　鐵道木下組大阪出張所

姓名

氏名

大阪職業補導會御中

前例は大阪市に於けるものであるが、神戸市に於ては未だ勞働賃銀立替規定を設けて居ないが次の如く取扱ひ方法を定められて居る。

勞働紹介所ニ於テ供給人夫紹介ノ際立替賃銀取扱方

（大正十一年十月一日決裁）

一、土木課及水道課ハ日々供給ヲ受ケタル人夫ニ對シ一人毎ニ員數及賃金ヲ記載シタル傳票ヲ勞働紹介所ニ交附スヘシ

二、勞働紹介所ニ於テハ日々供給シタル人夫名簿ヲ備ヘ賃銀ヲ記入シ現場監督ノ認印ヲ受ケ置クヘシ

三、立替賃銀ハ毎月六日ヨリ二十日迄及二十一日ヨリ翌月六日迄ノ二回ニ請求書ニ其ノ期間中ノ傳票及精算書ヲ添ヘ勞働紹介所長ヨリ社會課長ヲ經テ之ヲ供給シタル課ニ差出スヘシ

四、前項請求書ヲ受ケタル課ニ於テハ現場監督主任ヲシテ証印セシメタル上勞働紹介所長ヲ債主トシテ支出命令ヲ發行スヘシ

又大阪市勞銀立替資金立替に關する件施行内規中第八條の規定は大正十四年十二月十七日社乙第六九八號を以て改正を公布され、雇主先本市局、部、課なるときは立替勞銀額、單價、人員、年月日及立替先を具し毎日之を報告することゝし、雇傭者前號外の者なる時は之に對し其の立替勞銀を請求することゝされて居る。此の改正の結果が前述の如く取扱方法が變つたのである。

尚勞働紹介所が賃銀立替拂ひの際に引替へられる賃銀票は毎日之を一括したるものを更に一ケ月分を一括し、之に次票を添付し會計課に送付して保存される。此の票示は神戸市のものであるが大阪市も之と同樣である。

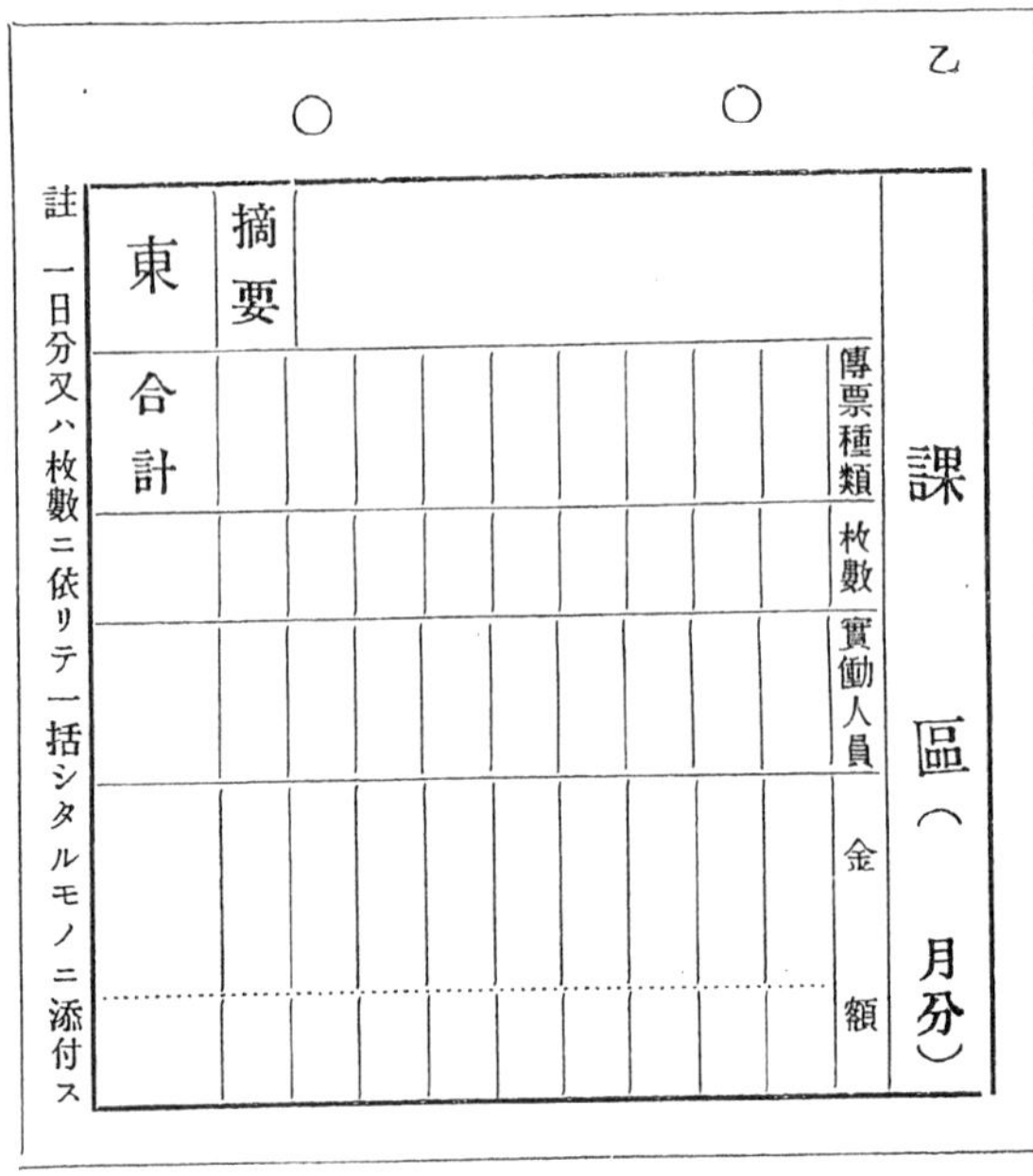
乙
課 區（ 月分）
傳票種類
枚數
實働人員
金額
摘要
東
合計
註 一日分又ハ枚數ニ依リテ一括シタルモノニ添付ス

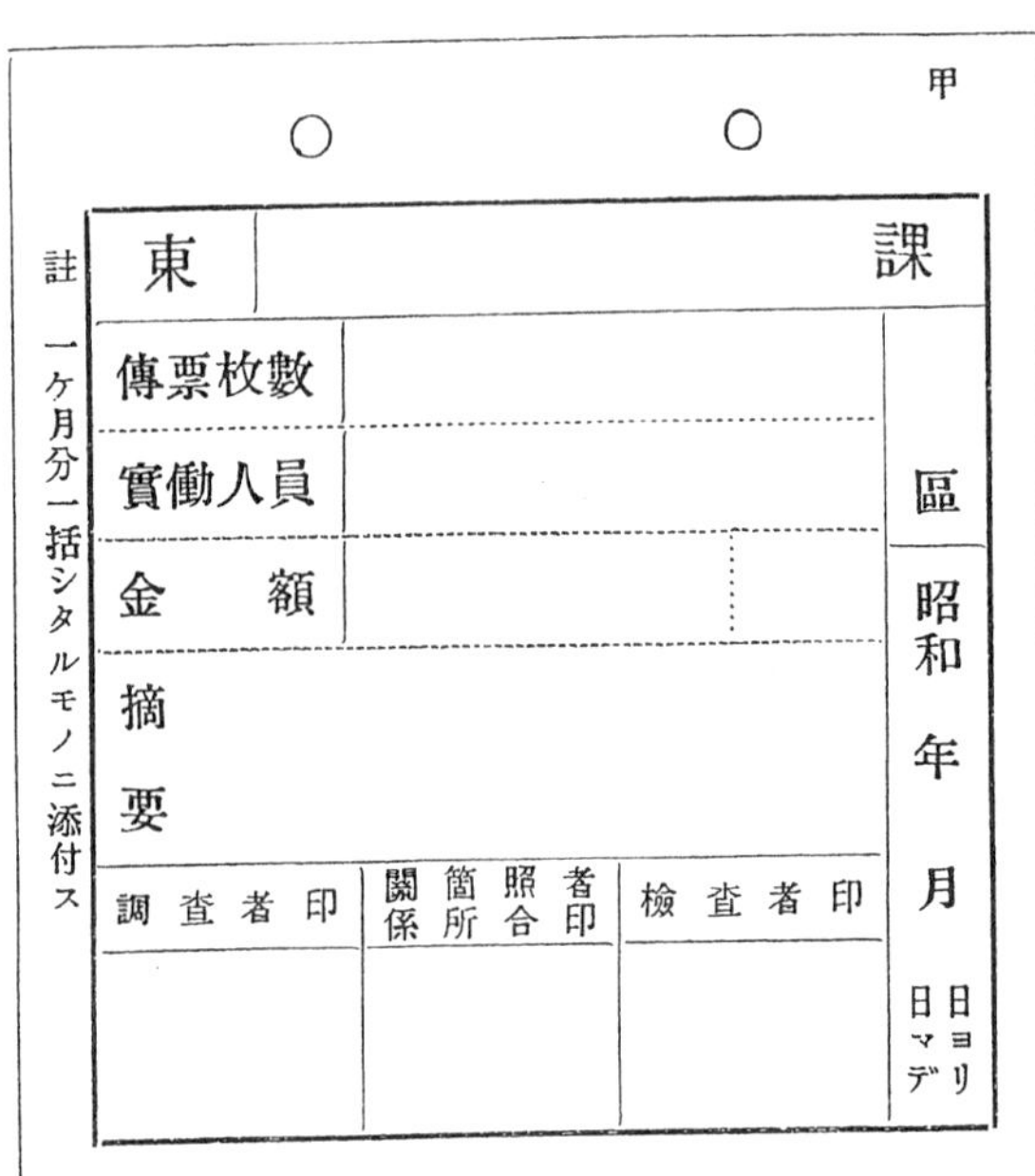
甲
東 課
區
昭和 年 月 日ヨリ 日マデ
傳票枚數
實働人員
金額
摘要
調査者印
關係箇所照合者印
検査者印
註 一ヶ月分一括シタルモノニ添付ス

而して一ヶ月の立替賃銀の取扱成績は、大正十五年一月三十日附收業第四五號に依る、中央職業紹介事務局長の通牒に基き、次の如き様式に依つて毎月報告されるが、其の報告中立替と回收とは殆ど金額を同様に記載されて居るが事實は毎月斯くの如く回收し得るものではない、例へば遞信局の立替賃銀は回收に約三ヶ月を要するから勢ひ回收金額は立替金額より常に減額して居ることが常例である。又神戸市の如きは從來徵集原簿は社會課に保管されて取扱はれたのであるが、最近東部勞働紹介所に備付けて取扱はれることゝなりたるを以て頗る便利を得るに至つて居る。

昭和　年　月分

勞働賃金立替金成績表

神戸市

區別	立替		回收		摘要
	人員	金額	人員	金額	
東部勞働紹介所					(一)
西部勞働紹介所					(二)
計					

備考　旅費貸與金ナシ

(一)　市土木課　同水道課　同社會課　同遞信省　同港灣部

(二)　市土木課　同電氣局　同水道課　同社會課

神戸基督教會　三浦鑄造所　日本發動機株式會社

八九

（ホ）　共濟施設と貯金勸奬

勞働紹介所が勞働者を紹介後取扱はれる前述の勞銀立替拂ひに次ぎて重要なる取扱ひは共濟施設であると思はれる。大阪市は大正十三年六月一日に勞働共濟會を組織して勞働紹介所を援助し、神戸市は大正十三年一月二十七日に信愛共濟會の設立を見、日傭勞働者を共濟する施設の端緒を得たのであるが、前市は今も猶之を繼續して事業の改善を圖り、後者は職業輔導會を經て勞働保險組合を組織し、東京も亦勞務者共濟組合を組織するに至つたのである。而して之等の施設は余程實質的に活動し、其の効果見るべきものがあるから其の成績の概況を示したいと思ふ、

（イ）　大阪市

大阪市勞働共濟會の事業中には、前述の如き勞働者の疾病災害の負擔を、如何にして輕からしめんかと云ふ問題を解決せんとして、企劃された傷害共濟給付があつて、其の組織は會員相互扶助の立場より、勞働者は日々僅少なる掛金を醵出し、之に篤志家の寄附金を以て維持されて居る。而して就業毎一日金二錢を傷害共濟に、金一錢を失業共濟に納付するものを正會員とし、會費を納めぬものを準會員として居る。役員は會長、理事及び幹事とに別れ、會長は大阪市社會部長の職にあるもの、理事及幹事は同部職員中より會長之を依囑し、事務所は大阪市社會部内に、又勞働紹介所には出張所を置き、其の所長は幹事を依囑されて居る。又事業の内容を見るに第一に傷害共濟にして正會員の業務上の傷害又は死亡に對する共濟給付は、治療費一日一圓以内、慰藉金は傷害の程度、家計の狀況を參酌して五百圓以内を給與され、葬祭料は五十圓となつて居るが、其の傷害又は死亡の原因が故意又は重大なる過失に依る場合は共濟給付がないのである。第二に失業共濟は既往一ヶ月內に三日以上掛金の後、求職するも就業し能はざること引續き三日を經過せる失業者、及び共濟會の給付を受けずして六日以上求職するも尙就業し能はざる者に對し、三日を限度として一日金五十五錢宛を給付されて居たのであるが、失業共濟給付の內容に欠陷あるを覺り一時此の取扱ひは休止されたのであるが、最近再び規定の改正を俟つて實施されるに至つたのである。第三には貯金の勸奬である。凡そ日傭勞働者を總觀するに其の習性は放逸に流れ、然も其日限りの雇傭契約は翌日

の生活を保證されず、從つて其の日暮しの怠勢は遂に生活向上の經濟的觀念を痲痺されるに至つて居る。勞働紹介所は此の如き勞働者を日々見詰め、夙に生活向上の方途を指導することの必要を認められたのであるが、其の施設は亦容易でない處から放任されるを免れないのであつた。勞働共濟會は茲に顧みて先づ失業救濟事業に紹介される日傭勞働者には、强制的に貯蓄せしめ之に奬勵金を附與して居たのであるが、京橋勞働紹介所は常時之を勵行し、然も立替賃銀を條件とする雇傭契約の現場に紹介するものには必ず强制的に貯金せしめて居るが、其の効果は實に見るべきものがある。其他福祉增進施設として生活費の貸與、食事の供給、慰安娛樂會の開催、臨時無料宿泊等をも兼ね行はれて居る。左に年次取扱成績を擧げて參考としたい。

財團法人大阪市勞働共濟會調（會員調）

年次	出張所				臨時					計
	京橋	今宮	安治川	築港	釜ケ崎	長柄	鶴橋	天六	西野田	
大正十三年六月ヨリ	三八、一五七人	一一、七三五人	二、六〇〇人	一、三四六人	—人	—人	—人	—人	—人	五三、八三八人
同十四年	一〇一、五七四	一四、七一七	七、二七二	一、一五七	六、〇八三	—	四、一三九	五、三四七	一、一五九	一四一、四四八
昭和元年	一四六、〇四三	七、二五五	一〇、〇三三	一、三三六	六七、一〇一	—	七〇、二五六	五一、九二四	三三、七八六	三八八、七三三
同二年	一三九、〇七一	五、四五九	九、七六二	一三、一六〇	三九、九〇五	七七一	二四三	四九、七八三	六一一	二五八、七六五
同三年	（取扱所別不詳）									二五七、八八三

（會費調）

年次	出張所				臨時					計
	京橋	今宮	安治川	築港	釜ケ崎	長柄	鶴橋	天六	西野田	
大正十三年	七六三、一四円	二三四、七〇円	五二、〇〇円	二六、九二円	—	—	—	—	—	一、〇七六、七六円

九一

同十四年	二、〇三一、四八	二九四、三四	一四五、四四	二三、一四	一三一、六六	—	八二、七八	一〇六、九四	二三、一八	二、八二八、九六
昭和元年	二、九二〇、八六	一四五、一〇	二〇〇、四四	二六、七二	一、三四二、〇三	—	一、四〇五、一三	一、〇五八、四八	六七五、七二	七、七七四、四六
同二年	二、七八一、四二	一〇九、一八	一九五、二四	二六三、二〇	七七八、一〇	一五、四二	四、八六	九九五、六六	一二、三三	五、一五五、三〇
同三年	(取扱所別不詳)									五、一五七、六六

（治療費給付人員立金額調）

（右ハ會員數 左ハ金額）

年次	出張所 京橋	出張所 今宮	出張所 安治川	出張所 築港	臨時 釜ケ崎	臨時 安立町	臨時 鶴橋	臨時 天六	臨時 西野田	計
大正十三年	四人 二〇四、八〇円	九人 五〇、七〇円	一人 二、〇〇円	四人 四三、一〇円	—	—	—	—	—	五四人 三〇〇、六〇円
同十四年	五九 四八九、七〇	三三 一九三、六〇	一〇 五〇、八〇	一三 二三四、二〇	二 七、〇〇	—	—	一 一〇、〇〇	—	一一七 九八五、三〇
昭和元年	六九 九九二、四〇	一七 一〇七、〇〇	七 三七、六〇	—	九一 六一〇、七〇	一三 三六、二〇	九四 七五九、〇〇	九八 五〇六、七〇	三一 一三一、〇〇	四一八 三、一七一、六〇
同二年	七九 六五九、八〇	二一 三七一、五〇	一三 一一八、六五	五 三八、四〇	三三 一六二、三〇	—	—	八八 二四八、三〇	—	二三九 一、五九八、九五
同三年	(取扱所別不詳)									二五〇 二、二九二、七〇

前掲に徴すれば昭和元年が最も取扱件数多く、大体に於て年と共に增加の傾向を示し、本施設の趣旨が了解されると共に利用する者が多いことを窺はれる。

勞働紹介所は此の會員勞働者を紹介するに當り、立替賃銀を條件とする現場に紹介されるものは、賃銀立替拂ひに際し、本會の當日會費二錢が控除されて支拂はれるが、未登錄者にして賃銀立替拂を條件とする現場に行くもの或は立替賃銀を必要とせない現場に稼動せんとする者は紹介票又は求人受付及送人々名票を交附される時に、此の會費二錢並に貯金二十錢を徴收されるのである。勞働紹介所は此の會費を徴集したる時は會員台帳に記入して之を勞働共濟會に報告して居る、又貯金を領收したる時は次の如きカードに記入捺印され、其の取扱狀況は毎日勞働共濟會に報告し、現金は昭和信用組合に貯金し又は郵貯金として保管されるが、强制貯金は一人一日金二十錢と定められて居るが、遞信局の人夫は金十錢とされて居る。之れ遞信局人夫は勞銀の單價安きに依るのである。

貯金票

財團法人大阪市勞働共濟會

登錄番號		氏名	

月	1	2	3	4	5	6	7	8	9	10	11	12
	13	14	15	16	17	18	19	20	21	22	23	24
	25	26	27	28	29	30	31	日數	金額		累計	
月	1	2	3	4	5	6	7	8	9	10	11	12
	13	14	15	16	17	18	19	20	21	22	23	24
	25	26	27	28	29	30	31	日數	金額		累計	
月	1	2	3	4	5	6	7	8	9	10	11	12
	13	14	15	16	17	18	19	20	21	22	23	24
	25	26	27	28	29	30	31	日數	金額		累計	
月	1	2	3	4	5	6	7	8	9	10	11	12
	13	14	15	16	17	18	19	20	21	22	23	24
	25	26	27	28	29	30	31	日數	金額		累計	

救濟（一般ノ「カード」ハ六ヶ月ヲ記入シ得ル）

又强制貯金は日傭勞働を廢業して轉職するか或は歸國するに非らざれば、決して拂戾しを許さないのであるから、常に廢業者の申出であり、歸國の申出であつて、貯金の出入は頻繁であると云はれる。然し乍ら日傭勞働者中には數百金を貯金金して尚倦怠なく稼働して居る模範勞働者もある。例へば今宮勞働紹介所より紹介される寺内常次郎氏は昭和四年三月五日現在金五百七十圓を、乾常吉氏は同日現在金三百八十四圓を貯金して居るが如くである。

貯金に對しては勞働共濟會より奬勵金を交附して居るが一ヶ月に對し月一步に相當する金額にして、二ヶ月以上失業救濟事業施行期間即ち强制貯金の期間中履行したる者には貳步に相當する金額を交附される。若し中途にて拂戻しをなすものがある場合は預入月と拂出月とは奬勵金を附されないのである。今昭和二年以降實施したる貯金額を擧ぐれば次の如くである。

大阪市立職業紹介所取扱
（昭和三年中）

日傭勞働者ノ貯金成績

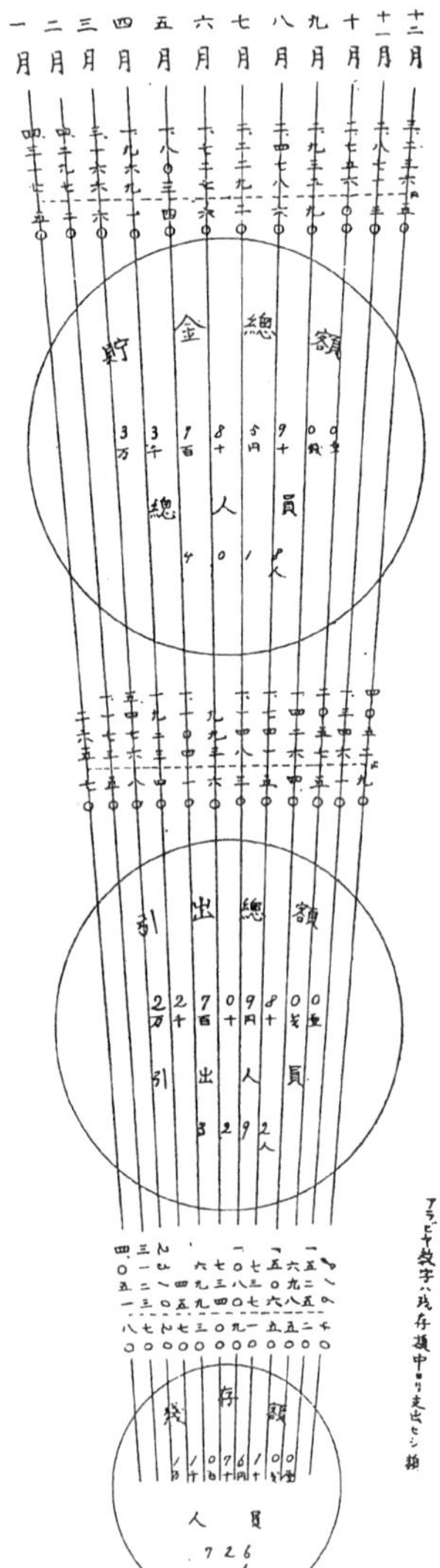

	預ヶ入	引出	殘存額
最高額	五二〇、〇〇円	一七六、〇〇円	五二〇、〇〇円
最底額	〇、一〇	〇、一〇	〇、一〇
一人平均額	八、四〇强	六、九〇弱	一五、二〇强

日傭勞働者が常に一定の貯蓄を有するに至れるは、之を指導したる勞働紹介所の職員の努力の賜であると思ふ。前表に依

れば一ヶ年を通じて貯蓄されて居るのであるが、圖表の如く失業救濟事業施行期間は各月を通じて貯蓄高の多き月にして、四月より五月、六月と漸次貯金高は低減して居る。之れ失業救濟事業終了後日傭勞働者の收入の減退に依る現象に他ならない。次に貯金引出額を檢すれば最も多額の引出月は三月にして十二月之に次いで居るが、之は冬季失業救濟事業に於ける貯金を引き出して歸鄕するもの或は轉職者の多き現れにして、十二月に於ける引出額の多きは節期の需要に應じて引出す者多きを示したる結果である。

此等の反影は貯金殘存月別狀態を檢すれば容易に窺ひ得る次第にして、四月は最も勞働者の不況時である樣に窺れる、前表は昭和三年中の一ヶ年間の成績に過ぎないが年を重ねて年次月別に比較し得る場合に、前述の考察が果して一致するとせば、冬季失業救濟事業は四月乃至五月に延長し、日傭勞働が各月殆ど同一の生活樣態を持續し得るに至らしむるは蓋し當然の要求として表るゝことであらうと思はれる。

最後に附言したきは山咀京橋勞働紹介所長が採りつゝある日傭勞働者の貯蓄精神の指導敎育である。冬季失業救濟事業に就勞中のみ貯蓄せしむるは未だ充分ならずとして一ヶ年を通じて之を强制しつゝあるは山咀所長の抱負であるが、勞働紹介上幾多の手數を要し、然も內に外に多用の現狀に更に加へて貯金取扱ひを爲すは、所員の執務をして一層複雜化する嫌を憂慮されて居るが、日傭勞働者の指導は彼等の生活線を脫せしむるにあるを以て、此の手段は先づ經濟的に指導すると共に精神的に敎育せねばならぬと信ぜられ、先づ貯金に依つて之を實行し、更に常傭化に依つて完ふせんことを期されて居るのである。此の敎化的取扱ひは日に月に成績を擧げ、見るべきものが認められつゝある狀態は、前表に依つて明であると思はれる。

（ロ） 神戸市

神戸市は信愛共濟會の事業を享け繼ぎたる職業輔導會は其の事業中傷害給付、失業給付等勞働保險に關係ある事業は完全なる機關に俟つに非らざれば完全を期し得ないと云ふ見地より、偶々設立されたる神戸勞働保險組合に其の事業を移管し、爾來事業は益々伸展しつゝあるが今其の概況を茲に説明したいと思ふ。

神戸勞働保險組合は本部を相生町一丁目に支部を東西兩部勞働紹介所に置いて居る、而して大正十五年一月に創設されたる以來既に三ヶ年有余に至つて居る。又本邦には未だ類例のないことから事業の經營は眞に困難が伴ふと共に、その成績は一般社會より注視されつゝあるが幸に概して良好である樣に思はれる。本組合の事業は言ふ迄もなく、孤立無援の狀態に置かれる日傭勞働者の災害、疾病、失業等に遭遇したる場合徒に慈善事業や他人の厄介になることなく、お互に相助け合ふことに依つて生活の安定を計ると云ふことから、その日の收入の內から金五錢づゝを掛金し、又雇傭主側も之れが趣旨を贊して同一金額（規約第三章第十五條及ビ第十六條參照）の掛金をなし、縣市も此の事業を翼贊して縣は大正十五年度に三千圓、市は四千五百圓を、昭和二年度に縣は三千圓を市は五千圓を補助せられ、昭和三年度に縣は三千圓を市は四千圓を補助せられ、尙年々引續いて支給される筈である。今組合員の狀況を見るに次の如くである。

神戸勞働保險組合員年次加入增減比較表（同組合事業年報ニ因ル）

年次	一月	二月	三月	四月	五月	六月	七月	八月	九月	十月	十一月	十二月	一ヶ月平均
大正十五年	一、二八七人	一、七三三人	一、五三三人	一、〇二九人	七三三人	七六八人	七四八人	七九二人	八四四人	八一四人	八二六人	九四四人	一、〇〇四
昭和二年	二、四八六	二、五五二	二、〇三八	一、三七六	九一三	九一五	九一三	七八三	七八七	九五八	一、〇三四	二、五四二	一、四四一
同 三 年	三、一四一	三、二二五	二、九七四	二、四一六	一、四四八	一、三九五	一、一九一	一、〇六六	一、〇六二	一、〇九三	一、一五七	一、四〇五	一、七九七

備考　準組合員ヲ除ク

掛金收入狀況（組合事業年報ニ因ル）

事項	大正十五年 昭和元年 掛金日數	同 金額	昭和二年 掛金日數	同 金額	昭和三年 掛金日數	同 金額
組合員掛金	一三三、七五一日	六、六八七、五五円	二〇七、六九八日	一〇、三八四、九〇円	三二二、三一三日	一五、六一五、六五円

準組合員掛金	—	—	一一、一八五	五五九、二五	一〇、七三四	五三六、七〇
特別組合員掛金	二五、七六九	七七三、〇七	一三八、四七七	六、〇〇八、二三	二二四、二三四	一六、二一一、七〇
合計	一五九、五二〇	七、四六〇、六二	三五七、三六〇	一六、九五二、三八	六四七、二八一	三二、三六四、〇五
同一ケ月平均	一三、二九三	六二一、七二	二九、七八〇	一、四一三、六九	五三、九四〇	二、六九七、〇〇

保険給付状況（同組合事業年報ニ因ル）

事項	大正十五年昭和元年			昭和二年			昭和三年		
	件数	日数	金額	件数	日数	金額	件数	日数	金額
	件	日	円	件	日	円	件	日	円
業務死亡給付	—	—	—	二	—	三〇〇、〇〇	二	—	三〇〇、〇〇
普通死亡給付	六	—	五五〇、〇〇	八	—	七三〇、〇〇	一一	—	一、一〇〇、〇〇
業務癈疾給付	六	—	一七〇、〇〇	一	—	二〇、〇〇	二	—	三一、〇〇
普通癈疾給付	—	—	—	二	—	三五、〇〇	一	—	二〇、〇〇
業務治療給付	五〇三	四、〇〇一	二、一三六、七四	四九二	四、七〇二	二、七九六、一六	七一一	五、四三五	四、一〇九、八一
普通治療給付	五二〇	四、三三三	二、四〇四、五六	九三二	八、四九八	五、一〇七、〇三	一、四四六	一三、三五五	七、三五四、六四
業務休養日給	三三八	二、八五六	一、九八九、四〇	三四九	三、八一五	二、六七七、五〇	三八二	二、九〇三	二、〇三二、一〇
普通休養日給	一一六	一、四四四	八六二、二〇	一三七	一、四六〇	八七六、〇〇	二〇六	二、四八九	一、四九三、四〇
失業給付	一、四三一	一、四三一	八五八、六〇	三、三三七	三、三三七	二、〇〇二、二〇	三、二九六	三、二九六	一、九七七、六〇
給付合計	二、九二〇	—	八、九七一、五四	五、二六一	—	一四、五四二、八九	六、〇五七	—	一八、四一九、五五
同一ケ月平均	二四三	—	七四七、六三	四三八	—	一、二一一、九九	五〇五	—	一、五三四、九六

前三表に就いて少しく説明すれば組合員の加入状況は大体に於て各年共に冬季に増加し、夏季に減少して居るが組合員は逐年非常に増加して居る。掛金の如きは初年度より次年度は二倍を越えて居る。又給付金の状態も初年度に比し次年度は二

倍に垂んとして居る。

事業の概況は以上を以て大体了察されるが其の間組合員中には組合設立以來引續いて居る加入者もあるが、中には僅に數日間で止めた者もある。又就業狀態も一ヶ月三十一日間全就業者もあるが、一ヶ月間僅に數日間に過ぎないものもある。之等を通じて全組合員(準組合員を除く)平均一人當りの收入及び支出並給付費補助金額の程度を窺へば次の如き狀態である。

組合一人一ヶ月平均收支並給付補助高

事項	大正十五年 昭和元年	昭和二年	昭和三年
組合員掛金	五五、五 錢	六〇、〇 錢	七二、四 錢
準組合員掛金	—	三、三	二、五
特別組合員掛金	六、四	三四、七	七五、一
掛金收入合計	六一、九	九八、〇	一五〇、〇
保險給付金	七四、五	八四、一	八五、四
割戻シ金	一七、九	一九、七	二七、〇
支出合計	九二、四	一〇三、八	一、一一、四
給付補助金	三〇、五	五、八	?

次に此の勞働保險の取扱實務は勞働紹介所内の支部に於て毎日取扱はれて居る。これは日傭勞働者の紹介取扱ひをなす勞働紹介所に於て取扱ふことが最も便利であるから、西部及東部の各勞働紹介所に組合の支部を設けたのである。而して失業給付につきては曩に説明したるが如くであるが其他の給付につきては次の樣に取扱はれて居る。

組合員にして業務死亡の塲合は直に應急處置を講じられ速に遺族に保險金を給付される。普通死亡給付の時も亦其の手續きに依りて速に給付されて居る。業務癈疾とか普通癈失とかは其の程度を市民病院又は囑託醫等に依りて診斷されたる上決定され、業務又は普通の治療の如く、或は休養の如き場合は本人又は其の他代理人が勞働保險取扱所に比較的出頭し得るから、其の申告する事實を認めたる時は次の如き診療票を交附される。

發行所

診斷書

發行昭和　年　月　日　記號番號　患者名

◆左記事項御記入ノ上御返却相成度候

（　歳）

一　診斷　昭和　年　月　日

二　傷病名

三　治療見込日數

四　休業見込日數

五　附記

病院名醫師記名捺印

診療票（醫師保存）

發行昭和　年　月　日　記號番號

神戸市　通町　丁目　番屋敷

右御診療相成度候也

（　歳）

神戸勞働保險組合　神戸市相生町一丁目二七番地　電話元町三五八六番

殿

扱者

◆本票ハ診療一回限リ有效ニシテ發行三日以後ハ無效トス

診療票には診斷書が接續して居るから、本人が指定されたる市民病院又は囑託醫の許に持參する時は診斷書に疾病狀態を記入して勞働保險組合に送附される、但し診療票は一人一回限りにして發行後三日以後無效である。診療を必要とする診斷ある場合は組合出張所より次の如き診療簿を交附されるから診療期間中は之を持參せねばならない。保險金給付は此の診斷書に依つて治療の爲め休業を要する者に對し組合規約第一〇〇條により本人又は代人に之を給付するのである。

（表）

注意

一、本診療簿ハ組合指定ノ醫師以外ニハ通用シマセン
二、本診療簿ニ記入セル有効期限以後ノ診療費ハ組合ハ認メマセン
三、本診療簿ノ有効期限滿了ノ節ハ直チニ組合ニ申出デ次期ノ診療簿ト交換ヲ受ケラルベシ
四、本診療簿不用トナリタル時ハ直チニ組合ニ返還セラルベシ
五、受療期間中ニ保險給付ヲ受ケントスル者ハ本診療簿ヲ組合ニ提示セラルベシ

指定醫

診療簿

神戸勞働保險組合
西部出張所

神戸勞働保險組合印

本簿有効　月　日限

（裏）

發行記號番號	第　　號
發行月日	昭和　年　月　日
發行者印	

患者住所姓名年齢	神戸市　町村　丁目　番屋敷 年　月　日生（　歲）
組合員證記號番號	
初診確定記入	年　月　日
診療簿發行數	第　　回

組合ヨリ醫院ヘノ記事
昭和年月日
月日
月日
組合係員印

本欄ニハ診療ニ關スル摘要並ニ醫院ヨリ組合ヘノ記事ヲ記入セラレタシ
昭和年月日
月日
月日
月日
月日
月日
月日
月日
月日
月日
月日
月日

治療費の請求をなすには次の如き保險金請求書と治療費計算書とを取扱ひたる勞働紹介所に要求し、之に必要事項を記入の上神戸勞働保險組合に提出する時は組合は之を審査したる上保險金給付書を交附し、之に領收の記名捺印をなす時は保險金を交附されるのであるが、此の場合に治療費は組合より市病院又は囑託醫に直接支拂はれるのである。

第五號樣式

保險金請求書

始給 年 月 日			出張所支第
金額	百 拾 円 拾 銭	事項	自 月 日 至 月 日 日分
摘要	上記ノ通リ請求候也 昭和 年 月 日		
被保險者	所屬	記號番號	氏名
被保險者ニアラザル請求者住所氏名			

本部

扱者

第六號樣式

保險給付書

款	
項	
目	

本部支第

出張所支第

金額	百	拾	円	拾	銭

常務理事

事業主任

會計主任

摘要		期間	自 月 日 至 月 日 日分

出張所主任

副

被保險者	所屬	記號番號	氏名

領收證

神戸勞働保險組合御中

上記ノ金額正ニ領收候也

昭和 年 月 日

支拂日附印

扱者

原簿對照

記簿

一〇一

労働者は茲に不滿を有する樣に傳へられて居るのである。即ち治療給付の如きは現金給付を要求し得るならば、之に依つて自宅若しくは宿泊せる所より比較的便利なる所に於いて治療を爲し得るのであると云はれるが、此の不滿は神戸市のみに於いて見受けられるのみならず、大阪市に於ても亦同樣である。

組合は次の如き診療原簿を備へて組合員の診療經過を記入して居る。

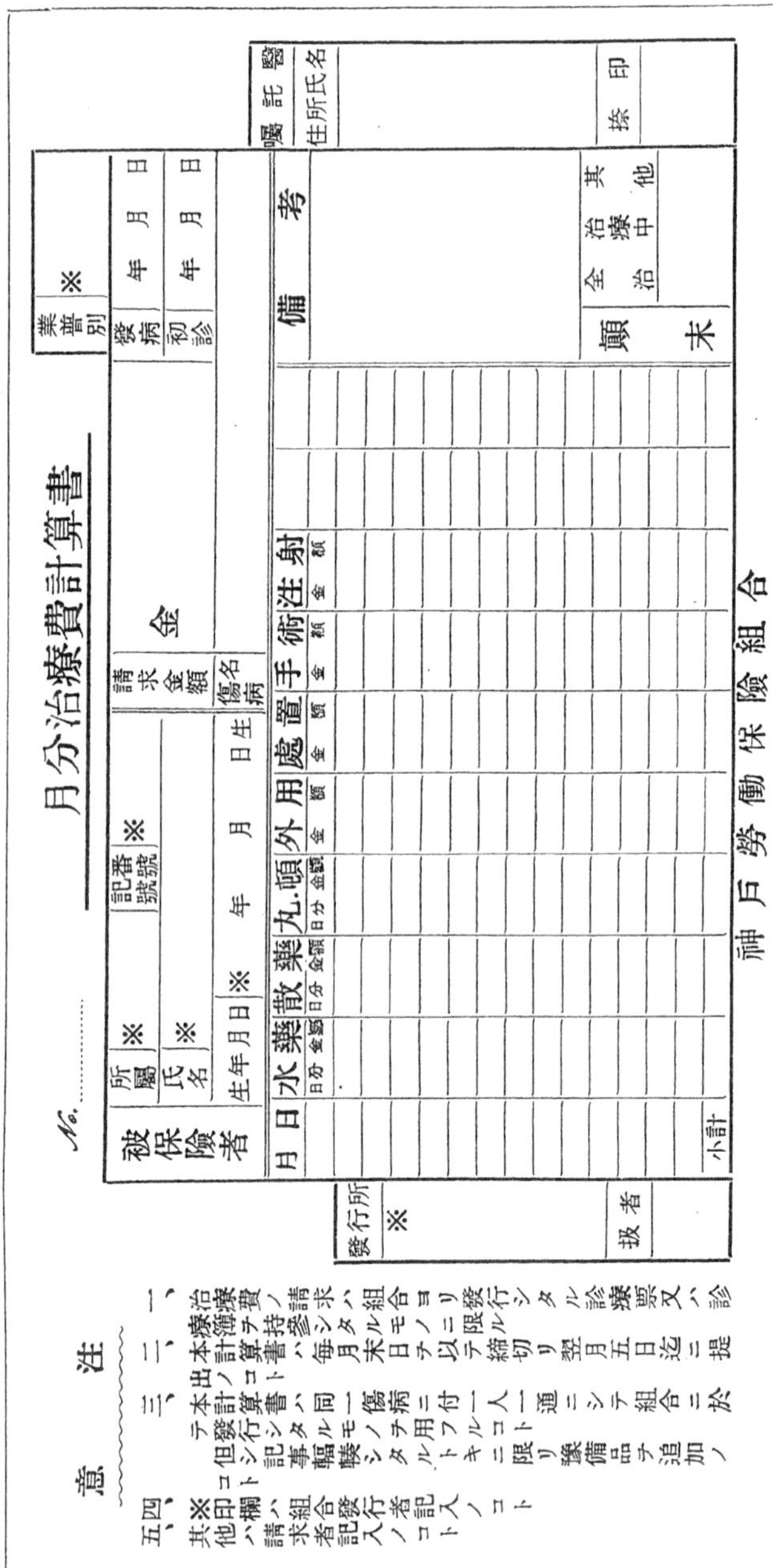

No. ……　月分治療費計算書

業普別 ※

被保險者	所屬 ※	記番號號 ※	請求金額 金	發病 年 月 日
	氏名 ※			初診 年 月 日
	生年月日 ※ 年 月 日生		傷病名	

月日	水藥 日分 金額	散藥 日分 金額	丸.頓 日分 金額	外用 金額	處置 金額	手術 金額	注射 金額			備考
小計										

顛末：全治　治療中　其他

發行所 ※

扱者

醫託囑　住所氏名

捺印

神戸勞働保險組合

注意

一、治療費ノ請求ハ組合ヨリ發行シタル診療票又ハ診療簿ヲ持參シタルモノニ限ル
二、本計算書ハ毎月末日ヲ以テ締切リ翌月五日迄ニ提出ノコト
三、本計算書ハ同一傷病ニ付一人一通ニシテ組合ニ於テ發行シタルモノヲ用フルコト 但シ記事輻輳シタルトキニ限リ豫備品ヲ追加ノコト
四、※印欄ハ組合發行者記入ノコト
五、其他ハ請求者記入ノコト

二〇一

初診	年　月　日	
終療	年　月　日	
治療期間	ケ日	
有効期日	年　月　日	

普ハ又業

昭和　年　月　日發行

發行所	發行番號

診療原簿

所屬	記號番號

住所		氏名			
		性別		年齢	歳

業治療給付事由	傷病發生月日	年　月　日　前後　時	普治療給付事由	傷病ノ箇所	
	傷病ノ現場			同一疾病ニ付最近治療ヲ受ケタル年月	参照
	傷病ノ箇所			摘要	
	摘要				

醫師名			
診斷年月日			
傷病名			
治療見込日數			
休養見込日數			
附記			

治療經過	診療簿發行月日	簿返納月日	診療簿發行月日	簿返納月日
	一回		五回	
	二回		六回	
	三回		七回	
	四回		療終事由	

顛末	治療期間		日數	金額		支拂先	認印
	自	至			円		
合計							

神戸勞働保険組合

一〇三

以上の取扱ひは東京市勞働紹介所が東京市勞務者共濟會の取扱ひをなす如く、勞働紹介の迅速にして且つ複雜を極むる事務の內に尙且つ斯くの如き事務を要し益々複雜を加へざるを得ない次第である。

（ト）日傭勞働者の移動紹介

季節的に集約される勞働需要地に勞働移動を爲すことは勿論必要であつて、之に依つて其の勞働者の雇傭制度が改善の機運を生じ、此等の勞働者の待遇を改善せしむるために効果を擧げ得るのであるが、此處に日傭勞働者の移動紹介とは上述の理由にのみよらず、大都市に集中せる日傭勞働者の地方移動紹介即ち地方分散と云ふ点である。冬季間の三、四ケ月は政府が補助する救濟土木事業に依つて失業の濃度は緩和され比較的生活し易き期間と變つて居るが、其の事業の終了直後の狀態は極端に生活上の脅威を免れない樣である。此の期節は恰も年度の更改期にして、政府其他公共團体に於ても同樣新事業の開始に至らない期節であるから都市內に求人を開拓し得るとしても比較的條件は低下せざるを得ない。如斯場合は他地方なりと雖も繼續事業にして可成り永續する事業を搜索することが最も有利と思はれる。今一例を擧げんに彼の神戶市東部勞働紹介所に於て取扱ひたる鐵道省直轄工事に移動したるが如きは最も適切なる方法であると思はれる。

鐵道省は各所に繼續工事を有し、比較的多數の人夫を使役して居る。神戶の取扱ひたるは新潟縣下上越北線の軌道並トンネル工事にして本年四月以來既に四回の移動紹介を決行し、神戶市のみならず大阪市京橋勞働紹介所の求職者をも取扱はれて居る。只茲に問題となるは鐵道省の直轄工事における部屋制度であるから少しくその實情を擧げて見たい。

鐵道省の直轄工事には之に隷屬する人夫部屋がある、此の人夫部屋は公認部屋（總代部屋とも云ふ）と下部屋との二種に分れて居るが何れも設備は鐵道省建設事務所の經營であつて、部屋は鐵道省建設事務所が認むる指名者に無料貸與して經營せしむるのである。此の指名者は公認部屋頭にして鐵道省の工事に常傭されて居る工夫にして、日給三圓五十錢及び勞働者を監督する手當として日給の二步に該當する割增手當とを受けて居る。下部屋頭は公認部屋を補足する爲めに經營するものにして公認部屋頭とは親分子分の關係があり、公認部屋頭が推擧して建設事務所が容認したる者であつて前者同樣鐵道省常傭夫にして日給一圓八十錢乃至二圓九十錢を受けて居る。

部屋の飯場代は寢具を含みて一日金八十錢であるが、地方飯場としては食物は比較的良いが魚類に比して野菜が尠いと云はれる。部屋にて使用される米噌又は勞働者の日用必需品は鐵道省購賣部の供給品にして、鐵道輸送は無賃なれば賣品は阪神兩市の市價と大差なく、品物に依りては寧ろ安値であるものもある。

人夫は農閑期を利用して季節的に應募したるもの多きを以て農繁期に入る期節よりは歸農者比較的多く、之が補充は主として職業紹介所の供給に依つて居る。之は募集費を要さぬこと、輸送上旅費を半減し得ること、人夫の素質比較的良好なること等に依りて建設事務所よりも慫慂したるに依ると云はれる。而して募集費は部屋頭の負擔にして、募集從事者の許可證を携帶して募集に從事すると雖、直轄工事に供給する爲めに供給手當又は勞働者の勞銀を搾取するが如きことは行はれないと云はれる。之は部屋頭が勞働者の世話手當として勞銀の二歩を受けて居ると云ふこと、飯場代か一日八十錢にして部屋經營者は稍利得を受けつゝあること、部屋は無料にて使用し居ること等は勞働者の供給斡旋費用位を容易に負擔し得るからである。現在部屋數は松川工區に公認部屋五ヶ所、下部屋十五ヶ所、清水工區に公認部屋五ヶ所、下部屋十一ヶ所合計三十六ヶ所にして收容人夫約一千人である。其の出身地は北陸越後方面が大部分を占めて居る。又勞銀は一日金一圓六十錢を規程とするが、神戸より移動したるものは一圓六十五錢を得て居る。

上述せる勞働移動は何れの都市よりも容易に移動し得るかは聊か疑問がある。現場に依り、勞銀に依り、周圍の環境に依りて直に同一視し難い。要は勞銀の程度が酷似して居る都市にあることである。神戸の日傭勞働者と大阪市の日傭勞働者と其の性質を異にし、收入を異にし、環境も異つて居る點から神戸の如く同樣な成績を期待し得るかは早計であらうと思ふ。

然し乍ら地方には鐵道工事あり、水電工事あり、或は河川改修、修築港、砂防工事等、各種繼續工事があるから、適當なるものを見出し得ることは强ち難事でもないと思はれる。冬季に於て船舶の出入疎薄となつて仲仕勞働者が漸く失業多からんとするや、日傭土工夫を主として行はれる冬季失業救濟土木工事にも流れ入りて稼働すれば、仲仕の供給は緩和されて需給相均するに至るが如き勞働移讓は、こゝにも行はれ得るならば産業的にも意義ある現象をなすであらうと思はれる。

(チ) 共同宿泊所と勞働紹介

現在の勞働紹介所はそこに求職する日傭勞働者の宿泊をも兼ねたる設備を有さないのであるが、職業紹介所が宿泊施設を必要とすることは、勞働下宿業者が勞働者の下宿と勞働紹介を兼ねて居るが如く不可分の關係にある樣に思はれる。今大阪市における共同宿泊所に宿泊する者の職業別を擧ぐれば次の如き狀態にして一ケ年間總宿泊者中に日傭勞働者と見做されるものは六三、一%を有し、その中勞働紹介所に出頭するものは總宿泊者の約三分の一に當ると云はれて居る。

大阪市共同宿泊所宿泊人職業別調 (大阪市社會部統計ニ因ル)

職業別	大正十五年 昭和元年	昭和二年
事務員	八、四八二人	八、八〇〇人
技術者	二、八二八	五、二五三
店員	九、九〇九	一三、六二四
行商	二一、八八七	二八、九三九
大工	六、〇九二	九、一六六
左官	一、五三〇	一、六四九
手傳	三三、〇九五	四七、二六四
土工	二五、二三六	二九、一三〇
勞働	八〇、七七一人	六七、五二四人
職工	五八、六六六	五九、二八八
農業	四六	一、一七五
料理人	四、九二五	三、三三〇
海員	二、五二〇	二、四〇九
漁業	—	三三
露店商人	二、〇六八	六、四二〇
車掌	九四	—

雑役	五〇、〇七九	八六、四〇四
仲仕	三三、四三三	四二、一三九
配達	八、六五三	一〇、七四一
無職	二六、一五八	三四、八七七
外交員	七、四三三	七、八八四
車夫	三	二六五
其他	一、六六七	五、〇〇一
合計	三八六、六六一	四六六、四二一

昭和二年中神戸市共同宿泊所宿泊人員職業別調（神戸市統計ニ因ル）

職業別	東部	西部	計	職業別	東部	西部	計
工場勞働者	七三一人	八九五人	一、六二六人	神官僧侶	一人	一七人	三人
仲仕	三四三	四四三	七八六	事務員	一四六	九〇	二三六
人夫	五一七	七二五	一、二四二	料理人	二三〇	一八六	四一六
手傳	三七一	一六四	五三五	學生	一八一	一〇八	二九〇
其他日傭勞働者	一七二	二四七	四一九	農業	五三五	四二八	九五三
行商人	四二一	三一〇	七三一	雑業	一〇三	三四九	四五二
商業	四一八	四二六	八四四	船員	三九八	二〇九	六〇七
交通勞働者	一九一	一四〇	三三一	其他	一、四四〇	六〇〇	二、〇四〇
官公吏	三八	六一	九九	計	六、二三〇	五、三九八	一一、六二八

又神戸市における狀況は、總宿泊人員の二割八分五厘に該當する者は日傭勞働者と見做されるのである。

如斯多數の日傭勞働者を宿泊せしむる大阪市は各宿泊所に勞働紹介所の出張所を設けて求職者の便利を圖つて居るが、之は當然の處置であらねばならない。

五、冬季に於ける失業狀態と救濟施設

大正九年九月より大正十四年八月に至る五ヶ年間における京都市を除く五大都市における勞働紹介所の取扱成績を概觀するに、冬季は夏季に比して常に「アフレ」の割合が高いことは一般的現象と觀られるが、歐洲戰亂の反動的影響は財界を極度に攪亂して未だ靜止せざるに、大正十二年に於ける關東震災は更に經濟界に打擊を與へ、當時依然として不安を持續するに過ぎないので、各種の事業は萎縮し、之に需要される勞働者は漸く過剩となるに至り、各所に失業の聲喧騷し曳いて失業救濟を嘆願する運動をも惹起するに至つたのである。東京市が大正十三年末より大正十四年頭首に於いて日傭勞働者に粥を煮出し或は食劵を交附したるは此の種勞働者救濟の創めにして、大正十三年夏季は需要超過を常例とされるに、事實は之に反し供給を增したる現象は、歲末に至つて上述の救濟を免れざるに達せしめたのである。

玆に於て一月初旬此の應急對策を講ぜんとし、社會局に之が打合會を開催されたのである。出席者は池田社會局長官を始めとして職業課、中央職業紹介事務局、東京地方職業紹介事務局、東京府市各職業紹介所長等にして、その硏究事項は失業狀態を緩和せしむる爲めに地方に勞働移動をなし得るや否やと云ふにあつた。偶東京地方職業紹介事務局に於て調査せる土木、建築、港灣、其他土木事業調査は、埼玉縣經營に係る砂利採取事業に尙千數百人の需要の余地あるを見出し、直に局員を派して調査すると共に縣當局に打合せを行ひ東京に市在住する日傭勞働者の移動紹介をなすに至つたのである。當時移動紹介は未だ何等の經驗なく從つて現場に於ける收容設備を欠き、約五百名の移動紹介も大なる失敗に歸したのであつた。此の結果は失業者を救濟し能はざるに至り、政府も事態の急迫せるに鑑みて大正十四年八月十二日六大都市關係地方公共團体をして冬季の如き失業者比較的多き期節には救濟事業を左記に依り起興せんことを內務、大藏兩大臣に依つて協議決定されたのである。

記

一、失業者多キ地方ニ於テハ其ノ地方ノ公共團体ヲシテ失業救濟ノ目的ヲ以テ事業ヲ經營セシムルコト
二、前項ニ於テ其ノ財源ヲ地方債ニ求ムルトキハ從來地方債許下方針ノ例外ヲ認メ之ヲ許可スルコト
三、地方公共團体失業救濟ノ目的ヲ以テ經營スル各種事業費ノ内勞動賃銀ニ對シテハ國庫ヨリ其ノ二分ノ一以内ヲ補助スルコト
四、他ノ法令ニ依リ國庫ヨリ補助セラルベキ地方公共團体ノ各種公營事業ニシテ失業救濟ノ目的ヲ以テ經營スル場合ハ其ノ法令ニ依ル補助ノ外尚前項ニ依ル補助金ヲ交付スルコト
五、國庫補助ノ豫算ハ差當リ百參拾萬圓ヲ限度トシ追加豫算ニ依テ支出ヲ爲スコト

此の協議に續いて内務大臣は翌八月十三日現下の失業者救濟問題に就いて聲明書を發せられたのである。

（聲明書ヲ署ス）

而して之に基き内務次官は八月十五日社發二部第四一三號を以て左記の通牒を東京、大阪、京都、神奈川、兵庫、愛知の各府縣に發せられた。

失業救濟ニ關スル打合會ノ件通牒

現下ノ失業狀況ニ鑑ミ之カ救濟ニ關スル具体的方法ニ關シ來ル八月二十日午前九時ヨリ社會局ニ於テ打合會開催致度ニ付當日貴（府縣）内務部長及（東京、大阪、京都、横濱、神戸、名古屋市）主任助役出席方御取計相成度

追テ出席者ハ其ノ地ノ失業狀態及公共團体ノ事業狀況等ヲ斟酌シ左記事項ニ付相當講究シ出席相成樣御示達相成度申添候

一、失業救濟ノ爲メ起興スベキ新規事業ノ種類（本項ニ付テハ主トシテ勞力ヲ以テ完成シ得ヘキ事業ニシテ且不熟練勞働者ヲ使用シ得ルモノ）
二、各事業ニ對スル豫算額及其ノ財源
三、各事業ニ於ケル一日ノ勞働者使用豫定人員及使用日數
四、事業ニ使用スル勞働者ニ支拂フベキ一日ノ賃銀額

一〇九

五、勞働者雇傭ノ方法並賃銀支拂ノ方法

六、其ノ他參考トナルベキ事項

八月二十日の打合會は内務大臣挨拶(俵次官出席)長岡社會局長官説明の後六大都市及び東京府外五府縣出席者より失業狀況及失業救濟要否及び各議題事項に付意見を聽取し、失業救濟事業實施上について指示し、其他失業問題に關する意見を交換されたのである。其の中各都市代表者の説明したる內容は京都市を除き他は何れも冬季は失業者增加の狀態にして、救濟施設を要する實狀を報告されて居る。試に當局管內に於ける三大都市の意見を擧ぐれば次の如くである。

一、京都市

失業者比較的少く三千乃至三千五百人見當である、京都に在住する鮮人勞働者は約七千人にしてその失業率は二割見當であるから失業者總數の約半數を占めて居る、冬季に於いて特に失業者增加することなかるべく現在解雇雇入調に依れば雇入數は解雇者數を超過して居る。

二、大阪市

大阪市に於ける屋外勞働者の失業率は平均一割にして殊に鮟鱇は三割乃至五割の失業率であるが、大阪市に於いて特に注意を要するは鮮人勞働者にして其の失業率は約二割乃至三割にして然も困窮せるものが多い。

三、神戸市

海運界の不況に依り沖仲仕等の失業者が多く其他の勞働者の失業者も亦多く約五、六千人と見做されるが冬季には更に失業者數が增加するものと思はれる。最近七月、八月に亘り不穩の狀況が多く勞働團体にして宣傳するものがあり、勞働組合の會費不納者多く、生活の困難なる狀態が窺れるから寒心に堪えない次第である。

次に管內三大都市代表者の説明したる目下計劃中の土木建築工事の見込額は大阪市は現に申請中の將來起工すべき事業をも合すれば其の總豫算額は三億三千七百圓に達し、一日の使用人員は一萬二千二百六十九人である。その中大正十四年度は五千七百二十四萬圓を以て起工を計劃し、一日の使用見込の勞働者數は四千二百五人、一日の勞銀は二圓を計上して居る。又京都市は大正十四年度に七百三十萬圓の工事を計劃し、一日の使用見込勞働者は約一千人である。神戸市は二千四百五十五萬圓の工事を計劃し、一日の使用見込勞働者數は一千七百人である等の狀況を說明されたのである。此の打合せの結果失業救濟事業を實行し得る見込を得るに至つたので、起工に際しては次の如く指示されて居る。

一、失業救濟の目的を達する爲め必要なりと認むるときは地方公共團体は此際既定計劃事業を促進すること、
二、尙此際特に失業救濟の爲必要なりと認むるときは從來の事業を擴張し又は新規事業の計劃を樹つること、
三、前項の事業を施行するが爲現に既定計劃に屬する事業を廢止又停止若は減少せさること、
四、失業救濟の目的を以て施行する事業は主として勞力を要する種類の事業にして不熟練勞働者の雇傭に適すべき事業を選擇すること、
五、失業救濟の目的を以て事業を施行するときは豫め內務大臣の認可を受くること前項認可を受けたる事業を變更せんとするとき亦同し、
六、前項に依り內務大臣の認可を受けんとするときは其の他に於ける失業の狀況救濟を要する事由、事業の種類、施行地、着手豫定月日、勞働者使用延人員、一人一日に付き支拂ふべき賃銀額、事業費に對する歲入出豫算乃び勞働賃銀に對する豫算額を記載するを要す、
七、事業の財源を起債に求むる塲合には前項の事項をも具し關係官廳に許可の申請を爲すこと、
八、失業救濟の目的を以て施行する事業に使用する勞働者は總て職業紹介所の紹介に依る求職者を使用すること、但し勞働者の組頭其の他熟練を必要とする者に關しては職業紹介所の紹介に依らざることを得、
九、事業に支拂ふ勞働賃銀は其の地方の普通賃銀よりは低額とすること、
十、勞働者の賃銀支拂に付ては吏員に現金前渡を爲し若くは職業紹介所に於ける一時繰替の方法により日拂とすること、

一一

十一、府縣及市は適當の方法を以て本事業を施行する市及隣接地に居住する勞働者にして本事業に就職せんとする者は其の市又は隣接地の職業紹介所に於て十月三十一日までに登錄を受くる樣周知せしむること、但特別の事由ありて職業紹介所長に於て認めたるときは期限經過後と雖登錄することある旨を附記すること、

失業救濟土木事業は爾來毎年實行され、既に四ヶ年の經驗を經て本年度に至り之に改善を加へて居るが、其の計劃は概ね此の趣旨に基いて居る。

（イ） 失業救濟土木事業

失業救濟土木事業に使用される勞働者は不熟練勞働者である日傭勞働者を多數使役し得る事業として最も適當なる工事を選擇することは事業課としては容易に見出し難い傾向があつた。勞働紹介所に於ては啻に要救濟勞働者として取扱ふのみならず、之を技術的に指導せんとする方針を採るに至つたことは、六大都市を通じて一般的に看取されたる傾向であると云はれて居る。今管內三大都市の事業を瞥見すれば次の如くである。

管內失業救濟事業狀況年次比較表

京都市

種目	大正十四年度	大正十五年度	昭和二年度	昭和三年度
事業豫算額	五三、〇〇〇、〇〇円	六一、八九〇、〇〇円	五四、八四九、〇〇円	八七、五九二、〇〇円
實際支拂シタル勞力費	四〇、〇五〇、一八	四三、一四七、三三	—	不詳
實際使用人員	二一、八九二人	二七、七七九人	三〇、六六九人	三一、三五三人
事業日數	一〇五日	一〇〇日	一〇〇日	九八日

種目				
一日平均就業人員	二六八人	二七八人	三〇六人	三二〇人

大阪市

種目	大正十四年度	大正十五年度	昭和二年度	昭和三年度
事業豫算額	(府)四〇五、〇九八、〇〇円 二、〇二九、三四八、〇〇	(府)四九四、七四九、〇七円 六〇七、七三三、〇〇	(府)五四、四七四、〇〇円 四九九、四八四、〇〇	四九二、三一〇、〇〇円
實際支拂シタル勞力費	(府)一八七、一三二、四二 三七五、一三六、五九	(府)一三二、三六五、五三 一九四、七〇一、七五	— —	— —
實際使用人員	(府)九九、〇七三人 二〇〇、八二一	(府)六九、五一〇人 九七、九八〇	(府)一〇、三八二人 (市)七三、六〇六	五六、五五三人
事業日數	(府)一六八日 一六七	(府)一二一日 一二三	(府)一四六日 (市)一四三	一〇一日
一日平均就業人員	(府)五九一人 一、二〇二	(府)六三五人 八七五	(府)七一人 (市)五〇八	五五四人

神戸市

種目	大正十四年度	大正十五年度	昭和二年度	昭和三年度
事業豫算額	二九五、一八〇、〇〇円	三九八、七四〇、〇〇円	七五八、三二一、〇〇円	三二六、九〇三、〇〇円
實際支拂シタル勞力費	一二四、八四六、一六	一七七、六五九、三八	—	未詳
實際使用人員	五六、七八八人	八五、一六一人	一四五、四〇八人	四七、一三三人
事業日數	一二八日	一一一日	二七八日	一一三日
一日平均就業人員	四四三人	七六七人	四八七人	四二一人

一一三

管内冬季失業救濟土木事業種別年次比較

市別	大正十四年	大正十五年 昭和元年	昭和二年	昭和三年
京都市	高瀬川筋浚渫 溝渠浚渫 其他	溝渠改修工事 南高瀬川浚渫 市内散在溝渠浚渫 其他	市内溝渠浚渫 河川掃除 河川浚渫	市内道路路面掘鑿修繕 同上道路ニ砂利敷修繕
大阪市	道路改築六十四ケ所 橋梁架設及修築 水路浚渫及修築等三十ケ所	道路改修及新築三十ケ所 水路浚渫及改築三十七ケ所 其他	道路修築 水路浚渫及修築等	道路改修二十五ケ所 道路擴張二ケ所 道路柵垣工事一ケ所 道路築造六ケ所 路側改修十六ケ所 路面築造一ケ所 計 五十一ケ所
大阪府	神崎川一部堤防改築工事 正蓮寺川埋立工事 國道第二號路線中改修工事	神崎川堤防工事 正蓮寺川筋埋築 尻無川筋一部改修	都市計劃放射道路阿部野堺線道路改良工事ノ一部	事業ナシ
神戸市	溝渠工事五ケ所 市内各所道路修繕工事 其他	市内各所道路修繕及路側溝新設 下水改良等諸工事	市内道路修繕工事 市内下水局部改修工事 市内各所路側溝新設並改良工事 其他溝渠工事等	道路改修 路側溝新設 下水改良等諸工事

以上の四ケ年間の三大都市、及び大阪府が施行せる諸工事を瞥見するに、何れも不熟練勞働者を多數使用される諸工事を選擇されて居るが、其の計劃は各都市の失業狀況を參酌されて居るから其の規模に相違がある。又之に要したる日數の如き

は昭和二年度神戸市に於ける特殊なものを除いては大体百日内外の冬季間である。又使用人員は京都市は逐年増加し、大阪市は逐年低下し、大阪府も亦同様であるが、神戸市は第三年目までは増加し、第四年目に激減して居る。此等の事業計劃が主として起債に依り（京都市のみは剰余金支出）施行される關係より財源に考慮を要される様になり、加之工事個所が大体に於て不熟練勞働者を一時に多數使用するに足るものが尠くなつて居ることゝ、地方廳の計劃が人都市に接續する範圍に適切なる個所を見出し難いと云ふことは、新に計劃するに至らない樣に觀られ、將來此種救濟事業を勸奬する上に特に考慮せねばならない点である樣に見做される。

本事業は都會に任住する日傭勞働者の失業を救濟せんとして計劃されたる事業であるから、政府も茲に鑑み、大正十四年十月十六日附社發二部第四八五號ノ一を以て內務次官より東京、京都、大阪、神奈川、愛知、兵庫等の府縣知事宛次の如き冬季出稼勞働者に關する通牒を發せられたのである。

失業救濟ノ目的ヲ以テ施行スル事業ニ關スル件

標題ノ件ニ關シテハ八月二十日六大都市關係者打合會ニ於テ指示相成其ノ後夫々計劃ノ上認可申請ノ向モ有之候處元來本事業ハ六大都市及其隣接地ニ居住スル勞働者ニシテ失業シ眞ニ生活困難ナル者ヲ救濟スルノ目的ヲ以ヲ施行スルモノニ有之從テ冬期ニ於ケル季節的出稼者ヲ地方ヨリ都市ニ集中スルカ如キ結果ニ陷ラサル樣特ニ御配意相成度尙此際豫メ府縣又ハ市ニ於テ現ニ市及其隣接地ニ居住スル勞働者ト地方ヨリノ出稼者トヲ區別スル爲適當ノ方法ヲ講シ救濟ヲ受クル者ノ範圍ヲ限定シ事業ノ目的ヲ達スルニ遺憾ナキヲ期セラレ度爲念及通牒候

大正十四年十月十六日

各地方長官宛

內務次官

此の通牒と共に其他の地方長官にも次の如く通牒されて居る。

勞働者ノ季節的出稼ニ關スル件

現下財界不況ノ結果失業者漸ク多キヲ加ヘ、就中都市ニ於テハ其ノ數著シク增加シ之等勞働者ノ生活ハ極メテ困窮ノ狀勢ニ有之就テ

一、五

ハ更ニ冬季ニ於テ地方ヨリ都市ニ集中スル所謂季節的出稼者多數アルニ於テ一層失業者ヲ增加スルノミナラス六大都市關係ノ地方長官（貴官）ニハ別紙ノ如キ通牒ノ次第モ有之出稼者ノ多數モ亦就職ノ途ヲ得ル能ハス生活困難ニ陷ルノ虞アルニ付此ノ際管內ニ此ノ事業ヲ周知セシムルノ為適當ノ方法ヲ講スルコトニ御配意相成度及通牒候

管內三大都市に於ける冬季失業救濟工木事業に使用される勞働者は前記の趣旨に依り、當該市內に比較的長く在住し且つ失業中にあるものを優先就職せしむる趣旨により各市共に勞働者の登錄を實施し、此の方法及び登錄期間又は登錄の場所等を告示、掲示其他適切なる方法に依つて周知せしむるに努めたのである。

管內冬季失業救濟事業ニ使用スル日傭勞働者登錄狀況年次比較表

年次	京都市			大阪市			神戸市		
	登錄取扱期間	宣傳方法	登錄數	登錄取扱期間	宣傳方法	登錄數	登錄取扱期間	宣傳方法	登錄數
大正十四年度	自十二月十二日 至同月十六日	十二月八日附市告示第五四九號ヲ以テ登錄ヲ告示スルト共ニ紹介所、區役所又ハ市電ニポスターヲ掲示ス又紹介所ニ登錄申込者ニ對スル注意ヲ掲示ス	四九一人	自十一月七日 至同月十六日	十一月四日附市告示第二二五號ヲ以テ登錄ヲ告示シ、市電內ニ吊下廣告ヲナシ、紹介所、區役所及其出張所、ビ市內場末浴場、理髮所等約二百ケ所ニポスターヲ掲ク	三、四八四人	自十二月十二日 至同月二十一日	衛生組合、兵庫縣視察員、各警察署、公益私設紹介所、海員組合、海員救濟會、海員ホーム、等ニ依賴狀ヲ發シ市電內及前同所ニ宣傳ポスターヲ掲ク	一、一五九人
大正十五年度	自十二月廿一日 至同月二十五日	ポスターヲ市電內各職業紹介所、各區役所、同出張所場末浴場、理髮場、各驛其他適當ト認ムル所ニ掲出ス又失業救濟事業日傭勞働應募者心得ヲ印刷ス	五五二人	自十二月二日 至同月六日	告示 ポスターヲ各職業紹介所、區役所及出張所市內場末浴場、理髮所其他市電內ニ掲示ス	七、五三〇人	自十二月十一日 至同月十六日	前年ニ同シ	二、三五三人

昭和二年度	自十二月十三日 至同月十七日	前年ニ同シ	五九七人	登録期間ヲ定メス必要ニ依リ紹介サレル者ヲ登録ス	前年ノ如キ宣傳ヲ爲サズ	四、七七六人	自十一月廿四日 至同月二十六日	前年ニ同シ	四、六一八人
昭和三年度	自十二月十七日 至同月十九日	前年ニ同シ	一、七五二人	前年ニ同シ	宣傳セス	登録ヲ行ハズ	十一月二十八日受付ヲ締切ル	前年ノ如キ方法ニ依ラズ兵庫縣方面委員ニ依リ貧困者ニシテ失業中ノ者ヨリ本事業ニ就職ヲ希望スルモノヲ申告セシムル依頼狀ヲ發ス	七三〇人

本事業に使用されし勞働者は原則として勞働紹介所より紹介されるのであつたが工事の種類と性質とにより技術工を需要され、比較的多くの不熟練勞働者が使用されては居るが又熟練勞働者を使用せざれば工事を爲し得ない事情もあつた。又本事業の初年度には比較的熟練工を要しない工事も多く見出されたのであるが年と共に適切なる工事を失ひ、遂に熟練工を基幹とせざれば爲し能はざる工事も起興されるに至つた。政府は茲に鑑みて熟練工の使用も一部分を認められ、工事も漸く安定するに至つたのであるが、茲に問題となりしは工事資金を地方債に依らしめたる方策である。由來何れの大都市も相當多額の地方債を有する上に毎年決定的に失業救濟土木事業として尠からざる起債を生ずることは、當事者をして地方都市財政上に憂慮されるに至り、今や卒先して之を起興せんとするに躊躇する傾向を感ずるのである。工事個所即ち現場が比較的郡部に出ずると云ふことよりも起債問題は確に考慮されざるを得ないであらふ。

次に勞働紹介所が之に紹介する方法は六大都市ともに登錄制度を執つたのであるが紹介方法には大差がない。只其の特徴とする所は登錄票を持參すると云ふことにある。此の取扱期間中に於て需給狀態の變化の程度を檢するに次表に示すが如く大阪、神戸兩市共に本事業の施行される前後の狀態を一變して居ることが窺はれる。先づ之を兩市全体の上より見れば大正十四年一月は未だ本事業が起興されない時にして、其の取扱數は求人數一萬三千二百十四人、求職者數二萬一千八百三十二

大阪、神戸兩市勞働紹介所取扱成績

月別	求人數 大阪市	求人數 神戸市	求人數 合計	求職者數 大阪市	求職者數 神戸市	求職者數 合計	紹介件數 大阪市	紹介件數 神戸市	紹介件數 合計	求職者數百ニ對スル紹介件數ノ割合
大正十四年一月	九、八〇四	三、四二〇	一三、二二四	一六、六八六	五、一四六	二一、八三二	九、八〇四	三、四一三	一三、二一七	六〇、五三%
二月	九、八六七	五、〇〇四	一四、八七一	一五、三一七	六、五一六	二一、八三三	九、八六七	五、〇〇六	一四、八七三	六八、一二
三月	一三、六八九	九、三一八	二三、〇〇七	一八、五三三	一〇、八五五	二九、三七七	一三、六〇二	九、三〇六	二二、九〇八	七七、九三
四月	一五、〇八三	六、一七五	二一、二五八	二〇、八一六	八、三〇〇	二九、一一六	一五、〇八三	六、一七四	二一、二五七	七二、三五
五月	一五、二九八	四、四〇一	一九、六九九	二一、〇一〇	七、〇四七	二八、〇五七	一五、二九八	四、三九七	一九、六九五	七〇、二〇
六月	一四、四二九	四、六四九	一九、〇七八	一九、七一七	七、三三〇	二六、九四七	一四、四二九	四、六四七	一九、〇七六	七〇、七九
七月	一七、〇八〇	五、三四〇	二二、四二〇	二二、三四〇	七、〇〇九	二九、三四九	一七、〇五一	五、三四〇	二二、三九一	七六、二九
八月	二〇、四一七	四、七六六	二五、一八三	二四、九七一	六、三四九	三一、三二〇	二〇、三七〇	四、七三四	二五、一〇四	八〇、一五
九月	一七、四九〇	三、八八六	五六、三五〇	二二、九五〇	五、五七四	二八、五二四	一七、三一一	三、八八六	二一、一九七	七四、三一
十月	一八、八五六	六、一七五	二五、〇三一	二四、四二八	七、七二七	三二、一五五	一八、八五六	六、一七五	二五、〇三一	七七、八四
十一月	二〇、八五二	六、七〇九	二七、五六一	二八、〇五七	八、二〇二	三六、二五九	二〇、二七五	六、七〇九	二六、九八四	七四、四二
十二月	四八、二二六	八、七九二	五七、〇一八	五七、七七八	一〇、一五一	六七、九二九	四七、六一〇	八、七九二	五六、四〇二	八三、〇三
計	二二一、〇九一	六八、六二五	二八九、七一六	二九二、五九二	九〇、一〇六	三八二、六九八	二一九、五五六	六八、五七九	二八八、一三五	七五、二九
大正十五年一月	五三、五四九	一五、二一六	六八、七六五	六四、二七二	一六、一五四	八〇、四二六	五二、二〇五	一五、二一六	六七、四二一	八三、八三
二月	五八、二三五	二四、六八三	八二、九一八	六二、七八〇	二五、七五五	八八、五三五	五七、〇六四	二四、六八三	八一、七四七	九二、三三
三月	八六、九八三	二三、三五七	一一〇、三四〇	八九、八一四	二四、五四五	一一四、三五九	八三、四七五	二三、三五七	一〇六、八三二	九三、四二

四月	七四、一六〇	一一、五三六	八五、六九六	八八、二三〇	一三、九七一	一〇一、二〇一	七二、四六二	一一、五三六	八三、九九八	八三、〇〇
五月	四九、四四一	九、六二〇	五九、〇六一	五八、六七四	一二、四九二	七〇、一六六	四九、一七八	九、六二〇	五八、七九八	八三、七九
六月	三六、〇七七	一〇、三八二	四六、四五九	三八、四五四	一一、八二八	五〇、二八二	三六、〇四五	一〇、三三二	四六、三七七	九二、二三
七月	三〇、三四一	九、二七三	三九、六一四	三二、二九九	一〇、三八〇	四二、七七〇	三〇、二八四	九、二三一	三九、五一五	九二、三八
八月	三二、九九七	一二、〇五七	三五、〇五四	三四、九三七	一三、四七一	四八、四〇八	三二、七五七	一一、〇〇六	四四、七六三	九二、四七
九月	二〇、六二五	一三、一七五	三三、八〇〇	三三、一九〇	一四、六四五	三六、八三五	二〇、六一八	一一、八七五	三三、四九三	九〇、九二
十月	一六、七五二	一三、三二四	三〇、〇六六	一八、二五六	一四、八四八	三三、一〇四	一六、七四四	一三、一五〇	二九、八九四	九〇、三〇
十一月	一六、二八七	一三、七〇六	二九、九九三	二〇、四五九	一五、一一三	三五、五七二	一六、二八七	一三、七〇二	二九、九八九	八四、三一
十二月	二六、七〇〇	一四、九〇六	四一、六〇六	四二、〇八二	一六、六〇五	五八、六八七	二六、六九七	一四、九〇六	四一、六〇三	七〇、八九
計	五〇二、一四七	一七一、二二五	六七三、三七二	五七二、四四七	一八七、八〇七	七六〇、二五四	四九三、八一六	一七〇、六一四	六六四、四三〇	八七、四〇
昭和二年一月	四五、七三九	三六、一〇一	八一、八四〇	五五、六〇八	三七、七七〇	九三、三七八	四四、九二九	三六、一〇一	八一、〇三〇	八六、七八
二月	五七、七九三	三四、七三七	九二、五三〇	五八、五九九	三八、二六五	九六、八六四	五三、四六三	三四、七三七	八八、二〇〇	九四、四五
三月	六六、八二三	三二、七七五	九九、五九七	七一、三三六	三四、八八一	一〇六、二一七	六五、八三三	三二、七四九	九八、五八二	九二、八一
四月	一六、〇一六	一二、八七五	二八、八九一	二一、六〇六	一五、七七五	三七、三八一	一六、〇一六	一二、八七五	二八、八九一	七七、二九
五月	一三、七一二	一四、五七七	二八、二八九	一八、八二四	一六、七三七	三五、五六一	一三、七一二	一四、三八八	二八、一〇〇	七九、〇三
六月	一三、六八九	一二、四一五	二六、一〇四	一八、四四五	一四、三三八	三二、七八三	一三、五七九	一二、四一五	二五、九九四	七三、〇九
七月	一七、七九三	一三、一八八	三〇、九八一	二一、三三〇	一五、八七五	三七、二〇五	一七、七八三	一三、一八八	三〇、九七一	九四、四七
八月	一七、五一四	一三、七五七	三一、二七一	二一、三四五	一六、三〇五	三七、六二〇	一七、五一四	一三、七五七	三一、二七一	八三、〇六
九月	一三、一一八	一四、三三二	二七、四五〇	一七、九八二	一五、九二三	三三、九〇五	一三、一一八	一四、三三二	二七、四五〇	八〇、九六

一一九

十月	一五、四七一	一六、五〇一	三一、九七二	二〇、四二二	一八、一一八	三八、五四〇	一五、四七一	一六、五〇一	三一、九七二	八二、九六
十一月	一五、四三六	一六、五四三	三一、九七九	一九、七二六	一八、〇三三	三七、七五八	一五、四二九	一六、五四三	三一、九七二	八四、六八
十二月	二二、二四五	三二、四八八	五四、七三三	二九、八六七	三三、五五八	六三、四二五	二二、二三七	三二、六六〇	五四、八九七	八六、五五
計	三一五、三四八	二五〇、二八九	五六五、六三七	三七五、〇九〇	二七五、五八七	六五〇、六七七	三〇九、〇八四	二五〇、二五〇	五五九、三三四	八五、九六
昭和三年										
一月	四二、一一〇	四七、六七四	八九、七八四	五一、五九二	四八、三一八	九九、九一〇	四一、九六九	四七、五一二	八九、四八一	八九、五六
二月	五一、二六七	五三、三〇五	一〇四、五七二	五六、九六二	五四、二八七	一一一、二四九	五一、二五一	五三、三〇五	一〇四、五五六	九三、九八
三月	四〇、一七一	四七、九六五	八八、一三六	四七、三七八	四九、九二六	九七、三〇四	四〇、一一二	四七、九六五	八八、〇七七	九〇、五二
四月	二四、六〇六	二二、九七八	四七、五八四	二八、七一三	二六、二一九	五四、九四四	二四、六〇六	二二、九七八	四七、五八四	八六、六〇
五月	一八、四二六	三二、一八〇	五〇、六〇六	二七、〇二五	三四、四〇六	六一、四三一	一八、四二六	三二、一八〇	五〇、六〇六	九二、一〇
六月	一六、四三五	二四、〇二三	四〇、四五八	二一、四七一	二六、一九七	四七、六六八	一六、四三五	二四、〇二三	四〇、四五八	八四、八七
七月	二一、五九九	一八、六三四	四〇、二三三	二五、七七八	二一、〇五九	四六、八三七	二一、五九九	一八、六三九	四〇、二三八	八五、九一
八月	二〇、二〇九	一七、八一六	三八、〇二五	二五、二六六	二〇、三五七	四五、六二三	二〇、二〇九	一七、八一六	三八、〇二五	八三、三五
九月	一八、九八二	一七、六五五	三六、六三七	二三、三五六	一九、三〇五	四二、六六一	一八、九八二	一七、六五五	三六、六三七	八五、八八
十月	一八、〇九三	一八、九八二	三七、〇七五	二三、九九九	二〇、五二六	四三、五二五	一八、〇九三	一八、九八二	三七、〇七五	八五、一八
十一月	一五、九九七	一七、一一一	三三、一〇八	二〇、三四四	一九、五六九	三九、九一三	一五、九九七	一七、一一一	三三、一〇八	八二、九五
十二月	一九、四一三	二六、〇二〇	四五、四三三	二七、一三八	二七、三三九	五四、四七七	一九、四一三	二六、〇二三	四五、四三五	八三、四〇
計	三〇七、三〇七	三四四、三四三	六五一、六五〇	三七八、〇三一	三六七、五〇八	七四五、五三九	三〇七、〇九一	三四四、一八九	六五一、二八〇	八七、三六

人、紹介件數一萬三千二百十七人にして、其の求職者百に對する紹介件數の割合は六〇、五三%であるが、本事業が起興されたる大正十五年一月は求人數六萬八千七百六十五人、求職者數八萬四百二十六人、紹介件數六萬七千四百二十一人にして

其の求職者百人に對する紹介件數の割合は 八三、八三％に當つて居る。此の狀況を比較すれば將に 一三、三〇％の相違を生じ、本事業起興後の效果を如實に物語つて居る。又一ヶ年の總數に就いて比較すれば同樣にして本事業起興前の大正十四年中は 七五、二九％の就職率（紹介件數を就職者數と見做す）であるが、本事業起興後の大正十五年中は八七、四〇％に騰り、一二、一一％を向上せしめて居る。本事業の第二年目である昭和二年中は 八五、九六％を示し、第三年目である昭和三年中は 八七、三六％に達し、事業の成績は愈良好であると云ひ得るのである。

然し乍ら之を事業終了後に就いて檢すれば下圖に示すが如く、各年次の四月頃の比較は何れも就職率を低下し、其の狀態は一ヶ月乃至三ヶ月を繼續して居ると共に本事業施行中以外の月次に於ては常に低位を表して居る。此の狀態は本事業の效果を示し得ると共に、事業終了に際し勞働紹介所が其の後の所置即ち勞働者を供給する準備を欠いて居る嫌ひを窺はれるのである。

又勞働紹介所の取扱成績を一般紹介と、冬季失業救濟事業への紹介とに分割して檢すれば次の如き結果を示して居る。

管内三大都市勞働紹介所一般、救濟求人取扱別比較表

一二一

大阪神戸両市勞働紹介所ニ於ケル求人數百ニ對スル紹介件數ノ割合月別比較圖

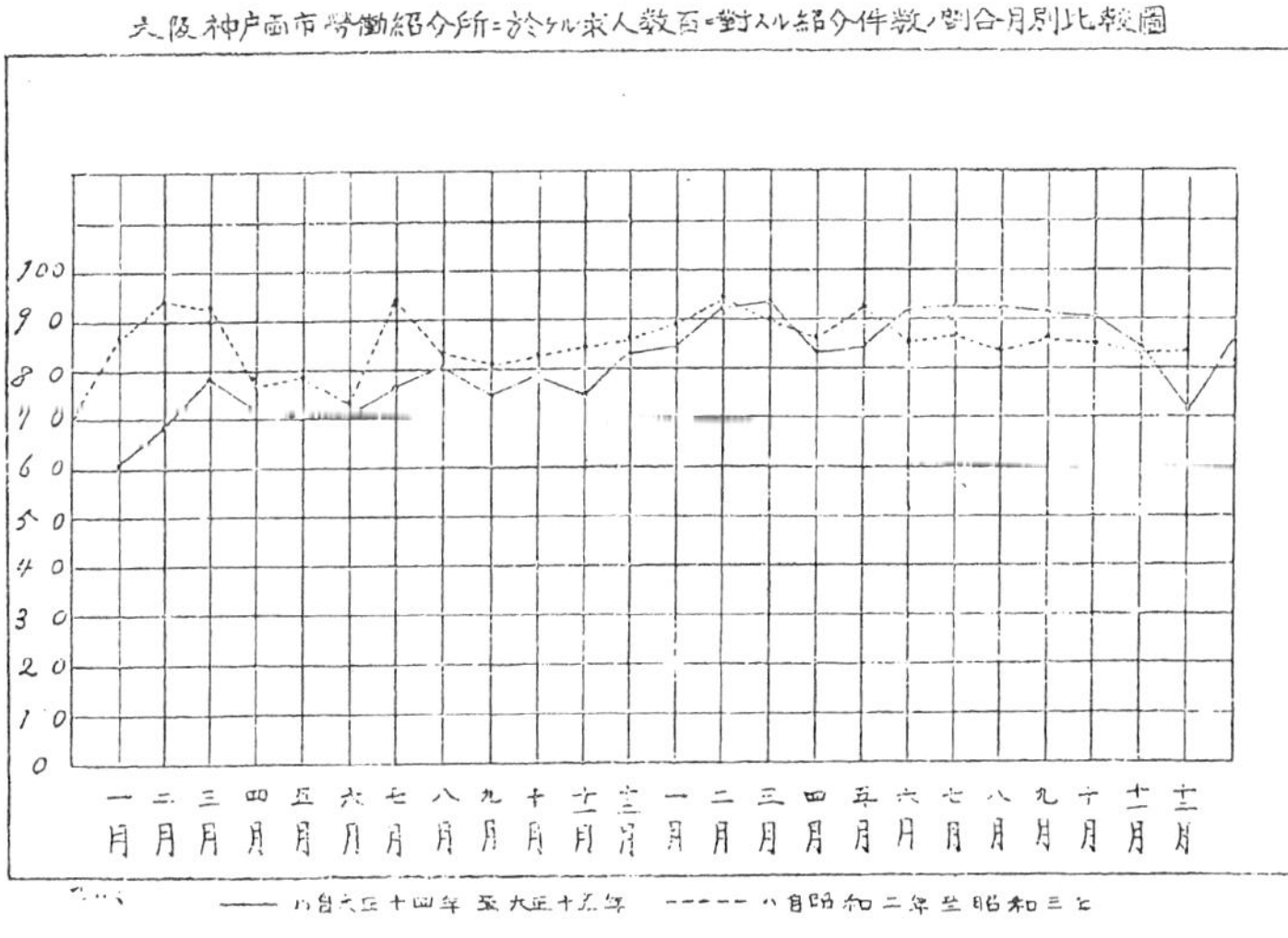

—— 自大正十四年至大正十五年　----- 自昭和二年至昭和三年

月別	大阪市			神戸市			京都市			合計		
	一般	救済	計	一般	救済	計	一般	救済	計	一般	救済	計
	人	人	人	人	人	人	人	人	人	人	人	人
大正十五年度 十二月中	一六、九二三	九、七七八	二六、七〇〇	一〇、九七七	三、九二九	一四、九〇六	—	二、三五五	二、三五五	二七、八九九	一六、〇六二	四三、九六一
一月中	九、五六四	三二、一六五	四一、七二九	六、七五八	二九、三四三	三六、一〇一	—	七、八三三	七、八三三	一六、三二二	六九、三四〇	八五、六六二
二月中	一三、〇七七	四四、七一六	五七、七九三	七、〇〇六	二七、七三一	三四、七三七	—	七、九〇一	七、九〇一	二〇、〇八三	八〇、三四八	一〇〇、四三一
三月中	一八、六三七	四八、一八五	六六、八二三	八、七六三	二四、〇一二	三二、七七五	—	八、七二七	八、七二七	二七、四〇〇	八〇、九二四	一〇八、三二四
計	五八、二〇〇	一三四、八四九	一九三、〇四九	三三、五〇四	八五、〇一五	一一八、五一九	—	二六、八一五	二六、八一五	九一、七〇四	二四六、六七九	三三八、三八三
昭和二年度 十二月中	一七、二三一	五、〇三九	二二、二七〇	一三、四三九	一九、〇四九	三二、四八八	—	五、七七一	五、七七一	三〇、六七〇	二九、八五九	六〇、五二九
一月中	一六、〇六七	二五、九四一	四二、〇〇八	一〇、五一七	三七、〇一〇	四七、五二七	—	九、五九二	九、五九二	二六、五八四	七二、五四三	九九、一二七
二月中	二一、九九八	二九、二六九	五一、二六七	一四、四九三	三八、八一二	五三、三〇五	—	九、〇一五	九、〇一五	三六、四九一	七七、〇九六	一一三、五八七
三月中	二〇、八三〇	一九、三四一	四〇、一七一	一七、三〇六	三〇、六五九	四七、九六五	—	六、二九一	六、二九一	三八、一三六	五六、二九一	九四、四二七
四月中	一八、〇二四	三、五〇〇	二一、五二四	一六、五九一	六、一一〇	二二、七〇一	—	—	—	三四、六一五	九、六一〇	四四、二二五
五月中	一八、四〇六	二〇	一八、四二六	二三、七七九	八、四〇一	三二、一八〇	—	—	—	四二、一八五	八、四二一	五〇、六〇六
六月中	一六、四三五	—	—	二〇、〇〇六	四、〇一七	二四、〇二三	—	—	—	三六、四四一	四、〇一七	四〇、四五八
七月中	二一、五九九	—	—	一七、四三七	一、二〇二	一八、六三九	—	—	—	三九、〇三六	一、二〇二	五〇、二三八
八月中	二〇、二〇九	—	—	一七、六三四	一八二	一七、八一六	—	—	—	三七、八四三	一八二	三八、〇二五
九月中	一八、九八二	—	—	一七、六三四	二一	一七、六五五	—	—	—	三六、六一六	二一	三六、六三七
計	一八九、七八一	八三、一一〇	二七二、八九一	一六八、八三六	一四五、四六三	三一四、二九九	—	三〇、六六九	三〇、六六九	三五八、六一七	二五九、二四二	六一七、八五七
昭和三年度 十二月中	一七、五三三	一、八八〇	一九、四一三	二〇、〇五四	五、九六〇	二六、〇一四	—	二、六〇八	二、六〇八	三七、五八六	一〇、四四八	四八、〇三四

一月中	一五、八四〇	一七、四九七	三三、三三七	一四、八八一	一五、四八七	三〇、三六八	—	八、九六六	八、九六六	三〇、七二一	四一、九七〇	七二、六九一
二月中	一九、〇一〇	二二、二九四	四一、三〇四	一七、四一三	一四、〇二三	三一、四三六	—	九、六三四	九、六三四	三六、四二三	四五、九五一	八二、三七四
三月中	二七、六二八	一四、八八二	四二、五一〇	一六、八二二	一一、九七八	二八、八〇〇	—	一〇、一二五	一〇、一二五	四四、四五〇	三六、九八五	八一、四三五
計	八〇、〇一〇	五六、五五三	一三六、五六三	六九、一七〇	四七、一三五	一一六、六一八	—	三一、二五三	三一、二五三	一四九、一八〇	一三五、〇三一	二八四、五三四

前表は求人取扱數に就いて冬季失業救濟事業に日傭勞働者を紹介せる期間中のものを例示したのであるが、前年十二月より翌年三月迄に於て一般事業の求人と、救濟事業の求人とを比較すれば前者百人に對し後者の割合は、大正十五年度は二百六十九人、昭和二年度は一七九人、昭和三年度は九一人に該當し、順次低下して居るが、大正十九年度及び昭和二年度は一般事業の需要の上に更に救濟事業の方面より多數の需要を招來したのであるから、日傭勞働者の供給過剩期に過剩率を稍緩和し得たのである。又一ヶ年間に於ける日傭勞働者の求職者に就いて觀察すれば、大正十五年中は管內に於て取扱はれたる求職者數は六十六萬十二人であるが、其の中失業救濟事業に紹介されたるものは二十四萬六千六百七十九人にして、之を控除したる四十一萬三千三百三十三人は一般事業へ紹介さるべき求職者であつて、其の一ヶ月平均取扱數は三萬四千四百四十四人に該る。之を常時の取扱數に比較すれば各年次を通じて大差なく、一般事業に紹介さるる求職者は蓋し每年變化が尠いことを物語り、從つて勞働紹介所の成績は失業救濟土木事業に使用さるる勞働紹介成績に依つて紹介成績を向上せしめて居ると云ふが如き觀がある。

(ロ) 求職者の登錄制度

茲に所謂求職者とは冬季失業救濟事業に就職を希望する求職者である。由來勞働紹介所は職業紹介法施行令第十條の但書に依りて求職者の登錄を要しないのであるが、本事業に就職する者は事業の企劃が六大都市在住日傭勞働者の失業救濟を條件とされるを以て、內務次官通牒の趣旨に基き勞働者登錄制度に據つたのである。

當局管内に於ける三大都市も亦之に據つて登錄制度を執り、本業に關する週知廣告中には之に求職せんとするものは登錄を要すべきことを記載し、且つ登錄の期日、場所等を明示されたのである。

求職者登錄狀況調ノ一

年次		大正十四年度	大正十五年度
京都市	登錄ノ資格	本市在住者ニシテ勞働ニ適スルモノ但シ隣接町村在住者ト雖モ登錄セシムルコトアルベシ	本市内ニ一ケ月以上在住シ身体強健ニシテ堪エ得ルモノ
	登錄ノ場所	中央及七條各職業紹介所	前年ニ同シ
	登錄ノ方法	第一號樣式ニ依ル原符ニ應募者ヲシテ自署セシム第二號樣式ニ依ル登錄票ヲ交附ス	本人自身登錄場所ニ出頭シ應募者心得承知ノ上所定ノ登錄原符ニ夫々自筆記入セシメ有資格者ヲ登錄シ同時ニ登錄票（木札）ヲ交附ス
大阪市	登錄ノ資格	本市在住者ニシテ日傭勞働ニ適當ト認ムルモノ	登錄開始日前本市ニ居住シ日傭勞働ニ適當ト認ムルモノ
	登錄ノ場所	本市職業紹介所及ビ大阪紹介所内畔協和會職業紹介所等 但シ婦人、店員各專門紹介所ハ除ク	大阪市京橋、築港、釜ケ崎臨時各紹介所
	登錄ノ方法	登錄樣式ハ二連カード式トシ登錄者ニハ其ノ一片ヲ交附シ他ノ一片ハ控トス此ノ登錄票ハ紹介ヲ受クル場合紹介所ニ提出セシムルト共ニ就職ノ際ニモ係員ノ求メニ應ジ提示セシム	前年ニ同シ
神戸市	登錄ノ資格	本市在住者ニシテ日傭勞働ニ適スルト認ムル男子	市内ニ在住シ年令十八才以上ニシテ身体強健勞働ニ適スルト認ムルモノ本事業ノ被傭者心得ヲ遵守シ得ルモノ
	登錄ノ場所	市立職業紹介所、市立案内所及職業輔導會	本市立職業紹介所及案内所
	登錄ノ方法	登錄ヲ受ケントスルモノハ本人自身出頭ノ上申告スルコト登錄日時、登錄番號、住所姓名ヲ受付登錄場所ニテ記載シ登錄票ヲ交附スルコト登錄用紙及登錄證所定ノ通リ	前年ニ同シ

昭和二年度	昭和三年度
本市内ニ一ヶ月以上在住セル勞働者ニシテ目下失業中ノモノ	前年ニ同シ
前年ニ同シ	前年ニ同シ
前年ニ同シ	本人自身登録場所ニ出頭シ應募者心得承知ノ上所定登録申込票ニ夫々自筆記入セシメ採用者ノミ通知スル旨告ゲ左ノ條件チ標準トシテ呼出ノ上登録票(木札)チ交附ス 一、在京長期ニ亘ルモノ 二、家族數ナルベク多キモノ 三、土工ニ經驗アルモノ
當該事業ニ就職希望者ノ申込チ受ケタルノミニシテ登録チ行ハズ	從來ノ登録制度ト其趣チ異ニシテ次ノ如ク取扱フ 市内在住者ニシテ勞働ニ從事シ得ルモノト認メタルモノ 市立三ヶ所勞働紹介所 本人來所ノ上求職票ニ依リ調査シ登録票チ交附ス各現場ニ於ケル使用人員ノ二割以内チ限リ指定人夫チ認メ其他ハ總テ交代制トス
前年ニ同シ	年令十八才以上ニシテ身体强健勞働ニ堪ヘ得ルモノニヽ極貧困者ニシテ求職ノ意志アルモノ各方面委員分會區域内ノ居住者當方指示ノ數ニ準據シテ申告チ受ケタルモノ
前年ニ同シ	前年ニ同シ
前年ニ同シ	十一月廿日附公文チ以テ方面委員會長並ニ各分會長宛管内ノ極貧ニシテ求職ノ意志アルモノチ同月廿八日迄ニ申告サル、樣市長名ニテ依頼狀チ發送ス、十二月廿八日締切チ以テ申告チ受附タル者ノミチ從來ノ登録者トシテ優先的有資格者ト見做シ登録票チ交附ス其ノ不足チ勞働紹介ノ「アブレ」者チ紹介シ、就職セルモノハ之チ登録シテ就職票チ交附ス

前表に徴すれば、過去四ヶ年間に於ける日傭勞働者の登錄制度は各市共に變化して居る狀態が窺はれる。之前年の經驗に依つて改善せんと試みられたる結果に他ならないが、各都市勞働紹介所の事情に依り、改善方法は各異つて居る。之は現行

方法を以て必ずしも最善であると認識されて居るに非らず、又監督官廳に於て之が對策を講究し、其の實施方法を統一せんとするにも非らざるが、其の四ヶ年間の變遷は興味ある事實を物語つて居る。先づ右都市別に其の變遷を辿つて見たいと思ふ。

一、大阪市

大阪市は第一回の登錄實施は前表の如く、市內の各職業紹介所（婦人、店員專門職業紹介所を除く）は擧げて登錄を取扱ひ、其の二連カード式登錄票原符及び登錄票は次の如きものを使用されたのである。

日傭勞働者登錄票原符

登錄番號		登錄年月日	年 月 日
本籍府縣		生地府縣	
現住所		世帶員數	人
氏名		年齡	才
學業		最近ノ職業	
來阪年月日	年 月 日	延遇ノ有無	有 無
採否			

註 男ハ黑、女ハ赤ノ印刷ナリ

日傭勞働者登錄票

登錄番號	
登錄年月日	年 月 日
現住所	
氏名	
年齡	才
發行紹介所	
取扱者	

（裏面）

注意

一、本券の使用は記名本人に限る

一、紹介を受けんとする際は係員に提示されたし

一、本券紛失せらるゝも再び登行せず

一、引續き從事し得ざる事情ある時は返戻せられたし

此のカードは二連カード式であるから一片の登錄票は勞働者に交附し其の裏面には上記の如き注意が記載されて居る。他の一片は取扱職業紹介所に控へて綴られ、之はやがて大阪市中央職業紹介所に蒐集され、諸統計を作成後市立勞働紹介所に配分送付されたのである。又此の登錄取扱ひに際し、次の如き失業救濟土木事業被傭者心得を各取扱職業紹介所に掲示し、且つ求職日傭勞働者にして之に申込みをなす塲合は各要項を說明したのである。

失業救濟土木事業被傭者心得

一、本事業に傭はれんとするものは告示の通前以て登錄を受けて置かねばなりませぬ
二、登錄した者には登錄票を御渡します
三、受けられた登錄票は每朝職業紹介所で紹介を受ける都度必ず係員に示されたし
四、登錄を持つて居られても使傭の人數が少かつたり又求職者の人數が多かつたりした時には紹介出來ない事もあり又其の仕事に不向と認めた者は紹介せぬ事もあります
五、紹介後從業中でも係員から登錄票の提示を求められた時は必ず示されたし
六、登錄票は本事業に從事しやうと思ふ間は大切にし決して紛失又は亡失してはなりませぬ無くした爲めに二度請求せられても再發行は致しませぬ
七、仕事は主として新市方面の通路水路の修築であつて約四ヶ月間續きます
八、一日の賃銀は約一圓から二圓迄で仕事の難易に依つて違つて居ります
九、從業時間は每日午前八時から午后四時半迄で塲合に依り伸縮する事があります
十、其の日の仕事が終つたならば係員から從業賃銀票をお渡します
十一、從業賃銀票を受取り其日紹介して呉れた職業紹介所へ行き其賃銀票を係員に差出せば引換に賃銀を御渡しすること

になります

十二、其他詳細は其都度御示し致します

以　上

此の取扱方法は當時最も適切なるものとされたのであるが、實績は幾多の欠陥を發見されるに至り、第三年目より如斯登錄制度をよらず、又失業救濟事業の施行されるをも公示又は廣告せず、只失業救濟土木事業が起興されたる時、之に就職せんとする希望者の受付をなしたのである。此の場合就業申込書の様式内容は大体前二ヶ年間に使用したる日傭勞働者登錄原符と同様であるが記載事項の欠陥を補足して次の如く整頓したる求職票を使用された。如斯取扱ひは後述せんとする本業の

（表）

			求職票　昭和　年　月　日登錄（　）		
求職者	氏名	戸主トノ關係	年　月　日生（　歳）		
	本籍				
	現住所				
	學業	技能及經驗		失業　年　月　日	
	最近ノ職業	給料	勤續　年　月　日間	失業理由　失業	
	前雇主ノ氏名		住所		
	配偶ノ有無	扶養家族　人	年　月　日來阪	生地　府縣	
	其他				
求職條件	希望職業	給料　住込	通勤		
	其他				
保證人	氏名	保證人トノ關係	職業		
	住所				
	途筋				

（裏）

	受附及紹介月日	受附番號	求人票番號	雇主氏名	電話	調査別	調査　結果	調査　保証
1	月　日						月日	月日
2	月　日						月日	月日
3	月　日						月日	月日
4	月　日						月日	月日
5	月　日						月日	月日

身元調査

求職者は都會に居住する日傭勞働者のみならず、冬季の農閑を利用して都市に集中する地方人出稼者の現れること、又は内地人よりも朝鮮人が漸增する傾向を示したること等は、限りある救濟土木事業に紹介し能はざるに到るべく、其の結果は反つて彼等の生活を脅威するが如き憂ひなしとせないので、敢然其の取扱ひを變へると共に申込みを取扱ふ紹介所も亦勞働紹介所に限られた。此の登錄制度は勞働者の內的調査を窺知し得ると共に勞働紹介上幾多の資料と便益とを得るに至り、常時も登錄せしむるは雇傭制度の單一化の上より極めて便利であるとし、大阪市京橋紹介所長山岨一郎氏は之を力說して、爾來試みられて居るが、其の成績は頗る見るべきものがある。

第四年目の昭和五年度は更に改善を加へ、常時登錄せるものゝ中、冬季失業救濟土木事業に就業希望者を豫め定め置き、之を常傭化する上に紹介方法を改善したのである。

今宮、築港兩勞働紹介所も亦京橋勞働紹介所の如く、常時の登錄も試みられたのであるが、今は希望者のみを登錄し一般的には中止し、失業救濟事業に紹介されるものゝみ登錄を行つたのであるが、第一回、第二回の如き宣傳は全然中絕されて居る。從つて最近の取扱日傭勞働者の內容は頗る異つたる狀態が窺れる。(求職者調査參照)

二、京都市

京都市に於ける登錄制度の變遷を尋ぬるに、前市の如く年と共に改善されて居ることは同様である。先づ登錄者の資格は第一回は單に市內又は隣接町村に在住する者でさへあれば支障なかりしに、第二回は市內に一ヶ月以上の在住者に限ると云ふ制限を加へ、第三回よりは一ヶ月以上市內に在住し、然も失業中に在るものと云ふ制限を加へて居る。又登錄の方法は日傭勞働者登錄原符に自署せしむることを原則とし、之を檢したる上登錄票(紙製札)を交附したのであるが、登錄原符は前市のものよりも稍細密なる調査事項が含まれて居つた。第二回よりは登錄票を木製札に改め且つ其の形態を年々變へられ、第四回は求職者の申込日を豫め宣傳して之を取扱ひ、次の如き申込票に自署せしめたる上(一)在京長期のもの、(二)家族數多數なるもの、(三)土工に經驗あるものと云ふ三條件に合致するものより採用を決定し、採用決定者には其の旨通知し需要に應じて呼び出したのである。

（京都市）　失業者救濟事業登錄申込票　登錄紹介所

登錄番號　第　　號		登錄年月日	
氏　名		年齡	歲
本籍地			
現住所			
敎育程度		配遇者	有　無
最近ノ職業及賃銀		世帶員數	人
失業ノ年月日		家族中病氣ニ罹ツテ居ルモノ	
失業ノ原因		家族中收入アルモノ	
來京ノ年月日		土工經驗	有　無
前年登錄ノ有無	無　有（　年度）		

而して求職者には次の如き應募者心得を取扱職業紹介所に掲示され、又毎回同樣に取扱はれて居る。

失業救濟事業日傭勞働應募者心得

一、本事業に傭はれたいものは前もつて登錄を受けて置かねばなりません

二、登錄は十二月十二日から十二月十六日まで毎日午前九時から午后四時までの間左記に於ていいたします

一、上京區丸太町千本東入　中央職業紹介所

一、下京區新町通七條南入　七條職業紹介所

三、登錄したるものには登錄票をお渡しいたします

四、登錄票は毎朝作業の現場に於て就業の許可を受けやうとする都度必ず係員にお示し下さい

五、登錄票をもつて居られても使用の人數が少かつたり、又求職者の人數が多かつたりした時には就業できないこともあり又仕事に不向と求めたものは就業させぬこともあります

六、就業後でも係員から登錄票の提示を求められた時は必ずお示し下さい

七、登錄票は再び發行致しませぬから本事業に從事しやうと思ふ間は大切にして失つてはなりませぬ

八、仕事は市内の川ざらゑ、溝ざらゑ、泥はこび、その他雜役であつて（年と共に工事が變つて居る）約百日間續きます

九、一日の賃銀は約一圓から二圓までゞ仕事の難易に依つてちがつて居ります又其の仕事の仕振りに依つては割增もいたします

十、從業時間は當分の間午前八時から午后四時半までゞありますが都合に依り時に依つて伸縮することがあります

十一、その日の仕事が終つたならば係員から從業證明書をお渡しいたします

十二、從業證明書を受取つたならば指定の職業紹介所へ成るべく早くいつて從業證明書と引き換に賃銀をお受け下取さい

十三、其他詳細は其の都度お示しすることにいたします

以上

一三二

尚年々形態の變へられたる登錄票（木製札）を示せば次の如くである。

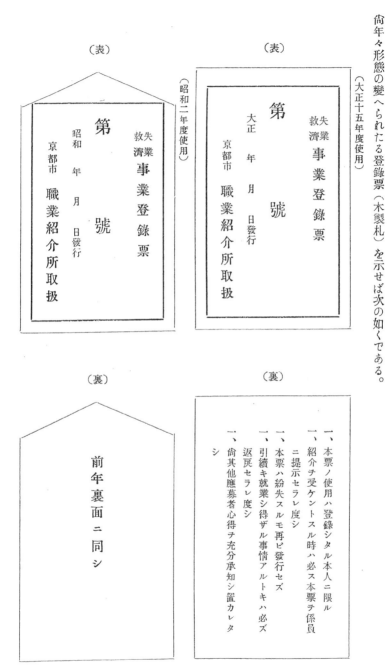

（大正十五年度使用）

（表）

失業救濟事業登錄票

第　　號

大正　年　月　日發行

京都市職業紹介所取扱

（裏）

一、本票ノ使用ハ登錄シタル本人ニ限ル
一、紹介ヲ受ケントスル時ハ必ス本票ヲ係員ニ提示セラレ度シ
一、本票ハ紛失スルモ再ビ發行セズ
一、引續キ就業シ得ザル事情アルトキハ必ズ返戻セラレ度シ
一、尚其他應募者心得ヲ充分承知シ置カレタシ

（昭和二年度使用）

（表）

失業救濟事業登錄票

第　　號

昭和　年　月　日發行

京都市職業紹介所取扱

（裏）

前年裏面ニ同シ

（昭和三年度使用）（朱書）

（表）

第　　　號

昭和三年十二月廿日發行

失業救濟

事業登錄票

京都市

職業紹介所取扱

（裏）

朱字ニテ前年ニ同シ

前圖に示すが如く木札の形態を變化せしめて使用されることは、登錄票の贋札又は前年のもの丶併用を防ぐ手段に他ならない。又昭和三年度の如き登錄者の資格を嚴にしたるは、本事業の趣旨に依り、可及的細民にして失業中にあるものに仕事を與へんとするに基いて居る。即ち從來の登錄法に依れば登錄者中何れの者より優先紹介するかと云ふ点に惑はかされるのである。登錄の順位に依るか、交替して就職せしむべきか、其の境遇に依つて取扱ふべきであるかは悉く大いなる難点であるが、改正されたる取扱ひ方法は其の欠陥を補ひ最初より之を決定し得るに至つたのであるが、只殘されたる問題は大阪、京都兩市に於て取扱はれたる登錄申込票の取扱ひが、登錄の意義を隔れたるに非らざるかと云ふことである。若し登錄申込票が登錄に變らない性質であるならば大阪、京都の取扱方は登錄者を優先紹介する一手段に過ぎないこと丶なるのである。

三、神戸市

神戸市の登錄方法も亦前二市に類似したるものであつた、只前二市に異る点は登錄の資格者に第一回目は男子に限られ、第二回目は十八才以上と云ふ年令の制限を附し、第四回目は（一）年令十八才以上にして、身体强健労働に堪え得るもの、

（二）極貧困者にして求職の意志あるもの、（三）各方面委員分會區域内の居住者、（四）當方指定の數に準據して申告を受けたるもの等を擧げて制限されるに至つた。又取扱所については殆ど同様にして變化はないが、登錄方法は第一回目より第三回目までは前二市に變らないが、第四回目の昭和三年度は市長名義を以て方面委員に依賴し、其の區內の就職希望者を取纒めて勞働紹介所に申告せしめ、其の不足を勞働紹介所の「アフレ」者より採用したのである。而して登錄票は京都市に於て使用されたるものより簡單であるが、大阪市に於て使用されたるものと大差なく次の如くである。

失業救濟事業登錄票

登錄番號　　　登錄所名

登錄本人	登錄月日	昭和二年十一月　日	同居扶養家族員數	祖父母	父母妻	兒　人	弟　人	姉　人	妹　人	兒　人	外　人	計　人
	氏名											
	現住所	神戸市　通町　丁目　番地										
	本籍	府縣　郡市　町村　番地										
	生年月日	明治　年　月　日生	年齡	歲								
失業事情	前職		失業原因		失業年月日	昭和　年　月　日						
	現職		一ケ月平均就業日數	日	備考							
	來神月日	年　月　日	土着									

（用紙模造紙）

尚就業證は次の如くにして毎日交附され、有効期間は當日限りである。

（表）

係員
（認印）

第31區
No. 153

2.15

就　業　證

神　戸　市

社　會　課

（裏）

本劵有効期間ハ
當日限リトス

又就業心得は次の如くである。

神戸市失業救濟土木事業就業心得（昭和二年度）

仕事につくまでの心得

一、此の事業に働きたい方は、本市立各職業紹介所に本人直接出頭の上登錄を受けて下さい

二、登錄された方の内、呼出狀の着くまでに住所を變更した時はその都度、中央職業紹介所まで知らせて下さい

三、登錄を受ける時は、係員の質問に對してはありのまゝを申出て下さい。

仕事につくときの心得

四、いよ〳〵事業に紹介する折は、順次呼出狀を出しますから、其の節は呼出狀を持つて直に出頭して下さい。

五、就業當日には、一日限りの就業證を交附します

六、其の後は毎就業の前日に就業證を交附します

七、登錄された方全部が毎日紹介就業されるはきまつて居りませんから、あらかじめ十分承知して下さい。

賃金を受ける時の心得

八、一日の作業が終ると係員から賃金引替票をお渡し致します
九、賃金引替票には自分の名前を明瞭に備付のペンで記載して下さい
十、紹介所では前記の票と引替へに、働いた其の日一日分の賃金を支拂ひます
十一、賃金は働いた本人直接に支拂ひ、代人にはお渡ししません
十二、金錢の受渡は其の塲限りですから、窓口にて一應調べて下さい。
一度受け取つた後で、苦情を申立てぬ樣にして下さい。

その他の心得

十三、作業其他に關したことはその都度紹介所内に掲示します
十四、就業希望者は勞働紹介所の求職者心得を嚴守して下さい。又本心得をも守つて下さい。
十五、此の事業は昭和三年三月までに全部竣工する豫定でありますす中には仕事の都合で夫より早く竣工する箇所もありますかも知れません、其の都度掲示してお知らせ致しますから、其の後の仕事に付ては事業終了前から各自で心配して下さい

昭和二年十一月　　神戸市役所

神戸市の取扱ひ方に於て特殊なるものは前掲の就業票のみにては就業することが出來ない、又近年の如く登錄票を用ひず、直に就業票を交附して紹介することに代つて居るが、登錄されたる求職日傭勞働者は紹介されて現場に至れば木札を現場監督より交附されるのである、之を面着札と云ふ。そして其の木札は一日に二回乃至三回は交換される、又其の交換される時間が一定されず、適宜に取扱はれるから終業に際し一定の木札と異つたる塲合は其の勞働者は作業中の怠慢を暴露し、賃銀

歩引きされ若しくは全く不渡の場合も生ずるのである。之は勞働紹介所より紹介される日傭勞働者の素質を疑はれる嫌があるが、神戸市內の情勢から見て、斯くの如き手段も亦止むを得ざるものにして、强ち勞働者の罪悉のみに歸することは出來ないのであらう。

以上三市の登錄制度の變遷を綜合すれば何れの市も同樣に此の取扱ひに惱みたる形蹟を存して居る感じがする。之勞働者間に登錄票の賣買が行はれるを防止せんと言ふ趣旨に基き、或は前述の如き紹介上の便宜にも據るのであるが、本事業が齎らしたる社會的影響も亦除外することが出來ないのであらう。關東方面に於ける最初の登錄方法の如く、勞働紹介所の職員と之を援助する職業紹介所の職員とが、市內の勞働者の溜場に出張し、然も路傍に一脚を備へて登錄に應じたるが如きに比較すれば、關西は頗る平隱なる取扱ひであると觀ることが出來得るであらう。

次に取扱登錄者數は次の如くである。

冬季失業救濟土木事業ニ紹介スル日傭勞働者登錄狀況調

年次	京都市			大阪市			神戸市			其他ノ都市			合計		
	內地人	朝鮮人	計	內地人	朝鮮人	計	內地人	朝鮮人	計	內地人	朝鮮人	計	內地人	朝鮮人	計
	人	人	人	人	人	人	人	人	人	人	人	人	人	人	人
大正十四年	三五三	一三八	四九一	二、四五四	一、〇三〇	三、四八四	一、一一四	四五	一、一五九	不詳	不詳	一九、一二三	不詳	不詳	二四、二八九
大正十五年昭和元年	四一三	一三九	五五二（三）	三、五〇〇	四、〇二七	七、五三〇（三一）	一、五八九	六六四	二、二五三	一六、二三六	三、四〇〇（五）	一九、六三六（一三九）	二一、七四一（一六八）	八、二三〇（五）	二九、九七一（一七三）
昭和二年	三九六	一九四	五九〇（七）	二、六七二	一、九七〇	四、六四二（一三四）	二、八三一	一、七八七	四、六一八	一〇、九八〇	四、五〇一（五）	一五、四八一（二〇）	一六、八七九	八、四五二（五）	二五、三三一（三四二）
昭和三年	六四八	一、一〇三	一、七五一	一、一七一（二五）	三一七	一、四八八（二五）	四四九	七三	五二二	未詳	未詳	未詳	未詳	未詳	未詳

註 （ ）內ハ女子ヲ示ス

前表に依れば、管内三大都市に於て登錄されたる勞働者は第一回目より第三回目に至るまで京都市は年々增加し、大阪市は二回目に倍加して居るが、三回目に前年の約四割を減じて居る。又神戶市は年々增加して第三回目に初年度の四倍に達して居るが、第四回目は第二回目の一割に過ぎない。又日傭勞働者中には常に朝鮮人があつて然も年々其の數を增し、京都市の如きは第四回目に內地人に約倍加し、大阪市は第三回目に內地人の約七割を占め、神戶市に於ても亦內地人の約六割に達して居る狀態である。又此等の勞働者の年齡を檢すれば次の如くである。

管內登錄日傭勞働者年齡調年次比較表

年齡別	大正十四年度 京都	大正十四年度 大阪	大正十四年度 神戶	大正十四年度 計	大正十五年度 京都	大正十五年度 大阪	大正十五年度 神戶	大正十五年度 計
	人	人	人	人	人	人	人	人
二十才未滿	三四	一〇七	八五	二二六	六二	二五九	二二〇(六)	五三一
二十才以上三十才未滿	二二九	一、六一〇	四五三	二、二九二	二四六	四、一六五(四)	一、〇〇八	五、四一九
三十才以上四十才未滿	一〇二	一、一四四	三二三	一、五六九	一三二(一)	二、一六八(一一)	六〇五	二、九〇五
四十才以上五十才未滿	八八	五〇七	二一〇	八〇五	八九(二)	八七五(一一)	三一二	一、一八六
五十才以上	三八	一二六	八八	二四二	二三	六三(五)	一〇八	一九四
計	四九一	三、四八四	一、一五九	五、一三四	五五二(三)	七、五三〇(三一)	二、二五三	一〇、三三五

年齡別	昭和二年度 京都	昭和二年度 大阪	昭和二年度 神戶	昭和二年度 計	昭和三年度 京都	昭和三年度 大阪	昭和三年度 神戶	昭和三年度 計
	人	人	人	人	人	人	人	人
二十才未滿	一九	二一〇(六)	四六六	六九五	五六		三五	
二十才以上三十才未滿	二〇六(三)	二、二九〇(四一)	二、一三九	四、六三五	七三四		一五六	
三十才以上四十才未滿	一九二	一、四三八(五七)	一、一六〇	二、七九〇	五七五	（不詳）	一四九	（不詳）
四十才以上五十才未滿	一〇八(四)	五八八(二九)	六一〇	一、三〇六	二七五		九九	
五十才以上	六五(一)	一一六(一)	二四三	四二四	一一一		八三	
計	五九〇(七)	四、六四二(一三四)	四、六一八	九、八三〇	一、七五一		五二二	

註（　）內ハ女子ヲ示ス

上揭年齡別調査に依れば各都市及び各年度を通じて最も多きは二十才以上三十才未滿のものである。而して此の年齡階級のものが冬季常に失業に陥り易いと云ふことが窺れる。次に各都市の登録に現れたる勞働者の本籍地を檢すれば次表の如くにして、第一回は調査資料を欠いて判明し難いが、第二回目以降に現れたる況狀は殆ど全國に亘りて居るが、其の都市所在地府縣以外のものでは朝鮮出身者の多いことが注目される。

管內登錄求職者本籍地別調年次比較表

道府縣別	大正十四年度 京都	大阪	神戸	計	大正十五年度 昭和元年度 京都	大阪	神戸	計	昭和二年度 京都	大阪	神戸	計	昭和三年度 京都	大阪	神戸	計
	人	人	人	人	人	人	人	人	人	人	人	人	人	人	人	人
北海道	二	—	一〇	—	一	一七	八	二六	二	一二(一)	六	二〇(一)	三	—	二	—
東京	一	—	一五	—	三	七五	一七	九五	一	五五	三〇	八六	五	—	三	—
京都	三六(五)	—	二九	—	一七(三)	一三〇(一)	三七	三四四	三六(五)	八二(六)	四五	三五三(一一)	二五一	—	一〇	—
大阪	—	—	四七	—	一三	八三四(二一)	五六	九〇三	九	六九七(五九)	一一六	九〇三(五九)	一三	—	一三	—
兵庫	—	—	五八六	—	二	二六八(二)	七一七	一、〇〇六	三	二〇〇(八)	一、五四七	一、七五九(八)	三九	—	三〇四	—
神奈川	—	—	四	—	—	一四	一六	三〇	一	一六	一四	三一	四	—	二	—
長崎	—	—	一三	—	三	四三	二八	七四	四	六一	二六	九一	二	—	一	—
新潟	—	—	一〇	—	二	一八	八	二八	二	一四	一一	二七	八	—	—	—
埼玉	—	—	一	—	一	八	二	一一	—	七	三	一〇	三	—	—	—
群馬	—	—	三	—	三	九	三	一五	一	七	六	一四	一	—	一	—
千葉	—	—	一	—	—	九	一	一〇	—	一一	二	一三	一	—	—	—

茨城	｜	｜	｜	｜	｜	四	二	六	｜	九	一	一〇	一	｜	一	｜
栃木	｜	｜	二	｜	二	六	四	三	二	四	二	八	三	｜	一	｜
奈良	｜	｜	一六	｜	六	一三六	一〇	一四二	一五	(四)八一	二七	(四)一三	二四	｜	四	｜
三重	｜	｜	一三	｜	五	九〇	一六	七五	五	(二)六三	二六	(二)九四	三	｜	三	｜
愛知	｜	｜	一四	｜	二	五四	一二	六八	四	二四	二〇	五八	九	｜	二	｜
静岡	｜	｜	三	｜	四	一四	四	一二	｜	二	八	一九	一	｜	一	｜
山梨	｜	｜	四	｜	｜	八	三	一一	｜	(一)六	一	(一)七	｜	｜	｜	｜
滋賀	｜	｜	九	｜	一八	八九	一一	一一八	(一)一六	(三)七三	一四	(四)一一三	五〇	｜	｜	｜
岐阜	｜	｜	四	｜	三	二〇	五	二八	一	(三)一七	一二	(三)二〇	九	｜	｜	｜
長野	｜	｜	三	｜	三	一二	五	二〇	二	一二	六	一二	七	｜	｜	｜
宮城	｜	｜	三	｜	一	七	六	一四	一	八	七	一五	二	｜	｜	｜
福島	｜	｜	一	｜	｜	一二	三	一五	二	一七	七	二六	二	｜	｜	｜
岩手	｜	｜	三	｜	｜	四	一	五	｜	(一)一二	三	(一)一五	｜	｜	｜	｜
青森	｜	｜	一	｜	｜	七	三	一〇	一	三	三	七	｜	｜	｜	｜
山形	｜	｜	四	｜	｜	一〇	五	一五	｜	(一)五	一	(一)六	二	｜	｜	｜
秋田	｜	｜	二	｜	一	七	四	一二	｜	一	四	五	五	｜	｜	｜

一四〇

福井	—	—	七	—	四	七三	一七	九四	八	(一)四三	一三	(一)六三	六	—	四	—
石川	—	—	三	—	一五	一〇四	二五	一四四	(一)一七	(一)七〇	二九	(二)一一六	四三	—	一	—
富山	—	—	二	—	一九	八七	七	一一三	三	(三)五六	二五	(三)九四	一三	—	二	—
鳥取	—	—	二八	—	三	(二)四八	一八	七八	一〇	(一)三九	三〇	(一)七九	二五	—	八	—
島根	—	—	三	—	—	三九	一七	五六	—	(一)三六	二四	(一)六〇	七	—	五	—
岡山	—	—	九二	—	五	(一)九七	八七	一八九	五	(二)八二	一一三	(二)一九九	一三	—	一三	—
廣島	—	—	六四	—	一	一二四	六八	一九三	二	(二)九五	九一	(二)一八八	六	—	七	—
山口	—	—	二五	—	三	五三	二四	八〇	—	四二	二八	七〇	八	—	四	—
和歌山	—	—	二七	—	二	(一)九六	一八	一一六	—	(一)五七	一六	(一)七三	二	—	五	—
德島	—	—	四四	—	二	一四一	五三	一九七	二	(三)九二	一一〇	二〇四	一	—	八	—
香川	—	—	四八	—	二	一〇七	六二	一七一	—	(二)八七	九七	一八四	—	—	一五	—
愛媛	—	—	四三	—	—	一〇一	三	一三二	一	(一)七四	四一	一一六	三	—	二	—
高知	—	—	二九	—	四	(一)六三	一八	九四	五	(一九)八三	三二	一一九	八	—	七	—
福岡	—	—	三四	—	二	(一)八三	二〇	一〇四	—	(一)五六	三〇	八六	九	—	二	—
大分	—	—	三	—	—	四四	一〇	五四	二	(一)二七	八	三七	四	—	一	—
佐賀	—	—	一〇	—	一	二	一五	三七	—	三三	三三	四四	一	—	一	—

一四

熊本	—	—	三	—	三	三五	一八	五六	—	二九(一)	一八	四七	二	—	二	—
宮崎	—	—	六	—	一	三〇	九	四〇	—	二八(一)	二	二九	三	—	—	—
鹿児島	—	—	九四	—	一四	一九一(一)	六五	二七〇	一四	九四(五)	一三五	二三三	四	—	三	—
沖縄	—	—	二	—	—	八三	一〇	九三	—	三〇	三	五二	一	—	三	—
朝鮮	—	—	一三	—	一九三	四、〇一七	六六四	四、八七四	一九四	一、九七〇	一、七八七	三、九五一	一、一〇三	—	七三	—
其他	—	—	—	—	—	—	—	—	—	—	—	—	—	—	—	—
合計	—	—	一、五八三	—	五五二	七、五三〇(三一)	二、二五三	一〇、三三五	五九〇(七)	四、六四二(一三四)	四、六一八	九、八五〇(一四一)	一、七五一	—	五三三	—

註（ ）内ハ女子ヲ示ス

次に教育程度は次表の如くにして、第一回目は資料を欠き判明し難いが、第二回目以降は尋常小學校卒業程度以上のものが比較的多數を占め、文字を解せないと云ふ者も決して尠くはない。之を換言すれば二十才以上三十才未滿の青年が最も多數を占むる登錄日傭勞働者中には文盲が尠くないと云ふ結果を示して居るのであるが、之は朝鮮人勞働者の取扱數が比較的多いからである。尚此の登錄制度に據りて調査を進むる時は前職業の狀態、失業期間、配偶關係、入市期、世帶人員數、前

管內登錄求職者敎育程度別調年次比較表

種別	大正十四年度				大正十五年度昭和元年度				昭和二年度				昭和三年度			
	京都	大阪	神戸	計	京都	大阪	神戸	計	京都	大阪	神戸	計	京都	大阪	神戸	計
文字ヲ解セザル者	—人	—人	八三人	—人	一〇〇人(二)	二、四二一人(二六)	四八二人	三、〇〇三人	一六五人(五)	一、〇六一人(二六)	一、三二四人	二、五五〇人	六五七人	—人	一一四人	—人

尋常小學校半途退學	—	—	一四八	—	一七一（一）	九七三（三）	五七三	一、七一七	二〇八（一）	八七一（五四）	一、一四六	二、三三五	五一八	—	一三	—
尋常小學校卒業程度以上	—	—	八八八	—	二七四	四、〇三〇（三）	一、一五一	四、二九四	二〇五（一）	二、六五一（五四）	二、〇二八	四、八八四	五六〇	—	二八〇	—
中等學校卒業程度以上	—	—	四〇	—	七	一一六	四七	一七〇	三	五九	一三〇	一九一	一六	—	一六	—
計	—	—	一、一五九	—	五五二（三）	七、五三〇（三一）	二、二五三	一〇、三三五	五九〇（七）	四、六四二（一三四）	四、六一八	九、八五〇	、七五一	—	五三三	—

註　（　）内ハ女子ヲ示ス

勞働地、前所得、特殊技能等に就いても知ることが出來るのであるが、三大都市各調査事項を異にし、統一せる統計を得難いから、此處には省畧せざるを得ないが、登錄制度は嘗て窺知し難かりし此種勞働者の內的調査に成功したると共に、勞働者の取扱上多大の便利を得たのである。

（ハ）勞働者の紹介

勞働紹介の取扱方法は既述せるが如く極めて簡單である樣に見られて居るが、複雜せる狀態を明にされたのであるが、今又冬季に於ける本業に紹介される勞働者の取扱ひ方を重ねて縷述するは稍其の趣を異にして居るからである。

本業に紹介される勞働者は豫め登錄を受けたるものを原則とすることは前述の如くであるから、該當事業係より事業を開始する日時の通報と、その日より需要される勞働者數の申込とを受くるまでは相當長期間待たねばならない。愈事業開始に至り求人を受理したる時は、其の求人の內容を檢し、先づ事業開始準備に必要なる勞働者を紹介されるのであるが、此の勞働者を紹介する紹介係は、登錄求職者中之に適切なる者と見做されるものを書面を以つて呼び出し、呼出しに應じて勞働紹介所に出頭するのである。此の場合多數の登錄者中より誰を最先に優先紹介するかは本業起興の趣旨よりして愼重に考慮されて居る、然し乍ら之は地方に依りて此の場合の紹介方法を異にし、或は其の日の紹介票を得たるものより紹介し（一般紹介の如く早い者勝ちと云ふ取扱方）たる所があり、或は麻繩を以て籤引（集合せる登録勞働者中）方法に據れる所があり、或は又前二者の如き範雜を避けて呼出したる者に限り之を紹介するが如き所があつたのであるが、近年は就職を急要するものより之を選出して紹介される方法が比較的多く採用されて居る。就中京橋勞働紹介所の如き、常時登録をなしつゝある勞働紹介所、又は神戸市勞働紹介所の如き、常時失業保險の取扱ひに依りて、勞働紹介所に常に接觸して居る勞働者は、其の生活狀態が熟知されて居るから、彼等の生計を考慮し、就業狀態を參酌して紹介されるから過誤なきを期することが出來よう。

本業の開始當時即ち事業の初期は余り多からざる勞働者の紹介が連續されるのであるが、事業の進行するに從つて漸次需要を加へ、遂に登録勞働者の全部を消化し得て、猶供給を欠くに至る場合も起るのである。如斯場合は未登録求職者をも同樣に紹介されて居つた。

本業に紹介される勞働者は紹介台に於て紹介されたる時は一現場毎に一團となつて紹介されるが、此の場合は現場監督に引卒される場合もあり、勞働紹介所の職員又は紹介されたる勞働者中より世話役を互選し又は選擇して引卒せしむる場合もある。此の何れの時も紹介票には紹介されたる勞働者を記載されるのであるが、管內の阪神兩市は多く一葉の紹介票に數人又は一團を記載してる（主として登録番號）。

然し乍ら本業に就勞せんとする求職者は登録後就業に至る間長期に渉る關係から登録求職者中には仕事を見出し、呼出しに應じないものがあり、或は轉居して呼出しの通知が到着せざることもあつて、勞働紹介所の取扱は容易でない。而して一度紹介されたるものは繼續して就業し得るのであるが、登録者數多く全部を紹介し能はざる時は交代制を執り、交互に紹介され、連續就業し能はざるに至るのであるが、現場の工事係は作業の能率又は熟練から見る時は每日新らしき勞働者を紹介されるを肯ぜざる嫌があつて、大阪市の如きは使用勞働者の三分の一は交代せしめ、他は同一勞働者を顏付紹介する方法を採つたのである。而して其の同一勞働者が同一現場に紹介される者は就業前日勞働賃銀受領に際し、翌日の就業を豫告されるのであつて、就業當日は紹介所に立ち寄らずして直に現場に至るのである。常時斯くの如き取扱ひを「顔付」又は「指名」と稱されるのである。前項紹介實務中に於ては常時顔付数を見るべき資料を欠く關係より本項に於て「顔付」について少し説明を加へたいと思ふ。今次に顔付取扱数を擧げて參考したい。

冬季失業救濟事業ニ使用セル勞働者中勞働紹介所取扱者中顔付ニ依ルモノ

月別	京都市 顔付ニ依ルモノ	京都市 顔付ニ依ラザル者	京都市 計	大阪市 顔付ニ依ルモノ	大阪市 顔付ニ依ラザル者	大阪市 計	神戸市 顔付ニ依ルモノ	神戸市 顔付ニ依ラザル者	神戸市 計
	人	人	人	人	人	人	人	人	人
昭和三年十二月中	二、六〇八	—	二、六〇八	一九二	八九二	一、〇八四	四、七四五	二八五	五、〇三〇
昭和四年一月中	八、九八六	—	八、九八六	二、四二二	七、四四三	九、八六五	一三、〇五三	二二六	一三、二七九
同年二月中	九、六三四	—	九、六三四	三、三九一	九、七一一	一三、一〇二	一三、三二一	一二	一三、三三三
同年三月中	一〇、一二五	—	一〇、一二五	二、七〇〇	八、〇九九	一〇、七九九	一〇、四四九	—	一〇、四四九
合計	三一、三五三	—	三一、三五三	八、七〇五	二六、一四五	三四、八五〇	四〇、五六八	五二二	四一、〇九〇
總數ニ對スル割合	一〇〇、〇〇%			二五、〇〇%			九八、七三%		

上述の如く勞働紹介には勞働紹介所に毎日出頭して紹介されるものと、豫め前日に於て紹介されることを知り、直ちに現場に至るものとの二種類がある。大阪市は後者は指名求人數に擧げて指名求人と云ひ、前者は常傭勞働者と見做すのであるが、此の取扱ひが行はれる時に勞働紹介所の信用が想像され、日傭勞働者の常傭化は此處より叫ばれるのである。冬季失業救濟事業に使用される勞働者は雇傭制度の常傭化であると見做される感がある。而して其の取扱割合は決して少數ではない事實を示して居る。名古屋市に於ける「顔付」は稍其の趣を異にして居る所があると云はれるが、東京地方も京阪神と同様でない意味を有して居る。

京都市は紹介するに當り、最初は職業紹介所より紹介されるが、次の日よりは直に現場に至つて工事監督者の指圖に依り稼働して居る。大阪、神戸は工事現場の狀況に依り常に臨時勞働紹介所又は勞働紹介所の出張所を設置し、臨時職員を増置して取扱ひ上の便益を考慮されて居るから、多く「顔付」が行はれて居ると思はれる。

六、日傭勞働者問題に關する打合事項

明治三十四年四月東京市本所區私立第一無料宿泊所に於て職業紹介事業を開始したるが、本邦公益職業紹介事業の嚆矢であらうと思はれるが。其の取扱ひは日傭勞働者の紹介が主であつたと謂はれる。又幕政時代に於ける紹介事業を考察すれば日雇座、人足寄場又は「人入」と云ひ、「仲仕」と云ひ何れの營業も主として日傭勞働者の紹介であつて、前者は土木建築事業に人夫を供給する稼業を云ひ、後者は藏屋敷に納入米の積卸をなす人夫を供給する稼業を云はれて居る。明治三十九年一月救世軍が東京市芝區に本營を有したる際に無料宿泊及び職業紹介をなして居るが、一般職業紹介よりも日傭人夫の勞働紹介はより多く取扱はれ易く、亦成績を擧げて居る。明治四十二年内務省の勸奬に依りて東京、大阪、京都、横濱、神戸、名屋古の六大都市に公益職業紹介所設置奬勵金を交附せんとするや、東京市は明治四十四年十一月淺草、芝、小石川の三ケ所に職業紹介所を設置したるが本邦に於ける公共團体經營に係る職業紹介所の嚆矢であるが、何れも日傭勞働者の勞働紹介成績を見逃し難い。明治四十五年六月大阪市に於ける財團法人大阪職業紹介所の設置されたることは關西方面に於ける職業紹介所として早いものであるが—(石井氏及び婦人ホーム等の經營最も早い)—工場、會社其他の雜役手傳人の紹介が最も多い取扱數である。斯くの如く職業紹介事業の創業時代には日傭勞働紹介が比較的取扱れ易いと共に、之が統制的に事務化され、進歩發達するに從つて幾多の科學的經營法が攻究されねばならない筈である。

今既往に遡つて少しく日傭勞働問題の討議を擧げて見たいと思ふ。

大正七年七月二十四日勅令第二六三號に依りて救濟事業查會官制が公布されたる以來、職業紹介事業に關しても一般に注意を慫起され、大正八年三月三日内務大臣の諮問事項に對し、同會より職業紹介所の設置及擴張の必要を答申されて居るが、專門的取扱ひには論及されて居ない樣である。千九百十九年十月二十九日華盛頓に於ける國際勞働會議の失業に關する條約案竝に失業に關する勸告案の採決が大正八年十月二十九日に行はれるや、内務省は救護課を社會課に改め、翌大正九年一月九日及び十日の兩日内務省主催第一回職業紹介事業協議會が開催され、東京、大阪、京都、神奈川、兵庫、愛知、三重、岡山の八府縣の主任官及び職業紹介事業主任者の討議が行はれたのであるが、紹介事業が專門化する事項には觸れず、只聯絡統一其他の事項に過ぎなかつた。大正九年五月四日内務省主催の、第二回職業紹介事業協議會には東京、京都、大阪、神奈川、兵庫、愛知の六府縣に於ける市立職業紹介所主任及び六大都市の主務課長等出席し――當時は市設二〇、私設二八、（財團法人八、公益團体又は私人二〇）合計四八ヶ所の職業紹介所を有す――て討議の結果、諸報告の樣式を定められて居るが、此の時初めて日傭勞働紹介は別個に專門視され。旬報樣式を決定されるに至つたのであるが、其の取扱ひに就いては論議されて居ない。試に大正八年に印刷されたる職業別取扱數を檢すれば日傭勞働者と呼稱する言葉なく、屋外勞働者と稱され其の取扱數は一五六、〇三二人を示し――内女三九人、又職業別取扱數分明ならざる紹介所多し――其の内東京市の勞働奬勵會最も多數にして五七、四九八人に達し、大阪市は京橋勞働紹介所も多くして五八、〇六五人、今宮勞働紹介所は二八、八四五人に達し、神戸市は無料職業紹介所最高にして四、八四八人を示し、横濱市は大日本勤儉會の一一、二八九人が最高である。此の會議の直後即ち五月二十二日財團法人協調會に中央職業紹介局を設置して、全國職業紹介事業の中央聯絡機關とし、六月一日その事務を開始されるや漸く勞働紹介も專門的に見做されるに至つたのである。其後大正十年三月八日第四十四議會に職業紹介法案を提出するや三月十日に衆議院を、三月廿三日に貴族院を夫々通過し、同年四月八日法律第五十五號を以て公布せられ、大正十二年四月職業紹介事務局官制が實施せらるゝ間數次の事務打合會を開催されて居るが、日傭勞働者問題に就いて論議されたることは極めて稀である。大正十二年四月大阪地方職業紹介事務局設置後に於ける事務打合會は同年十一月四日の管内所長事務打合會を以て嚆矢とするが、未だ日傭勞働者關係問題には及ぼされなかつた。

本問題の重要性を認められるに至つたのは大正十二年九月關東地方に於ける罹災者の救濟に當りし際にして、爾來日傭勞働者は期節的に都市集中の現象著しきのみならず、其の雇傭狀態は極めて舊態を存し、各種機關の調査は其の實狀を公表すると共に、改善策を提唱するや、經濟的に影響する所は年と共に失業せる日傭勞働者を增加する傾向を招來するに至り、大正十三年六月二日內務大臣は中央職業紹介委員會に次の如き諮問を發し、委員會は審議の結果之に答申するに至つたのである。

中央職業紹介委員會　　大正十三年六月二日

（諮問事項）

現時ノ失業情況ニ鑑ミ職業紹介機關ノ機能ヲ一層發揮セシムルノ緊要ナルヲ認ム之ニ對スル適當ナル方策ニ關シ其ノ會ノ意見如何

（答　申）　施設要綱拔萃

二二　政府又ハ公共團体ハ現下ノ實情ニ鑑ミ土木建築其他ノ官公營事業ヲ起興按配シテ勞務ノ需給調節ニ努ムルコト

二三　日傭勞働紹介ノ成績ヲ擧クル爲職業紹介所ニ於ケル賃銀立替拂ノ制度ヲ設ケ又就職ヲ容易ナラシムル爲メ勞働用具ノ貸付ヲ行フコト

二四　政府又ハ公共團体ハ職業紹介所ノ事業ニ關聯シ左ノ事項ニ付相當施設ヲ爲スコト

イ、日傭勞働ノ供給請負制度ノ改善ヲ圖ルコト

ロ、日傭勞働者ノ災害ニ對シ適當ナル扶助方法ヲ講ズルコト

管內にては神戶市に於ける失業保護研究會に本問題を提案研究されたるが嚆矢であると思はれるが、大正十三年六月四日次の事項を討議されて居る。

（協議事項）

失業日稼勞働者ニ授產スルトセバ最モ適切ナル職業如何

（決定事項）

製繩及製薪其他ニ就テハ引續キ考慮研究スルコト

（協議事項）

日稼勞働者ノ需給狀態生活狀態ノ徹底的調査ノ件

（決定事項）

實行方法ニツキ縣市社會課長間ニ於テ打合ノコト

此の會議は授産事業に依つて救濟せんとする趣旨より協議が進められ、同市は兵庫縣救濟協會、神戸市職業紹介所等と協力して六月十七日より實施することゝなり、是が授産用具費及び運動資金として千四百圓を準備し、神戸市東西兩部勞働紹介所に於て、東部は製繩、西部は製薪の授産をなしたのである。前者は機械五台を備へ一台に對し二人を從業せしめ、午前七時より午後五時半迄稼働し、賃銀は市役所人夫に支給する最底額一日金一圓四十錢を支給したのである。後者は六月十八日より開所し紹介所構内に製薪所を開設し、市内の廢物木材を材料として授産し、材木を切ること、束ねる事、古木の釘を抜くこと、割ることの四分業としたのである。賃銀は時間制にして一時間十五錢とし、市内に賣却するものには二割の手数料を支給することゝされたのである。之は管内日傭勞働紹介所に於ける日傭勞働者へ授産せる最も新しき試みであつたが、東京にては職業輔導會が木工其他簡易にして習得し易き職業を授産し、半熟練工として紹介し、横濱市は今尚此の種事業を繼續して居ると云はれるが未だ其の實際を知る機會なく茲に詳述し難いのは甚だ遺憾である。

之の會合に次ぎて大正十四年十月二十二、二十三の兩日管内事務打合會に際し次の如き討議が行はれたのであるが、恰も失業救濟事業開始の前に當り、然も東京方面には自由勞働者團体の中央勞働組合が社會局長官、東京市長に對し日傭勞働者の失業保險制度の確立、日傭勞働者に健康保險法の適用を及すべき途を講ずること、營利的職業紹介者（親方）の暴利的職業紹介制度禁止の三項目を掲げて陳情したる際なれば本問題は頗る注視されたのである。

大正十四年一月二十二日、二十三日

管內職業紹介所事務打合會

一、官公署カ勞力ヲ需要スル場合ニ於テハ其地ニ日傭勞働者ヲ取扱フ市町村立職業紹介所アルトキハ其ノ職業紹介所ヨリ直接供給ヲ受ケ且ツ其ノ場合ノ官公署ノ雇傭ハ勞力請負ニ依ル場合ト同シク簡便ナル手續ニ依リ使役シ得ルノ途ヲ開クノ要アリト認ムル意見ヲ政府ヘ開申スルコト

理由

本年八月勅令第二四〇號ヲ以テ職業紹介法施行令ノ改正ニ依リ其ノ第三條第二項ニ於テ市町村ハ其ノ經營ニ係ル職業紹介所ノ紹介ニ依リテ官公署ノ委託ヲ受ケ市町村費ヲ以テ賃銀ノ一時繰替ヲ爲シ得ルコト、ナリタルモ之ヲ其ノ實際ニ徵スルトキハ官公署ニ於テ多數ノ勞力ヲ需要スル場合ハ會計法規ニ依リ契約ヲ締結シ請負ハシムルコト、ナレルヲ以テ契約ノ當事者タルヲ得サル職業紹介所ニアリテハ官公署ト直接スル能ハズシテ其間勞力供給請負人ノ介在ヲ見ルノ結果當該官公署ノ委託ヲ受ケ賃銀ノ繰替ヲ爲スコトヲ得ズ從ツテ折角ノ法文ハ之ヲ適用スルノ機會殆ド之レ無ク徒法空文タラシムル觀アリ之ト共ニ此ノ缺陷ヲ除去スル爲若シ官公署ニ於テ直接雇傭シ得ルノ途開カレタリトスルモ其ノ雇傭ニシテ普通傭人使役ノ場合ノ如ク繁雜ナル手續ヲ履ムヲ要ストセハ官公署ハ却テ大ナル不便ト迷惑ヲ感スルナルヘク其ノ結果ハ依然トシテ請負ニ依ルニ至ルヘキヤヲ惧ル、失業問題ノ高唱セラル、現下ニ於テ之カ適當ノ方途ヲ講ズルハ最モ緊要ナリト認ム

（參　考）

會　計　法　抄　錄　　　大正十年四月法律第四二號

第三十一條　政府ニ於テ賣買貸借請負其ノ他ノ契約ヲ爲サムトスルトキハ勅令ヲ以テ定メタル場合ヲ除クノ外總テ公告シテ競爭ニ付スヘシ國務大臣前項ノ方法ニ依リ契約ヲナスコトヲ不利ト認ムル場合ニ於テハ指名競爭ニ付シ又ハ隨意契約ニ依ルコトヲ得

會　計　規　則　　　大正十一年一月勅令第一號

第百十四條　會計法第三十一號第二項ノ規定ニ依ルノ外左ニ揭クル場合ニ於テハ隨意契約ニ依ルコトヲ得

九、勞力ノ契約ヲ請負ハシムルトキ

大藏省所屬工事取扱規程抄錄　　　明治三十三年八月三日大藏省訓令第五七號

第三十九條　前條（直營工事施行ニ關スル規定）ノ許可ヲ受ケタルトキハ部局長ハ左ノ事項ヲ調査シ其ノ工事ニ要スル職工人夫雇入

ノ契約ヲ締結スヘシ（左記事項省略）

市制抄録

第百十四條　財産ノ賣却、貸與、工事ノ請負物件勞力其ノ他ノ供給ハ競爭入札ニ付スヘシ

（決定事項）

滿場一致賛成中央事務局ニ於テ考慮スルコトニ決定

更に大正十四年十二月二十四日神戸市職業紹介委員會協議會は次の如き事項を討議されたるが、此の討議中最も注意さるは第二項の勞働保險組合の制定に關する事業にして、本組合は前述の如く同年東京に開催されたる社會事業大會に於て竹内所長が高潮されたる趣旨に依つたるものであることは云ふまでもない。

神戸市職業紹介委員協議會　　大正十四年十二月二十四日

（諮問事項）

日傭勞働者ノ失業救濟上本市トシテ採ルヘキ手段如何

（答　申）

一、失業救濟ノ爲メニ短期間ノ事業ヲ興起スルコト

土木、水道、港灣、電氣等市ニ於テ已ニ計畫中ノ諸工事ハ之ヲ繰上ケ實施スルカ或ハ新ニ臨時事業ヲ計畫實施スルコト

二、公設職業紹介所ノ利用

近來公設職業紹介所ノ利用範圍漸ク擴大セラレタルモ尙公營事業ニシテ公設紹介所ヲ利用スルニ至ラザルモノアリ其間中間請負業者ノ活躍ニ委シテ勞働者ノ福利ヲ顧ミラレザル傾キアルハ遺憾ナリトス、然レバ今後事業ハナルベク市ノ直營トシ公設紹介所ノ利用ニ努メ若シ其ノ利用ニ便ナラザル法規等アラバ適當ニ之ガ改善ヲ市理事者ニ要望スルコト

三、勞働保險組合ノ制定

一面ニ於テ日傭勞働者ノ就業ノ道ヲ開クト共ニ他面其ノ生活ニ安定ヲ圖ルノ要アリサレバ現在本市ニ組織サレ居ル信愛共濟組合

ノ事業ヲ擴張シタル組合ヲ新ニ組織シ勞働者ノ保險ヲ行フコト、シテ市ハ縣ト共ニ出來得ル限リ經費上ノ援助ヲ爲シ之ガ制度ヲ促進スルコト

四、農村出身者ノ歸農奬勵

失業救濟ニハ一面ニ於テ勞働ノ需要ヲ增加スルト共ニ一面ニ於テ勞働者ノ數ヲ制限シテ需給ノ調節ヲ圖ルノ要アリ然レバ現在中央職業紹介所出張所タル神戸驛前案内所ニ於テ職業輔導會ノ委託ヲ受ケ取扱ヒツ、アル求職來神者ノ歸鄕旅費貸與ハ出來得ル限リ之ヲ繼續シテ農村出身者ニシテ目的不確實ナルカ心身不健全ニシテ就職シ得ザルモノハ歸鄕ヲ促スコト

五、勞務需給調査機關設置

毎旬又ハ毎月本市ニ於ケル勞務需給ノ狀態ヲ精査シ又翌月ノ需給狀況ヲ前月ニ豫想推測シテ適當ナル方法ヲ以テ之ヲ公表スル爲メ市役所社會課内ニ調節部ヲ設置スルカ或ハ兵庫縣商業會議所、神戸市役所並ニ勞働組合聯合ニテ勞務需給調査機關ヲ設置スルコト

(諮問事項)

市内失業救濟事業ニ就勞セシムル方法如何

(答　申)

神戸市在住失業勞働者タルコトヲ認知シ就業ノ適否ヲ決定スル爲メニ左ノ方法ヲ以テ登錄セシムルヲ適當ト認ム

一、登錄ノ資格

イ、三ケ月以上神戸市ニ居住セルモノ

ロ、滿十七才以上六十歳未滿但シ事項ニ依リ此ノ範圍内ニ止メザルコト

二、登錄期間　十五日間

三、登錄場所　市立各職業紹介所、案内所

四、證明方法

左記何レカノ書類ヲ提出セシメ神戸市在住者タル證據トスルコト

1　本人ノ居住セル家主ノ證明書

2　本人ノ居住セル世帯主ノ證明書

3　前雇主ノ證明書

4　衛生組合長ノ證明書

5　前四項ノ他係員ニテ適當ト認ムル證明書

尙就業ハ大体申込順ニ依ルコト、シ本人ノ健康狀態並ニ本人ノ家族關係等斟酌考慮ノ上決定スルコト

神戸市内ニ於テ勞働セシモノニシテ失業セシモノハ現在市外隣接地ニ居住スルモノト雖モ神戸市在住者トシテ取扱フコト

大正十五年六月十八日

神戸市職業紹介委員協議會

越ゑて大正十五年六月十八日神戸市職業紹介委員協議會は大正十四年度に於ける冬季失業救濟土木事業の經驗に徴し本年も之を實行し、冬季に於ける日傭勞働者の救濟をなさんことを決定されたのである。

（諮問事項）

本年冬季ニ於ケル失業勞働者救濟事業施行ニ關スル意見

（答　申）

神戸市ノ實情ニ鑑ミ大正十五年度ニ於テモ日傭勞働者失業救濟事業ヲ施行セラル丶様配慮セラレ度施行ノ場合ハ昨年度ノ經驗ニ省ミ特ニ左ノ事項ニ留意セラレムコトヲ望ム

一、事業ノ施行期間ヲ可成延長セラレタキコト

二、事業翌年度ニ跨ルコトアリト雖モ國庫補助金ヲ繼續交付セラレタキコト

又同年委員會は十二月七日及び昭和二年十一月二十四日に夫々冬季失業救濟土木事業に使用する日傭勞働者職業紹介に關し次の如き討議を重ねて居る。

大正十五年十二月七日

神戸市職業紹介委員協議會

（諮問事項）
本年度施行スヘキ失業救濟土木事業ニ雇傭スヘキ勞働者ノ選定方ニ關スル意見
（答　申）
本年度施行スヘキ失業救濟土木事業ニ雇傭スヘキ勞働者選定方ニ關シテハ左ノ方法ニ依ルヲ以テ適當トス

失業勞働者雇傭選定案

一、本事業ニ就業ヲ希望スル勞働者ハ總テ指定ノ箇所於テ登録ヲ受クルコト
一、登録ヲ受クヘキモノ、資格ハ左ノ通リトス
イ、神戸市内ノ居住者ニ限ル
但シ神戸附近ニ居住シ市内ニテ勞働ナシ得ルモノハ市内居住者ト認ム
ロ、年齢十八才以上ノ者
ハ、身体強健ニシテ勞働ニ適スト認ムル者
ニ、本事業ノ被傭者心得ヲ尊守シ得ル者
一、登録人員使用豫定員數ヲ超過スル塲合ニハ扶養家族數多キ者ヨリ順次採用スルコト
（參　考）前記ノ外登録方法、採用方法等ニ關シテハ大体前年通リトス

昭和二年十一月二十四日

神戸市職業紹介委員協議會

（諮問事項）
失業救濟土木事業終了後ニ於ケル勞務ノ需給調節上採ルヘキ適切ナル方法如何
（答　申）
失業救濟土木事業終了後ニ於ケル勞務ノ需給調節ニ關シテハ左ノ方法ニ依リ調節ヲ計ルヲ適當ナリト認ム

一、事業終了後適當ナル時期ニ於テ市長名ヲ以テ市内民間有力事業家ニ勞働紹介所利用方ヲ懇請スルコト

二、兵庫縣下ニ於ケル官公營業事業所要勞働者供給ハ紹介所ノ活動ノ許ス範圍内ニ於テ成ルベク紹介所ニヨラシムル樣縣知事ニ照會ヲ發スルコト

三、移動紹介ニ資スル爲メ縣外ニ於ケル官公營事業中昭和三年四月頃ヨリ新ニ着手ノ事業ニシテ勞働需要ヲ他方ニ仰グベキ個所ト事業種類ノ需要勞働者數等詳細調査方事務局ニ依頼スルコト

其他愛媛縣下には三津濱町職業紹介所が日傭勞働紹介を別箇に取扱はれて居る關係から、大正十五年十二月二十一日愛媛縣下職業紹介事務打合會に次の如き討議が行はれた、

愛媛縣下職業紹介事務打合會　大正十五年十二月二十一日

一、縣下各紹介所ニ於テ職業紹介發展ノ補助施設トシテ日傭勞働紹介ヲ開始スルノ必要ナキヤ（三津濱町提出）

（決定事項）

各所ニ於テ研究スルコト、ス

又内務大臣は大正十四年四月三十日附を以て大阪地方職業紹介委員會に對し次の如き諮問を發せられたのであるが、東京地方職業紹介委員會にも同樣に諮問されて居る。而して當局委員會の答申要領は次の如くである。

大阪地方職業紹介委員會　大正十四年四月三日

（諮問事項）

刻下ノ失業狀態ニ鑑ミ大阪地方職業紹介事務局管内ニ於ケル日傭勞働者及俸給生活者ノ失業者ニ對スル職業紹介ニ關シ實績ヲ擧グルニ最モ適切ナル具体的方策ニ關スル其ノ會ノ意見如何

（答　申）　拔　萃

一、大阪地方職業紹介事務局管内ニ於ケル日傭勞働者ノ失業保護ニ關シテハ左記各號ノ對策ヲ實施シ各地方ニ於テ該地方全体ノ需給調節ヲ講ジ勞働市場ノ組織化ヲ圖ルヲ以テ最モ緊要事ナリト認ム

一五五

イ、日傭勞働者ノ雇傭ニ關シ公營勞働紹介所ヲ利用セシムル爲官公營事業ニ關シテハ關係官公衙ノ當該主任者民間事業ニ關シテハ當該事業主ヲ以テ各協議會ヲ組織スルコト

ロ、勞力ノ供給若ハ請負ニ從事スル者妄ニ繩張ト稱シ一定ノ地域内ニ於ケル勞力ノ需給ヲ壟斷シテ公營勞働紹介機關ノ機能ヲ妨グル所尠カラズ故ニ勞力供給ニ關スル法規ヲ設ケテ其ノ取締ヲ嚴ニシテ公營勞働紹介所ノ職能ヲ發揮スルニ努ムルコト

ハ、一般雇傭主ヲシテ公營勞働紹介所ヲ利用セシメント欲セバ賃銀立替拂、傷病者保護等ノ施設ハ極メテ緊要ナリト雖現下ノ狀勢ニ於テハ自治体ニ於テ之ヲ實行スルコト容易ナラザル故ニ職業紹介法若クハ他ノ特別法規ニ依リ之カ實施ノ途ヲ講ジ以テ日傭勞働紹介機關ノ活動ヲ完カラシムルコト

又大阪市職業紹介委員會は昭和三年五月二十八日市長の諮問せる「日傭勞働者ノ雇傭關係ヲ改善スルニ最モ有効適切ナル方案」に對し次の如き答申をなして居る。

答申事項　　　昭和三年七月十七日

一、一般雇傭主ガ公營職業紹介所ヲ利用セントスルニ際シテ當面スべキ勞銀立替等ニ關スル障碍ヲ除去スル爲メ、現行法規ノ制定ニ付キ適當ナル方法ヲ講スルコト

二、日傭勞働者ヲ常傭化スル爲メニ左ノ三点ニ關シ適當ナル方法ヲ講スルコト

イ、日傭勞働者ニ精神的並ニ技術的訓練ヲ與フルコト

ロ、繼續的ニ日傭勞働者ヲ雇傭スル事業主ニ對シ其ノ雇傭ヲ常傭化スルコト

ハ、日傭勞働者ノ需給關係ヲ調査シ其ノ失業ノ機會ヲ防止スルコト

三、登錄方法ノ實施又ハ指導者ノ設置等現行紹介方法ニ相當ノ改善ヲ加ヘ紹介所利用上不便ノ除去ニ努ムルコト

四、主トシテ日傭勞働者ヲ對象トスル社會施設、例ヘハ勞働紹介所、共同宿泊所、簡易食堂ノ間ニ於ケル連絡ヲ緊密ニシ、日傭勞働者ヲシテ紹介所利用上一層便宜ヲ得セシムルコト

五、日傭勞働者ヲシテ獨立自助精神ヲ涵養セシムルハ其ノ雇傭關係ノ上最モ必要ナリ、大阪市勞働共濟會ノ各種施設ハ此ノ目的ノ達

成上有力ナル事業ナリト認メラル、ヲ以テ、益々之ガ内容ノ充實改善ヲ圖ルト共ニ、雇傭主ヲシテ成ルベク其ノ使用勞働者ニ之ガ利用ヲ勸奬セシムルノ方策ヲ講ズルコト

以上

以上の討議經過を按ずれば中央職業紹介委員會の答申と云ひ、地方職業紹介委員會の答申と云ひ其の答申要旨は殆ど同様にして第一に舊制度の繩張を撤廢し、官公營事業の請負制度を改廢し、會計規程改正の緊要なることを力說して居ると共に共濟保護施設の急務と、勞銀立替資金の確立並に勞働用具の必要等を擧げて居る。

惟ふに勞働紹介所の求人開拓の項に於ても詳說したのであるが、勞働紹介所の現況は一般の人夫供給請負制度と對抗し得る能力を有さないから、公益なるが故に又公設たるが故に先づ官公署の諸工事に使用する人夫の供給を爲さんと焦慮するのである。畏らく勞働紹介所の求人は之を主とし、一般民間の需要を開拓し得たるは誠に僅少であると思はれる。斯くの如き事情に鑑みて當局は昭和二年八月勞働紹介所長を招致して次の如き對策を協議し、更に昭和三年四月に同樣なる催しをなして、實務上から其の經驗せる實際問題を聽取したのである。

昭和二年八月勞働紹介所長事務打合會

（諮問事項）

日傭勞働紹介事務取扱方法ニ關シ一層其ノ實績ヲ擧グルニ適切有効ナル具体的方策ニ付各位ノ意見ヲ諮フ

（主ナル意見）

一、賃銀立替資金ヲ增加スレバ多少求人增加ノ見込アルモ官公署ニ對スル人夫供給ハ請負契約ヲ要スルヲ以テ市又ハ職業紹介所ニ於テ之ヲナス能ハズ活動困難ナリ

二、求職者ノ經驗技能ヲ熟知セザルヲ以テ適確ナル紹介困難ナリ依ツテ登錄制度ヲ設クル必要アリ

三、勞力供給業者ニ對スル取締法規ヲ設クル必要アリ

（諮問事項）

冬季失業救濟事業實施ニ關シ取扱上特ニ改善ヲ要スル事項アラバ之ガ具体的意見如何

（意見續出セルモ結局各所ノ一致セル意見左ノ如シ）

事業開始時期ハ遲クトモ十一月下旬又ハ十二月上旬ナルヲ要ス

七、結　語

既に縷述したる勞働紹介所の現況は未だ說き盡し得たるものではない。殊に昭和四年度に於ける失業救濟土木事業に使用する勞働者は一律に一定の條件を以て勞働者の登錄を制限し、登錄せる勞働者には其の本人の寫眞を貼符したる勞働手牒を交附して、從來の登錄票に依りし弊害を防止するとか、又は近時勞働者の失業率增加の傾向に鑑みて、昭和四年九月一日より每月失業者推定月報を全國各市町村長及び全國各職業紹介所長より（一市町村に二ケ所以上の公私設公益職業紹介所ある時は其の一つを指定す）徵し、或は六大都市所在の地方廳には事業調節委員會を設ける等各種の調査研究と相俟つて失業救濟土木事業の經營範圍も擴大され、從つて勞働紹介所に於ける勞働者の登錄方法乃至勞働紹介取扱方にも稍變化を招來したのであるが、此等は次回の調査に讓りて茲に省いたのである。由來地方的に散在する日傭勞働者の多數は比較的閑繁を調和されて居るが、之は公私の事業殊に土木に關するものは農業の繁閑を按配して起興されて居るからである。

然し乍ら農業の合理化經營方法は漸次機械化して、手傳人夫即ち日傭勞働者を排除する傾向を現すに至り、日傭勞働者又は農業者に於ても余剩勞力を生じ、之を經濟化せんとして出稼することは人爲的には防止し難い現狀には非らざるか。而して其波及する處は出稼者の都市集中となり、比較的入り易い日稼業者を壓迫することは免れないのである。此の實狀は都市に於ける需給を抱和狀態に陷らしむるに至つて失業の聲は愈高からんとするのであるが、一方には渡來朝鮮人の增加は益々此の傾向を助長せしむるの感を惹き興さしむるのである。亦萬國土木建築業者聯盟は本邦の土木建築業者組合の加入を勸奬すること益々急にして近く加盟の氣運に達して居るが、一度之に加盟せんか其の規約に依つて土木建築工事に使用される勞働者の紹介は斷然營利的なるを得ないと云ふ鉄則を遵守せねばならぬのである。之は本邦當業者に大なる衝動を與ふると共にさりとて今や時代の潮流に逆行されず、之が對策に腐心されて居る。巨大なる資本を有する此等の資本家が一致して勞働紹介に關らんか、公益勞働紹介所は此の種求人を逸走せしめ、將來勞働紹介事業の消長に係る問題を誘引するかを憂慮せしむるのである。時代は此の種勞働者の共濟施設法案を審議せしむるに至つて居るのであるが、勞働紹介所は此の際取扱内容を改善して之に供ふる準備が必要であらねばならない。

前述せる勞働紹介所の諸施設は進歩發達したりと雖未だ改善すべき幾多の問題がある。例へば勞銀の立替の如きも、大工事、大多數の求人を享有するには大なる資金の準備が必要である。又彼等の生活を保証するには失業保險の經營も焦眉の急務であらう、如何なる工事にも供給し得るには勞働者に技術的訓錬の設備をなすと共に、之等に使用される勞働用具の準備も必要である。此の種勞働者の地方移動を實行して都市の失業を緩和せしむることは極めて必要な手段であらねばならないが、之に必要である土工部屋の經營に關する調査研究は未だ極めて幼稚である。而して之等を理想的に實行するには勞働者の統制に留意せねばならないし、勞働者の統制は勞働者を敎養することにあること等を考慮するに至れば、勞働紹介所に從事する者の事務は誠に重且大であると云ひ得るであらう、而して此等は常時に考慮すると共に季節的にも研究せねばならない。

斯くの如く常に需要供給上此の種勞働者の潮流を凝視して之に對應する準備調査を怠らず、失業問題の上よりも、產業問題の見地からも遺憾なきを期さねばならない。茲に其の大畧を示して參考に致したる次第である。

—(畢　り)—

昭和五年三月十日印刷
昭和五年三月拾五日發行

（非賣品）

大阪市西區靱南通五丁目
發行所　大阪地方職業紹介事務局
電話土佐堀一九一〇番

大阪市此花區江成町一〇六
印刷人　堀池久吉

大阪市此花區江成町一〇六
印刷所　堀池印刷所

◇或るアンコウの手記

(『社会事業研究』第十五巻第十一号・昭和二(一九二七)年十一月一日・村島歸之)

社會事業研究

拾壹月號

第拾五卷第拾壹號

大阪社會事業聯盟

昭和二年十一月一日發行（每月一回二十八日納本）

或るアンコウの手記

村島歸之

アンコウ氣質

鮟鱇生活に這入つてから九日目に、私は釜ヶ崎のＨ屋の一室へ宿替をした。部屋の二方は壁、廊下に面した入口は腰高障子、それから一間の格子窓といふ作りの三疊であるが、新築に屬するものだけに新らしい疊、建具、それに欄間さへあつて、古建の棟割長屋等よりは餘程瀟洒である。然し、床の間や押入がないので世帶持の室は夜具も、鍋類も、米箱も、バケツも、履物も、勿論、人間も、ごつちやになつてゐることはいふまでもない。

此のＨ屋の宿泊者約九十人を類別して見ると、鮟鱇が過半數を占め、其他は俥夫、仲仕、職工、電車乘務員、夜店商人、放浪者、會社人夫等で、謂はゞ釜ヶ崎全般の縮圖がそこに窺はれるといふものだ、そして鮟鱇は此のごん底種族の代表者格である。

鮟鱇と云つても、その範圍は廣い。最低賃銀の仕事しか出來ない纎弱未熟の者もあれば、どんな仲仕勞働も出來る强壯熟練の者もある。又十年以上の年代を經た古つはものもあれば、まだ馳出しの新米もある。そしてその八分迄は娑婆の落武者である。彼等は鮟鱇が不安定極まる職業である事を千も承知であるが、併し何々組とか何々棟梁とかの一定の仕事に通勤したり、又はその部屋に入つたりすれば、そこには多少の責任があり、拔く事の出來ぬ階級制度がある。又そこには仕事以外の束縛もある。そうした面倒な羈束と氣苦勞から脫して、放縱氣儘を充分發揮しやう―といふのが鮟鱇共通の心理である。從つて彼等の生活は丁と出るか半と出るか、全くその日〳〵の運次第である。良い仕事に有付く日もあれば、割の惡いのにぶつかる日もあり、又その日〳〵の氣の向きやうでは假令其日の糧が無くても、氣に入つた仕事がなければ平然とあぶれて仕舞ふ。

あぶれた者やケツワリした者は宿への歸途に九分迄は釜ヶ崎の木賃街の入口に當るガードの下に立寄る。此のガードの下は大正八年九月十日迄は寄場であつた處で、彼等は何となく懷かしく思へるのと、他に適當な場所がないせいか、時雨寒暑に拘はらず、何時でも七八人乃至十五六人の姿を見ないことがなく、全く鮟鱇倶樂部の觀を呈してゐる。それを知つて、毎朝十人、十五人の人數を買ひに來る傭主もあるし、又今宮の紹介所では八時過ぎになると閉鎖して仕舞ふので、その以後、ケツワリの補充員を此處に需めて來るものもあるほどだ。それに此處は紀州街道の要路に當つてゐて先曳の需要も可成りに多いので、自然鮟鱇の足は此處に吸付けられる、そして諸方の寄場に於けるその日の情況やら、博奕場の消息やらがこゝで交換され、勞働着類其他の相對賣買や、金融の便宜も此處に開かれる。又その日の風の吹廻しによつては時に活動見物や酒呑みの相談が纏つたりする事もある。

彼等の中には相當の經歷を持つてゐる者や、高等の敎育を受けた者も尠くないが、半年一年を經つといつしか鮟鱇型に退化して了つて、一日の糧を購ひ得て尙ほ少しでも餘裕があれば、飮食や博奕等に消費する。甚しきものはその日の糧どころか、一枚の法被を脫いでも、低級な慰安、道樂を追ふてゐる、尤も下層勞働界の盛況に際して出稼に鮟鱇をしてゐる府下或は近縣の百姓等は例外である事はいふまでもない。

雨の祭日

神嘗祭が來た。職業紹介所は休業であつたがその日稼ぎの私共が出入する紹介所は休みでなかつた、が生憎此日は朝からの降雨であつた。

「土方殺すに刄物は入らぬ、雨の十日も降ればよい」といふ俗謠は土方だけでなく鮟鱇にも共通した事實であつた。同じ草鞋穿きの勞働者でも、鮟鱇は、土方等とは違つて親分もなければ兄弟分もなく、ほんとの裸一貫でその日〳〵を送つてゐるのだから、糧道を絶つ處の此の不可抗力な雨天程彼等によつて恐るべきものはない。それで少し曇つた夕べの釜ヶ崎では、彼方にも此方にも空を仰いで頻りに天文觀測をやつてゐるむづかしい顏をした袢纒着を見受けるのが常だ。夕刊の天氣豫報に雨とある夜などは、明日の籠城準備に呑み度い酒も辛棒するといふ狀態だが、之に反し明日は好天氣と確信してゐたのがいざ翌朝となつて思ひがけない雨を見た時などには、天道の無慈悲を歎ぜぬものはない。

祭日と雨天――如何に紹介所は休みでなくとも、鮟鱇共は皆あぶれを豫期して草鞋を濡らすだけでも損だ、とあつて出陣を見合せた。私の宿でも此の朝はいづれも觀念の枕をあげない。併し私丈けは紹介所へ向つて宿を出た。何時もは千餘の袢纒着が出勤して一大偉觀を呈する釜ヶ崎の朝も、雨の此日は全然別世界のやうな閑寂さであつた。

殊にドス黑い、泥田のやうな道路は、足駄でも餘程高齒のものでなければ沒して了ふほどである。それを見込んで早朝から宿屋の軒下を利用した古足駄ばかりの露店が三四ヶ所に出てゐた。これはガードにおける特種露店の一つで、雨の日には足駄、晴天の時には下駄を七八足乃至十五六足づゝ並べて華客を迎へて居るのだが、仄聞する處では、その古下駄の八九分迄は娑婆の彼方此方から無斷で失敬して來たものだとの事である。

紹介所には例日の三百餘人の一割三十餘人しか詰めかけてゐなかつた。此三十餘人を色別して見ると、眞の勤勉家は僅か三四人で、他はごうしても今日は働かなければ食へないこいふ者こ、飯を食ひに出た序に紹介所をひやかしに來た者こであつた。供給人員も總計で僅か十人許り、それは屋根下の仕事である會社の常傭こ、船舶掃除等であつたが、私は又あぶれて了つた。私は前日の疲れで眠い晨も、又雨の日風の日も更らに厭ひなく紹介所に丈けは出掛けて行くもの丶こかくあぶれが多かつた。それは體軀が纖弱で勞働に未熟な爲めに仕事に行つては何時も痛烈な體驗を受ける處から、あの仕事も出來さうでない、これも亦むつかしい……こまご〳〵してゐる中にあぶれて了ふので、十月一ケ月間に働いた日數は僅か十三日、その勞銀總額十七圓七十錢也、尤も此外に堂島小橋詰の土方工事こ、天滿の黑こかいふ親分から傭はれて行つた時この二回は、その仕事の激しさに耐へきれないで途中からケツワリをした。併し私に限らず初めて鮟鱇になつた一二ケ月は大概こんなもので、第一期の難關こでも謂はうか、誰しも尠からず悲觀をするのは此頃である。

朝飯のあんころ

八時頃に紹介所を辭して宿に歸つて見るこ、二階の部屋々々では未だ寢床を離れやうこもしてゐなかつた。然し間もなく雨の日丈けお馴染のあんころ屋がやつて來たので、急に部室がごよめき出して、あんころは忽ち賣切れこなつた。

此日に限らず雨の日は午前中に起床する者は極く稀である。それは一本の雨傘は勿論、一足の下駄すら所持してゐない者が多いからである、娑婆の宿屋なら雨傘こ下駄位は客用に備へてもあらうが、そこは釜ケ崎のホテルだけに、絶對にそんな事はない。宿泊者がたこひ法被を頭から被つて跣足で飯屋に走つても、「傘をお持ちなさい……」こ一言帳場で云つてはくれない。それで雨の日の宿泊者の大部分は此のあんころを朝食兼晝食の代用にして雨の霽れるのを待つのである。

あんころ屋が歸つて了ふと、嵐のあとのやうに二階は再び靜寂に返つた、あんころで腹を滿たした連中が又寢入つたのであらう。

雨はまだ止まない。

その中に向側のAと云ふ遊人の室では、階下の俥夫や仲仕達が五六人集つて博奕が開帳された。眞に始めの中は處女の如くに、囁き合ふ聲すら聞きとれない程であつたが、漸次戰の進行するにつれて銀貨や銅貨の響、亢奮した戰士の罵聲が聞こゑて來た。軈て、三時間許りも經つたかと思はれる頃、二階が震動するやうな口論が始まつて、巻舌の啖呵が果ては肉彈戰に移りかけたが、仲裁人多數のためにどうにかこうにか收まりがついて何時しか解散して了つた。こうした喧嘩は此日に限らず閑散期に於ける吉例になつてゐる。

雨はまだやまなかつた。

老あんこうの述懐

ふと氣がつくと、薄い壁一重の北隣の部屋で、老人と青年らしい兩人の談話がハッキリと聞きとれる。

「……俺が始めて草鞋穿きの勞働をやつたのは東京で、大正元年の夏だつたが、それから十數年の間に隨分と世の中も變つたが、勞働界も違つて來たもんだなア、あの時分は今大阪で二圓五六十錢の土方仕事が唯の三十五錢だつたからなア、尤も飯屋の大丼が、今の大盛飯の倍はあつて、それでたつたの四錢だつた。木賃宿が八錢からで、救世軍の勞働宿泊所が四錢サ、それで矢つ張り食つて泊つてバットの一箱も呑めば、一日三十錢はざつとかゝつたよ。それから見れば今の方がいゝやうにも思へる……。

俺は始め十錢でも金を持つてる中はなか〳〵草鞋穿きの勞働をする決心が付かないで、とう〳〵一日食はず飮まずで淺草公園内で夜明しをやつた果てが、その翌日、淺草黑船町の救世軍勞働宿泊所に浴衣一枚で泣き付いたんだ。すると其日は二十錢の飯代を貸してくれて、翌日から働く袢纒と草鞋まで拵へてくれたが、れの時許りは俺も有難涙にくれたヨ。此の救世軍勞働宿泊所はマア現今の紹介所を兼ねてゐるやうなもので、毎朝仕事を割當てゝくれたがネ、あの時分も勞働界は不景氣だつたが、救世軍では一生懸命に勞働口を運動して居たから、吾々は少しもあぶれる心配がなかつたのだ。そして病氣をすれば救世軍の病院に入れてくれたし、士官達は吾々に叮嚀な詞で親切を盡してくれたもんだから、その宿泊舍に居る六七分迄は皆信仰に入つて救世軍の兵士になつてゐた。あれから見れば現今の×營の紹介所なんか、不親切無責任極まるものでお話になつたもんぢやないヨ。係員は威張つてばかり居やがるし、手數料だなんて五錢も十錢も吾々の頭を刎ねてサ——。

　俺はその翌年に足を洗つて今度は高利貸の手代をやつたんだが、二三年前から又酒と遊興の持病が出て、無理算段の遣繰で去年の春迄續けたが、とう／＼大阪まで流れて來て草鞋穿きの再犯をやつた譯サ。どうも斯う年をとつてからの勞働は實にたまらないネ。併し君も若い割には中々世間師だナ。その北海道の監獄部屋といふのは非道いものだといふことはちよい／＼聞いてるが、君は知らずに行つたのかネ？」

監獄部屋の話

　今度は青年の聲で

「ウム、田舍から東京に出たばかりの時だつたからなア故郷か、會津の若松だ。俺も淺草公園で夜明しをしてどうにもならなくなつた時だつた。共同ベンチで、どうだ良い仕事があるから行かねいか、若い者がぶら／＼してるのが能でもあるめい、當節働きせいすりやア金は幾らでもおつこつてるぜ、地方の鐵道省の工事で、飯場で食つて泊つたほかに、日二圓だ、旅費も身仕度も、俺の方で立替てやるから——なんて云ふもんだから俺は渡りに舟と思つて三拜九拜しながら行つたのサ。後できくと其奴はポンヒキといふんで、北海道行一人出來れば十圓になるんださうだ……。處が鐵道は鐵道でも上州のK組の請負で、天塩の輕便鐵道の工事だつたが、そのKとは四分六の兄弟分のUが下請で、俺はその部屋に入れられたのサ。人夫は總計で百六十人許りだつたが、いづれも世の中の喰詰め者ばかりで、中には刑事上の罪を犯してる者も隨分あつた。監獄部屋では其處をつけこんで居るんだ。朝は四時頃から晩の七時過ぎまで毎日十五六時間づゝ非道い仕事に追廻されて、烏渡呼吸を繼いでゐても橫面をぶんなぐられるんだ。鬼のやうなUの子分が大勢居るから俺等はどんな事をされても泣寢入をするほかはないんだ。どんなに身體の具合が惡くても休む事が出來ないし、毎日々々涙がポロ〳〵流れて仕樣がなかつた。これぢや娑婆の監獄よかよつぽど非道いつて愚痴をこぼしてる前科者も澤山あつたヨ。

それに部屋の姐御てのがUの妾だが、これが涙も何もない鬼のやうな奴で、刺青なごを出しておごかす凄い女だつた。餘り苦しいんで自殺した者さへあつたヨ。逃げれば鐵砲で擊たれるんだ。うまく番人の目をのがれても、人里離れた山奧だから飢死するか、熊に嚙まれるかごつちかだ。ウム逃げたものも四五人あつたが皆不成功だつた。其中でも一番氣の毒だつたのは、上州の者で高橋といふ二十五六になる男で、生家は良いらしいんだが放蕩して料理屋の仲居と一緒になつたんで勘當された擧句の果てがポンヒキの口車に乘せられたつて段取りサ。夫婦共稼ぎで秋迄に二三百圓も殘すつもりで、男が人夫女が飯炊きと云ふ寸法だつたが、獸のやうなUの子分共がその女を奪ひ取りに每晩なぐさみものにするんで、假りにも夫となつてゐる高橋の身になつて見ればたまらなかつたらうサ。でも腕力では及ばず、それかと云つて訴へる人も所もないもんだから、とう〳〵高橋は部屋を逃げたんだ、然し矢つ張り見付かつて鐵砲で腰を撃たれて了つたョ。あれぢや天道是か非かと云ひ度くなつて了はア……。

俺か。俺は五月から十一月の末迄働いてたゞの三圓五十錢だけの旅費で追放されたんだ。なに始めは旅費やなんかの前借金が十三圓五十錢、勞銀は一日飯代の外に二圓といふ契約だつたのさ。併しそんな事などを掛合はふものならそれこそ半殺しの目に遭はされるのは知れ切つてゐるから皆泣き寢入りをするほかなかつたんだ。文明の今日に懲歴話をしたら嘘だつて云ふだらうなア、然し嘘どころか事實は話より數倍なんだ」

外では雨はまだ止まない。

自由戀愛の人々

私の室の南隣りには、東北地方の者で五十五六の未亡人と、二十才許りの息子と、それから河内の産でM云とふ三十六七の男との世帶が住んでゐた。そのMと息子とは銘仙づくめの風體で毎朝何處へか出勤してゐたが、その息子が餘り勤勉家でないと見ねて、未亡人が毎朝幾度も〳〵呼起す聲を私は私の目醒時計代用としてゐた。

當初、私は壁越しに「會社々々」と云つてゐるのを耳にして、此兩人はいづれかの會社の職工で、Mは獨身者として飯代を拂つて同居させて貰つてゐるものであらう位に想像してゐたが、隣室の事とて朝夕の挨拶位するやうになつてから、或夜Mは初めて私の部屋に話しに來た。なか〳〵能辯家の彼は、その生家が士族であつた事から語出して、早大政治科を卒業して大阪商船會社に勤めてゐたのが、酒のために沒落して現今は大阪電燈春日出發電所で人夫取締のやうな仕事をしてゐるとか、自分の本宅は天下茶屋で、妻君は藝者だつたとか、又斯うしてゐても郷里には幾町歩とかの不動産迄所有してゐる事などを獨りでまことしやかに喋り立てた。然しそのうち階下の内儀達の談話やら報道やらで、その正體も自然分明して來た。Mと息子とは大電春日出發電所の日給一圓二十錢の常傭人夫で、未亡人とMとは情交關係のある間柄であつた。此Mは中々の發展家らしく、此未亡人と同棲以前は、その知人が入獄中、その妻君Sと同棲して居た。然しSとは、Sの夫が出獄と同時に別れて今の未亡人と同棲を始めたのだ。Sは未亡人とも豫ねて知合ひの仲で時々五才位の娘を同伴して遊びに來たが、若しMが在宿の時に出會つた際などはS女が歸つた後で、やれ「手を握つた……」の「まだSには未練があるだらう……」のと未亡人はMに對して猛烈な嫉妬をやくのが常であつた。

斯うした共同生活の中へ、今度は生れて間もない赤子が一人加つた。それは十九才になる彼女の息子が、此母にして此子ありで、いづれかの娘と出來合つて生れた子であつた。斯うした境遇の中に初孫を得た未亡人は定めし愚痴をならべるかと思ひの外、非常な喜悦で訪問客のある度に「これが女だから幸福ですよ、金藏が出來たやうなもので……見て下さい倅に似てさう惡い顏でもないでせう。」と寧ろ得意であつた。宿の人々は「姉娘が北海道で藝者とか妾奉公とかしてゐるといふから矢張りあの娘も金にするつもりだらう」と蔭口を叩いてゐた。

併し斯うした侮蔑の蔭口をいふて居る連中も矢つ張り隣室の人々に劣らない原始的な、曝露的な生活をしてゐる事はいふまでもない。彼等の中、正式の結婚をした夫婦などは殆どなく、いづれも出來合ひの仲で、殊に天王寺公園や新世界邊から、所謂「拾つて來た」處の妻君が多かつた。で、一年半も同棲してゐながら、お互に名前の外は、身元も何も知らないで暮してゐるうちに別れて了つたなど云ふ極端なものや、又府下泉南郡の百姓の娘が、從姉妹同志で別々に此大阪へ女工の出稼ぎをしてゐたのが、一方は同じ會社の男工と出來合ひ、又一方は天王寺公園のロハ臺で一絆纒着と妥協が成立して、いづれも此の釜ヶ崎の宿屋に世帶を持つたのが、偶然にもその二夫婦が私の居る宿に引越して來て「オヤ……」「マア……」と從姉妹同志が思ひがけない邂逅をした等の奇拔な例もある程である。

夫婦喧嘩は無論頻繁に演じられた。擊つ、蹴る。怒鳴る、泣く……其喧囂さが一丁四方に響き渡る程で、お互に裸一貫の男女は、其儘緣を切つて男の方から出て行くのもあれば、女の方から去つて了ふのもあり、又無事に妥協の成立するのもあつた。その原因は、男の方から火蓋を切るのは姦通、嫉妬等又、女の方から攻勢に出るのは多く經濟問題からで、男の怠惰、飲酒、博奕等から生れるのである事は、其喧嘩のある度每に立話やら、又斯うした突發事件の內容を傳令して步くのを道樂のやうにしてゐるおかみさん達の報道で、私達は居乍らにしてその一伍一什を知るのであつた。

臨時人夫

十二月に入つて七日の朝であつた。何時になく紹介所前の廣場に同輩が三十人ばかりも二列横隊に並べられ、其處には半ズボンにオーバの肩を怒らした取締の次郎はんが「オイ、あんじよして〳〵、なんだ……早く前と後と揃はないか」

と忙しさうに立廻りながら、猶も刻々と蝟集して來る人々を物色して、何時も安い仕事にばかり行く者には

「オイ、お前も行け、市役所ぢや、樂だぞ、ガードの下で立つてるつもりで一圓五十錢儲けし來い」

斯う命令的に其列に加へてゐた。私も矢張り其撰拔に入つた一人であつた。斯うして四十人纏まると、傭ひに來た袢纏に綿入の腰卷といふ親爺さんに率ゐられてぞろ〳〵と紹介所を後にした。

斯界に智識の淺かつた私は、取締の次郎はんが唯漠然と、「市役所ぢや」といつたその仕事の何であるかを想像出來なかつたが、みんなは無言の裡にもそれと合點してゐるらしく見えた。で、同勢の中にTの交つてゐるの

を幸に、歩き乍ら聞いて見た。

市役所と云ふのは土木課の臨時人夫の事で、これはHと云ふ土屋が一手で入方をしてゐるので、そのHの世話役が傭入れに來たのであつた。仕事はコンクリート工事であつた。

私共社會で單にコンクリートと呼ぶ仕事は、純然たる土方仕事で、砂利や、砂や其他を凡て一荷持に肩で擔ふて運ぶもので、勞銀も手傳仕事が一圓三四十錢の時で二圓二十錢位から五十錢位、鮟鱇でもコンクリーが勤まれば先づ一人前といへる程のものである。併し此市役所のコンクリーだけは勞働振りが全然異つて、肩を使ふ一荷持の代りに輕い小さな車で、しかもぶら〳〵と運搬するもので、鮟鱇には新米の私でも立派に勤まるものであつた。殊に監督でも工夫でも何一つやかましく云はないので、同じ勞銀でもとかく何かと口うるさい手傳などゝは雲泥の差があるとは仲間での定評であつた。が、それでも臨時工事なので平常の倍以上も激しく忙しいとの事で工夫達は皆口々に「時間が長いよつてぶら〳〵おやんなはれや、親父が日の丸やさかい……」などゝ親切に私達に云ふのであつた。

「ミキッサー」と稱するセメントと砂利と砂とを混合する機械が、私共を追ひ立てるやうな奇響を立てゝ頻りに輪轉してゐたのが、電流の故障で時々パッタリ停止した此原動力さへ止まれば自然と私共の運搬も停止となるので、其度毎には「やあ、ミキサンの腹痛ぢや」と一同は思はぬ休憩が出來た。併し師走の寒空に焚火一つないその休憩は却て有難迷惑とも云へば云はれた。工夫達に襯衣二枚、袢纏二三枚猶其上に役所から下る外套を着て居たが、私共には二枚の袢纏を累ねてゐる者は少數で、中には夏シャツ一枚の上に汚れた法被一枚、長猿股を穿いたぎりで毛脛を露出した凄いのもゐた。私は思はず「ひらい元氣だな」と賞讃の言を放つと、其者はわな〳〵身顫ひし乍ら、前夜博奕で負けた揚句、袢纏と襯衣と腹掛と股引を脱いで一圓五十錢に質入れしての最後の一戰が、又も見事に總敗衂に終つた結果だと語つた。昔、裸一貫で東海道を股にかけてゐた雲助が、その身に着く唯一點の褌を典物として、半を張つたのが丁と出て、眞の丸裸になつたその時、そりやお客だ、と云はれてその應急策に一物を竹の皮包として息杖をかたげた――と云ふ噺を思ひ合はさずにはゐられなかつ　。

空はドンヨリと曇つて、北風が頻りに吹き荒ぶ。私共、の手足はいつしか凍れ切つて感覺を失つてゐた。セメントの粉末が煙霧のやうに飛散する。未だ日は高い。仕事はまだこれからである。

◇歳末の釜ケ崎―或るアンコーの手記―

（『社会事業研究』第十六巻第一号・昭和三（一九二八）年一月一日・村島歸之）

社會事業研究

一月號

大正二年八月十七日第三種郵便物認可
昭和三年一月一日發行（毎月一回二十八日納本）

第拾六巻　第[illegible]

大阪社會事業聯盟

歳末の釜ヶ崎

―或るアンコーの手記―

村島歸之

十一月から十二月の上旬にかけては、鮟鱇も需要が増して、勞銀も十月上旬頃より一體に二割方の上騰を見たのであつたが、それも束の間、年の瀬の一日毎に押し詰まると共に仕事も減つて、十八日に市役所のコンクリー工事終決と同時に、諸々方法の工事も申合はしたやうにもう締切つたものらしく、唯年內に竣成さして仕舞はうといふ貸家建などの手傳仕事が二人三人と疎らに傭ひ入れられる許りで、釜ヶ崎の歳末は秋風落莫の光景を呈した。

私は毎朝紹介所（今宮）に出掛けては行くものゝ、廿日から卅日まであぶれ續けた。それは鮟鱇共通性の氣儘から仕事の撰り好みしてのあぶれではなくて、毎朝多人數群集して居る處へ、その十分の一にも足らない供給人員の數に入るには、體力に訴へて群集の中を突破し激烈な爭奪戰を演じなければならなかつたので、とかく勇氣と腕力に乏しい私などはあぶれるのも當然であつた。

猫の子の手でも入用だ、とか云ふ程に多忙な歳末の、然かも卅日に、その娑婆とは無關係な私共鮟鱇のすむ宿は、どの室でも大概朝からの晝寢であつた。併しそれは他所目に羨ましい程らくでない。彼等の中、日に一二度でも食事が出來る者は先づ良い方で、中には二日越しの空腹を抱へて金融の方策に頭を惱まし乍ら、晝寢を餘儀なくせられてゐる者も少くなかつた。で、室々からは力なく又やけ氣味な吐息やら愚痴やらが洩れてゐた。

「人並の正月が出來るやうな心掛けの人は釜ヶ崎に落ちて來ない。もし落ちて來たにしてもそんな人達は年を越す前に足を洗つて了ふ。だから釜ヶ崎にはうるさい正月なんてものはない……」それは釜ケ崎の永住者が自らの仲間を客觀した言葉であつた。

今年の年の瀨も玆一日に堰かれてゐるその宵、私は散步がてらに釜ケ崎の通りを彷徨した。流石に此處は、初春を待つ門松や七五三飾りもまだその氣配すらなく、娑婆の年中行事の一つのやうな歳暮賣出しの催しとてもない。只だパン屋に歳暮贈答用の砂糖袋が並べられ、又餅菓子屋では賃搗の廣告が掲げられて居るのが見受けられた丈けである。しかし往き來の人の顏には何となく落ち付かないやうな歳晩の色が漂ふてゐた。

ふと行違ひに『やあ……』と聲をかけて立留つたのは紹介所で顏馴染のAであつた。彼は私の側へ三四步近寄つて『どうもあかんな、どないにも、こないにも年を越されん……』斯う云ひ乍ら寒さうに肩をすくめて『貰持つてるなら一本どうか……』と私に手を差出した。折柄又も『やあ』と近寄つて來たのはTであつた。すると又背後の露路から

『寒いのにようウロ〳〵してやがるな』と冗談らしい語調で顏を出したのは、通稱「橫濱」と呼んでゐる同輩の一人であつた。斯うして四人は電柱を小楯にして立話がそれからそれと交はされて行つた。Tは苦笑を湛へ乍ら『どうも驚いたなあ、廿三日に市岡町へ鐵砲擔ぎに行つたきり昨日迄あぶれ通しで、今日は仕方なしにとう〳〵弔の花持に行つたよ』と云ふ。Aは急に乘り出して『その葬禮の花持は何處からいゝます？あんたは顏が廣いよつ

てとくやな』と羨まし相。『其處の市場の花屋に行つて賴めば幾らでもあるぜ、死人が多いよつてな……併し安いよ八十錢だ』横濱が横から

『とう／＼花持に行きやがつたな……處で俺は今朝紹介所であぶれて歸り途にガードに立つてゐたら、活動の廣告旗持に行かないかつて來たもんだから、その旗持をやつたよ。お互に斯うなつちやあ見得も外聞もないからなあ……勞銀は矢張り八十錢だ。そして明日も行く約束をして來た。それに元日から三ケ日は見物席の仕切の繩曳きに行く約定をしたから、まあ正月は活動見物し乍ら暮せらあ、併し朝の十時前から夜の十一時頃迄だから樂ぢやねえや』

とTと私の顏を見比べた。Tは眞面目に、『そりやうまい事をしたなあ、祝儀も出るんだらう。俺も一度新世界の○○座へ傭はれて行つた事があるんだ。ところが道具方の手不足だつたと見えて、俺がボンヤリしてると舞臺横で、おい早く此處へ來てこれを引張つてくれ、ていふもんだから、俺は慌てゝ力任せに引張るとお前、舞臺では朝顏日記の屋形船がひつくり返つた騷ぎさ、それで役者や何かが怒つてな、とう／＼祝儀が貰ひそこねよ』

斯う云つてから彼は急に追憶に迫られたやうに横濱に向つて

『おい、去年の暮も困つたぢやァないか、苦し紛れにお前も俺も……釜ケ崎から二十人許り高島炭坑の募集にかゝつたがなあ、さうだ／＼恰度去年の今日に大阪を出發したんだ。お前は長崎であんなに夜遲く逃亡をして、あれから何うしたい？遁いし寒いし困つたらうと思つてな……』

横濱も自然沈んだ語調で

『うむ、お互に鮟鱇が素人ぢやあるまひし、島の炭坑仕事なんかは監獄部屋同樣な事は承知の上だつたから、九州に渡つたら逃亡をする心意で行つたもんだが、それが

中々いゝ機會がなし、とう／＼長崎迄引摺られたのさ、あの晩は夜通し歩いてそれから正月初めからお前、人の門に立つたさ、乞食よ。そしてやつた八幡製鐵所迄來て人夫に這入つた……釜ケ崎へ戻つて來たのは五月だ』。

Tも

『いや實を謂やあ俺も九州に渡つたら逃亡をする心意でその段取りにおやじから煙草代のつもりで五十錢借りておいたんだが、俺にはとう／＼逃亡の機會が來てくれなかつたよ。それでお定りの苦役をして今年の七月迄かゝつて漸と旅費やなんかの前借を拂つて二圓許り握つて出たよ。門司で石炭かつぎをやつて、八月の末に漸く大阪に歸つて來たんだ。併しおかげ樣で九州見物が出來たつてものさ。今年も亦募集に來てるぜ』

全然娑婆人氣質を失つて了つた彼等は、一年振りに邂逅したやうな談話を續けるのであつた。話が途絶えると寒さが俄かに身に沁み渡つた。と三人は云ひ合はしたやうに一樣に肩をすぼめて

『すつかり冷へ切つて了つた。感冒に罹ると大變だ、まあ失敬しやう』誰れ云ふとなく、もう其時は未練もなく三人は三樣に足を運び出してゐた。私も宿を指して歩を移して行くと、とある宿屋の軒下に大勢の男女に取卷かれ乍ら、背廣服の青年三四人が何やら大聲に叫んでゐるのが聞かれた。それは信仰のない人々へ末世の福音を傳へやうとして、此の歳晩の寒天に向つて辻說教をしてゐる基督者であつた。中の一人は續ける。

『……ですから貴下方の總てのものを投げ出して神樣にお縋りなさい。神樣は必ず貴下方をお見捨てにはなりません……』

すると、取卷の中から嗄れた聲で、

『そのすべてのものは昨日質屋に投げ出して了つたがなもう着たきりの法被と虱だけや、神樣は虱でも受取つてくんなはるか？』斯う横槍を入れた者があつたので、群

集は遠慮なくアハ……と大笑した。そして醉つてゐるらしい男が濁み聲で、傳道者の語調を眞似る

『あゝ神様よ、明日の大晦日には骨折れないゴソ〳〵で勞銀の十圓位な仕事を與へ給へァーメン』

群集は又どつと笑つた。折柄、節賑やかな流行唄の三味線を流し乍らやつて來たのは、飛田遊廓界隈の門附を生業としてるらしい年增女であつた。傳道者の周圍の人々は、『やあ別嬪やな』『姐さん今晩は……』などゝ動搖めいて、强い力に牽かれるやうに、皆その三味線の音に引摺られて行つて了つた。取殘された傳道の人々は、暫時は棒立ちに突立つた儘、爲す處を知らぬ樣子であつた。

軈て私が宿の露路に曲つた時、暗闇からヌツと私の側に現れたのは、夜目にも汚れた風采の卅五六の女であつたが、沈痛な低い語調で、『兄さん……遊んでいにはれ』と云ふが早いかいきなり私の袂をしつかり掴んで了つた。

本通りの彼方では荒んだ下卑た以前の三味線と、傳道者が讃美歌に合せて打振るタンボリンの音とが錯綜して漂うてゐた。

明くれば大晦日、「釜ヶ崎に正月はない」といつて諦らめてゐる、矢張り婆婆で生れた身には大晦日といふ事が彼を尻から追ひ立てるらしく私が宿を出る頃にはもう二階の室には何時になく大概出切つて居た。

私も此の朝は聊か陣形を更へて、工廠前（京橋勞働紹介所の事）へと出馬した。時間は何時もより卅分も早かつたのに、誰しも拔けがけの功名を期したのであらう、紹介所には既に百を越すかと思はれる許り多人數の人が詰めかけて、所內に緊張した氣分がみなぎつて居た。傭主の來る度每には、呼出係が登壇する迄もなく群集は鬨の聲をあげて怒濤のやうに殺倒した。それは飢えた野獸の群に一片の肉を投じたやうに、思ひ詰めた者の吼罵と自棄氣味の叫聲とが餘りに凄慘な渦を卷くのであつた。

朝の電燈が消えた頃にはもう大勢を悟つて悄然と歸つて行く者や、程近い天滿市場に仕事を需めに走る者等が漸次に姿を消して行つた。そして九時近くには殘る者殆ど稀で、その殿りの人々はもはや愚痴を並べる氣力もなく、斯くあるべき事を豫知して居たといふやうな態度で三々五々生ける屍の如く日向の場所を占めて動かなかつた。

私は歳晩氣分の漲つてゐる市中を通つて釜ヶ崎に戻つて見ると、成程今更乍ら「釜ヶ崎に正月はないんだ」といふ詞を繰返して見ざるを得なかつた。それは稀に汚れた袢纒姿が徒然さうに彷徨してゐるばかりの殺風景その者の姿であつた。

只、ガードの下の鋏鰊倶樂部には例の如く十二三人日向ボツコをしてゐたが、彼等は私を見ると『工廠前に行つたのか』『今宮の方もあかん』『往生しとるぜ』など〻口々に迎へてくれたが、偶と氣が付くと、前夜立話をした横濱も居るので『今日は活動の旗持に行かないのか』と訊いて見ると、彼は悄然として

『ウム實はもつと値のい〻仕事に行くつもりで寄場に行つたんやが、矢つ張りあぶれて歸りがけに食堂の前で『おい仕事に行かないか、一圓五十錢で手傳ひだ』と云ふものがあつたから、俺は二つ返事で天下茶屋迄行つたんだが屋根瓦上げな、今日び、一圓五十錢で十五枚づ〻擔いぢやゐられないから、俺は五六枚づ〻ぶら〳〵やつてたんだ　すると一肩十五枚づ〻運ぶのが當然だテェんだ。そんなら請取にさしてくれと掛合ふと、請取なら千枚一圓だといふんだ。馬鹿にしてるぢやないか。お前　けふび千枚で一圓五十錢が高くない相場だ。餘り足許を見やがつて癪だつたから　俺ァ啖呵を切つて逃亡して來たんだが………今來た許りだ。それで旗持の方をおぢやんにしたよ。併し今日は正午頃になつたら葬禮の花持が傭ひに來るだらうと思つてね』

と、力ない語調であつたが、一方では乞食博奕の話が始つたので、彼も其方に乗出したが、仲間には其手柄話やら兵法等で暫時花が咲いた。私はふと思出した儘に、前夜怪しい女に袂を抑さへられた事を話出して見た。併し一同は、何そんな事が……と云はぬ許りに默つてゐたが、横濱は急に先輩らしい態度に返つて

『釜ヶ崎では淫賣の大檢擧以前のやうに仰山ではないが矢張りそんな怪物が夜な／＼姿を現してゐるんだ。お前は昨夜始めてその正體を見屆けたのか？。なに相場は三十錢ときまつてるんだ。併しそんなものを買つちや酷い目に遭ふから氣をつけな……お前なんか何にも知るまひが、あれは皆無賴漢の亭主が黑幕になつて動いてるんだから……。兎に角釜ヶ崎は物騷な處だよ。そんな事許しぢやない、十か十一の子供に泥棒をさして、親達が遊んで喰つて行くのが何十人居るか知れねえんだから……全く釜ヶ崎はうちらに這入れば這入る程やゝこしい處だからなあ。今日びはお前のやうな新米でも喰つて行けるんだが、これが世の中でも不景氣になつて、鮟鱇の仕事が無くなつて見な……』

横濱の釜ヶ崎研究論は次第にその鉾先を轉じて悲憤の口調と化した。何時になつたら果てるやら……。

◇浮浪者の教化と就職

（『社会事業研究』第十七巻第五号・昭和四（一九二九）年五月一日・杉山元治郎）

社會事業研究

大正二年八月二十七日第三種郵便物認可
昭和四年五月一日發行（毎月一回二十八日納本）

五月號

第拾七卷 第五號

定價金五拾錢

大阪社會事業聯盟

浮浪者の教化と就職

杉山元治郎

今宮のガードの横手或は天王寺公園の日當り良きベンチを見るならば呆然と其處に坐つてゐる何人かを見受けるであらう。彼等は共同宿泊所にすら宿泊するの資力なく、街頭を彷徨し野犬の如く塵箱を漁つては食物を求め疲れてはベンチに横はり夜と云はず日中と云はず睡眠を貪つてゐるのである。彼等は恰も飯に集る蠅の樣なもので、警察が追ひ拂へば已むなく何處かへ姿を隱すが、其の手が緩むと亦直ちに舞ひ戻つて來てゐるのである。

是等の人間を指導教化し、正しき職業に就かしめる爲に今度大阪の御大典紀念事業として、勞働共勵館の建設せられたことは誠に結構なことである。彼等も『人の子』であるが故に彼等を人間らしく取扱つてやることは府市としても、又今日相當に生活してゐる社會人としてもなすべきことである。併し是等の種類の人間は余りに澤山あり、僅かの施設や少額の資本では如何ともなし能はないのである。又彼等の多くは浮浪と其他の惡癖が奥深く浸潤し、一朝一夕では眞人間にすること困難で只だ十年一日の如く單に事業をしてゐると云ふに止まり、塞の河原の石積みに終ることは多いのである。勞働共勵館に働いて居らるゝ人々は其の道の專門家で、多年の經驗者であるから私の杞憂に留りより良き成績を擧げられるであらうが、兎もすれば前記の如き結果に陷り易いのである。

勞働共勵館の如き仕事には先づ第一に宗教的教化の必要を痛感する。此の意味に於て從來の型を破り公立社會事業たる勞働共勵館が宗教的情操教育を取入れた所以であらうと思ふし、又賢明なる策である。浮浪者の多くは前記の如く意志薄弱と其他の惡癖を多分に持つてゐる者である。だから彼等をより良き人間とするには精神的改造を第一に計らねばならぬのである。朝は勞働に行く都合があつて惡くば、夜間は少なくとも宗教的集會を勵行することである、此處で破はされた靈魂が再生する時に今まで見捨てられた人間も見違へる程の人間になることは『再生の人々』にあるばかりでなく我等の多く今日まで經驗する處である。

斯くして靈魂の改造された人々を漸次固定的な職業に就かしむることが大切である。日用品の行商も結構である。商店のビラ配りも結構であるが、彼等は一日か二日仕事にアブレる時に又元の浮浪性が起り易い危險性がある。だから彼等に與へる仕事にはそうした誘惑に陥り易い性質のものでなく、堅固な不動性のものを與へる必要がある、其には農業が最も適當してゐると私は考へてゐる。夫でロンドンの救世軍では浮浪者の群に先づ食券を與へて無料食堂に導き、其處にて豫定の宗教的集會を開き、其内の何人か卽ち稍々改心の見込みあるものは恰も勞働共勵館の如き建物に收容し、無料宿泊の外授產し猶ほ且つ教養補導して更に成績の優良なるものはテームス河口の近くにあるハードレー農園に送り、此處にて農業的教養と精神的教化を充分に行ひ、其後二三年の訓練を經てカナダの農園に永久の移民として送るそうである、浮浪者の教化には之だけの準備と親切さが必要である。

御大典記念事業として計劃された此の勞働共勵館の建設と共に後に續く斯うした事業をも創設せらるゝ樣當局者に御願致したい、然か云ふならば日本の如き土地の狹隘なる國で何處にそうしたことが出來るであらうか、農村の其自身すら土地の狹少に惱んでゐるに、若し斯る事業を行ふとするならば一層農村社會問題を引き起すものである。都會の問題を解決するために農村を紊すものであると仰せられるであらう。現在の耕地に浮浪者收容の農園を創設するならば確かに其の貢を招くであらう。併し日本狹しと雖も調査するならばまだ〳〵好個の平原少しとせないのである。例へば過日私が視察して來た岡山縣眞庭郡の蒜山原の如き三千町歩に余る平原である。今日までは不毛の土地として打捨てられてあるが、自然生の松も勢ひ良く伸びてゐる。だから或種の造林も決して不適當でない。又火山灰の表土は或所は二三尺にも達してゐる。試みに岡山市の某漬物商が大根を栽培したるに見事な大根が出來てゐる。是等を思合はす時に決して不毛の土地ではないのである。岡山縣あたりは遠くブラジルに移民する前に何故膝元の此の原野に移住せないかを不思議に思ふのである。斯うした原野に靈魂の開拓された農民が移住し、默々と土にいそしむならば美はしき理想農村の建設されることも敢へて難事ではないのである或は其の村の内に農村の次男三男を移住せしむるも良い同じ信仰の徒があちこちに一つの部落を作るも良いのである。其こそ失業者に職業を與へ、人口食糧問題をも解決し一擧兩得になるのである。

蒜山原は現在四國の某富豪の手に渡つてゐるそうなが元々町村が賣渡した時は一反歩五十錢であつたそうである。今日若し十圓してゐるとしても三十萬圓である。府縣なり或る有志が實行せんとするには餘り大した金額でもない。或は之を自作農創定資金でも利用するなり、開墾助成の低資を借入ても其の利拂をするに敢て困難でないと信ずる。原野經營に關することは本問題でないから省くとして、斯る適當な場所はまだ〳〵日本にある。過日滋賀縣に行つた際同じく泰山寺野を見た、九州東北を初め各地に開墾すべき所が多々ある。之れは只だ單に利益を求める開墾者には困難であるが、信念を以つて土に安住せんとする者には瘠薄の土地をも良く美田となし得る。だから先づ第一に都市に於て浮浪者の靈魂の改造を試みることである。稍々改造されたものは第一の仕事場第二の仕事場と云ふ様に順次送り込まれる様にすることである。而して充分見込のある人に配偶者を世話し最後の農場に從ることである。救世軍は英本國よりカナダに從つてゐることを思はゞ、大阪府の內地移民事業が例へ岡山縣に延長したとしても別段遠距離でもないのである又時と場合によつては岡山縣の當局者と協力しても良いのである。

是は岡山縣と限つたわけでない。只だ韮山原があるので一例としたに過ぎない。要は浮浪者教化の最後の問題は農業の如き職業に固定せしむることの必要を述べたまでゞある。多くの社會事業は表面的になつて其日暮しに陷り易いのであるが、其では塞の河原の石積みであるから、其よりも人數は少なくとも良い、着々と永遠性のある仕事へと進まれたいものである。幸に勞働共勵館の樣な仕事が出來たので日頃の考への一端を披瀝したまでゞある。（四、四、二三、市町村會應援の寸暇をぬすみて此の不文を草することにした）。

資料集　昭和期の都市労働者 2
[大阪：釜ヶ崎・日雇]《図書資料編》　第 1 回配本【全 8 巻】-1
2　昭和 2 年・3 年・4 年・5 年①
揃定価（本体 72,000 円+税）

2017 年 9 月 30 日発行

監　修：吉村智博

企画編集：近現代資料刊行会

発行者：北舘正公
発行所：有限会社　近現代資料刊行会
東京都新宿区四谷 3-1
電話 03-5369-3832 E-mail:mail@kingendai.com
印刷：㈱三進社　製本：㈲青木製本

（セット 1・全 4 冊分売不可セットコード ISBN978-4-86364-498-4）
（第2巻　ISBN978-4-86364-501-1）